아임팩트
I'M FACT

청소년상담사 3급
기출문제집  필기

 무료강의

기출문제연구소 저

북스케치
합격을 스케치하다

청소년상담사 기본 정보

■ **자격종목**
- **자격명** : 3급 청소년상담사
- **관련부처** : 여성가족부(청소년자립지원과)
- **시행기관** : 한국산업인력공단

■ **개요**

청소년상담사란 청소년 상담관련 분야의 상담 실무경력 및 기타 자격을 갖추어 대통령령이 정하는 자격검정에 합격하고 연수를 마친 자로서 청소년상담사 자격증을 교부받은 자이다.

■ **수행직무**

청소년상담기관인 한국청소년상담복지개발원, 시·도 청소년종합상담센터, 시·군·구 청소년상담센터를 비롯하여 청소년수련관, 청소년문화관, 사회복지관, 청소년쉼터, 청소년관련 복지시설 및 청소년 업무 지원부서 등에서 청소년의 보호선도 및 건전생활의 지도, 수련활동의 여건조성 장려 및 지원, 청소년단체의 육성 및 활동지원, 청소년을 위한 지역사회의 유익한 환경의 조성 및 유해 환경의 정화활동 등의 직무를 수행한다.

■ **3급 청소년상담사 연도별 검정현황**

구분			2017	2018	2019	2020	2021
3급	1차 (필기)	대상	7,558	7,365	7,086	7,545	7,344
		응시	6,008	5,597	5,667	5,822	5,608
		응시율(%)	79.49	75.99	79.97	77.16	76.36
		합격	2,047	1,731	1,549	3,056	1,469
		합격률(%)	34.07	30.92	27.33	52.49	26.19
	2차 (면접)	대상	2,194	1,998	1,675	3,200	1,782
		응시	2,132	1,946	1,626	3,061	1,710
		응시율(%)	83.8	97.39	97.07	95.66	95.96
		합격	1,825	1,701	1,382	2,629	1,522
		합격률(%)	85.6	87.41	84.99	85.89	89.01

청소년상담사 시험 정보

■ 시험일정

구분	필기시험 원서접수	필기시험	필기시험 합격자발표	응시자격 서류제출	면접 원서접수	면접	최종 합격자발표
2022년 제21회	2022.08.22.(월) ~ 2022.08.26.(금)	2022.10.08.(토)	2022.11.09.(수)	2023.03.02.(목) ~ 2023.06.10.(토)	2022.11.21.(월) ~ 2022.11.25.(금)	2022.12.12.(월) ~ 2022.12.17.(토)	2022.12.28.(수) ~ 2023.02.25.(토)

※ 원서접수시간은 원서접수 첫날 09:00부터 마지막 날 18:00까지
※ 정확한 시험일정은 큐넷 홈페이지 https://www.q-net.or.kr/ 참고

■ 실시기관

- 필기시험 시행, 응시자격서류 심사, 면접시험 시행 : 한국산업인력공단
- 자격시험 연수, 자격증 교부 : 한국청소년상담복지개발원
  * 한국청소년상담복지개발원 홈페이지(http://www.youthcounselor.or.kr/)

■ 응시자격

구분	자격요건	비고
3급 청소년 상담사	1. 대학 및 「평생교육법」에 따른 학력이 인정되는 평생교육시설의 청소년(지도)학·교육학·심리학·사회사업(복지)학·정신의학·아동(복지)학·상담학 분야 또는 그 밖에 여성가족부령으로 정하는 상담 관련 분야(이하 "상담관련분야"라 한다)의 학사학위를 취득한 사람 2. 전문대학 또는 다른 법령에 따라 이와 동등한 학력을 인정받는 기관에서 상담관련 분야 전문학사를 취득한 사람으로서 상담 실무경력이 2년 이상인 사람 3. 대학 또는 다른 법령에 따라 이와 동등한 학력을 인정받는 기관에서 학사학위를 취득한 후 상담 실무경력이 2년 이상인 사람 4. 전문대학 또는 다른 법령에 따라 이와 동등한 학력을 인정받는 기관에서 전문 학사학위를 취득한 후 상담 실무경력이 4년 이상인 사람 5. 고등학교를 졸업하고 상담 실무경력이 5년 이상인 사람 6. 제1호부터 제4호까지에 규정된 사람과 같은 수준 이상의 자격이 있다고 여성가족부령으로 정하는 사람	1. 상담분야 4년제 학사 2. 상담분야 2년제 + 2년 3. 타분야 4년제 + 2년 4. 타분야 2년제 + 4년 5. 고졸 + 5년

※ 여성가족부령으로 정하는 그 밖의 '상담관련분야', 응시등급별 상담 실무경력 인정기준, 상담 실무경력 인정 기관 등 정확한 응시자격은 큐넷 홈페이지 https://www.q-net.or.kr/ 참고

청소년상담사 시험 정보

■ 시험과목 및 방법

구분	시험과목		시험방법	
	구분	과목	필기	면접
1급 청소년상담사 (5과목)	필수(3과목)	○ 상담사 교육 및 사례지도 ○ 청소년 관련법과 행정 ○ 상담연구방법론의 실제	과목당 25문항	
	선택(2과목)	○ 비행상담, 성상담, 약물상담, 위기상담 중 2과목		
2급 청소년상담사 (6과목)	필수(4과목)	○ 청소년 상담의 이론과 실제 ○ 상담연구방법론의 기초 ○ 심리측정 평가의 활용 ○ 이상심리	과목당 25문항	
	선택(2과목)	○ 진로상담, 집단상담, 가족상담, 학업상담 중 2과목		
3급 청소년상담사 (6과목)	필수(5과목)	○ 발달심리 ○ 집단상담의 기초 ○ 심리측정 및 평가 ○ 상담이론 ○ 학습이론	과목당 25문항	
	선택(1과목)	○ 청소년이해론, 청소년수련활동론 중 1과목		

※ 비고 : "청소년 관련법"이란 「청소년기본법」, 「청소년복지지원법」, 「청소년보호법」, 「아동·청소년의 성보호에 관한 법률」, 「청소년활동진흥법」, 「학교폭력예방 및 대책에 관한 법률」, 「소년법」을 말하며, 그 밖의 법령을 포함하는 경우 여성가족부장관이 고시한다.
※ 시험과목 중 법령관련 출제 기준일은 시험 시행일 기준이다.

■ 합격기준

구분	합격결정기준
필기시험	매 과목 100점을 만점으로 하여 매 과목 40점 이상, 전 과목 평균 60점 이상 득점한 자
면접시험	면접위원(3인)의 평정점수 합계가 모두 15점(25점 만점) 이상인 사람 ※ 다만 면접위원의 과반수가 어느 하나의 평가사항에 대하여 1점으로 평정한 때에는 평정점수 합계와 관계없이 불합격으로 한다.

※ 필기시험 합격예정자는 응시자격 서류를 제출하여야 하며, 정해진 기간 내 응시서류를 제출하지 않거나 심사 결과 부적격자일 경우 필기시험을 불합격 처리한다.

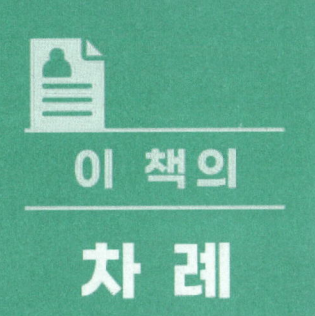

이 책의 차례

PART 1 2018년 청소년상담사 3급 기출문제 (2018. 10. 06. 시행)

2018년 제17회 기출문제 1교시 ·· 008
2018년 제17회 기출문제 2교시 ·· 044
2018년 제17회 기출문제 정답 ·· 070

PART 2 2019년 청소년상담사 3급 기출문제 (2019. 10. 05. 시행)

2019년 제18회 기출문제 1교시 ·· 074
2019년 제18회 기출문제 2교시 ·· 112
2019년 제18회 기출문제 정답 ·· 139

PART 3 2020년 청소년상담사 3급 기출문제 (2020. 10. 10. 시행)

2020년 제19회 기출문제 1교시 ·· 142
2020년 제19회 기출문제 2교시 ·· 181
2020년 제19회 기출문제 정답 ·· 208

PART 4 2021년 청소년상담사 3급 기출문제 (2021. 10. 09. 시행)

2021년 제20회 기출문제 1교시 ·· 212
2021년 제20회 기출문제 2교시 ·· 253
2021년 제20회 기출문제 정답 ·· 283

2018년 청소년상담사 3급 기출문제

2018년 제17회
2018. 10. 06. 시행

청소년상담사 3급 필기
기출문제집

2018년 제17회 청소년상담사 3급 기출문제

2018. 10. 06. 시행

| 1교시 | 필수 4과목 (100분) |

필수 | 제1과목 발달심리

001

발달에 관한 설명으로 옳은 것을 모두 고른 것은?

ㄱ. 기능 및 구조가 쇠퇴하는 부정적 변화는 발달에 포함되지 않는다.
ㄴ. 발달은 양적 변화와 질적 변화를 포함한다.
ㄷ. 발달은 성숙과 학습의 영향을 포함한다.
ㄹ. 도덕적, 인지적, 사회적 발달은 상호 독립적이다.

① ㄱ, ㄴ
② ㄱ, ㄷ
③ ㄴ, ㄷ
④ ㄴ, ㄹ
⑤ ㄷ, ㄹ

해설
ㄱ. 긍정적 변화뿐만 아니라 부정적 변화 또한 발달에 포함된다.
ㄹ. 인간의 발달은 도덕적, 인지적, 사회적 발달의 상호작용으로 이루어진다.

002

발달연구에 관한 설명으로 옳지 않은 것은?

① 종단적 연구는 횡단적 연구보다 시간과 비용이 많이 든다.
② 실험 참가자들이 받게 되는 각기 다른 실험처치 변인은 종속변인이다.
③ 단기종단연구에서는 반복된 검사의 결과로 연습효과가 발생할 수 있다.
④ 실험설계에서 통제집단은 실험처치를 받지 않는다.
⑤ 상관관계로 인과관계를 결정할 수 없다.

해설
실험 참가자들이 받게 되는 각기 다른 실험처치 변인은 **독립변인**이다.

- **독립변인**(실험변인, 처치변인) : 다른 변인에 작용하는 것으로, 실험자에 의해 임의로 조작되고 통제된다.
- **매개변인** : 독립변인의 작용을 종속변인에 전달한다.
- **종속변인**(반응변인, 준거변인) : 독립변인의 조작 결과를 나타내며, 그 효과를 판단하는 준거가 된다.

003

다음의 특징을 나타내는 발달 개념은?

지영이는 아버지의 학대로 인하여 대인기피증과 우울증을 보였지만, 아버지와 떨어져 살게 된 후 사교적이며 명랑한 아이가 되었다.

① 가소성(Plasticity)
② 가역성(Reversibility)
③ 탈중심화(Decentration)
④ 특수화(Specification)
⑤ 평형화(Equilibration)

> [해설]
> 위 사례에서 지영이는 '아버지의 학대'라는 부정적인 삶의 경험에 반응하여 '대인기피증과 우울증'을 보였지만, '아버지와 떨어져 살게 된 후' 환경이 정상화되면서 발달이 긍정적으로 회복된 모습을 보여주고 있다.

- 가소성(Plasticity)
  유전과 환경 중 환경적 경험에 의한 발달 가능성으로, 발달의 주요 특성이다.

- 마샤(J. Marcia) – 자아정체감 유형

(1) 정체감 혼미 (위기×, 전념×)	자신에 대해 탐색하거나 이해하려고 하지 않고, 어떠한 전념도 없는 상태
(2) 정체감 유실 (위기×, 전념○)	다른 사람의 가치를 채택하여 정체성을 형성하고, 이를 위해 전념하는 상태
(3) 정체감 유예 (위기○, 전념×)	자신에 대해 탐색하거나 이해하려고 노력하지만, 아직 전념하는 일이나 가치가 없는 상태
(4) 정체감 성취 (위기○, 전념○)	여러 위기를 겪으면서 정체성을 확립하고, 신념을 가진 일이나 가치에 전념하고 있는 상태

004

청소년기 자아정체감에 관한 설명으로 옳은 것은?

① 에릭슨(E. Erikson)은 자아정체감을 위기(Crisis)와 전념(Commitment)에 따라 네 가지 지위로 구분하였다.
② 정체성 혼미(Diffusion)와 정체성 유실(Foreclosure)은 정체성 위기를 경험하고 있는 지위이다.
③ 정체성 유실이 정체감 발달에서 가장 미숙한 수준의 지위이다.
④ 자아정체감은 청소년 중기에 대부분 완벽하게 확립된다.
⑤ 정체성 형성(Achievement)과 정체성 유예(Moratorium)는 심리적으로 건강한 지위이다.

> [해설]
> ① **마샤(J. Marcia)**는 자아정체감을 위기(Crisis)와 전념(Commitment)에 따라 네 가지 지위로 구분하였다.
> ② **정체성 형성(성취, Achievement)**과 **정체성 유예(Moratorium)**는 정체성 위기를 경험하고 있는 지위이다.
> ③ **정체성 혼미(Diffusion)**는 정체감 발달에서 가장 미숙한 수준의 지위이다.
> ④ 자아정체감은 <u>청소년 후기</u>에 대부분 확립된다.

005

애착에 관한 설명으로 옳지 않은 것은?

① 애착의 대상이 어머니에 국한된 것은 아니다.
② 회피애착과 저항애착은 모두 불안정한 애착이다.
③ 비사회적 애착 단계의 아동은 일차 애착 대상뿐만 아니라 다른 사람과도 애착을 형성한다.
④ 안정애착 아동은 사회적 기술이 우수한 편이다.
⑤ 회피애착 아동은 주양육자와 분리될 때 저항이 거의 없다.

> [해설]
> '비사회적 애착' 단계의 아동은 사람이나 물체 등에 특별한 반응을 보이지 않는다.
> '다인수 애착' 단계의 아동은 일차 애착 대상뿐만 아니라 다른 사람과도 애착을 형성한다.

- 쉐퍼&에멀슨(Schaffer&Emerson) – 애착 발달 단계

(1) 비사회적 애착 (0~6주)	사람이나 물체 등에 특별한 반응을 보이지 않는다.
(2) 비변별적 애착 (6주~6·7개월)	모든 사람에게 미소 짓고, 사람과 떨어지는 것을 싫어하며 사회적 자극을 좋아한다.
(3) 특정인 애착 (7~9개월)	낯선 사람을 경계하고, 주양육자와 떨어지면 불안·저항 증세를 보이며 낯가림을 시작한다.
(4) 다인수 애착 (9~18개월)	주양육자 외 여러 사람들과 애착을 형성하기 시작한다.

006

피아제(J. Piaget)의 인지발달이론에 관한 설명으로 옳은 것을 모두 고른 것은?

> ㄱ. 전조작기의 아동의 사고는 물활론적이며 자아 중심적이다.
> ㄴ. 아동이 이전에 갖고 있던 도식에 근거하여 새로운 경험을 해석하는 과정을 동화(Assimilation) 라고 한다.
> ㄷ. 인지발달 단계의 순서는 사회문화적 경험에 따라 달라진다.
> ㄹ. 구체적 조작기의 아동은 가설-연역적 추론 능력이 있다.

① ㄱ, ㄴ
② ㄱ, ㄷ
③ ㄴ, ㄷ
④ ㄴ, ㄹ
⑤ ㄷ, ㄹ

해설
ㄷ. 인지발달 단계의 순서는 고정되어 있다.
ㄹ. 구체적 조작기의 아동은 이론적·논리적 사고가 가능하지만, 가설-연역적 추론에 이르지 못한다.
형식적 조작기의 아동은 가설-연역적 추론 능력이 있다.

007

다음의 사례에 해당하는 인지발달의 개념으로 옳은 것은?

> 지영이는 검은색 털이 있는 동물을 강아지라고 알고 있었다. 친구의 강아지가 하얀색 털이 있는 것을 보고, 모든 강아지의 털이 검은색이 아니라는 것을 이해하게 되었다.

① 인지적 서열화
② 이중 표상
③ 지연 모방
④ 조절
⑤ 확장된 자기

해설
위 사례에서 지영이는 '하얀색 털이 있는 친구의 강아지'라는 새로운 정보를 이해하기 위해 '검은색 털이 있는 동물은 강아지'라는 기존 도식을 수정하였다.

• **조절(Accomodation)**
기존의 도식이 새로운 정보나 경험을 동화하는 데 적합하지 않은 경우, 기존의 도식을 수정하는 것이다.

008

비고츠키(L. Vygotsky)의 인지발달이론에 관한 설명으로 옳지 않은 것은?

① 근접발달영역이란 혼자서 성취하기는 어렵지만 유능한 타인의 도움으로 성취 가능한 것의 범위이다.
② 인지발달을 촉진하는 방법에는 발판화(Scaffolding)와 수평적 격차가 있다.
③ 아동의 혼잣말은 문제해결능력을 조절하는 인지적 자기 안내 체계이다.
④ 지식은 사회적 상호작용을 통해 내면화된다.
⑤ 인지발달에 미치는 사회문화적 영향을 강조한다.

해설
'수평적 격차'는 피아제(J. Piaget)에 의해 제시된 개념으로, 구체적 조작기에 형성되기 시작하는 보존개념이 그 내용에 따라 획득되는 시기가 다르다는 것을 설명한다.
보존개념은 일반적으로 길이, 크기, 양, 수를 획득한 후 무게, 넓이, 부피 순서로 획득한다.

009

다음에 해당하는 성염색체 이상 증후군은?

- 난소가 제 기능을 하지 못해 여성 호르몬이 부족하고, 사춘기가 되어도 2차 성징이 나타나지 않는다.
- 공간지각 능력은 평균 이하인 경우가 많다.
- 연소자형 관절염과 작은 체격이 보편적인 특성이다.

① 터너 증후군
② 클라인펠터 증후군
③ XYY 증후군
④ 삼중 X 증후군
⑤ 다운 증후군

해설

- 성염색체 이상 증후군
  (1) 터너증후군(Turner's Syndrome) : 여성에게 나타나는 유전적 질환으로, 성염색체 XX 중 X 염색체가 하나만 있는 경우이다.
  (2) 클라인펠터 증후군(Klinefelter Syndrome) : 남성에게 나타나는 유전적 질환으로, 2개 이상의 X 염색체와 적어도 1개 이상의 Y 염색체를 가진 경우이다.
  (3) XXX 증후군(삼중 X 증후군, Triple X Syndrom) : 여성에게 X 염색체가 하나 더 있어서 일반 46개의 염색체가 아닌 총 47개의 염색체가 있는 경우이다.
  (4) XYY 증후군(야콥/제이콥스 증후군, 초남성 증후군) : 남성에게 Y 염색체가 하나 더 있어서 일반 46개의 염색체가 아닌 총 47개의 염색체가 있는 경우이다.

010

태내 발달에 관한 설명으로 옳은 것을 모두 고른 것은?

ㄱ. 태내기는 난자와 정자가 수정된 순간부터 출생까지의 기간을 말한다.
ㄴ. 태아기는 8주 이후부터 출생까지의 기간을 말한다.
ㄷ. 배아기에는 심장이 뛰기 시작하며 생식기가 형성된다.
ㄹ. 산모의 흡연은 저체중아 출산 가능성을 높인다.

① ㄱ, ㄴ
② ㄴ, ㄷ
③ ㄱ, ㄴ, ㄷ
④ ㄴ, ㄷ, ㄹ
⑤ ㄱ, ㄴ, ㄷ, ㄹ

해설

ㄱ. '태내기'는 난자와 정자가 수정된 후 출생에 이르기까지 약 280일(약 38주)의 기간으로, '발아기(배종기)-배아기-태아기'의 단계로 구분된다.
ㄴ. '태아기'는 태내기 중 가장 긴 기간으로, 출생에 필요한 모든 준비를 마친다.
ㄷ. '배아기'는 주요 기관을 포함한 대부분의 기관들이 형성되는 결정적 시기(Critical Period)로, 신경계가 발달하며 심장, 근육, 척추, 갈비뼈, 소화관 등이 형성된다.
ㄹ. 산모의 흡연은 저체중아, 조산아, 뇌 결함 등 기형 및 장애를 유발할 가능성을 높인다.

011

생후 1개월 이내 신생아의 감각발달에 관한 설명으로 옳지 않은 것은?

① 시신경과 망막이 완전히 성숙하지는 않다.
② 엄마와 다른 여성의 젖 냄새를 구분한다.
③ 촉각을 이용해서 주위 물체를 구분한다.
④ 단순한 소리의 크기와 음조를 구분한다.
⑤ 쓴맛, 단맛, 신맛을 구별한다.

해설

촉각은 출생 전부터 상당히 발달되어 있는 감각으로, 출생 시부터 온도와 통증에 대한 감각이 존재한다.
신생아는 혀, 입술, 손·발바닥 주변이 특히 민감하며, 촉각을 이용해서 주위 물체를 탐색하고 환경을 인지할 수 있다. **약 12개월(영아기)**에 이르면 촉각만으로 익숙한 물체를 구분할 수 있다.

012

운동발달에 관한 설명으로 옳은 것을 모두 고른 것은?

> ㄱ. 신생아기에는 손바닥에 어떤 물건을 쥐어주면 꼭 쥐는 반응을 보인다.
> ㄴ. 생후 3~6개월 된 영아는 뒤집기를 한다.
> ㄷ. 생후 1세 영아는 두발자전거를 탈 수 있다.
> ㄹ. 아동기는 유아기보다 협응능력이 더 발달한다.

① ㄱ
② ㄹ
③ ㄴ, ㄷ
④ ㄷ, ㄹ
⑤ ㄱ, ㄴ, ㄹ

해설

생후 1세 영아는 일어서기 혹은 걷기를 할 수 있다.

- **협응능력**
  신체의 신경기관, 운동기관 등이 서로 호응하며 조화롭게 움직일 수 있는 능력으로, 유아기 동안 급속히 발달한다.

(3) 단독놀이 (만 2~2.5세)	다른 아동들의 장난감과 다른 장난감을 가지고 혼자서 독립적으로 노는 놀이이다.
(4) 평행놀이 (만 2.5~3.5세)	다른 아동들 틈에서 놀지만, 서로 상호작용하지 않고 혼자서 노는 놀이이다.
(5) 연합놀이 (만 3.5~4.5세)	다른 아동들과 함께 비슷한 활동을 하는 놀이 형태로, 다른 아동을 따라 하거나 놀이 인원을 통제하기도 한다.
(6) 협동놀이 (만 4.5세~)	한두 명의 리더 유아를 중심으로 여러 명의 유아들이 협동하여 각자의 역할을 조직적으로 진행하는 사회적 놀이이다.

013

다른 유아가 노는 것을 관찰하면서 말을 하거나 제안을 하지만, 자신이 직접 놀이에 참여하지 않는 놀이 유형은?

① 방관자적 놀이
② 몰입되지 않은 놀이
③ 혼자 놀이
④ 협동 놀이
⑤ 연합 놀이

해설

- **파튼(M. Parten) – 사회적 놀이 유형(유아의 놀이 형태)**

(1) 비참여적 행동 (만 0~1.5세)	놀이라기보다 순간적인 흥미와 관심에 따라 이곳저곳을 보는 단계이다.
(2) 방관자적 행동 (만 1.5~2세)	놀이에는 직접 참여하지 않지만, 놀고 있는 아동에게 말을 걸거나 제안을 한다.

014

피아제(J. Piaget)의 감각운동기에서 다음 사례에 해당되는 하위단계는?

> - 나무토막을 갖고 놀던 11개월 된 영아가 나무토막이 싫증나서 그것을 옆으로 밀어놓고 다른 장난감이 쌓인 곳으로 기어간다.
> - 목표를 성취하기 위해서 일련의 행동을 통해 이전보다 적극적으로 주변을 탐색한다.

① 1차 순환반응단계
② 2차 순환반응단계
③ 2차 순환반응의 협응단계
④ 3차 순환반응단계
⑤ 심적 표상단계

해설

- 피아제(J. Piaget) - 인지발달단계

(1) 감각 운동기 (출생~2세)	
1) 반사 운동기 (출생~1개월)	빨기, 잡기, 소리 나는 쪽으로 고개 돌리기 등 기본적인 반사행동을 한다.
2) 1차 순환반응기 (생후 1~4개월)	자신의 신체와 관련된 행동을 여러 번 반복하는 반복 행동을 보인다.
3) 2차 순환반응기 (생후 4~8개월)	자신만 보는 것이 아니라 주변 세계와 외부 사건에 대해서 관심을 보인다.
4) 2차 순환반응의 협응기 (생후 8~12개월)	시공간의 개념을 알아가며, **목표 행동에 도달하기 위한 수단을 구분하기 시작하고**, 협응행동을 보인다.
5) 3차 순환반응기 (생후 12~18개월)	호기심을 바탕으로 새로운 행동을 시작하고, 창의적인 행동을 시도한다.
6) 정신적 표상 (생후 18~24개월)	눈앞에 없는 사물·사태에 대한 내적 표상능력이 발달하고, 행동하기 전에 대처할 수 있는 인지구조를 형성하며, 일정 시간이 지난 후에 목격한 행동을 재현하는 지연모방이 가능해진다.
(2) 전조작기 (2~7세)	
(3) 구체적 조작기 (7~11세)	
(4) 형식적 조작기 (12세 이상)	

015

다음에 해당하는 언어의 구성 지식은?

- 6세 지민이가 3세 동생에게 새로운 게임을 설명할 때 동생 수준에 맞추어 말한다.
- 의사소통을 효율적으로 하기 위해서 언어가 어떻게 사용되어야 하는지에 대한 규칙을 알아야 한다.

① 형태론적 지식
② 화용론적 지식
③ 구문론적 지식
④ 의미론적 지식
⑤ 음운론적 지식

해설

- 언어 구성 요소
  (1) 음운론적 지식 : 언어의 소리 형태결합에 대한 규칙을 아는 것이다.
  (2) 의미론적 지식 : 문장에서 표현되어진 단어의 의미에 대해 아는 것이다.
  (3) 형태론적 지식 : 단어를 구성하는 체계나 형태변화 규칙에 대해 아는 것이다.
  (4) 구문론적 지식 : 문장을 구성하는 단어의 문법 규칙에 대해 아는 것이다.
  (5) 화용론적 지식 : 상황이나 맥락에 따라 적절하게 의사소통하기 위한 지식이다.

016

지능에 관한 설명으로 옳지 않은 것은?

① 유동성 지능은 결정성 지능보다 중추신경계의 기능에 더 의존한다.
② 유동성 지능에는 공간지각능력이 포함된다.
③ 결정성 지능에는 언어이해력이 포함된다.
④ 유동성 지능은 생활 경험과 교육을 통해 축적된 지식이다.
⑤ 결정성 지능과 유동성 지능이 절정에 달하는 시기는 각기 다르다

해설

'결정성 지능'은 생활 경험과 교육을 통해 축적된 지식이다.

- 유동성 지능
  - 유전적·선천적으로 타고나는 지능이다.
  - 성인 초기 이후 급격히 퇴보하는 경향이 있다.
  예 기억력, 암기력 등

- 결정성 지능
  - 환경·경험·학습 등에 의해 후천적으로 발달하는 지능이다.
  - 연령이 증가함에 따라 지속적으로 발달하는 경향이 있다.
  예 일반상식, 문제해결능력, 언어이해능력 등

017

다음에서 설명하는 노화의 생물학적 이론은?

> DNA 단백질로 구성되어 있는 염색체의 끝부분이 세포분열을 거듭할수록 점점 짧아지고, 세포는 더 이상 분열하지 못해서 노화를 일으킨다.

① 세포돌연변이 이론
② 텔로미어 이론
③ 면역체계 이론
④ 신경내분비 이론
⑤ 교차결합 이론

해설

- 생물학적 노화이론
  (1) 교차결합 이론 : 인체 내 단백질 중 가장 많은 부분을 차지하고 있는 콜라겐의 분자들 간 교차결합이 발생하면 영양과 노폐물의 이동이 어려워지면서 단백질이 굳어진다. 연령의 증가에 따른 교차결합 누적으로 피부·각막·관절 등에서 유연성·탄력성 저하 현상을 보이므로 노화가 진행된다.
  (2) 세포돌연변이 이론 : 연령이 증가할수록 돌연변이 세포의 비중이 늘어나고, 그 누적으로 노화가 일어난다.
  (3) 면역체계 이론 : 연령의 증가에 따른 면역기능의 저하로 노화가 일어난다.
  (4) 신경내분비 이론 : 인체 내 호르몬 분비로 신체 기능을 조절하는 내분비계의 기능 저하가 노화를 일으킨다.
  (5) 텔로미어 이론 : 염색체의 끝부분에 위치하여 그 온전함을 유지하는 역할을 하는 텔로미어(Telomere)가 반복되는 세포분열로 인해 복제되지 못하고 점차 짧아지면서 노화가 진행된다.

018

발달 이론가의 주장으로 옳은 것은?

① 미드(M. Mead) : 청년기 발달은 주로 개인차에 영향을 받는다.
② 해비거스트(R. Havighurst) : 청소년기를 질풍노도의 시기라고 하였다.
③ 안나 프로이트(A. Freud) : 청년기에 두드러지게 나타나는 방어기제는 금욕주의와 지성화이다.
④ 마샤(J. Marcia) : 23세부터 28세 사이에 자아정체감이 형성된다.
⑤ 길리건(C. Gilligan) : 여성의 도덕심을 구성하는 핵심개념은 정의(Justice)이다.

해설

① 미드(M. Mead) : 청소년기 발달은 **문화적 상대성**에 따라 결정된다.
② **홀(S. Hall)** : 청소년기를 질풍노도의 시기라고 하였다.
④ 마샤(J. Marcia) : **청소년 후기**에 자아정체감이 형성되며, 성인기에도 변화할 수 있다고 보았다.
⑤ 길리건(C. Gilligan) : **남성**의 도덕심을 구성하는 핵심개념은 정의(Justice)이다. 여성의 도덕심을 구성하는 핵심개념은 **배려(Care)** 이다.

019

정신질환의 진단 및 통계 편람(DSM-5)에서 유뇨증을 진단하는 기준으로 옳은 것은?

① 적어도 연속된 5개월 이상 지속적으로 주 3회 이상 나타난다.
② 아동의 생활연령이 최소 4세 이상이다.
③ 의도적으로 침구 또는 옷에 반복적으로 소변을 보는 것은 포함하지 않는다.
④ 이뇨제 등 약물에 의한 것은 포함하지 않는다.
⑤ 야간, 주간, 주야간 복합인지 명시할 필요가 없다.

해설

- **유뇨증(Enursis)**
  - DSM-5의 '배설장애'에 해당한다.
  - 배변훈련이 끝나는 5세 이상 아동이 신체적으로 이상이 없음에도 불구하고 옷이나 침구에 반복적으로 소변을 보는 경우이다.
  - 진단 기준
    (1) 침구나 옷에 반복적으로 소변을 본다.
    (2) 장애 행동이 주 2회 이상 빈도로 적어도 3개월 동안 연속해서 일어난다.
    (3) 증상이 사회적, 학업적 또는 다른 중요한 기능 영역에서 임상적으로 유의미한 고통이나 손상을 초래한다.
    (4) 아동의 발달연령은 최소 5세이어야 진단이 가능하다.
    (5) 장애 행동이 물질이나 일반적인 의학적 상태의 직접적·생리적 효과로 기인한 것이 아니어야 한다.
    (6) 주간형(깨어있는 동안 나타남), 야간형(야간 수면 시 나타남), 복합형(밤낮 구분 없이 나타남)으로 구분된다.

- **설리반(H. S. Sullivan) – 대인관계 발달 단계**

(1) 유아기 (출생~2세)	양육자로부터 안정감을 느끼려는 욕구
(2) 아동기 (3~6세)	부모로부터 관심을 얻으려는 욕구
(3) 소년기 (7~10세)	또래관계를 형성하고자 하는 욕구
(4) 전청소년기 (11~12세)	단짝 친구로 표현되는 애정 욕구
(5) 청소년 초기 (13~16세)	대인 간 친밀감을 유지하려는 욕구
(6) 청소년 후기 (17~20세)	이성관계를 추구하려는 욕구

020

다음과 같이 주장한 학자는?

> 부모–자녀 관계의 중요성을 강조했던 다른 정신분석이론가와 달리 청년기 발달에서 친구관계의 역할을 강조하였고, 몇몇 친한 동성친구와 친밀한 관계를 형성하는 것을 '단짝관계(Chumship)'라 칭하였다.

① 설리반(H. S. Sullivan)
② 브레이너드(C. Brainerd)
③ 브론펜브레너(U. Bronfenbrenner)
④ 호나이(K. Horney)
⑤ 에릭슨(E. Erikson)

해설

설리반(H. S. Sullivan)은 유아기부터 후기 청소년기까지 6단계의 발달 시기에 따라 다른 사람과의 상호작용 욕구가 변화한다고 설명하였다. 다른 정신분석학자들이 부모와 자녀 관계에 중점을 둔 반면 청소년기 발달에 친구관계가 가장 중요한 역할을 한다고 주장하였다.

021

콜버그(L. Kohlberg)의 도덕성 발달이론에 관한 설명으로 옳은 것은?

① 도덕적 판단보다는 행동을 중요시한다.
② 도덕성의 사고구조보다는 내용을 더 중요시한다.
③ 도덕성 발달은 인지발달과 관련이 없다.
④ 도덕성의 발달을 2수준 6단계로 제시한다.
⑤ 최종단계는 보편적 원리(Universal Principle) 지향이다.

해설

- **콜버그(L. Kohlberg) – 도덕성 발달 단계**

제1수준 전인습적	1단계	– 처벌과 복종 지향 – 타율적 도덕성 단계
	2단계	– 개인적·도구적 목표 지향 – 욕구충족 수단으로서의 도덕성
제2수준 인습적	3단계	– 대인관계 조화를 위한 도덕성
	4단계	– 법·질서·사회체계적 도덕성
제3수준 후인습적	5단계	– 민주적·사회계약적 도덕성 – 도덕적 융통성이 발휘되는 단계로, 민주적 절차에 따라 사회계약을 변경할 수 있다고 본다.
	6단계	– 보편적·윤리적 도덕성 – 가장 높은 단계의 도덕성으로, 인간의 존엄성이나 정당성과 같은 보편적 원리에 의해 판단한다.

022

다음에서 설명하는 것은?

> 영아는 낯선 사람을 만났을 때 두려운지 아닌지 애매한 상황을 보다 정확하게 해석하기 위해 믿을 만한 사람에게서 정서적 정보를 얻는다.

① 정서 최적화　② 정서적 참조
③ 사회적 비교　④ 사회적 참조
⑤ 자기의식적 정서

해설
- **사회적 참조(Social Referencing)**
  불확실한 상황에 대한 타인의 반응을 이용하여 자신의 행동을 구성하는 것이다.

023

청소년기의 특징으로 옳은 것은?

① 형식적 사고가 구체적 사고로 전환된다.
② 전두엽에서 사용되지 않는 시냅스가 계속 제거된다.
③ 대근육과 소근육이 급격히 발달한다.
④ 뇌의 성장급등에 따라 뇌의 무게도 급격히 증가한다.
⑤ 생산성을 획득하지 못하면 침체감을 경험한다.

해설
① **구체적 사고가 형식적 사고로** 전환된다.
③ **영유아기**에 대근육과 소근육이 급격히 발달한다.
④ **영유아기**에 뇌의 성장급등에 따라 뇌의 무게도 급격히 증가한다.
⑤ **중년기**에 생산성을 획득하지 못하면 침체감을 경험한다.

024

정신질환의 진단 및 통계 편람(DSM-5)에서 제시한 자폐스펙트럼장애의 증상이 아닌 것은?

① 동일성에 대한 고집
② 제한된 관심사
③ 낮은 지능
④ 상동증적 동작
⑤ 감각정보에 대한 과잉 또는 과소반응

해설
- **자폐스펙트럼장애**
  - DSM-5의 '신경발달장애'에 해당한다.
  - 사회적 상호작용과 의사소통에 어려움을 보이며, 흥미나 활동에서 제한적이고 반복적인 특징이 나타난다.
  - 핵심 증상
    (1) 사회적 상호작용과 의사소통의 결함
      1) 상호작용을 위한 비언어적 의사소통 행동의 결함
      2) 사회적-정서적 교류의 결함
      3) 관계의 발전·유지 및 관계에 대한 이해의 결함
    (2) 제한적 관심, 반복적인 상동증적 행동
      1) 상동증적 동작, 말하기, 물건 사용
      2) 동일성에 대한 고집
      3) 비정상적으로 제한되고 고정된 흥미, 관심사
      4) 과소/과잉반응

025

정신질환의 진단 및 통계 편람(DSM-5)의 신경발달장애에서 운동장애에 해당하지 않는 것은?

① 발달성 협응장애　② 틱장애
③ 상동증적 운동장애　④ 뚜렛장애
⑤ 신체이형장애

해설
- **운동장애**
  (1) 틱장애(뚜렛장애, 지속성 운동 또는 음성 틱장애, 일시성 틱장애)
  (2) 발달성 협응장애
  (3) 상동증적(정형적) 동작장애

DSM-5 신경발달장애
지적장애, 의사소통장애, 자폐스펙트럼장애, 주의력결핍 과잉행동장애, 특정학습장애, 운동장애 등

필수 | 제2과목 집단상담의 기초

026
개인상담보다는 집단상담에 가장 적합한 청소년은?

① 대인관계에 관심이 많은 청소년
② 의심이 심한 청소년
③ 극도로 의존적인 청소년
④ 반사회적인 청소년
⑤ 주의산만하고 충동적인 청소년

해설
②, ③, ④, ⑤는 집단상담보다 '개인상담'에 적합하다.

027
집단상담 회기별 계획에 관한 설명으로 옳지 않은 것은?

① 회기를 계획할 때 초반, 중반, 후반의 회기들 간의 차이를 염두에 둘 필요가 없다.
② 집단과 각 구성원의 특성을 이해하고 에너지 수준을 고려하여 회기별 활동을 계획한다.
③ 집단상담과정 중에 참여를 하지 않거나 지각 혹은 탈락한 집단원을 위한 계획도 수립한다.
④ 한 회기 동안 적절한 활동을 계획하여 집단원들이 충분히 생각할 시간을 주어야 한다.
⑤ 초반 회기에는 효율적인 집단 분위기를 형성하는 데 도움이 되는 계획을 세울 필요가 있다.

해설
집단상담 회기 계획 시 전체 회기를 초반, 중반, 후반의 회기로 구분하고 회기별 활동을 계획해야 한다.

028
집단상담자가 지켜야 할 윤리와 규범에 관한 것으로 옳은 것을 모두 고른 것은?

ㄱ. 집단원의 권리보다는 집단의 유지와 권리가 더 존중되어야 한다.
ㄴ. 집단의 성격과 목표, 특성 등을 집단원들에게 분명하게 안내해야 한다.
ㄷ. 약물남용의 경우는 비밀보장의 원칙을 예외로 하고 보호자에게 알려야 한다.
ㄹ. 18세 미만의 청소년은 집단참여에 부모의 동의를 얻도록 법적으로 규정되어 있다.

① ㄱ, ㄴ
② ㄱ, ㄹ
③ ㄴ, ㄷ
④ ㄴ, ㄷ, ㄹ
⑤ ㄱ, ㄴ, ㄷ, ㄹ

해설
ㄱ. 집단의 유지와 권리보다는 **집단원의 권리**가 더 존중되어야 한다.
ㄹ. 청소년상담사는 내담자가 **만 14세 미만**의 청소년인 경우, 보호자 또는 법정대리인의 상담 활동에 대한 사전 동의를 구해야 한다.

029
집단상담의 이점으로 옳은 것을 모두 고른 것은?

ㄱ. 소속감과 연대감을 경험할 수 있다.
ㄴ. 새로운 대인관계를 학습할 수 있다.
ㄷ. 집단상담은 모든 사람에게 적합하다.
ㄹ. 새롭게 터득한 사회기술을 연습할 수 있다.

① ㄱ, ㄴ
② ㄷ, ㄹ
③ ㄱ, ㄴ, ㄹ
④ ㄴ, ㄷ, ㄹ
⑤ ㄱ, ㄴ, ㄷ, ㄹ

해설

- 내담자 특성별 적합한 상담형태

개인상담	집단상담
- 의사소통 및 대인관계 능력이 현저히 낮은 경우 - 극도로 의존적이거나 의심이 많은 경우 - 극도로 예민하거나 정신 병적인 경우 - 반사회적이거나 지나치게 공격적인 경우	- 대인관계에 관심이 높은 경우 - 타인에게 인정받고자 하는 욕구가 강한 경우 - 타인의 조언·반응이 필요한 경우 - 타인의 이해·지지가 도움이 되는 경우

(4) 공감적 이해를 통해 집단원의 사실적 이야기가 현재에 미친 영향을 표현하도록 돕는다.
(5) <u>지루함에 대해 호기심을 갖고, 지루함도 하나의 중요한 정보로 여긴다.</u>
(6) <u>언제 어떤 경우에 덜 지루하게 하는지에 대해 파악한다.</u>
(7) <u>집단상담자의 '역전이'에 대해 주의를 기울인다.</u>

- '의존적 자세'의 경우
  상담자나 다른 집단원들이 결정해줄 것을 기대하고 모든 것을 의존하는 것이다. 상담자의 역할은 다음과 같다.
  (1) 집단원이 자신의 문제를 바르게 인식할 수 있도록 돕는다.
  (2) 타인에게서 얻는 내용들의 연결고리를 끊어준다.

030
사실적인 이야기를 늘어놓으며 집단을 지루하게 하는 집단원에 대한 집단상담자의 자세로 옳지 않은 것은?

① 지루함에 대해 호기심을 갖는다.
② 지루함도 하나의 중요한 정보로 여긴다.
③ 집단상담자의 역전이에 대해 주의를 기울인다.
④ 언제, 어떤 경우에 덜 지루하게 하는지에 대해 파악한다.
⑤ 의존성이 원인이므로 먼저 의존성에 대해 직면시킨다.

해설

- 집단원의 문제행동
  - '과거의 사건이나 사실 중심의 이야기 늘어놓기'의 경우 주로 감정을 드러내는 것을 회피하기 위한 방어기제이거나, 집단 내에서 과거 사실을 털어놓으면 해결해주리라는 오해에서 비롯된다. 상담자의 역할은 다음과 같다.
    (1) '지금-여기'에 초점을 맞추고, 감정을 진솔하게 표현하도록 돕는다.
    (2) 사실적 이야기를 장황하게 말하는 것과 자기 개방을 차별화시킨다.
    (3) 구체적이고 명료하게 자기 자신을 표현하도록 지도한다.

031
다음에서 설명하는 집단상담자의 역할은 어떤 이론에 근거한 것인가?

- 지금-여기의 경험 강조
- 알아차림과 접촉 촉진
- 내담자의 감각 사용 촉진
- 내담자의 신체언어와 접촉

① 게슈탈트
② 해결중심
③ 현실치료
④ 행동수정
⑤ 실존주의

해설

- 게슈탈트 상담이론
  - 내담자가 자신의 모습을 수용하고 삶의 주체로서 살아갈 수 있도록 돕는 것을 목표로 한다.
  - '지금-여기'의 경험을 통해 내담자 자신과 타인의 욕구, 주변 환경의 요구에 대한 자각(알아차림)과 접촉을 증진한다.
  - '빈의자', '욕구·감정·신체·환경·언어 자각', '꿈 작업', '신체부분과 대화하기' 등의 기법이 있다.

032

차단하기 기법이 필요한 상황에 해당되는 것을 모두 고른 것은?

> ㄱ. 집단원이 중언부언할 때
> ㄴ. 집단원이 상처를 주는 말을 할 때
> ㄷ. 지도자가 주제의 초점을 변경하고자 할 때
> ㄹ. 집단이 비생산적인 분위기로 흘러가서 분위기 전환이 필요할 때

① ㄱ, ㄴ
② ㄷ, ㄹ
③ ㄱ, ㄴ, ㄷ
④ ㄴ, ㄷ, ㄹ
⑤ ㄱ, ㄴ, ㄷ, ㄹ

해설
- 상담기법 - 차단
  집단상담자가 집단원의 진술 중 직접 개입하여 역기능적인 언어적·비언어적 행동을 중지시키는 기법이다.

033

생산적인 지지와 격려에 해당하는 것은?

① 차선을 우선적으로 결정하려 할 때 지지와 격려하기
② 침묵하던 집단원이 조심스럽게 자기개방을 했을 때 지지와 격려하기
③ 집단원에 대해 매번 지지와 격려하기
④ 집단원이 자신의 나약함을 집단에서 확인하려 할 때 지지와 격려하기
⑤ 집단원이 고통스러운 감정을 충분히 경험하기 전에 지지와 격려하기

해설
① 최선을 우선적으로 결정하도록 지지하고 격려해야 한다.
③ 집단원에 대해 무조건적인 지지와 격려는 지양해야 한다.
④ 집단원이 자신의 나약함을 집단에서 확인하려 할 때 '직면을 통해 집단원 자신을 되돌아볼 수 있도록 해야 한다.
⑤ 집단원이 고통스러운 감정을 충분히 경험하도록 기다려 주고, 극복할 수 있도록 지지하고 격려해야 한다.

- 비생산적인 지지와 격려
  - 집단원이 갈등이나 고통스러운 감정을 충분히 경험하기도 전에 지지와 격려하기
  - 집단원의 문제행동에 대해 '일시적 구원' 또는 '상처 싸매기' 반응하기
  - 집단원의 게임행동에 대해 지지와 격려하기

034

심리극에 근거한 집단상담에 관한 설명으로 옳은 것은?

① 집단 간의 관계에 초점을 맞춘다.
② 다섯 가지 주요 구성요소는 주인공, 연출자, 보조자아, 각본, 무대이다.
③ 주요 개념으로 현재성, 창조성, 자발성, 역할과 역할연기, 텔레와 참만남 등이 있다.
④ 진행단계는 워밍업단계, 준비단계, 실연단계, 종결단계이다.
⑤ 언어를 주요 기반으로 한 실연을 통해 문제해결을 꾀한다.

해설
① 개인의 문제에 초점을 맞춘다.
② 다섯 가지 주요 구성요소는 주인공, 연출자, 보조자아, 관객, 무대이다.
④ 진행단계는 워밍업단계, 실연단계, 종결단계이다.
⑤ 행동으로 실연함으로써 문제해결을 꾀한다.

- **심리극(사이코드라마, Psychodrama)**
  - 집단원들이 역할 연기를 함으로써 감정의 변화를 경험하고 왜곡되었던 자신을 이해하며, 새로운 환경에서 새롭게 형성된 자아를 바탕으로 자발성과 창조성을 발휘하여 삶을 영위할 수 있도록 하는 것을 상담 목표로 한다.
  - 진행 단계 : 워밍업 → 실연 → 종결
  - 주요 개념

자발성	'지금-여기'에서 새로운 환경에 적절하게 반응하는 내적 잠재력으로, '창조성의 원천이자 촉매제이다.
창조성	과거의 경험이나 기억에 얽매이지 않고, 새로운 적응방식을 운용하여 자신을 실현시켜 나가는 힘이다.
즉흥성	'지금-여기'에서 현재 일어나고 있는 것처럼 진행하는 즉흥적 행위이다.
역할교대	다른 사람의 역할을 맡아 자신과 타인을 새로운 눈으로 탐색하며, 끊임없이 자신을 창조해 나간다.
텔레(Tele)	구성원 간 감정의 양방향적 흐름, 개인이 서로에게 느끼는 감정으로써 집단을 하나로 묶는 접착제이다.
참만남	자신의 정체성을 유지하는 동시에 진솔하고 의미있는 만남을 경험하는 것이다.

  - 주요 기법
    실연, 이중자아, 역할놀이, 역할전환, 거울 기법, 빈의자 기법 등
  - 5대 구성요소
    주인공, 보조자아, 연출가, 관객, 무대

035

정신분석 집단상담에서 '놀림을 받는 집단원 A는 인기가 많은 집단원 B에 대해 불편한 마음을 가지고 있다.' 이때 집단원 A가 드러내는 행동의 방어기제로 옳은 것은?

① 반동형성 : 자신이 B를 불편해하는 줄도 모른다.
② 억압 : 자신은 B를 싫어하지 않는데 B가 자신을 싫어한다고 한다.
③ 퇴행 : B에게 부정적인 감정을 숨기기 위해 더 잘해준다.
④ 합리화 : B가 잘난 체해서 B를 싫어한다고 말한다.
⑤ 전치 : B에게 말할 때 어린아이같이 말하거나 행동한다.

해설

위 사례에서 A는 인기가 많은 집단원 B를 싫어하는 자신의 태도를 정당화하기 위해 B가 잘난 체해서 그렇다는 이유를 제시하고 있다.

① 억압
② 투사
③ 반동형성
⑤ 퇴행

- **방어기제**

반동형성	자신과 반대되는 감정을 표출하거나 행동을 하는 것이다.
억압	창피했던 일, 무서웠던 일 등을 기억에 떠오르지 않도록 무의식적으로 막는 것이다.
투사	자신의 내부에서 용납하기 어려운 욕구나 충동을 남의 탓으로 돌리는 것이다.
퇴행	생애 초기에 성공적으로 사용한 경험이 있는 감정·생각·행동에 의지하는 것이다.
합리화	자신의 행위나 생각을 정당화하기 위해 그럴듯한 이유를 제시하는 것이다.
전치	자신이 어떤 대상에 대해 느낀 감정을 보다 덜 위협적인 다른 대상에게 표출하는 것이다.

036
다음은 집단상담 축어록의 일부이다. (ㄱ)~(ㄹ)에 해당되는 것을 순서대로 옳게 연결한 것은?

> 태리 : 저는 요즘 중간고사 공부를 하면서 너무 자신이 한심하다는 생각이 들어요.
> 유진 : 자신이 한심하다는 생각이 든다니 속상하시겠어요. (ㄱ) 잠은 잘 자는 편인가요? (ㄴ)
> 태리 : 요즘은 힘도 없고 잠도 잘 못자요.
> 동맥 : 시험 공부할 때는 누구나 그런 생각이 들기 마련이지요. 너무 걱정하지 말아요. 다 지나갈 거예요. (ㄷ)
> 희성 : 지난번에 유진 님도 자격증 공부로 힘들어했었던 것 같은데, 유진 님은 태리 님의 이야기를 듣고 어떤 느낌이 드나요? (ㄹ)

	(ㄱ)	(ㄴ)	(ㄷ)	(ㄹ)
①	공감하기	폐쇄적 질문	공감하기	차단하기
②	공감하기	폐쇄적 질문	구원하기	연결하기
③	자기개방	개방적 질문	공감하기	연결하기
④	공감하기	개방적 질문	구원하기	연결하기
⑤	자기개방	폐쇄적 질문	공감하기	차단하기

해설
(ㄱ) 공감하기 : 집단원의 감정을 정확하게 파악하여 이해하고 집단원의 입장이 되어 느낀 다음 그 감정을 집단원에게 전달하는 것이다.
(ㄴ) 폐쇄적 질문 : 대답할 수 있는 범위를 한정하여 그 범위 내에서만 대답을 요구하는 질문으로, 주로 '예/아니오' 또는 단답식 질문이다.
(ㄷ) 구원하기 : 집단원의 고통을 지켜보기 어려워 사전에 봉쇄하는 경우로, 상담자는 집단원의 행동과 감정을 직면하고 성찰하도록 돕는다.
(ㄹ) 연결하기 : 한 집단원의 말·행동·경험을 다른 집단원의 것과 관련지어 연결해서 집단원이 문제의 원인 및 해결책을 찾도록 돕는다.

037
현실치료 집단상담의 주요기법이 아닌 것은?

① 질문하기
② 유머사용
③ 역설적 기법
④ 탈숙고(Dereflection)
⑤ 직면하기

해설
'탈숙고(Dereflection)'는 실존주의 상담기법이다.

현실치료 상담기법
질문, 유머, 직면(맞닥뜨림), 역설적 기법 등

038
교류분석(TA) 집단상담에서 다루는 내용이 아닌 것은?

① 각본분석
② 구조분석
③ 동기분석
④ 게임분석
⑤ 라켓분석

해설

교류분석 상담기법 – 분석과정
구조분석, 의사교류분석(상보·교차·이면 교류), 각본분석, 게임분석, 라켓분석 등

039
아들러(A. Adler) 집단상담에서 분석과 통찰단계의 활동으로 옳지 않은 것은?

① 집단원의 초기 기억을 탐색한다.
② 가족구도에서 차지하는 심리적 위치를 파악한다.
③ 일과 사회적 상황에서 어떻게 기능하고 있는가를 조사한다.
④ 생활양식에 대한 이해를 바탕으로 대안적인 행동을 하도록 격려한다.
⑤ 지금-여기에서 행동하는 방식의 이면에 숨겨진 동기를 다룬다.

> **해설**
> ④ 마지막 '재정향(재교육, Reorientation) 단계' 활동에 해당한다.
>
> • 아들러(A. Adler) – 집단상담
> 집단은 인간 행동의 본보기를 제공하며 이를 통해 집단원은 자신에 대한 통찰을 발달시킨다고 보았다. 집단원의 친밀감·소속감 형성, 열등감에 대한 인식의 변화, 바람직하지 않은 생활양식 변화, 사회적 관심 갖기 등을 강조하였다.

040

집단원의 침묵과 참여 부족의 이유에 해당하는 것을 모두 고른 것은?

> ㄱ. 비밀누설에 대한 두려움
> ㄴ. 말보다는 침묵이 더 효과적이라는 생각
> ㄷ. 자신은 말할 가치가 별로 없다는 느낌
> ㄹ. 집단원이나 지도자에 대한 표현되지 않는 분노감
> ㅁ. 다른 집단원과 비교하여 자신은 기대에 미치지 못한다는 느낌

① ㄱ, ㄴ, ㅁ ② ㄷ, ㄹ, ㅁ
③ ㄱ, ㄴ, ㄷ, ㄹ ④ ㄴ, ㄷ, ㄹ, ㅁ
⑤ ㄱ, ㄴ, ㄷ, ㄹ, ㅁ

> **해설**
> • 집단원의 문제행동 – '소극적 참여'
>   – 상담 과정에서 집단원이 침묵으로 대응하거나 적극적으로 참여하지 않는 것이다.
>   – 집단원의 이유
>   (1) 비밀누설에 대한 두려움
>   (2) 말보다는 침묵이 더 효과적이라는 생각
>   (3) 자신은 말할 가치가 별로 없다는 느낌
>   (4) 집단원이나 지도자에 대한 표현되지 않는 분노감
>   (5) 다른 집단원과 비교하여 자신은 기대에 미치지 못한다는 느낌
>   – 상담자의 역할
>   (1) 생산적인 침묵 시 집단원이 자신의 생각과 감정을 스스로 정리할 수 있도록 잠시 시간을 주고 기다려 준다.
>   (2) 비생산적인 침묵 시 즉시 상담자가 개입하여 집단원 본인의 태도가 지니는 의미를 탐색할 기회를 제공한다.

041

코리(G. Corey)의 집단발달 단계 중 과도기(Transition)의 특징으로 옳지 않은 것은?

① 불안이 증가한다.
② 하위 집단을 이루며 서로 분리된다.
③ 변화를 도모하고 과감하게 시도한다.
④ 집단원 자신을 속으로 숨기거나 간접적으로 표현한다.
⑤ 다른 사람들에게 조언을 하는 데 많은 에너지를 쏟는다.

> **해설**
> ③ 집단상담 '작업 단계(Working Stage)'에 관한 설명이다.
>
> '과도기 단계(Transition Stage)'에서 집단원은 불안·절망·무기력감·두려움을 느끼며, 적대적·공격적인 태도를 취하기도 한다. 집단원 자신을 속으로 숨기거나 간접적으로 표현하고, 하위집단을 이루며 서로 분리된다. 집단원들 간에 신뢰감과 불안감이 공존하게 된다.
>
> • 코리(G. Corey) – 집단상담 발달단계
>
> 초기 단계 → 과도기 단계 → 작업 단계 → 최종 단계

042

집단원이 경험한 치료적 요인은?

> 이번 회기에 집단지도자는 내가 다른 집단원에게 매우 공격적으로 말하고 있다는 것을 지적해 주었다. 나는 집단지도자에게 화를 내지 않으면서 "솔직히 말해주어 고맙습니다."라고 말하게 된 것이 좋았다. 이전에는 부정적인 피드백에 대해 이런 식으로 반응하지 못했다.

① 대인 간 행동학습 ② 정화
③ 자기노출 ④ 자기이해
⑤ 지도

> **해설**
> 위 사례에서 집단원은 집단구성원과의 상호작용을 통해서 자신의 대인관계에 대한 통찰력을 갖게 되었으며, 새로운 대인관계 방식을 시험하거나 적용해보는 경험을 하였다.

• 얄롬(I. Yalom) - 집단상담의 치료적 요인

(1)	희망 고취	집단의 효용성에 대한 믿음과 확신을 증가시킴으로써 치료효과에 대한 희망을 심어준다.
(2)	보편성	다른 집단원도 자신의 문제, 생각, 감정과 유사한 상황에 놓여 있다는 것을 알게 한다.
(3)	정보 공유	다른 집단원이 유사한 문제를 어떤 방식으로 극복했는지 정보를 전달하고 습득한다.
(4)	이타주의	다른 집단원에게 도움을 주며 개인의 자긍심을 고취시킨다.
(5)	초기 가족의 교정적 재현	집단 리더와 집단원들에게서 초기 가족구성원에게 가졌던 감정을 다시 경험하게 되며 전이가 일어나고, 부정적인 감정(투사)에 대해 해결할 기회를 갖는다.
(6)	사회화 기술 발달	다른 집단원과 사회적 관계를 형성하며 다양한 사회화 기술을 습득한다.
(7)	모방행동	집단 리더나 집단원들을 모방하여 바람직한 사고나 행동을 습득한다.
(8)	**대인관계 학습**	다른 집단원과 일상 속 대인관계 문제를 해결하고 새로운 대인관계 형성 패턴을 습득한다.
(9)	집단응집력	소속감과 안정감을 제공하여 집단에 계속해서 참여하고 남아 있고 싶게 한다.
(10)	정화	내면에 억압된 여러 감정과 생각을 노출하도록 하여 정서적 변화를 가져 온다.
(11)	실존적 요인	자신의 삶에 대한 책임감을 새롭게 인식하게 된다. 집단의 종결단계로 갈수록 부각된다.

043

집단응집력에 관한 설명으로 옳지 않은 것은?

① 집단원들이 집단에 남아 있도록 하는 힘이다.
② 자신의 내면세계를 타인과 공유하고 수용 받는다.
③ 응집력 자체로는 치료적 요인이 될 수 없다.
④ 지금-여기에 상호 피드백의 활성화는 응집력의 지표이다.
⑤ 더 높은 출석율과 더 많은 참여를 이끌어 낸다.

> **해설**
> '응집력'은 집단상담에 있어 매우 중요한 요소이며 집단원의 긍정적인 변화에 영향을 미치는 것으로, 치료적 요인에 포함된다.
>
> • 집단응집력
> 집단구성원들이 집단 내 남아 있도록 작용하는 힘으로, 구성원들 간 유대감에 근거하여 발달한다.

044

집단 발달단계의 특징을 발달단계 순서대로 옳게 나열한 것은?

ㄱ. 갈등과 방어, 집단상담자에 대한 도전
ㄴ. 집단원의 참여 주저, 긴장과 두려움
ㄷ. 집단응집력의 증가, 지금-여기에서의 직접적인 대화
ㄹ. 좌절 감정 다루기, 소극적 태도

① ㄱ - ㄴ - ㄷ - ㄹ
② ㄱ - ㄷ - ㄹ - ㄴ
③ ㄴ - ㄱ - ㄷ - ㄹ
④ ㄴ - ㄱ - ㄹ - ㄷ
⑤ ㄹ - ㄴ - ㄱ - ㄷ

> **해설**
> 코리(G. Corey)의 집단상담 발달단계에 따른 집단상담자 역할을 순서대로 나열하면 다음과 같다.
> ㄴ. '초기 단계' - ㄱ. '과도기 단계' - ㄷ. '작업 단계' - ㄹ. '최종 단계'

045
집단상담 제안서를 작성할 때 포함될 내용이 아닌 것은?

① 집단의 규범
② 집단에 대한 평가방법
③ 대상, 모임시간, 전체의 길이
④ 집단에서 달성하고자 하는 목표
⑤ 집단에 대한 명확하고 설득력 있는 근거

해설

집단상담 제안서의 포함사항
집단의 크기, 집단의 일정·모임시간·장소,
집단의 구성·유형, 구성원 선발방법, 집단상담자 수,
집단의 목적·필요성, 집단의 활동내용·평가방법,
기대효과 및 평가계획 등

046
개인상담과 비교했을 때 집단상담의 단점을 모두 고른 것은?

ㄱ. 집단압력의 가능성   ㄴ. 개인작업의 제한성
ㄷ. 경제성과 효율성   ㄹ. 대리학습

① ㄱ, ㄴ
② ㄱ, ㄷ
③ ㄱ, ㄹ
④ ㄴ, ㄷ
⑤ ㄷ, ㄹ

해설

ㄷ, ㄹ은 집단상담의 장점에 해당한다.

047
집단상담 초기에 비협조적인 학생의 저항에 대처하는 적절한 반응을 모두 고른 것은?

ㄱ. 집단상담은 어떤 활동을 하는 것 같아요?
ㄴ. 집단상담에 참여를 하는 데 무엇이 가장 어려울 것 같아요?
ㄷ. 집단상담을 처음 하면 불편할 수 있어요. 무엇이 불편한지 말해줄 수 있나요?

① ㄱ
② ㄴ
③ ㄱ, ㄴ
④ ㄴ, ㄷ
⑤ ㄱ, ㄴ, ㄷ

해설

- 집단상담 초기단계
  (1) 라포(Rapport) 형성
  (2) 내담자 이해 및 정보 파악
  (3) 상담 구조화(상담의 전체 과정에서 필요시 실시)
  (4) 상담목표 및 집단규범 설정
  (5) 신뢰분위기 조성 및 집단응집력 형성

048
다음은 어떤 집단의 유형에 해당하는가?

- 집단원 간의 대인관계 과정에 초점을 둔다.
- 집단원의 자발성과 주관적인 의견에 초점을 둔다.
- 전문적인 훈련을 받은 지도자와 복수의 집단원들로 이루어진다.
- 집단원 간의 상호피드백과 지금-여기에서의 경험에 초점을 둔다.

① 위기집단
② 자조집단
③ 교육집단
④ 상담집단
⑤ 과제해결집단

> **해설**
>
> - 기능에 따른 집단 유형
>   - 상담집단 : 개인의 일상적인 삶의 문제를 해결하는 데 초점을 두고, 치료적·예방적·교육적 목표 달성을 위해 집단원들 간 역동적인 상호 교류를 하는 집단이다.
>   - 치료집단 : 병리적 증상의 완화·제거를 위한 정신 치료를 목적으로 하는 집단이다.
>   - 성장집단 : 성장욕구가 있는 집단원들의 자기인식을 증진시키고 사고를 변화시키는 것을 목적으로 하는 집단이다.
>   - 자조집단 : 공동의 관심이나 문제가 있는 사람들이 모여 상호 간 도움을 주고받기 위해 구성된 비전문가들의 집단이다.
>   - 지지집단 : 앞으로 발생할 사건에 효과적으로 적응하고 대응하기 위한 기술을 발전시킴으로써 집단원들이 삶의 위기를 대처할 수 있도록 돕는 집단이다.
>   - 교육집단 : 집단원들의 지식·정보·기술 향상을 목적으로 하는 집단이다.
>   - 과업집단 : 특정 목적을 달성하거나 과제를 수행하기 위해 조직된 집단이다.

049

생산적인 집단을 운영하는 데 방해가 되는 집단원의 진술에 해당하는 것은?

① "다른 친구들이 슬픈 표정을 짓는 것을 보면 저도 왠지 슬퍼요."
② "저는 정말로 아무런 문제가 없어요. 다 괜찮아요."
③ "다른 친구들이 기뻐하는 것을 보면 부럽기도 하고 저도 그렇게 하고 싶어져요."
④ "저만 이런 고민이 있는 것이 아니라서 다행이에요."
⑤ "저도 저 친구처럼 처음 보는 사람에게 말을 걸어보고 싶어요."

> **해설**
>
> - 집단원의 문제행동 – '문제없는 사람으로 자처하기'
>   - 집단원 스스로 자신에게 아무 문제가 없다고 여기거나, 자신의 문제에 대한 노출을 꺼리는 경우이다.
>   - 상담자의 역할 : 집단원의 행동에 대하여 솔직하게 피드백을 제시해야 한다.

050

청소년 집단상담자의 기술과 그 예로 옳지 않은 것은?

① 직면 – "채송이가 진구에 대하여 지금 말한 내용이 지난번에 했던 것과 다른 것 같은데"
② 해석 – "채송이가 진구의 잘못에 대하여 이야기를 할 때 불편해 하는 것은 중학교 1학년 때 따돌림 받았던 경험이 떠올라서 그럴 수 있을 것 같습니다."
③ 명료화 – "불편하다는 것이 무엇을 말하는지 다른 친구들에게 더 이야기해 주면 도움이 될 것 같아요."
④ 연결짓기 – "채송이도 진구처럼 친구들에게 놀림당한다고 한 것 같은데 채송이의 이야기를 들어볼까요?"
⑤ 재진술 – "옆에 있는 친구가 자기 이야기를 잘 들어줘서 기분이 좋았겠어요."

> **해설**
>
> ⑤ 상담기법 중 '공감(공감적 반응하기)'에 해당한다.
>
> - 상담기법
>
> | 공감 (공감적 반응하기) | 집단원의 감정을 정확하게 파악하여 이해하고 집단원의 입장이 되어 느낀 다음 그 감정을 집단원에게 전달하는 것이다. |
> |---|---|
> | 직면 | 집단원의 말이나 행동이 일치하지 않거나 모순점이 있을 때 그것을 지적하는 것이다. 내담자의 저항심을 발생시킬 수 있으므로, 충분한 신뢰관계가 형성된 후에 사용하는 것이 좋다. |
> | 해석 | 집단상담자가 집단원의 감정·사고·태도의 의미에 대하여 설명해서 그 이면에 숨겨진 문제를 제대로 파악하도록 한다. |
> | 명료화 | 집단상담자가 집단원의 감정·사고·태도를 파악하여 실제 감정을 인식할 수 있도록 한다. |
> | 연결 | 한 집단원의 말·행동·경험을 다른 집단원의 것과 관련지어 연결해서 집단원이 문제의 원인 및 해결책을 찾도록 돕는다. |
> | 재진술 | 집단원의 말·행동·경험 중 핵심을 알아차리고 그것을 집단상담자의 말로 집단원에게 되돌려주는 기술이다. |

필수 | 제3과목 **심리측정 및 평가**

051

다음 설명으로 옳은 것은?

- 해당 문항의 정답자 수를 그 문항에 반응한 사람의 총수로 나눈 비율이다.
- 지수는 0.0~1.0의 범위를 가진다.

① 문항추측도 ② Lamda
③ Z score ④ 평균비
⑤ 문항난이도

해설

- 문항분석 – 문항난이도(Item Difficulty)
  - 검사 문항의 쉽고 어려운 정도를 뜻한다.
  - 한 문항의 총 반응 수에 대한 정답 반응 수의 비율로 나타낸다.
  - 문항난이도 지수는 정답자의 비율이므로, 높을수록 쉬운 문항이다.
  - 문항난이도 지수는 0.0~1.0의 범위를 가지며, 0~0.25(어려운 문항), 0.25~0.75(적절한 문항), 0.75~1.0(쉬운 문항)을 의미한다.

052

문항반응이론에 관한 설명으로 옳은 것은?

① 반복측정을 가정한다.
② 문항특성곡선으로 문항을 분석한다.
③ 수검자에 따른 측정오차는 동일하다고 가정한다.
④ 문항특성은 수검자의 특성에 영향을 받는다고 가정한다.
⑤ 문항모수치의 변화가능성을 가정한다.

해설

① 반복측정의 **불필요**를 가정한다.
③ 수검자에 따른 측정오차는 **상이하다**고 가정한다.
④ 문항특성은 수검자의 특성에 영향을 **받지 않는다**고 가정한다.
⑤ 문항모수치의 **불변성**을 가정한다.

- 문항반응이론(Item Response Theory)
  - 피험자의 잠재된 능력과 피험자의 문항 응답 결과의 관계를 '문항특성곡선'을 통해 분석한다.
  - 문항의 특성과 수검자의 능력이 표본집단의 변화와 무관하게 유지되며, 수검자 집단의 특성이 검사 문항의 특성에 영향을 주지 않도록 설계되어 있다.
  - 문항반응이론의 전제는 다음과 같다.
    (1) 일차원성 : 단일 문항은 단일 능력만 측정한다.
    (2) 지역(국소)독립성 : 한 문항에 대한 응답은 다른 문항에 대한 응답에 영향을 주지 않으며, 한 문항을 맞힐 확률은 다른 문항을 맞힐 확률과 서로 독립적이다.
    (3) 불변성 : 문항의 특성(난이도, 변별도, 추측도)이 피험자 집단의 특성에 의하여 변하지 않으며, 피험자의 능력은 어떤 검사나 문항을 선택하느냐에 따라 변하는 것이 아니다.

053

등간척도에 해당하는 것은?

① 온도 ② 몸무게
③ 성적순위 ④ 길이
⑤ 수험번호

해설

②, ④ '비율척도', ③ '서열척도', ⑤ '명명척도'에 해당한다.

- 척도의 구분

구분	내용
명명척도	측정 대상에 임의적으로 숫자를 부여한 것으로, 숫자는 분류 종목에 대한 구별 수단에 불과하다. 예 성별, 인종, 종교, 운동선수의 등번호, 직업 등
서열척도	측정 대상들의 특성을 서열로 나타낸 것으로, '명명척도'의 특성을 가지는 동시에 측정 대상의 상대적 서열을 표시한다. 예 성적 등수, 키 순서, 수능 등급 등
등간척도	측정 대상의 분류와 서열에 관한 정보를 주며 동간성을 갖는 척도로, 임의 영점과 가상 단위를 지니고 있다. 예 온도, 연도, 토익(TOEIC)시험의 점수 등

비율 척도	분류, 서열, 동간성의 속성을 지닌 '등간척도'의 특성을 지니면서 절대 영점과 가상 단위를 갖는 척도이다. 예 무게, 길이, 시간, 시속 등
절대 척도	분류, 서열, 동간성의 속성을 지닌 '등간척도'의 특성을 지니면서 절대 영점과 절대 단위를 갖는 척도이다. 예 사람 수, 자동차 수 등

해설
① 규준은 비교하고자 하는 집단의 검사점수 분포이므로, 하나의 분포를 이루는 점수집단의 형태이다.
③ Z점수의 평균은 0이고 분산은 1이다.
④ T점수의 평균은 50이고 표준편차는 10이다.
⑤ 스테나인(Stanine)의 점수범위는 1~9이다.

054
타당도에 관한 설명으로 옳지 않은 것은?

① 타당도는 검사가 측정하고자 하는 것을 실제로 측정한 정도이다.
② 공인타당도에서는 새로 개발한 검사의 점수와 준거검사의 점수를 동일한 시점에서 수집한다.
③ 예언타당도는 준거타당도에 속한다.
④ 안면타당도는 다른 점수와의 관계를 분석하여 추정한다.
⑤ 요인분석으로 구성타당도를 추정할 수 있다.

해설
'안면타당도'는 수검자(피검사자)의 평가에 따라 기술된다.

056
심리검사에 관한 설명으로 옳지 않은 것은?

① 행동표본을 측정할 수 있다.
② 개인 간 비교가 가능하다.
③ 개인의 행동을 예측할 수 있다.
④ 심리적 속성을 직접적으로 측정한다.
⑤ 심리평가의 근거자료 중 하나이다.

해설
심리적 특성은 추상적이고 이론적·가설적이므로, 측정하려는 개념 자체가 모호하고 다양하게 정의되어 있다. 따라서 직접적인 방법이 아니라 간접적으로 측정한다.

055
규준에 관한 설명으로 옳은 것은?

① 하나의 규준은 다양한 분포로 이루어진다.
② 규준은 규준집단의 점수 분포를 반영한다.
③ Z점수의 평균은 10이고 분산은 5이다.
④ T점수의 평균은 50이고 표준편차는 15이다.
⑤ 스테나인(Stanine)의 점수범위는 10~90이다.

057
내적합치도를 확인할 수 있는 신뢰도 계수로만 나열한 것은?

① Phi 계수, Delta 계수
② Omega 계수, Phi 계수
③ 반분신뢰도 계수, Cronbach α 계수
④ 반분신뢰도 계수, Kuder-Richardson 계수
⑤ Kuder-Richardson 계수, Cronbach α 계수

해설

- 내적합치도(Internal Consistency)
  - 검사를 구성하고 있는 부분 검사 또는 문항 간의 일관성 정도이다.
  - 동일한 피험자에게 두 번 검사를 진행해야 하거나, 시험 간격과 검사의 동형성에 따라 신뢰도 계수가 달라지는 '검사-재검사 신뢰도'와 '동형검사 신뢰도'의 문제점을 보완한다.
  - 측정 방법

반분검사 신뢰도		한 검사를 둘로 나누어 두 부분검사 점수 간 상관계수를 계산하는 것으로, 과소평가 우려가 있어 스피어만-브라운(Spearman-Brown) 공식으로 보정한 뒤 추정한다.
문항 내적 일관성 신뢰도	쿠더-리차드슨 (Kuder-Richardson)	KR-20 : 이분문항인 검사 또는 문항점수가 0과 1일 때 사용한다. KR-21 : 문항점수가 연속변수이며, 모든 문항의 난이도가 같다는 가정하에 사용된다.
	Hoyt 신뢰도	분산 분석의 반복설계를 이용한 방법으로, 계산이 복잡하다는 단점이 있다.
	크론바흐 알파 (Cronbach α)	- 각 문항에 대해 얼마나 일관성 있게 반응하는가를 계산한다. - 'KR-20'과 다르게 다분문항에 대한 신뢰도를 추정할 수 있다. - 계수는 0~1의 값을 가지며, 값이 높을수록 신뢰도가 높다. - 0.8~0.9의 값은 신뢰도가 매우 높은 것으로 보며, 0.7 이상이면 바람직한 것으로 본다.

※ 참고 : 가답안은 ③으로 발표되었으나, 문제 오류로 ③, ④, ⑤가 정답 처리되었습니다.

058

신뢰도에 관한 설명으로 옳지 않은 것은?

① 동형신뢰도는 전체 문항을 짝수항과 홀수항으로 나누어서 측정한다.
② 검사-재검사 신뢰도는 검사와 재검사 간 시간 간격의 영향을 받는다.
③ 신뢰도는 측정의 안정성을 나타낸다.
④ 반분신뢰도는 검사-재검사 신뢰도보다 비용 측면에서 장점이 있다.
⑤ 평정자 간 신뢰도는 두 명 이상의 평가자가 필요하다.

해설

'반분신뢰도'는 전체 문항을 짝수항과 홀수항으로 나누어서 측정하므로, 검사를 두 번 진행하는 '검사-재검사 신뢰도'보다 비용 측면에서 장점이 있다.

- 신뢰도 측정방법 – 반분법(Split-half Method)
  - 동질성의 원리에 입각하여, 측정도구를 임의로 반으로 나눈 후 각각을 독립된 척도로 보고 이들의 측정결과를 비교하는 방법이다.
  - 측정도구의 동질성이 확보되어 있어야 하며, 반으로 나누는 방식에 따라서 신뢰도 계수의 측정치가 달라질 수 있다.
  - 전후절반법, 기우절반법, 짝진 임의 배치법 등의 방법으로 진행된다.

059

만 15세 수검자에게 실시 가능한 성격검사는?

① K-WPPSI
② Rey-Kim Test
③ MMPI-A
④ K-DRS-2
⑤ SNSB

해설

- 다면적 인성검사 청소년용(MMPI-A)
  만 13세~18세 청소년에게 다면적 인성검사(MMPI)를 실시하기 위해 개발된 것으로, 청소년의 성격·심리적 증상·행동상 문제를 평가하기 위한 심리검사이다.

① K-WPPSI : 한국형 웩슬러 유아 지능검사
② Rey-Kim Test : 기억검사
④ K-DRS-2 : 한국판 치매 평가검사 개정판
⑤ SNSB : 서울신경심리검사(치매 선별검사)

060

K-WISC-Ⅳ의 작업기억지표(WMI)를 측정하는 소검사는?

① 행렬추리 ② 기호쓰기
③ 동형찾기 ④ 단어추리
⑤ 순차연결

해설

- K-WISC-Ⅳ(한국 웩슬러 지능검사 아동용 4판)
  : 핵심 소검사 10개 + 보충 소검사 5개

구분	언어이해	지각추론	작업기억	처리속도
핵심 소검사	공통성 어휘 이해	토막짜기 행렬추리 공통그림찾기	숫자 순차연결	동형찾기 기호쓰기
보충 소검사	상식 단어추리	빠진곳찾기	산수	선택

061

심리검사 및 평가의 윤리에 관한 내용으로 옳지 않은 것은?

① 검사동의를 구할 때에는 비밀유지의 한계에 대해 알려야 한다.
② 자격을 갖춘 사람이 심리검사를 실시해야 한다.
③ 평가서를 보여주면 안 되는 경우에는 사전에 수검자에게 이 사실을 알려야 한다.
④ 동의할 능력이 없는 사람에게도 평가의 본질과 목적을 알려야 한다.
⑤ 자동화된 서비스를 사용할 경우 검사자는 평가의 해석에 대한 책임을 지지 않는다.

해설

자동화된 서비스를 사용할 경우에도 검사자는 자신이 제시하는 모든 결과 해석에 대한 책임을 가져야 한다.

062

K-WAIS-Ⅳ에 관한 설명으로 옳은 것을 모두 고른 것은?

> ㄱ. 10개의 핵심소검사와 5개의 보충소검사로 구성된다.
> ㄴ. 소검사들의 표준점수의 평균은 15이고, 표준편차는 5이다.
> ㄷ. 전체지능지수(FSIQ)의 범위가 70~79이면 '경계선'으로 분류한다.
> ㄹ. 동형찾기를 대체하는 보충소검사는 지우기이다.
> ㅁ. 일반능력지수(GAI)는 언어이해와 작업기억의 핵심소검사로 구성된 조합점수이다.

① ㄱ, ㄴ, ㄷ   ② ㄱ, ㄷ, ㄹ
③ ㄴ, ㄷ, ㅁ   ④ ㄴ, ㄹ, ㅁ
⑤ ㄱ, ㄷ, ㄹ, ㅁ

해설

ㄴ. 소검사들의 표준점수의 평균은 **10**이고, 표준편차는 **3**이다.
ㅁ. 일반능력지수(GAI)는 언어이해와 **지각추론**의 핵심소검사로 구성된 조합점수이다.

- K-WAIS-Ⅳ(한국 웩슬러 지능검사 성인용 4판)
  : 핵심 소검사 10개 + 보충 소검사 5개

구분	언어이해	지각추론	작업기억	처리속도
핵심 소검사	공통성 어휘 상식	토막짜기 행렬추리 퍼즐	숫자 산수	동형찾기 기호쓰기
보충 소검사	이해	무게비교 빠진곳찾기	순서화	지우기

063

지능을 일반요인 g(General Factor)와 특수요인 s(Special Factor)로 구분한 학자는?

① 스피어만(C. Spearman)
② 써스톤(L. Thurstone)
③ 쏜다이크(E. Thorndike)
④ 케텔(R. Cattell)
⑤ 길포드(J. Guilford)

해설

- 스피어만(C. Spearman) - 일반요인설(2요인설)
  지능은 일반요인(g요인)과 특수요인(s요인)으로 구성되어 있는 단일능력이라고 하였으며, 모든 인간이 공통적으로 갖고 있는 일반요인(g요인)을 강조하였다.
② 써스톤(L. Thurstone) - 다요인설
  지능은 단일능력이 아니라 7개의 기본적인 정신능력(PMA)으로 구성되어 있다.
③ 손다이크(E. Thorndike) - 다요인설
  지능은 추상적·구체적(실제적)·사회적 지능으로 구성되어 있다.
④ 카텔&혼(Cattell&Horn) - 위계적 요인설
  인간의 지능을 유전적·선천적으로 타고나는 유동성 지능과 후천적으로 발달하는 결정성 지능으로 구분하였다.
⑤ 길포드(J. Guilford) - 지능구조이론
  지능은 조작, 내용, 결과의 3차원 모델로 구성된 복합체이다.

064

정신상태평가(Mental Status Examination)의 주요 항목에 해당하지 않는 것은?

① 기억
② 외모와 행동
③ 감정과 정서
④ 면담자에 대한 태도
⑤ 가족력

해설

가족력은 정신상태평가의 주요 항목에 해당하지 않는다.

- 정신상태평가(MSE, Mental Status Examination)

전체적인 묘사	- 외모, 행동, 태도 등
정서(기분 및 정동)	- 지배적이고 지속적인 감정상태 - 얼굴 등으로 표현되는 감정반응의 적절성
언어 능력 및 말투	- 말의 양, 속도, 연속성 등
사고 내용 및 과정	- 생각, 믿음, 선입견, 강박관념 등 - 생각이나 연상을 서로 연결 짓는 방법이나 형태
지각력 및 인지력	- 시각·청각·후각·촉각적 환각 또는 환상 등
의식력	- 시간·장소·사람에 대한 지남력(Orientation), 의식상태 변화 등
기억력	- 기억 착오, 기억 과잉, 기억 상실 등
판단력 및 통찰력	- 자신의 행동이 초래할 결과를 예측할 수 있는지 여부 - 경험에서 얻은 지식을 토대로 올바른 결론을 내릴 수 있는지 여부
병식	- 자신이 병에 걸려 있다는 것을 자각하고 있는지 여부

065

K-WISC-Ⅳ 실시에 관한 설명으로 옳은 것을 모두 고른 것은?

ㄱ. 토막짜기 소검사에서는 수검자의 점수가 2문항 연속해서 0점이면 중지한다.
ㄴ. 숫자와 순차연결 소검사에서는 문항 반복을 허용하지 않는다.
ㄷ. 문항을 반복했을 때 기록용지에 R이라고 표기한다.
ㄹ. 동형찾기 소검사에서는 모든 연령의 시작점이 같다.

① ㄱ, ㄴ
② ㄱ, ㄹ
③ ㄴ, ㄷ
④ ㄴ, ㄹ
⑤ ㄱ, ㄷ, ㄹ

해설

ㄱ. 토막짜기 소검사에서는 수검자의 점수가 **3문항** 연속해서 0점이면 중지한다.
ㄹ. 동형찾기 소검사는 두 가지 형태로 되어 있으며, **연령에 따른 시작점이 다르다.**
A형은 6~7세 아동을, B형은 8~16세 아동을 대상으로 한다.
A형은 주어진 시간(2분) 내 왼쪽의 동형들이 오른쪽 동형들 중에 있는지 확인하고 '예/아니오'에 체크하는 것이다.
B형은 주어진 시간(2분) 내 왼쪽의 동형들 중 하나라도 오른쪽 동형들에 있는지 확인하고 '예/아니오'에 체크하는 것이다.

066

심리검사의 실시에 관한 설명으로 옳은 것은?

① 지능검사의 경우 추가 질문을 해서는 안 된다.
② 검사 장소는 소음이 많은 곳으로 선정한다.
③ 검사 장소는 조명이 어두운 곳으로 선정한다.
④ 표준화된 검사의 경우 표준화된 절차에 따른다.
⑤ 지능검사의 경우 수검자의 반응은 핵심단어를 중심으로 축약해서 기록한다.

해설

① 지능검사의 경우 불완전하거나 모호한 반응에 대하여 추가 질문을 할 수 있다.
② 검사 장소는 소음이 적은 곳으로 선정한다.
③ 검사 장소는 조명이 적당한 곳으로 선정한다.
⑤ 지능검사의 경우 수검자가 말한 그대로 기록해야 하며, 의미 있거나 특이한 행동은 즉시 메모해 두어야 한다.

067

삭스(J. Sacks)의 문장완성검사(SSCT)에서 자기개념 영역에 포함되지 않는 태도는?

① 죄의식(죄책감)   ② 이성관계
③ 목표   ④ 두려움
⑤ 자신의 능력

해설

'이성관계'는 '성' 영역에 포함되는 태도이다.

• 삭스(J. Sacks) - 문장완성검사(SSCT)
현재 임상장면에서 가장 널리 사용되고 있는 문장완성검사로, '가족', '성', '대인관계', '자아개념'의 4가지 영역으로 구성되어 있다.

가족	아버지·어머니·가족 구성원에 대한 태도를 나타내도록 하는 문장으로 구성되어 있다.
성	이성관계에 대한 태도를 포함한다. 사회적 개인으로서 여성과 남성·결혼·성적 관계에 대하여 나타내도록 하는 문장으로 구성되어 있다.
대인관계	친구·지인·권위자에 대한 태도를 포함한다. 가족 외의 사람들에 대한 감정이나 자신에 대해 타인이 어떻게 느꼈는지에 관한 문장으로 구성되어 있다.
자아개념	자신의 능력, 목표, 두려움, 죄책감 등의 태도를 포함한다. 현재·과거·미래의 자기개념과 피검자가 바라거나 될 것 같은 미래의 자기상에 대한 문장으로 구성되어 있다.

068

투사적 검사에 관한 설명으로 옳은 것은?

① 벤더게슈탈트검사(BGT)에서 성인이 그린 도형 A의 정상적인 위치는 용지의 정중앙이다.
② 주제통각검사(TAT) 카드는 성인 남성과 성인 여성으로만 구별된다.
③ 동작성 가족화 검사(KFD)는 가족의 정서적인 관계를 살펴보는 데 유용하다.
④ 아동용 주제통각검사(CAT)의 카드 수는 주제통각검사(TAT)와 동일하다.
⑤ 벤더게슈탈트검사(BGT)는 8세 이하의 아동에게는 실시할 수 없다.

해설

① 벤더게슈탈트검사(BGT)에서 성인이 그린 도형 A의 정상적인 위치는 용지의 1/3 상단으로, 어떠한 부분도 모서리로부터 1인치 이상 떨어져 있어야 한다.
② 주제통각검사(TAT) 카드는 성인 남성, 성인 여성, 남녀 공용, 소년, 소녀 등으로 구별된다.
④ 아동용 주제통각검사(CAT)는 도판 9개와 보충도판 9개, 총 18개 도판으로 구성되어 있다.
주제통각검사(TAT)는 흑백그림카드 30장과 백지카드 1장 등 총 31장으로 구성되어 있다.
⑤ 벤더게슈탈트검사(BGT)는 만 5세부터 성인까지 대상으로 한다.

- 로샤 검사(로르샤흐 검사, Rorschach Test) – 엑스너 (J. Exner) 종합체계의 결정요인(Determinants)

기호	정의
F	형태
M, FM, m	운동
C, CF, FC, Cn	유채색
C', C'F, FC'	무채색
T, TF, FT	음영–재질
V, VF, FV	음영–차원
Y, YF, FY	음영–확산
FD	형태 차원
(2) / rF, Fr	쌍반응 / 반사반응

069

엑스너(J. Exner)의 종합체계의 결정인에 관한 설명으로 옳지 않은 것은?

① 반점의 크기에 기초해서 거리감을 지각한 경우에는 Y로 채점한다.
② 형태를 사용한 경우에는 F로 채점한다.
③ 동물이 인간의 동작을 취하고 있는 경우에는 M으로 채점한다.
④ 유채색 결정인에는 C, CF, FC, Cn이 있다.
⑤ 쌍반응은 (2)로 채점한다.

해설

반점의 크기에 기초해서 거리감을 지각한 경우에는 FD로 채점한다.

① FD(형태에 근거한 차원 반응) : 깊이·거리·차원의 인상이 윤곽의 크기나 모양에 근거하여 결정되는 경우이다. 이때 음영은 개입되지 않는다.
Y(순수 음영 반응) : 완전히 형태가 없는 반점의 음영에만 근거하고 재질이나 차원에 관한 것을 포함시키지 않은 반응이다.
② F(형태 반응) : 전적으로 형태의 특징에 근거하여 반응하는 경우이다.
③ M(인간의 움직임 반응) : 인간의 신체적 활동이나 동물 또는 가공적 인물이 인간과 같이 활동하는 것을 포함하는 반응이다.

070

집–나무–사람(HTP) 검사에 관한 설명으로 옳은 것은?

① 머레이(H. Murray)가 개발하였다.
② 집, 나무, 사람의 순서대로 그리도록 한다.
③ 모든 용지를 가로로 제시하여 수검자가 원하는 대로 사용하게 한다.
④ 문맹자에게는 실시할 수 없다.
⑤ 각 그림마다 시간제한을 두어야 한다.

해설

형태묘사에 있어서 가장 단순한 것부터 그리는 것을 원칙으로 하므로, 반드시 집–나무–사람의 순서대로 그린다.

① 벅(Buck)과 해머(Hammer)가 고안한 투사적 그림검사 기법으로, 벅의 지능검사에 대한 보충하여 발전시킨 것이다.
머레이(H. Murray)는 주제통각검사(TAT)를 개발하였다.
③ 집을 그릴 때만 용지를 가로로 제시한다.
④ 그림검사이므로 언어적 소통이 힘든 문맹자, 외국인, 억압된 자 등에게도 실시할 수 있다.
⑤ 그림마다 시간제한을 두지 않지만, 각 소요시간을 기록한다.

071

MMPI-2의 척도에 관한 설명으로 옳은 것은?

① 재구성 임상척도는 모두 9개이다.
② TRIN척도는 내용이 유사하거나 상반되는 문항 쌍으로 구성된다.
③ K척도는 긍정왜곡 경향성을 탐지하는 보충척도이다.
④ DEP는 우울 증상을 측정하는 임상척도이다.
⑤ AGGR은 공격적인 성향을 측정하는 내용척도이다.

해설

② VRIN척도는 내용이 유사하거나 상반되는 문항 쌍으로 구성된다.
③ K척도는 긍정왜곡 경향성을 탐지하는 **타당도척도**이다.
④ DEP는 우울 증상을 측정하는 **내용척도**이다.
⑤ AGGR은 공격적인 성향을 측정하는 **성격병리 5요인 척도(PSY-5)**이다.

- 다면적 인성검사(MMPI-2) – 재구성 임상척도(RC, Restructured Clinical Scales)

척도	내용	척도	내용
RCd	의기소침	RC6	피해의식
RC1	신체증상 호소	RC7	역기능적 부정 정서
RC2	낮은 긍정 정서	RC8	기태적 경험
RC3	냉소적 태도	RC9	경조증적 상태
RC4	반사회적 행동		

해설

- 홀랜드(J. Holland) – 직업적 성격 유형(RIASEC)

영역	유형	선호 활동	비선호 활동
R	현실형	신체적 활동 선호, 손재주가 좋음	교육적 활동 비선호, 사회적 기술 부족
		예 기술자, 정비사, 엔지니어, 운동선수 등	
I	탐구형	관찰이나 탐구 등 깊이 생각하고 연구하는 활동	사회적이고 반복적인 활동
		예 과학자, 화학자, 물리학자, 의사 등	
A	예술형	창조적인 활동, 변화와 다양성 선호, 독립적이고 자유로움	체계적이고 구조화된 활동
		예 작곡가, 작가, 배우, 소설가, 무용가 등	
S	사회형	다른 사람들과 같이 상호작용하거나 문제를 해결하는 활동	기계나 도구 등을 활용하거나 체계적인 활동
		예 상담가, 사회복지사, 교육자, 간호사 등	
E	진취형	다른 사람들에게 인정받거나 다른 사람들을 이끄는 활동	관찰적·상징적·체계적 활동
		예 경영인, 정치인, 판매원, 관리자 등	
C	관습형	규칙을 따르고 체계적인 활동, 꼼꼼하고 정확함	창의적·자율적·모험적·비체계적 활동
		예 세무사, 은행원, 프로그래머, 사서 등	

072

홀랜드(J. Holland)의 진로탐색검사의 직업적 성격 유형을 모두 고른 것은?

ㄱ. 통합적 유형
ㄴ. 탐구적 유형
ㄷ. 사회적 유형
ㄹ. 판단적 유형
ㅁ. 예술적 유형

① ㄱ, ㄴ
② ㄷ, ㄹ
③ ㄴ, ㄷ, ㄹ
④ ㄴ, ㄷ, ㅁ
⑤ ㄱ, ㄷ, ㄹ, ㅁ

073

다음에 해당하는 MBTI의 지표는?

- 실제 경험을 중시하며, 현재에 초점을 맞추어 살아가고자 한다.
- 정확한 것을 좋아하고, 관찰 능력이 뛰어나며, 상세한 것까지 기억을 잘 하는 편이다.

① 내향성(Introversion)
② 감각(Sensing)
③ 사고(Thinking)
④ 현실(Reality)
⑤ 감정(Feeling)

해설

- 마이어스-브릭스 유형 지표(MBTI, Myers-Briggs Type Indicator)

외향 (Extraversion)	- 사교적, 활동적, 외부 활동에 적극적 - 폭넓은 대인관계 - 글보다는 말로 표현하는 것을 선호 - 경험을 통해 이해
내향 (Introversion)	- 조용함, 신중함, 내면 활동에 집중 - 깊이 있는 대인관계 - 말보다는 글로 표현하는 것 선호 - 이해한 다음 행동
감각 (Sensing)	- 오감 및 경험에 의존 - 현실적인 타입, 정확하고 상세한 편 - 실제의 경험을 중시 - 숲보다 나무를 보려는 경향
직관 (iNtuition)	- 직관 및 영감에 의존 - 이상주의적인 타입, 추상적·비유적·암시적 - 자신만의 세계가 뚜렷한 편 - 나무보다 숲을 보려는 경향
사고 (Thinking)	- 업무 중심 타입 - 진실과 사실에 주로 관심 - '맞다/틀리다'의 판단 선호 - 논리적·분석적, 객관적으로 사실 판단 - 원리·원칙 중시, 논평하기를 좋아함 - 감정형(Feeling)보다 현실적
감정 (Feeling)	- 인간관계 중심 타입 - 사람과의 관계에 주로 관심 - '좋다/나쁘다'의 판단 선호 - 상황적·포괄적, 주변 상황을 고려하여 판단 - 의미·영향·도덕성 중시, 우호적인 협조와 공감하기를 좋아함 - 사고형(Thinking)보다 이상주의적
판단 (Judging)	- 분명한 목적과 방향 선호 - 계획적, 체계적, 기한을 엄수 - 뚜렷한 자기의사와 기준으로 신속하게 결론을 내림
인식 (Perceiving)	- 유동적인 목적과 방향 선호 - 자율성, 융통성, 재량에 따라 일정을 변경 - 상황에 따라 적응하며 결정을 보류

074

성격평가질문지(PAI)의 임상척도와 그 측정 내용이 옳지 않은 것은?

① ANT : 반사회적 성격장애의 특징과 불법적 행위에 관여한 경험
② ARD : 불안장애와 관련된 구체적인 임상 증상이나 행동
③ ALC : 알코올 남용 및 의존과 관련된 행동
④ BOR : 원한과 앙심, 의심과 불신, 지나친 경계 행동
⑤ DRG : 약물 사용에 따른 문제와 약물 의존적 행동

해설

'BOR(경계선적 특징)' : 정서적 불안정성, 분노, 정체감 혼동, 충동성 시사
'PAR(망상)' : 원한과 앙심, 의심과 불신, 지나친 경계 행동

- 성격평가질문지(PAI) - 22개 척도

타당도척도(4)
ICN(비일관성), INF(저빈도), NIM(부정적 인상), PIM(긍정적 인상)
임상척도(11)
SOM(신체적 호소), ANX(불안), ARD(불안 관련 장애), DEP(우울), MAN(조증), PAR(망상), SCZ(정신분열증), BOR(경계선적 특징), ANT(반사회적 특징), ALC(알코올 문제), DRG(약물 문제)
치료고려척도(5)
AGG(공격성), SUI(자살 관련), STR(스트레스), NON(비지지), RXR(치료 거부)
대인관계척도(2)
DOM(지배성), WRM(온정성)

075

다음 사례에서 A 양에게 MMPI-2를 실시했을 때 예상되는 결과가 아닌 것은?

> 21세인 A 양은 약 2개월 전부터 불안과 걱정이 심해졌고, 강의실에서 무기력하게 엎드려 있는 경우가 많았다. 최근 상담실을 방문하여 "사는 것이 재미없고, 다 귀찮다. 차라리 죽고 싶다."고 울면서 심리적인 고통을 호소하며 상담사에게 도움을 요청하였다.

① 척도 2의 상승
② F척도의 상승
③ S척도의 상승
④ ANX척도의 상승
⑤ 척도 9의 하락

해설
S척도(과장된 자기제시)는 자기 자신을 과장되게 유능하고 도덕적인 사람으로 나타내려는 경향성이다.
따라서 위 사례에서 A 양은 S척도가 하락할 것으로 예상된다.

필수 | 제4과목 상담이론

076

상담에 관한 설명으로 옳은 것을 모두 고른 것은?

> ㄱ. 상담자, 내담자, 상담관계가 주요 요소이다.
> ㄴ. 상담자는 상담에 대한 전문적 훈련을 받은 사람이다.
> ㄷ. 상담은 내담자의 문제를 예방하고 해결하며 삶의 질을 향상시킨다.
> ㄹ. 상담자는 내담자의 변화를 위해 내담자 문제를 해결해 주는 주체이다.

① ㄱ, ㄹ
② ㄴ, ㄷ
③ ㄱ, ㄴ, ㄷ
④ ㄴ, ㄷ, ㄹ
⑤ ㄱ, ㄴ, ㄷ, ㄹ

해설
내담자는 상담을 통해 변화하여 자신의 문제를 스스로 해결한다.

077

상담에서 윤리적 의사결정을 할 때 필요한 기본적인 윤리적 원칙을 순서대로 옳게 나열한 것은?

> - ( ) : 내담자가 원하는 것을 선택하고 그것을 할 수 있는 권리를 인정하는 것
> - ( ) : 내담자의 안녕과 복지를 증진시키는 것

① 공정성(Justice), 선의(Beneficence)
② 자율성(Autonomy), 공정성(Justice)
③ 선의(Beneficence), 진실성(Veracity)
④ 진실성(Veracity), 자율성(Autonomy)
⑤ 자율성(Autonomy), 선의(Beneficence)

해설
• 키치너(K. Kitchener) - 상담의 윤리적 원칙

자율성 (Autonomy)	내담자 개인의 신념에 기초하여 선택할 수 있도록 자유를 보장해야 한다.
선의성 (Beneficence)	상담은 상담자의 이득을 위한 수단이 되어서는 안 되며, 내담자의 복지를 위해 노력해야 한다.
무해성 (Non-maleficence)	상담자는 내담자에게 도움을 주기 위해 노력해야 하며 고통이나 해악을 끼쳐서는 안 된다.
공정성 (Justice)	모든 내담자는 연령, 성별, 종교, 인종에 관계없이 공정하고 평등하게 대우받아야 한다.
충실성 (Fidelity)	상담자는 정직하고 책임감 있게 행동해야 하며, 상담관계에 충실해야 한다.
진실성 (Veracity)	상담자는 내담자를 진실로 대하고 공감·이해하는 태도를 통해 신뢰성을 쌓아야 한다.

078

상담자가 기본적으로 갖추어야 하는 자질이 아닌 것은?

① 유머
② 개방성
③ 유연성
④ 유창성
⑤ 문화적 차이에 대한 민감성

해설

'유창성'은 상담자가 갖추어야 할 자질에 해당하지 않는다.

- **상담자의 자질**
  상담자는 인간적 자질과 전문적 자질을 모두 갖추어야 한다.

인간적 자질	전문적 자질
- 유머감각 - 자기성찰 태도 및 능력 - 감정 인식 및 수용 능력 - 인간관계 및 경험에 대한 수용성 및 개방성 - 새로운 접근 방식에 대한 독창성 및 유연성 - 인간에 대한 호기심과 관심 - 변화에 대한 신뢰와 용기	- 상담자 윤리에 대한 이해 - 상담이론 적용 능력 - 실제적인 상담기술 훈련 - 내담자 혹은 내담 집단에 대한 폭넓은 식견 - 다문화적 차이에 대한 이해와 민감성 - 지역사회 자원 및 사회 환경에 대한 이해 - 풍부한 상담 경험

079

상담자의 윤리적 행동으로 옳은 것을 모두 고른 것은?

ㄱ. 내담자와의 다중 관계는 그 자체로 착취적이므로 한계를 명확히 하는 것이 좋다.
ㄴ. 전문적으로 훈련받지 않은 영역에 대한 상담이라도 내담자와의 관계를 위해 상담을 계속 수행한다.
ㄷ. 상담 중 내담자의 학교폭력 가해 사실을 알게 된 경우, 내담자에게 비밀보장 예외에 대한 설명을 하고 관련 기관에 신고해야 한다.

① ㄱ
② ㄷ
③ ㄱ, ㄷ
④ ㄴ, ㄷ
⑤ ㄱ, ㄴ, ㄷ

해설

ㄱ. 내담자와의 다중 관계는 객관성과 전문적인 판단에 영향을 미칠 수 있으며, 상대방을 착취하거나 해를 입힐 가능성이 있으므로 **피해야 한다**.
다중 관계를 피할 수 없는 경우에는 외부 전문가에게 의뢰해야 하지만, 대안이 불가능한 경우 사전 동의를 받거나 행위를 모두 기록에 남겨야 한다.
ㄴ. 상담자가 자신의 전문적 한계에 부딪혀 내담자에게 적절한 조력을 할 수 없다는 것을 인식한 경우, 내담자에게 이에 대한 적절한 설명과 함께 **다른 상담자에게 의뢰해야 한다**.

080

정신분석에 관한 설명으로 옳지 않은 것은?

① 도덕적 불안은 초자아와 자아 사이의 갈등에서 발생한다.
② 수면 중에는 자아의 방어가 없기 때문에 잠재몽은 왜곡되지 않는다.
③ 원초아는 쾌락원리에 따라 작동하고 일차과정 사고를 한다.
④ 정신분석에서 치료자의 주된 과제 중 하나는 전이를 유도하고 해석하는 것이다.
⑤ 자유연상은 내담자의 마음에 떠오르는 모든 내용을 검열하지 않고 표현하게 하는 것이다.

해설

잠재몽은 현재몽(실제 꾸는 꿈) 속에 숨겨져 있는 상징적·무의식적 동기, 소망, 두려움 등으로, 왜곡되고 변형된 형태로 나타난다.

081

아들러(A. Adler) 개인심리학에 관한 설명으로 옳지 않은 것은?

① 범인류적 유대감(공동체감)을 중시한다.
② 인간을 전체적 존재로 본다.
③ 증상의 원인을 찾는 데 초점을 둔다.
④ 사회 및 교육 문제에 관심을 갖는다.
⑤ 역경을 이겨 내는 능력을 발달시키기 위해 격려를 사용한다.

해설
행동의 원인이 아니라 목적을 분석하는 데 초점을 둔다.

082
다음 사례에서 초등학생 민수에게 사용된 행동주의 상담기법은?

> 민수는 낮은 학업 성적으로 인해 학교 적응에 어려움을 겪고 있다. 상담자는 민수가 평소 컴퓨터 게임하는 것을 매우 좋아한다는 사실을 알았다. 상담자는 민수가 하루 계획한 학업량을 달성하는 경우, 컴퓨터 게임을 30분 동안 하도록 개입하였다.

① 자기교수훈련, 정적강화
② 프리맥의 원리, 정적강화
③ 체계적 둔감법, 자기교수훈련
④ 자극통제, 부적강화
⑤ 프리맥의 원리, 부적강화

해설
위 사례에서 상담자는 민수가 덜 선호하는 행동인 '공부'를 강화하기 위하여 선호하는 행동인 '컴퓨터 게임'을 관련시켰으며, 목표 '학업량'을 달성할 경우 '컴퓨터 게임'을 보상으로 제공하여 '공부' 행동을 증가시키고자 하고 있다.

- **행동주의 상담기법**
  - 프리맥의 원리 : 덜 선호하는 행동을 강화하기 위하여 선호하는 행동을 관련시키는 방법이다.
  - 정적 강화 : 목표행동이 나타난 후에 긍정적인 자극을 제시하여 그 행동의 강도, 빈도, 지속 시간을 증가시키는 방법이다.

083
방어기제와 그 예로 옳은 것은?

① 주지화 : 사랑하는 사람을 사고로 잃은 사람이 그 죽음을 인정하지 않는다.
② 투사 : 아내를 미워하는 남편이 아내가 자신을 미워한다고 인식한다.
③ 합리화 : 직장상사에게 야단을 맞은 사람이 상사에게 대들지 못하고 부하 직원에게 짜증을 낸다.
④ 승화 : 실연을 당한 남자가 여성의 심리에 대한 지적인 분석을 하며 자신의 고통을 회피한다.
⑤ 반동형성 : 대소변을 잘 가리던 아이가 동생이 태어난 이후 대소변을 가리지 못하게 된다.

해설
① 부인
③ 전위
④ 주지화
⑤ 퇴행

- **방어기제**

투사	자신의 내부에서 용납하기 어려운 욕구나 충동을 남의 탓으로 돌리는 것이다.
부인 (부정)	충격적인 사건이나 용납할 수 없는 충동을 무의식적으로 거부한다.
주지화 (지성화)	종교, 철학, 문학 등의 지적 활동에 몰입함으로써 불안을 회피하려는 것이다.
합리화	자신의 행위나 생각을 정당화하기 위해 그럴듯한 이유를 제시하는 것이다.
치환(전위)	특정 대상에 대한 충동이나 욕구를 다른 대상에게 돌리는 것이다.
승화	욕구나 충동이 신경증적인 행동으로 전이되지 않고 오히려 사회적으로 바람직한 행동으로 나타난다.
퇴행	생애 초기에 성공적으로 사용한 경험이 있는 감정·생각·행동에 의지하는 것이다.
반동형성	자신과 반대되는 감정을 표출하거나 행동을 하는 것이다.

084

실존주의 상담의 인간관에 관한 설명으로 옳은 것을 모두 고른 것은?

> ㄱ. 인간은 자기인식 능력을 지닌 존재이다.
> ㄴ. 개인은 그가 처한 객관적 상황 속에서 이해되어야 한다.
> ㄷ. 인간은 자신의 의사와 상관없이 이 세상에 우연히 던져진 존재이다.
> ㄹ. 인간이 처한 실존상황의 주된 네 가지 조건은 죽음, 고독, 자유, 희망이다.

① ㄱ, ㄷ
② ㄴ, ㄹ
③ ㄱ, ㄴ, ㄷ
④ ㄴ, ㄷ, ㄹ
⑤ ㄱ, ㄴ, ㄷ, ㄹ

해설

> ㄴ. 개인 내면에 있는 심리적 실체를 이해하여, 자각을 통해 자신의 문제를 직시할 수 있도록 한다.
> ㄹ. 인간이 처한 실존상황의 주된 네 가지 조건은 죽음, 고독(고립), 자유, **무의미**이다.

- **실존주의 상담**
  - 실존주의 철학과 현상학적 방법을 결합한 것으로, 정신분석과 행동주의 상담의 분석적이고 조작적인 관점과는 다르게 내담자의 내면 그대로 인정하고 받아들이는 인본주의적 관점을 가진다.
  - 내담자가 자신의 내면세계를 이해하고 문제를 자각하여, 지금-여기의 자기 자신을 신뢰하도록 하는 데 목표를 두고 있으며, 참만남을 경험할 수 있는 상담자와 내담자 간 관계를 중시한다.
  - 얄롬(I. Yalom)은 인간 존재의 궁극적 관심이나 본질의 요소를 죽음, 자유와 책임, 고립, 무의미로 보았으며, 이러한 요소가 인간이 직면하는 역동적 갈등을 실존적인 차원에서 만들어내고 있다고 설명하였다.

085

인간중심 상담에 관한 설명으로 옳은 것을 모두 고른 것은?

> ㄱ. 현재 경험이 자기개념과 불일치할 때 불안을 경험하게 된다.
> ㄴ. 내적 경험을 무시하고 부모의 기준에 맞추는 것이 부적응의 원인이다.
> ㄷ. 자기실현 경향성은 자기를 보존, 유지, 향상시키고자 하는 후천적인 상위의 욕구이다.
> ㄹ. 무조건적 사랑을 받은 아동은 자신의 특성을 선택적으로 수용한다.
> ㅁ. 상담자는 내담자의 감정, 사고, 행동에 대하여 평가를 하지 않는다.

① ㄱ, ㄴ
② ㄷ, ㄹ
③ ㄱ, ㄴ, ㅁ
④ ㄷ, ㄹ, ㅁ
⑤ ㄱ, ㄴ, ㄷ, ㅁ

해설

> ㄷ. 자기실현 경향성은 자기를 보존, 유지, 향상시키고자 하는 **선천적인** 상위의 욕구이다.
> ㄹ. **조건적** 사랑을 받은 아동은 자신의 특성을 선택적으로 수용한다.

086

다음 사례에서 게슈탈트 이론의 접촉경계 혼란 현상은?

> 고등학생 A는 우울과 신체화 증상을 자주 호소한다. 이러한 증상은 학교에서 친구들과 갈등이 생길 때 더욱 심하게 경험하게 되는데, 특별히 자각하지 못한 채 자동적으로 일어난다고 하였다.

① 반전
② 투사
③ 편향
④ 융합
⑤ 내사

해설

위 사례에서 A는 친구들과 갈등이 생길 때 직접 표출하지 못하고 자기 자신의 우울과 신체화 증상으로 경험하는 접촉경계 혼란 현상을 겪고 있다.

• 접촉경계 장애(Contact Boundary Disturbance)

내사 (Introjection)	다른 사람이나 환경과의 접촉을 통해 신념·가치관·행동방식 등을 무비판적으로 받아들이는 것
융합 (Confluence)	다른 사람과의 경계가 약화되거나 제거되어 서로 간의 차이점이 없다고 느끼는 것으로, 융합 관계를 깨는 사람은 심한 죄책감을 느낌
투사 (Projection)	자신의 감정·생각·욕구를 다른 사람의 것으로 지각하는 현상
반전 (Retroflection)	다른 사람이나 환경에 하고 싶은 행동을 자신에게 하는 것 또는 타인이 자신에게 해주기를 바라는 행동을 스스로 하는 것
편향 (Deflection)	감당하기 힘든 내적 갈등이나 환경적 자극에 노출되지 않기 위하여 감각을 둔화시키거나 환경과의 접촉을 피하는 것

해설

'D(Dispute) 논박' 단계에서 상담자는 평균 정도의 성적에 대한 지호의 비합리적인 신념을 논리성·현실성·실용성 측면에서 반박하여 수정할 수 있도록 도와야 한다.

• 합리정서행동치료(REBT) - ABCDE 모델

A(Activating Event) 선행사건, 촉발사건	내담자가 부정적인 결과(정서 및 행동)에 이르도록 영향을 미친 사건
B(Belief System) 비합리적 신념체계	선행 사건에 대한 내담자의 비합리적인 신념
C(Consequence) 결과	비합리적인 신념으로 인해 나타난 바람직하지 않은 결과(정서 및 행동)
D(Dispute) 논박	내담자의 비합리적인 신념에 대해 상담자가 논리성·현실성·실용성 측면에서 반박하는 것으로, 내담자의 비합리적 신념체계 수정
E(Effect) 효과	논박으로 인하여 나타나는 인지적·정서적·행동적 효과로, 내담자의 비합리적인 신념이 합리적인 신념으로 대체된 결과

087
다음 사례에서 합리정서행동상담(REBT)의 ABCDE 절차와 내용의 연결이 옳지 않은 것은?

늘 우수한 성적을 유지하던 지호는 최근 중간고사에서 평균 정도의 성적을 받은 후 심한 무기력감을 호소하여 상담에 의뢰되었다.

① A - "중간고사에서 평균 점수를 받았어요."
② B - "평균이라니! 저는 정말 바보 멍청이에요."
③ C - "학교 다니기 싫어요. 전 망했어요."
④ D - "중간고사에서 원하는 성적을 받지 못했다니 정말 속상하겠구나."
⑤ E - "한 번 시험을 망쳤다고 내가 바보라는 뜻은 아니죠. 이번 시험을 못 본 이유를 잘 살펴보고 다시 노력해 보겠어요."

088
벡(A. Beck)의 인지치료에 관한 설명으로 옳은 것을 모두 고른 것은?

ㄱ. 협동적 경험주의 관점을 따른다.
ㄴ. 심리교육적 모델에 근거하고 있다.
ㄷ. 내담자의 자가치료(Self-treatment) 능력을 키우는 데 초점을 둔다.
ㄹ. 1960년대 정신분석과 행동치료로 잘 치료되지 않던 우울증에 대한 새로운 치료법으로 개발되었다.

① ㄱ, ㄹ
② ㄴ, ㄷ
③ ㄱ, ㄴ, ㄷ
④ ㄴ, ㄷ, ㄹ
⑤ ㄱ, ㄴ, ㄷ, ㄹ

> **해설**
> - 벡(A. Beck) – 인지치료
>   - 미국의 심리학자 벡(A. Beck)이 1960년대 무의식과 충동을 강조하는 정신분석학파 이후 자극과 반응에 의해 모든 것이 결정된다고 보는 행동주의가 주류를 이루던 시기에 우울증 치료를 위해 고안하였다.
>   - 자신과 환경에 대한 개인의 해석과 신념인 '인지'를 강조하며, 왜곡된 인지를 파악하고 수정하는 심리치료 기법이다.
>   - 심리교육적 모델에 근거하여 내담자 스스로 신념 체계를 수정하도록 돕는 자기치료 철학과 치료자와 내담자가 마치 공동 연구자처럼 같은 목표를 위해 협동적으로 작업하는 협동적 경험주의에 기반한다.

089

게슈탈트 상담의 치료 기법에 관한 설명으로 옳지 않은 것은?

① 내담자의 꿈에 대해 의미를 해석하고 지적 통찰에 이르도록 돕는다.
② 자신의 진정한 감정을 회피하는 내담자에게 진실을 그대로 받아들이도록 직면 기법을 사용한다.
③ 빈의자 기법은 내사된 가치관을 의식화함으로써 부인하고 있을지 모르는 자신의 어떤 측면에 접촉하도록 도와준다.
④ 거부하고 부인했던 자신의 성격의 측면들을 통합하고 수용하기 위해 내적 대화 기법을 사용한다.
⑤ 인격 기능의 두 측면인 상전과 하인의 갈등과 대립을 다룸으로써 통합에 이르게 한다.

> **해설**
> ① '정신분석 상담'의 '꿈의 해석' 기법에 해당한다.

090

현실치료에 관한 설명으로 옳지 않은 것은?

① 내담자는 자신의 행동에 대해 선택권이 있다.
② 인간은 즐거움, 자유, 실현, 소속, 힘의 욕구를 가지고 태어난다.
③ 전행동은 행동하기, 생각하기, 느끼기, 생리적 반응으로 구성되어 있다.
④ 행동은 자신의 욕구를 충족시키기 위한 노력이다.
⑤ 계획은 간단하고, 실현가능하고, 즉각적이어야 한다.

> **해설**
> 인간은 즐거움, 자유, **생존**, 소속, 힘의 욕구를 가지고 태어난다. '자아실현의 욕구'는 매슬로우(Maslow) 5단계 욕구 중 가장 고차원적 상위 욕구이다.
>
> - 글래서(W. Glasser) – 현실요법
>   인간을 행동하게 만드는 기본적 욕구는 구뇌의 생존에 대한 욕구와 신뇌의 정신적(사랑·소속의 욕구) 욕구, 힘·성취 욕구, 자유에 대한 욕구, 재미에 대한 욕구로 구성되어 있다.
>
> | 구뇌 | 생존 | 건강하게 생존하기 위해 생리적 기능을 하는 속성 |
> |---|---|---|
> | 신뇌 | 소속 | 사랑받고 소속되며 자신을 나누려는 속성 |
> | | 힘 | 경쟁하고 성취하며 중요한 존재이고 싶어 하는 속성 |
> | | 자유 | 자신의 의지에 따라 선택하고 싶어 하는 속성 |
> | | 재미 | 새로운 것을 배우고 놀이를 통해 즐기고 싶어 하는 속성 |

091

교류분석상담에 관한 설명으로 옳은 것은?

① 세 자아 상태 중 두 자아만 자극과 반응을 주고받는 것이 건강한 상태이다.
② 교류분석을 통해 부적절한 교차적 교류나 이면적 교류를 중단하도록 촉진한다.
③ 게임은 긍정적 스트로크를 주고받게 한다.
④ 각본은 최근 개인이 경험한 사건에 따라 결정된다.
⑤ 내담자의 삶의 입장을 자기긍정-타인부정의 입장으로 변화시킨다.

해설

① 교류분석에 따르면 인간은 부모(Parents), 성인(Adult), 아이(Child)의 세 가지 자아상태를 갖고 있으며, 세 자아 모두 상호 보완적으로 자극과 반응으로 주고받아야 한다. 세 자아 중 두 자아가 서로 혼합되거나 한 자아가 다른 자아로 이동할 수 없는 문제를 각각 오염(Contamination)과 배제(Exclusion)라고 한다.
③ 게임은 진실한 교류 없이 **부정적** 스트로크를 교환한다.
④ 각본은 어린시절에 작성되어 부모에 의해 강화된다. 즉, **초기 경험**에 의해 결정된다.
⑤ 내담자의 삶의 입장을 **자기긍정-타인긍정**의 입장으로 변화시킨다.
'자기긍정-타인긍정(I'm OK-You're OK)'은 교류분석이 추구하는 가장 이상적인 태도로, 신뢰성·개방성·교환하려는 의지·타인 있는 그대로 수용하는 것 등을 특징으로 하는 가장 건강한 생활자세이다.

092

합리정서행동상담(REBT)에 관한 설명으로 옳은 것은?

① 동물실험에서 얻은 결과를 인간에게 적용하였다.
② 인간은 가상적인 최종목표를 추구하는 존재로 보았다.
③ 인간은 선천적으로 합리적이면서도 비합리적이라고 보았다.
④ 우울한 사람들이 부정적인 생각을 갖는 세 가지 주제, 인지삼제를 개념화하였다.
⑤ 다양한 정신장애의 원인을 실존적 불안을 다루는 방식에서 찾았다.

해설

① '행동주의 상담'에 관한 설명이다.
② '개인심리 상담'에 관한 설명이다.
④ '인지치료 상담'에 관한 설명이다.
⑤ '실존주의 상담'에 관한 설명이다.

093

여성주의 상담에 관한 설명으로 옳은 것을 모두 고른 것은?

ㄱ. 사회의 변화에도 관심을 가진다.
ㄴ. 사회적 성역할 기대가 개인의 정체성 형성에 많은 영향을 미친다고 본다.
ㄷ. 남녀를 이분법적으로 구분하지 않고 다양성을 인정하고 수용하도록 돕는다.
ㄹ. 남녀의 행동 차이는 사회화 과정보다는 선천적인 것에 기인하는 것이 더 크다고 본다.

① ㄱ, ㄴ
② ㄷ, ㄹ
③ ㄱ, ㄴ, ㄷ
④ ㄴ, ㄷ, ㄹ
⑤ ㄱ, ㄴ, ㄷ, ㄹ

해설

ㄹ. 남녀의 행동 차이는 선천적인 것보다는 사회화 과정에 기인하는 것이 더 크다고 본다.

• 여성주의 상담
- 남성중심 가부장적 사회에서 소외되고 평가 절하되었던 여성들의 차별과 억압을 해소하고자 하는 전환된 가치관에서 비롯되었다.
- 길리건(Gilligan)의 도덕성발달이론, 밀러(Miller)의 관계모형, 스톤센터 학자의 연구모형(관계·문화 모형) 등에 의해 영향받았다.
- 상담사와 내담자는 치료관계에 있어 평등하며, 내담자의 문제를 개인적 특성보다는 정치·경제·사회 구조적 관점에서 보다 폭넓고 근원적으로 해석한다.
- 알파편견(남녀를 불평등하게 분리하는 편견)과 베타편견(남녀 차를 인정하지 않고 동등하게 취급하는 편견) 개념을 사용하여 남녀 간 차이점과 유사점을 지나치게 과장하는 것을 경계한다.
- 남녀의 차이는 선천적이기보다 사회화에 의한 것이며, 근본적인 문제해결을 위해서는 개인의 변화뿐 아니라 사회 구조 및 제도의 변화가 반드시 수반되어야 한다.

094

다음은 어떤 상담접근의 목표인가?

> 상담자는 내담자가 스스로 삶의 의미와 목적을 발견하고, 삶을 주체적으로 선택하고 책임지도록 돕는다.

① 인간중심 상담
② 개인심리학적 접근
③ 게슈탈트 상담
④ 인지치료
⑤ 실존주의 상담

해설

실존주의 상담에서는 인간이 비록 세상에 던져진 존재이지만, 제한된 세계 내에서의 삶을 수동적으로 살아가는 것이 아니라 자기 인생에서 삶의 의미를 발견하고 주체적으로 살아갈 수 있도록 돕는다.

- 실존주의 상담
  - 실존주의 철학과 현상학적 방법을 결합한 것으로, 정신분석과 행동주의 상담의 분석적이고 조작적인 관점과는 다르게 내담자의 내면 그대로 인정하고 받아들이는 인본주의적 관점을 가진다.
  - 내담자가 자신의 내면세계를 이해하고 문제를 자각하여, 지금-여기의 자기 자신을 신뢰하도록 하는 데 목표를 두고 있으며, 참만남을 경험할 수 있는 상담자와 내담자 간 관계를 중시한다.
  - 얄롬(I. Yalom)은 인간 존재의 궁극적 관심이나 본질의 요소를 죽음, 자유와 책임, 고립, 무의미로 보았으며, 이러한 요소가 인간이 직면하는 역동적 갈등을 실존적인 차원에서 만들어내고 있다고 설명하였다.

095

상담의 통합적 접근에 관한 설명으로 옳지 않은 것은?

① 여러 접근법에서 기법을 체계적으로 가져온 접근이다.
② 각 내담자의 독특한 욕구에 맞추기 위한 접근이다.
③ 통합적 입장을 취하는 상담자가 과거에 비해 증가하는 추세이다.
④ 치료과정이 고도로 조직화된 접근이다.
⑤ 이론적 통합은 토대가 되는 치료이론들과 그 이론들의 기법을 통합하는 것이다.

해설

치료과정이 고도로 조직화되어 있기보다, 한 가지 상담 이론이나 기술에 얽매이지 않고 내담자에게 효과적인 치료과정이나 상담방법을 융통성 있게 사용한다.

096

상담과정에 관한 설명으로 옳은 것은?

① 해석은 상담의 필수요소이다.
② 직면은 상담의 어느 시기라도 할 수 있다.
③ 요약은 내담자의 산만한 생각과 감정을 정리해 볼 기회를 갖게 한다.
④ 저항은 상담과정에서 일어나지 않도록 해야 한다.
⑤ 상담 중 침묵에 대해서는 직접 다루지 않는 것이 좋다.

해설

① 해석은 상담 중 필요시 사용한다.
② 직면은 상담자와 내담자 간 관계가 형성된 이후나 내담자가 정서적으로 감당할 수 있다고 판단될 때 사용한다.
④ 저항은 상담과정에서 빈번하게 나타나는 현상으로, 내담자의 저항 시 상담자는 이를 자연스러운 현상으로 받아들이고 주의를 환기시킨 후에 저항에 대하여 해석해주어야 한다.
⑤ 생산적인 침묵 시 집단원이 자신의 생각과 감정을 스스로 정리할 수 있도록 잠시 시간을 주고 기다려 주어야 하지만, 비생산적인 침묵 시 상담자가 개입하여 돕는 것이 효과적이다.

097

다문화 상담 역량을 갖춘 상담자의 자질로 옳은 것을 모두 고른 것은?

> ㄱ. 다른 문화적 배경을 가진 내담자가 자신의 영적 멘토에게 자문을 구하지 않도록 한다.
> ㄴ. 내담자의 문화적 배경에 대해 구체적인 정보와 지식을 학습한다.
> ㄷ. 다문화적 관점을 발전시키기 위해 일상에서 소수자들을 접할 기회를 갖는다.
> ㄹ. 자신의 가치관과 편견이 다른 문화권의 내담자를 상담할 때 방해가 될 수 있음을 안다.

① ㄱ, ㄴ
② ㄴ, ㄷ
③ ㄷ, ㄹ
④ ㄴ, ㄷ, ㄹ
⑤ ㄱ, ㄴ, ㄷ, ㄹ

해설
다른 문화적 배경을 가진 내담자가 자신의 영적 멘토에게 자문을 구하지 않도록 하는 것은 다문화 상담 역량을 갖춘 상담자의 자질로 보기 어렵다.

098

상담 과정 중 초기단계에 해당하는 것을 모두 고른 것은?

> ㄱ. 내담자의 호소문제를 탐색한다.
> ㄴ. 내담자와 상담관계를 형성한다.
> ㄷ. 내담자 호소문제의 해결정도를 평가한다.
> ㄹ. 내담자의 상담에 대한 기대를 탐색한다.
> ㅁ. 내담자가 상담을 통한 자신의 변화를 인식하도록 촉진한다.

① ㄱ, ㅁ
② ㄱ, ㄴ, ㄹ
③ ㄴ, ㄷ, ㄹ
④ ㄱ, ㄴ, ㄷ, ㅁ
⑤ ㄱ, ㄴ, ㄷ, ㄹ, ㅁ

해설
ㄷ, ㅁ은 '종결단계'에 해당한다.

099

직면에 관한 설명으로 옳지 않은 것은?

① 신념과 행동의 불일치를 깨닫게 해준다.
② 자신의 현실을 되돌아보게 한다.
③ 모순되는 행동을 직시하여 새로운 조망을 갖도록 돕는다.
④ 내담자의 건설적인 변화를 위해 새로운 내·외적 행동의 발달을 촉진한다.
⑤ 내담자의 행동들 간의 관계, 행동의 의미, 동기에 대해 설명해 준다.

해설
• 상담기법 - 직면
 - 상담자가 내담자의 말이나 행동에 일치하지 않거나 모순점이 있을 때 그것을 지적하는 것이다.
 - 내담자가 자기 자신을 되돌아보고 이해하며 통찰을 통해 변화하고 발달할 수 있도록 돕는다.
 - 내담자의 저항심을 발생시킬 수 있으므로, 충분한 신뢰관계가 형성된 후에 사용하는 것이 좋다.

100

상담이론과 기법이 옳게 짝지어진 것은?

① 개인심리학 - 혐오기법
② 인지치료 - 역기능적 신념 수정
③ 정신분석 - 빈 의자 기법
④ 게슈탈트 상담 - 자유연상
⑤ 해결중심 상담 - 자동적 사고 수정

해설
① 행동주의 상담 - 혐오기법
③ 게슈탈트 상담 - 빈 의자 기법
④ 정신분석 상담 - 자유연상
⑤ 인지치료 상담 - 자동적 사고 수정

| 2교시 | 필수 1과목 / 선택 1과목 (50분) |

필수 | 제1과목 학습이론

001

밀러와 달라드(N. Miller & J. Dollard)의 관찰학습에 관한 내용으로 옳지 않은 것은?

① 지연 모델링(Delayed Modeling)
② 일반화된 모방(Generalized Imitation)
③ 맞춤 의존적 행동(Matched-dependent Behavior)
④ 동일 행동(Same Behavior)
⑤ 모사 행동(Copying Behavior)

해설

'지연 모델링'은 피아제가 제시한 인지발달단계 중 '감각운동기'의 특징으로, 아동이 어떤 행동을 목격한 후 바로 모방하는 것이 아니라 일정 시간이 지난 후 그 행동을 재현하는 것을 가리킨다.

- 밀러와 달라드(N. Miller & J. Dollard) - 관찰학습
  - 모방은 습관이 되며, 다른 사람을 모방하는 학습된 경향성을 '일반화된 모방'이라고 한다.
  - 모방행동의 3가지 범주

동일 행동	2인 이상이 같은 장면에 대하여 같은 반응을 하는 것
맞춤 의존형 행동	관찰자가 모델의 행동을 그대로 반복할 때 강화를 받는 행동
모사 행동	다른 사람의 행동을 본떠서 자신의 행동을 학습하는 경우로, 다른 사람으로부터 지도나 피드백을 받은 행동이 포함됨

002

다음 사례에 해당하는 장기기억의 유형은?

> 지난주 토요일 오전, 동네 카페에 커피를 마시러 갔고 점원과 그날 날씨에 대해 이야기 나눈 것을 기억한다.

① 절차기억
② 재인기억
③ 의미기억
④ 일화기억
⑤ 미래기억

해설

위 사례는 개인의 일상적 경험에 대한 기억으로 '일화기억'에 해당한다.

- 장기기억(Long-term Memory)
  감각기억을 통해 투입된 정보가 단기기억(작업기억)의 과정을 거쳐 비교적 영속적으로 저장되는 기억의 과정이다. 장기기억에 저장되는 지식의 종류에는 서술적 지식·절차적 지식·조건적 지식이 있으며, 서술적 기억의 하부체계에는 의미기억과 일화기억이 있다.

의미기억 (Semantic Memory)	일반적인 지식·정보·사실에 대한 기억으로, '일화기억'보다 더 많은 연합을 가지고 있어 비교적 장기적으로 남아 있다.
일화기억 (Episodic emory)	특정 시간·장소에서 있었던 정보, 즉 개인의 일상적 경험에 대한 기억으로, '의미기억'보다 정보의 망각이 더 일어난다.

003

자기조절(Self-regulation)에 관한 정보처리이론적 관점의 설명으로 옳은 것을 모두 고른 것은?

> ㄱ. 메타인지적 인식을 강조한다.
> ㄴ. 개인적, 행동적, 환경적 요인들 간의 역동적 관계를 강조한다.
> ㄷ. 타인과의 상호작용을 통한 자기성찰(Self-reflection)을 강조한다.
> ㄹ. 시연, 정교화, 조직화와 같은 학습전략을 강조한다.

① ㄹ
② ㄱ, ㄷ
③ ㄱ, ㄹ
④ ㄴ, ㄷ
⑤ ㄱ, ㄴ, ㄹ

해설
ㄴ, ㄷ은 자기조절에 관한 사회인지적 관점의 설명이다.

해설
- 반두라(A. Bandura) - 관찰학습
인간은 단순한 환경적 자극에 대한 반응을 통하여 행동을 학습하는 것이 아니라 타인의 행동을 관찰함으로써 학습한다. 관찰학습이란 타인의 행동을 단순히 모방하는 것 그 이상이며, 직접적인 강화 없이도 '대리강화'를 통해 학습이 일어난다.

(1) 주의집중	- 모델의 행동에 주의를 집중하는 단계 - 무엇을 선택적으로 관찰할 것인지 결정
(2) 파지/보존	- 관찰한 내용(모방할 행동)이 기억되는 과정 - 장기간 보존을 위해 심상(Image)과 언어(Verbal)의 두 내적 표상체계 이용
(3) 운동재생	- 모델을 모방하기 위해 저장한 심상 및 언어적 표상을 외형적인 행동으로 전환
(4) 동기화	- 강화 조건에 따라 모델의 행동이 수행되는 과정 - 강화를 통해 행동의 동기를 높이는 단계

004

다음 사례에서 반두라(A. Bandura)의 관찰학습에 영향을 주는 하위과정을 바르게 연결한 것은?

> 경수는 기차역 대합실 TV에서 프로 테니스 선수가 백핸드를 완벽하게 구사하는 것을 보고(A), '아! 저렇게 팔목을 구부리지 않아야 하는구나'라고 혼잣말을 하며 마음속으로 그 동작을 모방하였다(B).

① A : 주의과정, B : 파지과정
② A : 동기과정, B : 파지과정
③ A : 운동재현과정, B : 주의과정
④ A : 동기과정, B : 운동재현과정
⑤ A : 운동재현과정, B : 파지과정

005

장기기억의 인출 사례로 옳지 않은 것은?

① 작년 여름에 갔던 한라산 백록담을 보았을 때의 모습을 마음에 그려본다.
② 어제 봤던 사건 뉴스의 내용을 떠올린다.
③ 어린 시절에 즐겨 들었던 노래를 마음속으로 되풀이 한다.
④ 지난주에 읽었던 수필의 전반적 줄거리를 회상한다.
⑤ 처음 듣는 영어단어의 발음을 들은 직후 마음속으로 그 소리를 시연한다.

해설
'시연(Rehearsal)'은 어떤 정보를 반복적으로 연습하는 것으로, 단기기억(작업기억)에서의 정보처리과정이다.

006

기억에 관한 설명으로 옳은 것을 모두 고른 것은?

> ㄱ. 과잉학습(Overlearning)의 양이 많을수록 기억하기 쉽다.
> ㄴ. 학습한 맥락과 상이한 맥락에서 회상할 때 기억하기 쉽다.
> ㄷ. 기억향상을 위한 청킹(Chunking)은 감각기억에서 시작된다.
> ㄹ. 최신효과는 기억 목록 첫 부분의 항목이 많이 회상되는 것이다.

① ㄱ
② ㄷ
③ ㄱ, ㄷ
④ ㄱ, ㄹ
⑤ ㄴ, ㄷ

해설
ㄴ. 학습한 맥락과 **유사한** 맥락에서 회상할 때 기억하기 쉽다.
ㄷ. 기억향상을 위한 청킹(Chunking)은 **단기기억**에서 시작된다.
ㄹ. 최신효과는 기억 목록 **끝** 부분의 항목이 많이 회상되는 것이다.

007

반두라(A. Bandura)의 관찰학습에 관한 설명으로 옳은 것을 모두 고른 것은?

> ㄱ. 모방은 관찰학습의 필요조건이다.
> ㄴ. 정보를 전달하는 것이면 어떠한 것이라도 모델이 될 수 있다.
> ㄷ. 관찰학습은 학습능력을 요구한다.
> ㄹ. 관찰학습은 조작적 조건화와 동일하다.

① ㄱ, ㄴ
② ㄴ, ㄷ
③ ㄷ, ㄹ
④ ㄱ, ㄷ, ㄹ
⑤ ㄴ, ㄷ, ㄹ

해설
ㄱ. 모방은 관찰학습의 **충분조건**이다.
 관찰학습은 '모방'과 함께 '주의집중 – 파지 – 운동재생 – 동기화' 과정을 포함한다.
ㄹ. 관찰학습은 조작적 조건화와 **상이하다.**
 관찰학습은 직접적인 강화를 받지 않더라도 타인의 행동과 그 결과를 관찰하는 것만으로도 학습이 가능하다고 전제한다.

008

톨만(E. Tolman)의 학습이론에 관한 설명으로 옳지 않은 것은?

① 유기체의 행동은 목표지향적이다.
② 학습은 강화와 독립적으로 일어난다.
③ 유기체는 강화 기대를 학습한다.
④ 유전의 역할을 고려하지 않았다.
⑤ 유기체는 잠재적 학습을 한다.

해설
톨만(E. Tolman)의 학습이론은 학습의 개인차를 인정하였으며, 학습에서 **유전적 요인** · 연령 · 훈련의 개인차를 행동의 예측과 이해에 있어서 주요 요인으로 보았다.

009

다음 A 양의 심리상태를 설명한 개념으로 옳은 것은?

> 전학을 간 초등학교 5학년 A 양은 낯선 환경 탓에 제대로 적응하지 못할 것 같아 고민이 많았다. 하지만, 옆자리 학생이 이전 학교의 단짝 친구와 닮아서 마음이 훨씬 편해졌다.

① 증진적 조건화(Incremental Conditioning)
② 조작적 조건화(Operant Conditioning)
③ 자연적 조건화(Natural Conditioning)
④ 도구적 조건화(Instrumental Conditioning)
⑤ 반응적 조건화(Respondent Conditioning)

해설

위 사례에서 A 양이 낯선 환경 속에서 단짝 친구와 닮은 학생을 발견하자 마음이 편해진 것은 '자극 일반화'에 대한 예시로, 반응적 조건화(고전적 조건화)와 관련된 개념이다.

- **자극 일반화(Stimulus Generalization)**
  조건 반응을 성립시킨 원래의 조건자극과 유사한 자극이 주어졌을 때 조건화된 반응이 계속 일어나는 현상으로, 즉 이전에 반응하도록 학습한 것과 유사한 자극에 반응하는 것이다.

010

학습심리에 대한 학자별 이론적 주장의 연결이 옳지 않은 것은?

① 헵(D. Hebb) - 인간에게는 최적 각성 수준이 존재한다.
② 쏜다이크(E. Thorndike) - 학습은 점진적으로 이루어진다.
③ 헐(C. Hull) - 문제해결과정에는 대리적 시행착오가 존재한다.
④ 반두라(A. Bandura) - 인간은 행동을 할 때 자기조절적 특성을 지니고 있다.
⑤ 거스리(E. Guthrie) - 행동 동반 자극들의 연합이 반복되면 그 행동은 추후 유사 상황에서 이어지는 경향이 있다.

해설

톨만(E. Tolman) - 문제해결과정에는 대리적 시행착오가 존재한다.

011

조건형성이론에 관한 설명으로 옳은 것은?

① 후진적 조건화에서 무조건자극은 나중에 제공된다.
② 고차적 조건화는 고전적 조건화의 한 형태이다.
③ 상금은 일차적 강화물에 해당된다.
④ 부적 강화는 특정 행동의 감소를 목적으로 한다.
⑤ 연속강화계획은 소거로부터의 저항이 가장 큰 강화계획이다.

해설

① 후진적 조건화에서 무조건자극이 주어진 후 **조건자극**이 주어진다.
③ 상금은 **이차적** 강화물에 해당된다.
④ 부적 강화는 특정 행동의 **증가**를 목적으로 한다.
⑤ 연속강화계획은 소거로부터의 저항이 가장 **작은** 강화계획이다.

012

학습에 관한 설명으로 옳은 것은?

① 학습과 수행은 구분되어야 한다.
② 학습은 과정이 아니라 결과이다.
③ 성숙에 의한 변화도 학습에 포함된다.
④ 정서적 변화는 학습의 범주에 포함되지 않는다.
⑤ 일시적 행동의 변화는 학습의 범주에 포함된다.

해설

② 학습은 경험과 훈련의 과정을 통해 일어난 지속적인 행동 변화로, **과정**이다.
③ 성숙은 경험이나 훈련과 관계없이 시간의 흐름에 따라 발생하므로, 성숙에 의한 변화는 학습에 포함되지 **않는다**.
④ 정서적 변화는 학습의 범주에 **포함된다**.
⑤ 일시적 행동의 변화는 학습의 범주에 포함되지 **않는다**.

013

다음 A 군의 심리를 설명하는 개념으로 옳은 것은?

> 시험불안이 높은 A 군은 시험 전 선생님이 시험지가 담긴 황색 봉투를 교탁 위에 '툭' 내려놓는 소리에 소스라치게 놀랐다. 이것이 반복되면서 A 군에게 있어서 시험 전 황색봉투와 이것이 내는 소리는 두려움의 대상이다. 이후 A 군은 시험시간이 아님에도 불구하고 선생님이 출석부를 교탁 위에 '툭' 내려놓는 소리에 깜짝 놀란다.

① 의미 조건형성(Semantic Conditioning)
② 차별적 강화(Differential Reinforcement)
③ 감각 전조건형성(Sensory Preconditioning)
④ 내수용기 조건형성(Interoceptive Conditioning)
⑤ 조작적 조건형성(Operant Conditioning)

해설
- 감각 사전조건형성(Sensory Preconditioning)
반복해서 함께 제시되던 두 가지 중성자극 중 한 가지가 무조건자극과 반복해서 짝을 이루면 나머지 자극 역시 조건반응을 일으킬 수 있다.

014

내성법(Introspection)을 통하여 인간의식의 기본요소를 분석하고 확인하는 데 목적을 둔 심리학파는?

① 기본주의(Fundamentalism)
② 구조주의(Structuralism)
③ 기능주의(Functionalism)
④ 행동주의(Behaviorism)
⑤ 인지주의(Cognitivism)

해설
'구조주의(Structuralism)' 심리학은 내담자 자신의 의식적 경험을 스스로 관찰하여 보고하는 내성법(Introspection)을 발전시킨 것이다.

015

다음 사례를 설명하는 개념으로 옳은 것은?

> 운동선수가 해외 원정경기를 할 때 자국의 응원단이 많거나 운동장 환경이 비슷하면 경기력이 높아진다. 자국에서 경기할 때와 유사한 환경으로 인하여 긴장이 줄어 자신의 실력을 제대로 발휘할 수 있기 때문이다.

① 조형
② 변별
③ 일차적 강화
④ 자발적 회복
⑤ 일반화

해설
- 행동주의 주요개념

조형	목표행동에 근접한 행동을 보일 때 단계적으로 강화를 제공하여 점진적으로 목표행동에 접근하게 만드는 방법
변별	유사하거나 비슷한 자극에서 나타나는 작은 차이에 따라 구분하거나 다른 반응을 보이는 보다 정교한 학습 방법
일차적 강화	무조건 강화 자극에 해당하는 것으로, 학습에 의하지 않고도 강화 효과를 갖는 자극
자발적 회복	소거가 완료된 후 일정 기간이 지난 다음 조건 자극을 다시 제시하면 조건 반응이 갑자기 재출현하는 현상
일반화	조건 반응을 성립시킨 원래의 조건자극과 유사한 자극이 주어졌을 때 조건화된 반응이 계속 일어나는 현상

016

처벌에 관한 설명으로 옳지 않은 것은?

① 반응대가는 처벌의 한 형태이다.
② 처벌받은 행동은 억제될 뿐이다.
③ 처벌의 결과는 유기체에게 혐오적이어야 한다.
④ 사회적 고립은 일차적 처벌 중 하나이다.
⑤ 처벌 전에는 사전 경고를 하는 것이 바람직하다.

해설
사회적 고립은 **이차적 처벌** 중 하나로, 선호 자극을 제거하여 행동의 빈도를 줄이는 '부적 처벌'에 해당한다.

017

인간 뇌 기능에 관한 설명 중 옳은 것을 모두 고른 것은?

> ㄱ. 전두엽은 추론, 계획세우기 등의 고차원적 사고 과정을 조절한다.
> ㄴ. 브로카 영역은 언어 이해에 중요한 기능을 담당하며, 뇌의 좌측 측두엽에 위치한다.
> ㄷ. 두정엽은 온도와 통증 등 체감각을 처리한다.
> ㄹ. 편도체는 시각정보의 해석과 기억을 주로 담당한다.
> ㅁ. 후두엽은 정서와 관련된 기억에 관여한다.

① ㄱ, ㄴ
② ㄱ, ㄷ
③ ㄱ, ㄹ, ㅁ
④ ㄴ, ㄷ, ㄹ
⑤ ㄴ, ㄷ, ㅁ

해설

ㄴ. **베르니케** 영역은 언어 이해에 중요한 기능을 담당하며, 뇌의 좌측 측두엽에 위치한다.
브로카 영역은 언어 표현에 중요한 기능을 담당하며, 뇌의 좌측 전두엽에 위치한다.
ㄹ. **후두엽**는 시각정보의 해석과 기억을 주로 담당한다.
ㅁ. **편도체**는 정서와 관련된 기억에 관여한다.

- **대뇌(Cerebrum) 구분 및 기능**

전두엽	– 고차원적 사고과정 및 지적기능, 전 운동영역 – 브로카 영역(언어의 생산 기능)이 위치
두정엽	– 온도·통증 등 체감각 처리기능, 물체를 식별하는 역할
측두엽	– 청각 정보의 해석과 기억, 미각·후각의 인지 – 감정·정서 조절(변연계)하는 '편도체'가 위치 – 베르니케 영역(언어의 의미 이해)이 위치
후두엽	– 시각 정보의 분석과 통합

018

자기가치(Self-worth)와 관련된 내용으로 옳지 않은 것은?

① 불가능한 목표설정은 자기손상(Self-handicapping)전략의 예로 자기가치 보호가 목적이다.
② 자기가치는 자신에 대한 구체적인 인지적 평가이다.
③ 숙달목표지향성보다 수행목표지향성이 높은 학생들은 자기손상전략을 사용하는 경우가 많다.
④ 자기효능감의 수준은 과제 영역에 따라 다를 수 있다.
⑤ 자기효능감은 자신의 능력에 대한 스스로의 판단을 나타낸다.

해설

자기가치는 자신에 대한 구체적인 **동기적** 평가이다.

- **코빙톤(Covington) – 자기가치(Self-worth) 이론**
인간은 자신의 가치를 보호하려는 욕구를 지니고 있기 때문에 자기가치가 위협 받을 수 있다는 생각이 들면 자기존중감을 보호하기 위해 '자기장애(Self-handicapping)전략'을 사용하게 된다.

019

인간 뇌와 학습에 관한 설명으로 옳은 것은?

① 전두엽의 발달은 15세 이전에 완성된다.
② 시냅스 수의 과밀 현상은 8세 전후에 가장 높게 나타난다.
③ 해마가 일부 손상되어도 학습은 가능하다.
④ 대뇌피질은 출생 시 가장 발달된 영역이다.
⑤ 세로토닌(Serotonin)은 뇌를 손상되기 쉬운 구조로 만든다.

> **해설**
> ① 전두엽의 발달은 영유아기에 가장 빠르며, **성인기까지 계속된다.**
> ② 시냅스 수의 과밀 현상은 **10세** 전후에 가장 높게 나타나며, 청소년기에는 신경활동에 필요한 시냅스만 남기고 불필요한 부분은 제거되는 신경발달 과정 '시냅스 가지치기'가 발생한다.
> ④ 대뇌피질은 출생 시 가장 발달되지 **않은** 영역이다.
> ⑤ 세로토닌(Serotonin)은 뇌에 **유익한** 신경전달물질로, 감정·기분 등의 조절에 관여한다. 적절한 세로토닌의 분비는 행복감을 느끼게 하고 우울한 감정을 지우는 역할을 한다.

021

동기에 관한 설명으로 옳지 않은 것은?

① 자신이 좋아하는 일을 하는 대가로 보상을 받다가 보상이 사라지면 내재적 동기가 더욱 높아진다.
② 적절한 수준의 도전적 과제는 내재적 동기를 높인다.
③ 실패에 대한 원인을 내적이고 통제 불가능하며 안정적인 요인으로 귀인하면 내재적 동기는 낮아진다.
④ 보상이 성취에 대한 정보적 기능을 가지면 내재적 동기를 증가시킬 수 있다.
⑤ 수행 수준과 관계없이 과제 참여 자체를 보상하는 것은 내재적 동기를 감소시킨다.

> **해설**
> 자신이 좋아하는 일을 하는 대가로 보상을 받다가 보상이 사라지면 내재적 동기가 더욱 **감소한다.**
> 내재적 동기는 학습활동 자체가 보상으로 작용하는 동기로서, 흥미·호기심·도전·가치 등 개인의 내적 요인에 의해 유발된다. 학습활동 자체에 흥미를 느껴서 하던 행동도 보상이 주어지면 행동의 이유가 흥미에서 보상으로 변하여 내재적 동기는 감소하게 된다.

020

수행목표지향성에 관한 설명으로 옳은 것을 모두 고른 것은?

ㄱ. 수행회피목표지향성이 높은 경우 타인과 비교하여 자신이 유능하게 평가받는 것에 초점을 둔다.
ㄴ. 수행회피목표지향성이 높은 경우 지능에 대한 고정적 관점을 가진다.
ㄷ. 수행접근목표지향성이 높은 경우 과제 실패의 원인을 자신의 능력에 귀인하는 경향이 높다.
ㄹ. 수행접근목표지향성이 숙달목표지향성보다 높은 경우 도전적 과제를 선호한다.

① ㄱ, ㄴ   ② ㄱ, ㄹ
③ ㄴ, ㄷ   ④ ㄱ, ㄷ, ㄹ
⑤ ㄴ, ㄷ, ㄹ

> **해설**
> ㄱ. 수행회피목표지향성이 높은 경우 타인과 비교하여 자신이 **열등하게 평가받는 것을 피하는 것**에 초점을 둔다.
> ㄹ. **숙달목표지향성**이 높은 경우 도전적 과제를 선호한다. 수행접근목표지향성이 높은 경우 경쟁에서 이기고 집단 내 최고가 되는 것에 초점을 둔다.

022

정서에 관한 설명으로 옳지 않은 것은?

① 상황적 흥미는 맥락 의존적이며 일시적으로 지속된다.
② 불안과 걱정은 작업기억의 용량을 차지하여 효율적인 정보처리를 방해한다.
③ 일반적으로 비정서적인 정보보다 정서적인 정보를 쉽게 인출한다.
④ 역스-도슨의 법칙(Yerkes-Dodson Law)에 의하면 어려운 과제는 높은 각성 수준에서 가장 잘 성취된다.
⑤ 정서-상태 의존 인출은 정보인출 시의 기분과 정보부호화 시의 기분이 일치할 때 기억이 향상되는 현상이다.

해설

역스-도슨의 법칙(Yerkes-Dodson Law)에 의하면 어려운 과제는 **너무 높지도 낮지도 않은 적절한** 각성 수준에서 가장 잘 성취된다.

- **여키스-도슨 법칙(Yerkes-Dodson Law)**
  각성수준을 적절하게 조절하면 수행수준을 높일 수 있다고 제시하며, 각성수준과 수행수준 간의 관계를 '거꾸로 된(역) U형 함수관계'로 나타냈다.

023

다음 각 사례들에 해당하는 귀인 편향을 보기에서 바르게 골라 짝지은 것은?

ㄱ. 정수가 집안 사정으로 수학시간에 결석이 많았으나, A 교사는 시험 채점 후 "정수는 수학에 소질이 없어서 성적이 나쁜 거야"라고 생각함
ㄴ. A 교사는 다른 교사들과 팀티칭에 동일하게 참여 후 "이번 팀티칭은 성공적이었어. 내가 이 일에 많은 기여를 했기 때문이지"라고 생각함
ㄷ. A 교사는 기말고사 후 "지난 중간고사 때 내가 잘 가르쳐서 우리 반 아이들 성적이 좋았는데, 이번에는 아이들이 내 수업에 집중하지 않아서 성적이 떨어진 것 같아"라고 생각함

a. 기본귀인오류(Fundamental Attribution Error)
b. 자기접대편향(Self-servicing Bias)
c. 자기중심편향(Self-centering Bias)
d. 잘못된 일치 효과(False Consensus Effect)

① ㄱ-a, ㄴ-b, ㄷ-d
② ㄱ-a, ㄴ-c, ㄷ-b
③ ㄱ-b, ㄴ-d, ㄷ-c
④ ㄱ-c, ㄴ-b, ㄷ-a
⑤ ㄱ-d, ㄴ-a, ㄷ-c

해설

- **귀인 편향(Attribution Bias)**

기본귀인오류	다른 사람의 행동을 해석할 때 상황을 고려하지 않고 그 사람의 내적·기질적 요인에만 초점을 두어 판단
자기접대편향	성공은 자신의 내적특성 덕분이라고 생각하고, 실패는 외부요인과 결부시키는 경향
자기중심편향	다른 사람과 함께한 일의 결과에 자신이 더 많이 기여했다고 생각
잘못된 일치 효과	다른 사람도 자신과 똑같이 생각할 것이라고 믿는 경향

024

에클스와 윅필드(J. Eccles & A. Wigfield)의 기대×가치 이론에 관한 설명으로 옳은 것은?

① 비용신념은 성취행동에 정적 영향을 준다.
② 자기효능감은 기대보다 가치 요인과 정적 관계를 가진다.
③ 과제 흥미는 기대 요인에 포함된다.
④ 과제 곤란도에 대한 지각은 기대지각과 부적 관계를 가진다.
⑤ 기대×가치 이론은 정서적 기억의 영향을 고려하지 않는다.

> **해설**
> ① 비용신념은 성취행동에 **부정적** 영향을 준다.
> ② 자기효능감은 가치보다 **기대** 요인과 정적 관계를 가진다.
> ③ 과제 흥미는 **가치** 요인에 포함된다.
> ⑤ 기대×가치 이론은 정서적 기억의 영향을 **고려한다.**

025

구성주의 학습이론에 관한 설명으로 옳지 않은 것은?

① 구성주의는 학습자의 능동적 지식 구성을 강조한다.
② 인지적 구성주의는 개인 내면의 지식과 신념 구성에 초점을 둔다.
③ 사회적 구성주의는 학습에 있어서 문화적 맥락과 상황을 중시한다.
④ 비고츠키(L. Vygotsky)의 사회적 구성주의는 근접발달영역 안의 학습활동을 할 때 의미 있는 학습이 이루어진다고 본다.
⑤ 피아제(J. Piaget)의 인지적 구성주의에서는 정보의 정확한 표상을 중시한다.

> **해설**
> 피아제(J. Piaget)의 인지적 구성주의에서는 **개인의 인지적 작용**을 중시였으며, 인지발달은 인간과 환경의 능동적인 상호작용을 통해 인지구조가 질적으로 변화하는 과정이라고 하였다.

선택 | 제2과목 청소년이해론

026

다음 중 관념론적 관점에서 청소년문화를 설명한 것을 모두 고른 것은?

ㄱ. 청소년문화는 청소년집단의 생활양식의 총체이다.
ㄴ. 청소년문화는 청소년들의 행위를 규제하는 규칙의 체계이다.
ㄷ. 구체적으로 관찰된 행동 그 자체가 청소년문화이다.
ㄹ. 청소년들의 생활양식이 기초하고 있는 관념체계를 청소년문화로 간주한다.

① ㄱ, ㄴ ② ㄱ, ㄷ
③ ㄴ, ㄷ ④ ㄴ, ㄹ
⑤ ㄷ, ㄹ

> **해설**
> ㄱ. '총체론적 관점'에서 문화에 대한 정의이다.
> ㄷ. 구체적으로 관찰된 행동 그 자체가 아니라, 그러한 행위를 규제하는 규칙의 체계가 문화이다.

027

소년법에 따라 감호 위탁 처분을 받은 청소년을 보호자 대신 보호할 수 있는 자가 상담·주거·학업·자립 등의 서비스를 제공하는 청소년복지 지원법상의 시설은?

① 꿈드림센터
② 꿈키움센터
③ 청소년희망센터
④ 청소년특화시설
⑤ 청소년회복지원시설

해설

〈청소년복지 지원법〉
제31조(청소년복지시설의 종류)
4. 청소년회복지원시설: 「소년법」 제32조 제1항 제1호(보호자 또는 보호자를 대신하여 소년을 보호할 수 있는 자에게 감호 위탁)에 따른 감호 위탁 처분을 받은 청소년에 대하여 보호자를 대신하여 그 청소년을 보호할 수 있는 자가 상담·주거·학업·자립 등 서비스를 제공하는 시설

028

탭스콧(D. Tapscott)이 제시한 용어로 디지털혁명이 가속화되는 가운데 인터넷을 일상생활의 동반자처럼 활용하는 세대를 지칭하는 용어는?

① N세대
② X세대
③ Y세대
④ C세대
⑤ P세대

해설

X세대	캐나다 작가인 쿠플랜드(D. Coupland)의 소설에서 처음 사용된 용어로, 다양한 대중매체의 발달로 기존 세대와 다른 독특한 대중문화 취향과 특성을 가진 신세대를 지칭하는 말이다.
N세대	탭스콧(D. Tapscott)이 제시한 용어로, 인터넷으로 대표되는 '네트워크 세대'라는 의미를 지니며 컴퓨터에 익숙한 세대를 가리키는 말이다.
P세대	사회 전반에 걸친 적극적인 참여(Participation) 속에서 열정(Passion)과 힘(Potential Power)을 바탕으로 사회 패러다임의 변화(Paradigm-shifter)를 일으키는 세대를 가리킨다.
Y세대	베이비붐 세대의 자녀층으로 1980년대 초반 이후 태어난 세대를 지칭하며, 컴퓨터와 IT기술에 친숙한 세대를 일컫는다.
C세대	C는 컴퓨터의 'Computer' 또는 사이버의 'Cyber'를 의미하는 것으로, 컴퓨터 사용이 일반화되고 초고속 통신망이 보급되면서 나타난 젊은 세대를 지칭한다.

029

다음이 공통적으로 설명하는 학자는?

- 버밍엄(Birmingham) 학파의 일원으로 청소년문화를 하위문화로 개념 짓고, 이를 계급과의 관련하에 본격적으로 연구하였다.
- 영국의 노동계급 청소년들을 대상으로 민속지적 방법을 통해 청소년들의 문화를 생생하게 연구하였다.
- '학교와 계급 재생산(Learning to Labour)'을 발간하였다.

① 터너(V. Turner)
② 파슨스(T. Parsons)
③ 윌리스(P. Willis)
④ 미드(M. Mead)
⑤ 부르디외(P. Bourdieu)

해설

- 윌리스(P. Willis) - 저항이론(Resistance Theory)
노동계급의 자녀들은 학교교육을 통한 사회적 지위·계급의 이동에는 한계가 있음을 깨닫고, 자연스럽게 육체노동을 선택하게 된다. 이들은 기존의 이데올로기에 대항하고 거부하는 주체적 존재로, 반(反)학교문화를 형성하게 된다.

030

다음이 공통적으로 설명하는 여성가족부의 청소년정책 사업은?

- 자격과 경험을 갖춘 청소년상담전문가가 위기청소년의 삶의 현장을 직접 찾아가 심리적·정서적 지지와 함께 지역사회 자원 연계서비스를 제공함
- 중·고위험군 청소년에 대한 1:1 찾아가는 상담지원 서비스를 통해 문제해결에 도움을 제공하고 위기요인을 개선시킴
- 위기청소년을 위해 지역사회의 청소년 협력자원을 발굴·연계하며, 그들과 지속적인 관계를 형성하여 지원함

① 청소년동반자
② 청소년방과후아카데미
③ 청소년우대 사업
④ 드림스타트
⑤ 청소년 특별지원 사업

해설

- 청소년동반자
여성가족부의 청소년정책 사업으로서, 위기청소년을 돕는 전문적인 서비스이다. 상담전문가가 도움을 필요로 하는 위기(가능) 청소년을 직접 찾아가 지속적인 관계를 맺고 1:1 상담, 정서적 지지 및 기관연계를 제공하는 상담프로그램이다.

031

'열광적으로 추종한다'는 의미로 청소년들이 스타와 같은 특정 대상에 몰두하여 자신이 좋아하는 대상을 공유하는 사람들끼리 스타일을 함께함으로써 자신의 정체성을 드러내고 싶어 하는 현상은?

① 히끼꼬모리 문화
② 리셋 신드롬(Reset Syndrome)
③ 보보스(BOBOS) 문화
④ 팬덤(Fandom) 문화
⑤ 차브(Chav) 문화

해설

히끼꼬모리 문화	일본의 정신과 의사 사이토 다카시가 2005년 제시한 용어로, 볼 일이 없으면 방이나 집에만 있는 은둔형 외톨이를 가리킨다.
리셋 신드롬	잘못하거나 실수한 부분이 있으면 컴퓨터를 초기화시키듯 현실에서도 얼마든지 리셋이 가능할 것으로 착각하는 현상을 가리킨다.
보보스 문화	미국 뉴엘리트는 부르주아(Bourgeois)의 야망·성공에 대한 집착 등과 보헤미안(Bohemian)의 방랑·저항·창조성 등의 특성을 동시에 가지고 있다.
팬덤 문화	특정 인물이나 대상을 열성적으로 추종하고, 상호 간 그 대상에 대한 정보를 공유하며 정체성을 드러내는 문화 현상이다.
차브 문화	영국에서 시작된 문화로, 빈곤층이 유명상표가 붙은 옷 등 부유층의 생활태도처럼 소비하는 현상이다.

032

프랭클린과 프리먼(B. Franklin & M. Freeman)이 분류한 가정에서의 아동과 청소년 권리유형에 해당되지 않는 것은?

① 복지권(Welfare Rights)
② 보호권(Protective Rights)
③ 성인권(Adult Rights)
④ 부모에 대응하는 권리(Rights Against Parents)
⑤ 천부권(Entitlements Rights)

해설

⑤ 콜즈(B. Coles)가 분류한 청소년 권리유형이다.

- 프랭클린과 프리먼(B. Franklin & M. Freeman) - 청소년 권리

복지권	생존과 복지를 위한 기본권적 성격의 권리
보호권	사회적 착취와 가정 학대, 유해 환경 등으로부터 보호받을 권리
성인권	노동, 표현, 투표 등 성인과 비교하였을 때 부당하게 차별받지 않을 권리
부모에 대응하는 권리	부모의 과도한 통제와 간섭에서 벗어나 자율적이고 독립적으로 자기결정을 할 수 있는 권리

033

청소년 기본법상 다음 ( )에 들어갈 용어는?

> 청소년의 기본적 인권은 청소년활동·청소년복지·청소년( ) 등 청소년육성의 모든 영역에서 존중되어야 한다.

① 보호   ② 참여
③ 자율   ④ 문화
⑤ 상담

해설

〈청소년 기본법〉
제5조(청소년의 권리와 책임)
① 청소년의 기본적 인권은 청소년활동·청소년복지·**청소년보호** 등 청소년육성의 모든 영역에서 존중되어야 한다.

034

프로이트(S. Freud)의 심리성적 발달단계 중 사춘기 이후 청소년에 해당하는 특성으로 옳은 것은?

① 동성 부모를 적대시한다.
② 신체를 자기 뜻대로 조절하는 것을 즐긴다.
③ 이성에 대해 성적 관심이 커진다.
④ 동성과의 우정 관계에 집중한다.
⑤ 외모에 관심이 집중된다.

해설

프로이트(S. Freud)의 심리성적 발달단계 중 사춘기 이후 청소년은 5단계 '생식기'에 해당한다. 생식기는 12세 이후부터 성인기 전까지로, 이성에 대한 성적 관심이 커지고 만족을 얻으려고 하는 시기이다.

• 프로이트(S. Freud) - 심리성적 발달단계

(1) 구강기	- 리비도가 구강에 집중되는 시기이다. - 빨기, 먹기 등 구강을 통해 만족을 추구한다.
(2) 항문기	- 리비도가 항문에 집중되는 시기이다. - 배변 활동을 통해 만족과 쾌감을 경험한다.
(3) 남근기	- 리비도가 성기에 집중되는 시기로, 가장 결정적인 발달단계이다. - 남아는 오이디푸스 콤플렉스, 여아는 엘렉트라 콤플렉스를 경험한다. - 초자아가 형성된다.
(4) 잠복기	- 리비도가 무의식 속에 잠복하는 시기이다. - 또래 관계에서 사회적 활동이 적극적으로 이루어진다. - 초자아가 강해진다.
(5) 생식기	- 리비도가 이성에게로 향하는 시기이다. - 무의식 속에 억압되었던 성적 에너지가 의식으로 다시 떠오른다.

035

피아제(J. Piaget)의 인지발달이론 중 형식적 조작기의 특성이 아닌 것은?

① 직관적 사고
② 사고과정에 대한 사고
③ 가능성에 대한 사고
④ 논리적 사고
⑤ 추상적 사고

해설

'직관적 사고'는 전조작기의 특성이다.

• 피아제(J. Piaget) - 인지발달단계

(1) 감각 운동기 (출생~2세)	- 언어와 같은 상징적 기능이 작용하지 못하고, 감각운동에 기초해 경험한다.
(2) 전조작기 (2~7세)	- 직관적인 사고 수준으로, 무생물에게 생명과 감정을 부여하는 물활론적 사고를 하며, 비논리적이다. - 대상영속성 획득 - 보존개념 미획득
(3) 구체적 조작기 (7~11세)	- 이론적·논리적 사고가 가능하지만, 가설·연역적 추론에 이르지 못한다. - 보존개념 획득 - 분류화, 서열화 가능
(4) 형식적 조작 (12세 이상)	- 가설·연역적 추론이 가능하며, 추상적 사고도 가능하다. - 체계적인 사고능력, 논리적인 문제해결능력이 발달한다. - 사회적 규범·가치관, 예술작품에 내재된 상징적 의미를 이해한다.

036

길리건(C. Gilligan)의 도덕성 발달이론에 관한 설명으로 옳은 것은?

① 행동주의적 발달 모델을 제시하였다.
② 남성과 여성은 도덕적 판단 기준에서 차이가 없다고 보았다.
③ 도덕성 발달을 4수준으로 구분하였다.
④ 전인습적 수준을 도덕성 발달의 최종 단계로 제시하였다.
⑤ 관심, 배려, 상호의존성을 중심으로 도덕성 발달을 연구하였다.

> **해설**
>
> 길리건(C. Gilligan)은 콜버그(L. Kohlberg)의 추상적인 도덕원리를 강조하는 정의지향적 도덕성을 비판하면서, 인간관계에서의 관심·배려·책임·애착·희생 등을 강조한 대인지향적 도덕성 발달이론을 제시하였다.
> ② 남성과 여성이 사회화 과정의 차이로 인해 도덕적 문제에 서로 다른 관점으로 접근하며, 여성은 배려의 도덕성, 남성은 정의의 도덕성을 지향한다고 하였다.
> ③ 여성 도덕성 발달단계를 3수준으로 구분하였다.
> ④ 콜버그(L. Kohlberg)는 도덕성 발달 단계를 개인의 도덕적 판단능력에 따라 제1수준 전인습적, 제2수준 인습적, 제3수준 후인습적의 3수준 6단계로 구분하였다.

037

엘킨드(D. Elkind)가 제시한 청소년의 자아중심적 특성이 반영된 생각의 예로 옳은 것은?

① "1+1의 답이 2만은 아닐 거야"
② "나의 독특성을 어른들은 이해하지 못해"
③ "도대체 내가 누구인지 모르겠어"
④ "남들이 겪는 일이라면 나에게도 일어나겠지"
⑤ "인류 역사를 관통하는 보편적 진리가 있을까?"

> **해설**
>
> ② '개인적 우화(Personal Fable)'의 예이다.
>
> • 엘킨드(D. Elkind) - 자아중심성 이론
>   - 피아제(Piaget)의 자아중심성을 청소년기의 특성에 적용하여 확장한 개념으로, 형식적 조작사고가 발달하는 11~12세경에 나타나기 시작하여 15~16세경에 정점을 이루지만 점차 사라진다.
>   - 청소년기 자아중심성은 자신에 대한 강한 몰두로 인해 자신과 타인의 관심사를 구분하지 못하는 경향성을 말하며, 다음과 같은 것이 있다.
>   (1) 개인적 우화 : 자신은 특별하고 독특하며 자신이 느끼는 감정이나 경험은 다른 사람들과는 다르다고 생각한다.
>   (2) 상상적 청중 : 과장된 자의식으로 인해 자신이 타인의 집중적 관심과 주의의 대상이 된다고 믿는다.

038

에릭슨(E. Erikson)의 심리사회적 발달단계 중 청소년기 정체감 발달에 관한 설명으로 옳지 않은 것은?

① 친밀하고 의미 있는 관계 형성의 기초가 된다.
② 심리사회적 유예 상태가 요구된다.
③ 영유아기에 형성된 신뢰를 바탕으로 발달한다.
④ 근면성 성취에 필요한 전제 조건이다.
⑤ 성취하지 못할 경우 자기회의에 빠지게 된다.

> **해설**
>
> ④ '근면성'은 4단계 '학령기'의 발달과업이다. 따라서 근면성은 '자아정체감' 발달에 필요한 전제 조건이다.
>
> • 에릭슨(E. Erikson) - 심리사회적 발달단계
>
> | 1단계 | 유아기, 0~1세 | 기본적 신뢰감 대 불신감 |
> |---|---|---|
> | 2단계 | 아동기, 1~3세 | 자율성 대 수치심 |
> | 3단계 | 학령 전기, 3~6세 | 주도성 대 죄책감 |
> | 4단계 | 학령기, 6~12세 | 근면성 대 열등감 |
> | 5단계 | 청소년기, 12~18세 | 자아정체감 대 정체성 혼란 |
> | 6단계 | 성인 초기, 18~45세 | 친밀감 대 고립감 |
> | 7단계 | 성인 중기, 45~65세 | 생산성 대 침체감 |
> | 8단계 | 노년기, 65세 이후 | 자아통합 대 절망감 |

039

청소년기 진로선택 및 진로발달을 설명한 학자와 그 내용이 바르게 연결된 것을 모두 고른 것은?

> ㄱ. 긴즈버그(E. Ginzberg) - 현실에서 실제 직업선택을 하기 전에 가치, 능력, 흥미순으로 시험적인 직업선택 과정 진행
> ㄴ. 로우(A. Roe) - 생애 초기 부모와의 관계에서 형성된 직업 욕구에 따라 직업선택
> ㄷ. 수퍼(D. Super) - 진로 자기개념의 발달과 진로의식 성숙이 전 생애를 통해 진행
> ㄹ. 홀랜드(J. Holland) - 생애역할에 따른 6개의 흥미유형을 기초로 자신의 흥미 파악

① ㄱ, ㄴ
② ㄴ, ㄷ
③ ㄷ, ㄹ
④ ㄱ, ㄴ, ㄹ
⑤ ㄴ, ㄷ, ㄹ

해설
ㄱ. 긴즈버그(E. Ginzberg) - 현실에서 실제 직업선택을 하기 전에 **흥미, 능력, 가치, 전환** 순서로 시험적인 직업선택 과정 진행
ㄹ. 홀랜드(J. Holland) - <u>6개의 성격유형</u>을 기초로 자신의 성격유형과 일치하는 **직업특성** 파악

040

청소년이 또래집단과 유사한 언어표현, 행동, 옷차림 등을 하는 현상과 관련된 개념이 아닌 것은?

① 사회적 비교
② 주지화
③ 강화와 처벌
④ 동조
⑤ 관찰학습

해설
- 방어기제 - 주지화(Intellectualization)
  종교, 철학, 문학 등의 지적 활동에 몰입함으로써 불안을 회피하려는 것이다.

041

브론펜브레너(U. Bronfenbrenner)의 생태학적 모델에서 청소년 환경체계의 예가 옳은 것은?

① 미시체계 - 대중매체
② 중간체계 - 부모의 직장
③ 외체계 - 여성가족부
④ 거시체계 - 확대가족
⑤ 시간체계 - 종교단체

해설
- 브론펜브레너(U. Bronfenbrenner) - 생태학적 체계 모델

(1) 미시체계	- 아동에게 가장 가까운 환경 층 - 모든 관계는 양방향으로 이루어짐 예 가정, 학교, 친구 등
(2) 중간체계	- 미시체계들 간의 상호관계 예 가족 관계, 부모-교사 관계, 친구 관계 등
(3) 외부체계	- 아동이 직접적으로 상호작용하지는 않지만, 미시체계에 영향을 주는 요인 예 부모의 직장, 사회복지 서비스 등
(4) 거시체계	- 가장 지속적이고 거대한 체계 - 한 사회의 법률, 제도, 관습의 기저가 되는 이데올로기 예 사회적 신념·가치·전통 등 문화적 환경
(5) 시간체계	- 개인의 전 생애에 걸쳐 나타나는 사건이나 사회·역사적 환경의 변화 예 부모의 사망, 동생의 출생, 이사 등

042

바움린드(D. Baumrind)가 제시한 부모 유형과 청소년 자녀의 특성이 바르게 연결된 것은?

① 허용적(Permissive) 부모 - 복종적 자녀
② 무관심한(Uninvolved) 부모 - 자율적 자녀
③ 권위적(Authoritative) 부모 - 독립적 자녀
④ 통합적(Integrative) 부모 - 효율적 자녀
⑤ 권위주의적(Authoritarian) 부모 - 적응적 자녀

해설
- 바움린드(D. Baumrind) - 자녀양육 유형

권위형(민주형)	- 높은 수준의 애정과 통제를 보이는 양육 형태 - 자녀는 자존감과 독립심이 높고, 사회성과 대인관계가 원활함
허용형(익애형)	- 높은 수준의 애정을 보이지만, 낮은 수준의 통제를 보이는 양육 형태 - 자녀는 의존심이 강하며, 통제력과 끈기가 부족함
독재형(전제형, 권위주의적)	- 높은 수준의 통제를 보이지만, 낮은 수준의 애정을 보이는 양육 형태 - 자녀는 자아존중감이 낮고, 다른 사람에게 복종 또는 공격성을 보임
방임형(거부적)	- 낮은 수준의 애정·관심을 보이고, 부모의 역할·책임 시행에 어려움을 겪는 양육 형태 - 자녀는 충동 억제·조절을 힘들어 하며, 타인에게 적대감·불신감 등을 느낌

043
청소년 기본법상 청소년정책위원회의 주요 기능으로 옳은 것을 모두 고른 것은?

ㄱ. 청소년육성에 관한 기본계획의 수립에 관한 사항을 심의·조정한다.
ㄴ. 청소년정책의 분야별 주요시책에 관한 사항을 심의·조정한다.
ㄷ. 청소년정책의 제도개선에 관한 사항을 심의·조정한다.
ㄹ. 둘 이상의 행정기관에 관련된 청소년정책의 조정에 관한 사항을 심의·조정한다.

① ㄱ, ㄴ   ② ㄱ, ㄷ
③ ㄱ, ㄴ, ㄷ   ④ ㄴ, ㄷ, ㄹ
⑤ ㄱ, ㄴ, ㄷ, ㄹ

해설

〈청소년 기본법〉
제10조(청소년정책위원회)
② 청소년정책위원회는 다음 각 호의 사항을 심의·조정한다.
1. 제13조 제1항에 따른 **청소년육성에 관한 기본계획의 수립에 관한 사항**
2. **청소년정책의 분야별 주요 시책에 관한 사항**
3. **청소년정책의 제도개선에 관한 사항**
4. 청소년정책의 분석·평가에 관한 사항
5. **둘 이상의 행정기관에 관련되는 청소년정책의 조정에 관한 사항**
6. 그 밖에 청소년정책의 수립·시행에 필요한 사항으로서 대통령령으로 정하는 사항

044
뒤르껨(E. Durkheim)이 제시한 자살의 종류에 해당되지 않는 것은?

① 모방적 자살   ② 이타적 자살
③ 아노미적 자살   ④ 이기적 자살
⑤ 숙명론적 자살

해설

• 뒤르껨(E. Durkheim) - 자살론
자살을 사회적 현상으로 보았으며, 자살의 원인 역시 사회적으로 그에 따른 유형을 다음과 같이 구분했다.

이기적 자살	전반적으로 개인주의적 성향이 팽배한 사회, 즉 사회구성원들 사이의 유대감이 상대적으로 느슨한 경우 자주 발생
이타적 자살	자신이 속한 사회 또는 집단에 지나치게 밀착되어서 일어나는 것으로, 집단주의적 경향을 강하게 지닌 사회에서 자주 발생
아노미적 자살	서로 다른 가치 규범이 뒤섞여 있는 사회나 급격하게 변동하고 있는 사회에서 자주 발생
숙명론적 자살	사회가 과도하게 개인의 자유나 욕망을 억압할 때 발생

045
청소년쉼터에 관한 내용으로 옳은 것을 모두 고른 것은?

ㄱ. 「청소년복지 지원법」에서 규정하고 있는 청소년복지시설이다.
ㄴ. 보호기간을 기준으로 단기쉼터와 중장기쉼터의 2가지 유형으로 구분되고 있다.
ㄷ. 국가나 지방자치단체에서 직영하거나 민간단체에 위탁하여 운영하기도 한다.
ㄹ. 중장기쉼터는 보호기간이 2년 이내이며 2회 최장 2년에 한하여 연장가능하다.

① ㄱ, ㄴ   ② ㄱ, ㄷ
③ ㄴ, ㄷ   ④ ㄴ, ㄹ
⑤ ㄷ, ㄹ

해설

ㄴ. 보호기간을 기준으로 **일시쉼터**, 단기쉼터, 중장기쉼터의 **3가지** 유형으로 구분되고 있다.
ㄹ. 중장기쉼터는 보호기간이 **3년** 이내이며 **1회** 최장 **1년**에 한하여 연장가능하다.

〈청소년복지 지원법〉
제31조(청소년복지시설의 종류)
1. 청소년쉼터 : 가정 밖 청소년에 대하여 가정·학교·사회로 복귀하여 생활할 수 있도록 일정 기간 보호하면서 상담·주거·학업·자립 등을 지원하는 시설

046

비행에 관해 다음과 같이 주장한 학자는?

- 일탈행위는 문화적으로 규정된 목표와 그 목표를 달성하기 위하여 사회적으로 구조화된 제도적 수단이 조화적으로 작용하지 않는 경우에 생긴다.
- 아노미적 사회구조에 대한 적응유형을 동조형, 의례형, 혁신형, 도피형, 반역형으로 분류한다.

① 코헨(A. Cohen)
② 서덜랜드(E. Sutherland)
③ 허쉬(T. Hirschi)
④ 레머트(M. Lemert)
⑤ 머튼(R. Merton)

해설

- 머튼(R. Merton) – 아노미 이론
  - 문화적 목표를 달성하기 위하여 사회적으로 구조화된 제도적 수단에 대한 접근가능성은 개인의 능력이나 사회계층에 따라 상이하다. 따라서 목표와 수단 간 괴리가 커지고, 비합법적인 방법으로 목표를 달성하기 위해 범죄나 비행 등 일탈행위가 발생한다.
  - 아노미적 사회구조에 대한 적응유형

동조형	– 문화적 목표와 제도적 수단을 모두 수용 – 일탈행위가 아님, '동조형'을 제외한 나머지 4개의 유형은 모두 일탈행위로 규정
혁신형	– 문화적 목표는 수용하는 반면, 제도적 수단은 거부하는 적응양식
의례형	– 문화적 목표는 거부하는 반면, 제도적 수단은 수용하는 적응양식
도피형	– 문화적 목표와 제도적 수단을 모두 거부하고, 사회로부터 후퇴하거나 도피하는 적응양식
반역형	– 문화적 목표와 제도적 수단을 모두 거부하고, 새로운 목표와 수단으로 대치하려는 적응양식

047

청소년복지 지원법상 청소년복지시설 또는 청소년복지지원기관에 해당되는 것을 모두 고른 것은?

ㄱ. 청소년치료재활센터
ㄴ. 공동생활가정
ㄷ. 이주배경청소년지원센터
ㄹ. 청소년상담복지센터

① ㄷ, ㄹ
② ㄱ, ㄴ, ㄷ
③ ㄱ, ㄴ, ㄹ
④ ㄱ, ㄷ, ㄹ
⑤ ㄴ, ㄷ, ㄹ

해설

〈청소년복지 지원법〉

제7장 청소년복지지원기관
제22조(한국청소년상담복지개발원)
제29조(청소년상담복지센터)
제30조(이주배경청소년지원센터)

제8장 청소년복지시설
제31조(청소년복지시설의 종류)
1. 청소년쉼터
2. 청소년자립지원관
3. **청소년치료재활센터**
4. 청소년회복지원시설

048

정기·임시회의를 통한 청소년 관련 정책의 모니터링, 청소년 의견 제안과 정책자문, 각종 토론회·워크숍 개최 등 다양한 활동을 위해 여성가족부 및 지방자치단체에서 설치·운영 중인 청소년 기구는?

① 청소년특별회의
② 청소년운영위원회
③ 청소년참여위원회
④ 청소년의회
⑤ 청소년정책위원회

해설

〈청소년 기본법〉

제5조의2(청소년의 자치권 확대)
④ 국가 및 지방자치단체는 청소년 관련 정책의 수립과 시행 과정에 청소년의 의견을 수렴하고 참여를 촉진하기 위하여 청소년으로 구성되는 **청소년참여위원회**를 운영하여야 한다.

제12조(청소년특별회의의 개최)
① 국가는 범정부적 차원의 청소년정책과제의 설정·추진 및 점검을 위하여 청소년 분야의 전문가와 청소년이 참여하는 청소년특별회의를 해마다 개최하여야 한다.

〈청소년활동 진흥법〉

제4조(청소년운영위원회)
① 제10조 제1호의 청소년수련시설(이하 "수련시설"이라 한다)을 설치·운영하는 개인·법인·단체 및 제16조 제3항에 따른 위탁운영단체(이하 "수련시설운영단체"라 한다)는 청소년활동을 활성화하고 청소년의 참여를 보장하기 위하여 청소년으로 구성되는 청소년운영위원회를 운영하여야 한다.

1. 피해학생에 대한 서면사과
2. 피해학생 및 신고·고발 학생에 대한 접촉, 협박 및 보복행위의 금지
3. 학교에서의 봉사
4. 사회봉사
5. 학내외 전문가에 의한 특별 교육이수 또는 심리치료
6. 출석정지
7. 학급교체
8. 전학
9. 퇴학처분

049

학교폭력 예방 및 대책에 관한 법률상 가해학생에 대한 조치로 옳지 않은 것은?

① 피해학생에 대한 서면사과
② 일시보호
③ 출석정지
④ 학급교체
⑤ 사회봉사

해설

〈학교폭력예방 및 대책에 관한 법률〉
① 심의위원회는 피해학생의 보호와 가해학생의 선도·교육을 위하여 가해학생에 대하여 다음 각 호의 어느 하나에 해당하는 조치(수 개의 조치를 동시에 부과하는 경우를 포함한다)를 할 것을 교육장에게 요청하여야 하며, 각 조치별 적용 기준은 대통령령으로 정한다. 다만, 퇴학처분은 의무교육과정에 있는 가해학생에 대하여는 적용하지 아니한다. 〈개정 2021. 3. 23.〉

050

마짜와 사이크스(D. Matza & G. Sykes)의 비행에 관한 중화기술 유형으로 옳지 않은 것은?

① 가해의 부정
② 책임의 부정
③ 피해자의 부정
④ 비난자의 부정
⑤ 높은 충성심에 호소

해설

• 마짜와 사이크스(D. Matza & G. Sykes) – 중화이론(Neutralization Theory)
비행청소년은 올바르고 합법적인 규범을 알고 있음에도 불구하고 위법행위에 대한 정당화 기술을 통해 준법의식을 마비시키고 위법행위를 하게 된다.
이때 동원되는 다섯 가지 방식의 '자기 정당화' 유형은 다음과 같다.

책임 부정	자신의 행위에 대한 책임을 다른 사람이나 상황으로 돌린다.
가해(상해) 부정	자신의 행위가 다른 사람에게 전혀 해를 미치지 않는다고 주장한다.
피해자 부정	나쁜 쪽은 피해자이므로, 피해자는 해를 받아 마땅한 사람이라고 주장한다.
비난자 비난	자신을 비난하는 자 또는 기관의 잘못을 찾아내어 자신보다 더 나쁘므로 자신을 심판할 자격이 없다고 주장한다.
높은 충성심에 호소	더 높은 충성심 또는 더 고차적인 원칙을 위해 기존의 규범을 어겼다고 주장한다.

선택 | 제3과목 **청소년수련활동론**

051

청소년활동 진흥법령상 청소년수련시설 종합평가를 실시하여야 하는 자는?

① 여성가족부장관
② 보건복지부장관
③ 한국청소년수련시설협회장
④ 한국청소년상담복지개발원장
⑤ 한국청소년활동진흥원 이사장

해설

〈청소년활동 진흥법〉
제19조의2(수련시설의 종합평가 등)
① **여성가족부장관**은 수련시설의 전문성 강화와 운영의 개선 등을 위하여 시설 운영 및 관리 체계, 활동프로그램 운영 등 수련시설 전반에 대한 종합평가를 정기적으로 실시하고 그 결과를 공개하여야 한다.

052

다음에서 설명하는 매듭법은?

- 로프 두 개의 끝을 서로 잇는 매듭법이다.
- 맺기 쉽고 풀기 쉬워 구급법에 가장 많이 쓰인다.
- 본매듭 또는 바른매듭이라고도 불린다.

① 고매듭
② 맞매듭
③ 당김매듭
④ 접친매듭
⑤ 장구매듭

해설

① 고매듭 : 고의 크기 조절이 가능한 매듭으로, 한 가닥을 당기면 쉽게 풀어져 끝마무리를 지을 때 활용한다.
③ 당김매듭 : 로프의 길이를 자유롭게 늘이고 줄일 수 있어 천막 및 텐트의 당김줄이나 개척물에 주로 이용된다.
④ 접친매듭 : 굵기가 다른 두 개의 로프를 잇는 데 사용된다.
⑤ 장구매듭 : 나일론이나 낚싯줄같이 미끄럽거나 젖은 줄을 서로 잇는 데 사용된다.

053

다음에서 설명하는 수련활동은?

- 지도상에 표시된 몇 개의 지점을 통과하여 가능한 한 빨리 결승점에 도달하는 활동
- 지도와 나침반으로 자기의 길을 찾아야 하므로 추리력, 판단력, 기억력, 협동심을 요구함

① 하이킹
② 서바이벌게임
③ 천체탐사활동
④ 오리엔티어링
⑤ 모의올림픽게임

해설

• 오리엔티어링(Orienteering)
숲이나 산에서 지도와 나침반만을 이용하여 정해진 지점을 거쳐 정해진 시간 내 최종 목적지까지 완주하는 경기이다.

054

청소년활동 진흥법상 청소년수련시설이 아닌 것은?

① 유스호스텔
② 청소년수련원
③ 청소년야영장
④ 청소년수련관
⑤ 청소년자립지원관

해설

〈청소년활동 진흥법〉
제10조(청소년활동시설의 종류)
1. 청소년수련시설
   가. **청소년수련관** : 다양한 청소년수련거리를 실시할 수 있는 각종 시설 및 설비를 갖춘 종합수련시설
   나. **청소년수련원** : 숙박기능을 갖춘 생활관과 다양한 청소년수련거리를 실시할 수 있는 각종 시설과 설비를 갖춘 종합수련시설
   다. 청소년문화의 집 : 간단한 청소년수련활동을 실시할 수 있는 시설 및 설비를 갖춘 정보·문화·예술 중심의 수련시설
   라. 청소년특화시설 : 청소년의 직업체험, 문화예술, 과학정보, 환경 등 특정 목적의 청소년활동을 전문적으로 실시할 수 있는 시설과 설비를 갖춘 수련시설
   마. **청소년야영장** : 야영에 적합한 시설 및 설비를 갖추고, 청소년수련거리 또는 야영편의를 제공하는 수련시설

> 바. **유스호스텔**: 청소년의 숙박 및 체류에 적합한 시설·설비와 부대·편의시설을 갖추고, 숙식편의 제공, 여행청소년의 활동지원(청소년수련활동 지원은 제11조에 따라 허가된 시설·설비의 범위에 한정한다)을 기능으로 하는 시설
> 2. 청소년이용시설: 수련시설이 아닌 시설로서 그 설치 목적의 범위에서 청소년활동의 실시와 청소년의 건전한 이용 등에 제공할 수 있는 시설

해설
> 〈청소년활동 진흥법〉
> 제22조(허가 또는 등록의 취소)
> **특별자치시장·특별자치도지사·시장·군수**·구청장은 수련시설 설치·운영자가 다음 각 호의 어느 하나에 해당하는 경우에는 그 수련시설의 허가 또는 등록을 취소할 수 있다. …

055

청소년수련활동 인증위원회의 인증위원 구성에서 (   )에 들어갈 알맞은 숫자는?

> 인증위원회는 위원장과 부위원장 각 1명을 포함한 (   )명 이내의 위원으로 구성한다.

① 15
② 20
③ 25
④ 30
⑤ 35

해설
> 〈청소년활동 진흥법〉
> 제35조(청소년수련활동 인증제도의 운영)
> ③ 인증위원회는 위원장과 부위원장 각 1명을 포함한 **15명** 이내의 위원으로 구성한다.

057

시·도지사 및 시장·군수 등이 읍·면·동에 1개소 이상 설치·운영하여야 하는 수련시설은?

① 유스호스텔
② 청소년수련관
③ 청소년문화의 집
④ 청소년야영장
⑤ 청소년수련원

해설
> 〈청소년활동 진흥법〉
> 제11조(수련시설의 설치·운영 등) 제1항
> 3. 시·도지사 및 시장·군수·구청장은 읍·면·동에 제10조 제1호 다목에 따른 **청소년문화의 집**을 1개소 이상 설치·운영하여야 한다.

056

청소년활동 진흥법상 수련시설의 허가 또는 등록을 취소할 수 있는 자는?

① 여성가족부장관
② 보건복지부장관
③ 한국청소년수련시설협회장
④ 한국청소년활동진흥원 이사장
⑤ 특별자치시장·특별자치도지사·시장·군수

058

청소년활동 진흥법령상 위험도가 높은 청소년수련활동이 아닌 것은?

① 래프팅
② 패러글라이딩
③ 10km 도보이동
④ 암벽 클라이밍
⑤ 2시간 이내의 야간등산

해설

<청소년활동 진흥법 시행규칙>

[별표 7] 위험도가 높은 청소년수련활동

구분	프로그램
수상활동	래프팅, 모터보트, 동력요트, 수상오토바이, 고무보트, 수중스쿠터, 레저용 공기부양정, 수상스키, 조정, 카약, 카누, 수상자전거, 서프보드, 스킨스쿠버
항공활동	패러글라이딩, 행글라이딩
산악활동	암벽타기(자연암벽, 빙벽), 산악스키, **야간등산(4시간 이상의 경우)**
장거리걷기활동	10Km 이상 도보이동
그 밖의 활동	유해성 물질(발화성, 부식성, 독성 또는 환경유해성 등), 하강레포츠, ATV 탑승 등 사고위험이 높은 물질·기구·장비 등을 활용하여 이루어지는 청소년수련활동

해설

ㄴ. 타당성평가 : 프로그램의 제한점이나 성공 가능성 여부에 대한 평가
ㄹ. 비용분석 : 프로그램 개발 시 필요한 재원 산출에 대한 평가

059

프로그램 평가에 관한 설명으로 옳은 것을 모두 고른 것은?

ㄱ. 요구평가 : 현재수준과 기대수준의 격차에 대한 분석
ㄴ. 타당성조사 : 프로그램의 효율성에 대한 분석
ㄷ. 과정평가 : 프로그램 계획과 집행 사이의 격차에 대한 분석
ㄹ. 비용분석 : 프로그램 진행 중 수행하고자 하는 방법에 대한 분석
ㅁ. 결과평가 : 프로그램의 종료시점에서 목적과 목표에 대한 효과 분석

① ㄱ, ㄷ
② ㄱ, ㄷ, ㅁ
③ ㄴ, ㄷ, ㄹ
④ ㄴ, ㄹ, ㅁ
⑤ ㄱ, ㄴ, ㄹ, ㅁ

060

프로그램 개발 과정에서 적용되는 다음의 요구분석 기법은?

- 교육과정 개발에 활용되어 온 직무분석의 기법
- 교육이나 훈련을 목적으로 교육목표와 교육내용을 비교적 단시간 내에 추출하는 데 효과적인 방법
- 분석 협조자(Panel Member)로 구성된 위원회를 중심으로 집중적인 워크숍 개최

① 데이컴법
② 관찰법
③ 개별이력분석법
④ 델파이법
⑤ 능력분석법

해설

• 데이컴법(DACUM Method)
직무분석을 통해 직무의 각 요소를 규명하고 해당 직무를 수행하기 위한 지식·기능·태도 등을 우선순위에 따라 분석하여 교육과정을 개발하는 절차로, 교육목표 및 내용을 비교적 단시간 내 추출하는 데 효과적이다.
10년 이상 해당 직무에 경력을 쌓은 숙련근로자 10여 명을 분석 협조자로 선정하여 데이컴위원회를 구성하고, 집중적인 워크숍을 실시하여 데이컴차트를 완성한다. 참여한 전문가의 의견만 반영되고 서기나 참관인의 의견은 반영되지 않는다.

061
청소년활동 진흥법령상 청소년수련시설의 종사자를 대상으로 실시하여야 하는 안전교육 내용이 아닌 것은?

① 청소년수련활동 및 수련시설의 안전 관련 법령
② 청소년수련활동 안전사고 예방 및 관리
③ 수련시설의 안전점검 및 위생관리
④ 수련시설 종사자의 안전관리 역량 강화
⑤ 안전 관련 보험의 가입 여부 및 보험의 종류와 약관

해설

〈청소년활동 진흥법 시행규칙〉
제8조의4(안전교육의 내용·방법 등) 제1항
1. 청소년수련활동 및 수련시설의 안전관련 법령
2. 청소년수련활동 안전사고 예방 및 관리
3. 수련시설의 안전점검 및 위생관리
4. 그 밖에 수련시설 종사자 등의 안전관리 역량 강화 및 안전사고 예방을 위하여 필요한 사항

062
다음이 설명하는 프로그램 내용 편성의 원리는?

- 프로그램 내용의 선정 시 프로그램의 목표를 충실하게 반영해야 한다.
- 프로그램이 왜 실시되어야 하는가를 판단해 주는 준거가 된다.

① 통합성의 원리　② 계속성의 원리
③ 타당성의 원리　④ 계열성의 원리
⑤ 범위의 원리

해설
① 통합성의 원리 : 프로그램의 각 내용 및 과정 간 밀접한 관계를 형성하여야 한다.
② 계속성의 원리 : 동일한 내용이 계속 반복되어야 한다.
④ 계열성의 원리 : 동일한 내용이 점차 심화되어야 한다.
⑤ 범위의 원리 : 프로그램의 어떤 내용을 어느 정도의 폭과 깊이로 다루어야 하는지와 관련 있다.

063
청소년활동 진흥법상 수련시설의 안전점검에 관한 내용으로 옳지 않은 것은?

① 수련시설의 운영대표자는 시설에 대하여 정기 및 수시 안전점검을 실시하여야 한다.
② 지방자치단체는 안전점검을 받아야 하는 시설의 범위·시기, 안전점검기관, 안전점검 절차 및 안전기준을 정하여야 한다.
③ 지방자치단체는 예산의 범위에서 안전점검이나 시설의 보완 및 개수·보수에 드는 비용의 전부를 보조할 수 있다.
④ 수련시설의 운영대표자는 안전점검 결과를 특별자치시장·특별자치도지사·시장·군수·구청장에게 제출하여야 한다.
⑤ 특별자치시장·특별자치도지사·시장·군수·구청장은 필요한 경우 시설의 보완을 요구할 수 있으며 수련시설의 운영대표자는 그 요구에 따라야 한다.

해설

〈청소년활동 진흥법〉
제18조(수련시설의 안전점검 등)
① 수련시설의 운영대표자는 시설에 대하여 정기 안전점검 및 수시 안전점검을 실시하여야 한다.
② 수련시설의 운영대표자는 제1항에 따라 정기 안전점검 및 수시 안전점검을 실시한 후 그 결과를 특별자치시장·특별자치도지사·시장·군수·구청장에게 제출하여야 한다.
③ 제2항에 따른 결과를 받은 특별자치시장·특별자치도지사·시장·군수·구청장은 필요한 경우 수련시설의 운영대표자에게 시설의 보완 또는 개수(改修)·보수(補修)를 요구할 수 있다. 이 경우 수련시설의 운영대표자는 그 요구에 따라야 한다.
④ 국가 또는 지방자치단체는 예산의 범위에서 제1항부터 제3항까지의 규정에 따른 안전점검이나 시설의 보완 및 개수·보수에 드는 비용의 전부 또는 일부를 보조할 수 있다.
⑤ 제1항 및 제2항에 따른 정기 안전점검 및 수시 안전점검을 받아야 하는 시설의 범위·시기, 안전점검기관, 안전점검 절차 및 안전기준은 **대통령령**으로 정한다.

064

학교 밖 청소년 지원에 관한 법률상 '학교 밖 청소년 지원센터'의 주요 업무가 아닌 것은?

① 학교 밖 청소년에 대한 사회적 인식 개선
② 학교 밖 청소년 지원 프로그램의 개발 및 보급
③ 학교 밖 청소년 지원 우수사례의 발굴 및 확산
④ 방과 후 활동 지원센터의 운영 모형 개발
⑤ 학교 밖 청소년 지원을 위한 지역사회 자원의 발굴 및 연계 · 협력

해설

〈학교 밖 청소년 지원에 관한 법률〉

제12조(학교 밖 청소년 지원센터)
② 지원센터는 다음 각 호의 업무를 수행한다.
1. 제8조부터 제11조(상담지원, 교육지원, 직업체험 및 취업지원, 자립지원)까지의 학교 밖 청소년 지원
2. 학교 밖 청소년 지원을 위한 지역사회 자원의 발굴 및 연계 · 협력
3. 학교 밖 청소년 지원 프로그램의 개발 및 보급
4. 학교 밖 청소년 지원 프로그램에 대한 정보제공 및 홍보
5. 학교 밖 청소년 지원 우수사례의 발굴 및 확산
6. 학교 밖 청소년에 대한 사회적 인식 개선
7. 그 밖에 학교 밖 청소년 지원을 위하여 필요한 사업

065

청소년활동 진흥법상 청소년수련시설 운영 중지 명령의 사유에 해당하는 것은?

① 청소년활동이 아닌 용도로 수련시설을 이용하는 경우
② 정당한 사유 없이 청소년의 수련시설 이용을 제한하는 경우
③ 수련시설 종합평가에서 가장 낮은 등급을 연속하여 3회 이상 받은 경우
④ 시설이 붕괴되거나 붕괴할 우려가 있는 등 안전 확보가 현저히 미흡한 경우
⑤ 청소년단체가 아닌 자에게 수련시설을 위탁하여 운영하게 하는 경우

해설

〈청소년활동 진흥법〉

제20조의2(운영 중지 명령) 제1항
1. 시설이 붕괴되거나 붕괴할 우려가 있는 등 안전 확보가 현저히 미흡한 경우
2. 숙박형 등 청소년수련활동의 실시 중 참가자 또는 이용자의 생명 또는 신체에 심각한 피해를 입히는 사고가 발생한 경우
3. 「성폭력범죄의 처벌 등에 관한 특례법」 제2조의 성폭력범죄 또는 「아동·청소년의 성보호에 관한 법률」 제2조제2호 및 제3호의 아동·청소년대상 성범죄 및 아동·청소년대상 성폭력범죄가 발생한 경우
4. 「아동복지법」 제17조의 금지행위가 발생한 경우

066

특별한 교육 및 활동이 필요한 청소년을 대상으로 지원하는 청소년 기본법령상의 방과 후 사업에 명시되지 않은 활동은?

① 청소년의 역량 개발 지원
② 청소년의 기본학습 및 보충학습 지원
③ 학교폭력 예방 및 대책에 관한 계획의 이행 지도
④ 청소년의 안전하고 건강한 방과 후 활동을 위한 급식, 시설 지원 및 상담
⑤ 청소년의 방과 후 활동을 지원하는 기관 및 단체 등의 개발 및 연계

해설

〈청소년 기본법 시행령〉

제33조의4(방과 후 활동 종합지원사업 실시)
② 방과후사업은 다음 각 호의 활동을 포함한다.
1. 청소년의 역량 개발 지원
2. 청소년의 기본학습 및 보충학습 지원
3. 청소년의 안전하고 건강한 방과 후 활동을 위한 급식, 시설 지원 및 상담
4. 청소년의 안전하고 건강한 방과 후 활동을 위한 학부모 교육, 청소년의 방과 후 활동을 지원하는 기관 및 단체 등의 개발 및 연계
5. 그 밖에 청소년의 방과 후 활동을 지원하기 위해 필요한 활동

067

청소년 기본법령상 ( )에 들어갈 내용이 순서대로 옳게 나열한 것은?

> 청소년수련시설에 종사하는 청소년지도사는 ( )년마다 ( )시간 이상의 보수교육을 받아야 한다.

① 1, 8
② 2, 8
③ 1, 15
④ 2, 15
⑤ 2, 20

해설

〈청소년 기본법 시행규칙〉

제10조의2(청소년지도사 보수교육 등)
① 법 제24조의2 제1항에 따라 다음 각 호의 기관 또는 단체에 종사하는 청소년지도사는 **2년**(직전의 교육을 받은 날부터 기산하여 2년이 되는 날이 속하는 해의 1월 1일부터 12월 31일까지를 말한다)마다 **15시간** 이상의 보수교육을 받아야 한다.

해설

• 하트(R. Hart) - 참여 사다리 모델

구분			과정
비참여 수준	1단계	조작 단계	청소년을 이해관계자로 인정하지 않고, 성인의 지시를 일방적으로 따르도록 하는 상태
	2단계	장식 단계	청소년이 피상적으로 참여하는 단계로, 성인이 주도하는 가운데 청소년은 장식품처럼 동원되는 상태
	3단계	명목상 참여 단계	청소년이 자문을 제공할 수 있지만, 활동 및 프로그램에 영향을 미치지 않는 상태
형식적 참여 수준	4단계	제한적 위임 단계	청소년에게 제한적으로 역할이 부여되어 활동 및 프로그램의 목적을 이해하게 되는 상태
	5단계	정보제공 단계	청소년의 의사가 반영되지만, 성인이 활동 및 프로그램을 주도하는 단계
실질적 참여 수준	6단계	성인 주도 단계	청소년의 의견이 성인과 동등하게 공유되는 상태
	7단계	청소년 주도 단계	청소년 스스로에 의해 활동 및 프로그램이 주도되고 감독되는 상태
	8단계	동등한 파트너 단계	청소년이 활동 및 프로그램을 주도하면서, 실행과정에 있어서 성인을 파트너로 참여시키는 단계

068

다음이 공통으로 설명하는 하트(R. Hart)의 청소년 참여 사다리 단계는?

> - 청소년들이 제도나 규정에 따라 대표자로 회의에 참여하나 주도하지는 않는다.
> - 실질적인 청소년 참여로 보지 않는다.

① 청소년이 명목상(Tokenism)으로 참여하는 단계
② 성인들이 정보를 제공하고 협의하는 단계
③ 성인 주도로 청소년과 의사결정을 공유하는 단계
④ 청소년이 주도하고 감독하는 단계
⑤ 성인들이 지시하고 정보를 제공하는 단계

069

문제해결 학습과정을 순서대로 옳게 나열한 것은?

```
ㄱ. 문제 인식      ㄴ. 자료 수집
ㄷ. 결과의 검토    ㄹ. 해결방법의 계획
ㅁ. 활동의 전개
```

① ㄱ - ㄴ - ㄷ - ㄹ - ㅁ
② ㄱ - ㄹ - ㄴ - ㅁ - ㄷ
③ ㄱ - ㄹ - ㄷ - ㄴ - ㅁ
④ ㄱ - ㄹ - ㅁ - ㄴ - ㄷ
⑤ ㄱ - ㅁ - ㄹ - ㄴ - ㄷ

해설

문제해결 학습과정을 순서대로 나열하면 다음과 같다.
ㄱ. 문제 인식 → ㄹ. 해결방법의 계획 → ㄴ. 자료 수집 → ㅁ. 활동의 전개 → ㄷ. 결과의 검토

070

청소년활동 진흥법상 국가 또는 지방자치단체의 지원 대상인 청소년교류활동에 해당하지 않는 것은?

① 국제청소년교류활동
② 청소년자원봉사활동의 활성화
③ 지방자치단체의 자매도시협정
④ 청소년교류센터의 설치·운영
⑤ 남·북청소년교류활동

해설

〈청소년활동 진흥법〉
제5장 청소년교류활동의 지원
제53조(청소년교류활동의 진흥)
제54조(국제청소년교류활동의 지원)
제55조(지방자치단체의 자매도시협정 등)
제56조(교포청소년교류활동의 지원)
제57조(청소년교류활동의 사후 지원)
제58조(청소년교류센터의 설치·운영)
제59조(남·북청소년교류활동의 제도적 지원)

071

멘토링 활동에 관한 설명으로 옳은 것을 모두 고른 것은?

```
ㄱ. 멘토는 이타이카 왕 오디세우스 친구 이름인 멘토에서 유래하였다.
ㄴ. 멘토링은 시기에 따라 예방 멘토링과 치료 멘토링으로 구분한다.
ㄷ. 멘토는 모델링을 통하여 멘티에게 영향을 준다.
ㄹ. 선도조건부 기소유예 처분을 받은 청소년을 대상으로 한 멘토링은 예방 멘토링에 해당한다.
```

① ㄱ, ㄴ   ② ㄷ, ㄹ
③ ㄱ, ㄴ, ㄷ   ④ ㄱ, ㄴ, ㄹ
⑤ ㄴ, ㄷ, ㄹ

해설

ㄹ. 선도조건부 기소유예 처분을 받은 청소년을 대상으로 한 멘토링은 **치료** 멘토링에 해당한다.

072

청소년의 발달 자산(Developmental Assets)에 관한 설명으로 옳은 것을 모두 고른 것은?

```
ㄱ. 서치연구소(Search Institute)가 제시하였다.
ㄴ. 20개의 외적 자산과 20개의 내적 자산으로 구분한다.
ㄷ. 가정의 지지, 타인을 위한 봉사, 창의적 활동은 외적 자산에 속한다.
ㄹ. 대인관계역량, 자아존중감, 목적의식은 내적 자산에 속한다.
```

① ㄱ, ㄷ   ② ㄷ, ㄹ
③ ㄱ, ㄴ, ㄹ   ④ ㄴ, ㄷ, ㄹ
⑤ ㄱ, ㄴ, ㄷ, ㄹ

해설

- **발달 자산(Developmental Assets)**
서치연구소(Search Institute)가 제시한 것으로, 청소년들이 건전하게 성장하고 발달하는 데 필요한 필수요인이다. 발달 자산은 개인적 요인뿐만 아니라 환경적 요인을 포함하며, 20개의 외적 자산(External Assets)과 20개의 내적 자산(Internal Assets), 총 40개의 발달 자산으로 구성되어 있다.

외적 자산	내적 자산
- 가족의 지지와 사랑	- 성취에 대한 기대와 동기
- 가족 간 긍정적 의사소통	- 학업에 적극적으로 종사
- 다른 성인과의 관계	- 자극적인 활동
- 보살핌을 주는 이웃	- 학교생활 속 유대관계
- 배려와 격려 받는 외부환경(학교, 기관 등)	- 자발적인 독서 활동
- 대외활동에 대한 부모의 관여	- 타인을 돕도록 격려됨
- 아동을 중시하는 지역사회	- 사회적 정의와 평등을 실현하는 데 관심
- 아동에게 유익한 역할 부여	- 자신의 신조·신념에 충실(인격의 통합성)
- 타인을 위한 봉사	- 정직성
- 가정·학교·지역사회 내 안정감	- 책임감
- 가정 내 경계선	- 건강한 생활양식과 성적 태도
- 가정 밖 경계선	- 계획 수립 및 결정 능력
- 아동에 대하여 감시해야 할 이웃의 책임	- 대인관계 능력
- 역할모델로서의 성인	- 문화적 수용능력
- 긍정적인 또래의 관찰	- 부정적·위험한 상황에 저항하는 능력
- 성장·발달에 대한 기대	- 평화롭고 비폭력적 갈등해결 능력
- 창조적 활동에 참여	- 자신의 상황에 대한 통제 능력
- 학교의 과외 활동, 지역사회 프로그램에 참여	- 자아존중감
- 종교단체 활동에 참여	- 목적의식
- 가족과 함께하는 시간	- 미래에 대한 희망적·긍정적 견해

073

다음이 공통으로 설명하는 활동지도 이론은?

> - 대표적인 학자는 듀이(J. Dewey)이다.
> - 학습의 중심은 개개인의 현실세계의 내적 의식 구축에 있다.
> - 청소년활동은 자기중심 교육과 반성적 사고에 초점을 둔다.
> - 활동의 적용은 야외교육, 수련활동에 적합하다.

① 경험주의이론
② 인지주의이론
③ 인본주의이론
④ 사회학습이론
⑤ 행동주의이론

해설

② 인지주의이론 : 학습자 내부의 인지구조 변화를 학습으로 간주하고, 외부의 정보를 인지구조 속으로 포함시키는 인간의 능동적인 인지활동 과정을 강조하였다.
③ 인본주의이론 : 학습은 개인이 환경과의 능동적인 상호작용을 통해 인간성장과 자아실현을 이루어가는 과정이다.
④ 사회학습이론 : 학습은 개인이 사회적 상황 속에서 다른 사람의 행동을 관찰하고 모방함으로써 이루어진다.
⑤ 행동주의이론 : 관찰 가능한 행동의 변화를 학습으로 간주하고, 학습이 반복적인 연습과 경험에 의해 이루어진다고 하였다.

074

다음 활동이 모두 이루어지는 청소년 체험활동 단계로 옳은 것은?

> 목표의 상세화, 학습방법의 구체화, 현장답사, 사전교육, 체험 준비물 안내

① 활동 협의 단계
② 활동계획 수립 단계
③ 체험활동 단계
④ 정리활동 단계
⑤ 평가 및 반성 단계

해설

• 청소년 체험활동 단계

계획단계 (사전활동)	활동계획 협의	일시, 장소, 내용, 활동영역, 이동방법, 청소년의 흥미·욕구 수용 등
	활동계획 수립	목표의 상세화, 학습방법의 구체화, 현장답사, 사전교육, 체험준비물 안내 등
체험단계 (본활동)	준비활동	현장 체험학습 준비물 검사, 주의사항 숙지, 현장학습의 구체적 안내, 이동 안내 등
	체험활동	전개안에 따른 각 영역의 현장 체험학습 실시
	정리활동	현장 체험학습의 정리를 위한 토의 및 질의응답, 내용 정리하기 학습지·보고서 작성 등
평가단계 (사후활동)	평가 및 반성	소감록·감상문 작성, 추수지도, 학습활동 관찰을 통한 평가, 포트폴리오식 평가, 체험학습의 반성 등

075

청소년활동 진흥법의 내용 중 ( )에 들어갈 용어로 옳은 것은?

> 특별자치시장·특별자치도지사·시장·군수·구청장은 청소년활동을 지원하기 위하여 필요한 경우 명승고적지, 역사유적지 또는 자연경관이 수려한 지역으로서 청소년활동에 적합하고 이용이 편리한 지역을 ( )(으)로 지정할 수 있다.

① 청소년 블루존
② 청소년 두드림존
③ 청소년수련거리
④ 청소년수련지구
⑤ 청소년야영장

해설

〈청소년활동 진흥법〉

제47조(청소년수련지구의 지정 등)
① 특별자치시장·특별자치도지사·시장·군수·구청장은 청소년활동을 지원하기 위하여 필요한 경우 명승고적지, 역사유적지 또는 자연경관이 수려한 지역으로서 청소년활동에 적합하고 이용이 편리한 지역을 **청소년수련지구**(이하 "수련지구"라 한다)로 지정할 수 있다.

2018년 제17회 청소년상담사 3급 1교시 채점표

구분	필수 제1과목	필수 제2과목	필수 제3과목	필수 제4과목	전과목 평균
점수					

※ 합격기준 : 100점을 만점으로 하여 과목당 40점 이상, 전과목 평균 60점 이상

2018년 제17회 청소년상담사 3급 2교시 채점표

구분	필수 제1과목	선택 제2과목	선택 제3과목	전과목 평균
점수				

※ 합격기준 : 100점을 만점으로 하여 과목당 40점 이상, 전과목 평균 60점 이상

2018년 제17회 1교시 정답

001	002	003	004	005	006	007	008	009	010	011	012	013	014	015	016	017	018	019	020
③	②	①	⑤	③	①	④	②	①	⑤	③	⑤	①	③	②	④	②	③	④	①
021	022	023	024	025	026	027	028	029	030	031	032	033	034	035	036	037	038	039	040
⑤	④	②	③	⑤	①	①	③	③	⑤	①	⑤	②	③	④	②	④	③	④	⑤
041	042	043	044	045	046	047	048	049	050	051	052	053	054	055	056	057	058	059	060
③	①	③	③	①	①	⑤	④	②	③	②	①	④	②	④	②	③,④,⑤	①	③	⑤
061	062	063	064	065	066	067	068	069	070	071	072	073	074	075	076	077	078	079	080
⑤	②	①	⑤	③	④	②	③	①	①	④	②	④	③	③	③	⑤	④	②	②
081	082	083	084	085	086	087	088	089	090	091	092	093	094	095	096	097	098	099	100
③	②	①	③	①	④	⑤	①	②	②	②	③	③	⑤	④	③	④	②	⑤	②

2018년 제17회 2교시 정답

001	002	003	004	005	006	007	008	009	010	011	012	013	014	015	016	017	018	019	020
①	④	③	①	⑤	①	②	④	⑤	③	②	①	③	②	⑤	④	②	②	③	③
021	022	023	024	025	026	027	028	029	030	031	032	033	034	035	036	037	038	039	040
①	④	②	③	⑤	④	⑤	①	③	①	④	⑤	①	③	①	⑤	②	④	②	②
041	042	043	044	045	046	047	048	049	050	051	052	053	054	055	056	057	058	059	060
③	③	⑤	①	②	⑤	④	③	②	④	①	②	④	⑤	①	⑤	③	⑤	②	①
061	062	063	064	065	066	067	068	069	070	071	072	073	074	075					
⑤	③	②	④	④	③	④	①	②	②	③	⑤	①	②	④					

청소년상담사 3급 필기
기출문제집

2019년
청소년상담사 3급
기출문제

2019년 제18회
2019. 10. 05. 시행

청소년상담사 3급 필기
기출문제집

2019년 제18회 청소년상담사 3급 기출문제

2019. 10. 05. 시행

| 1교시 | 필수 4과목 (100분) |

필수 | 제1과목 발달심리

001

발달에 관한 설명으로 옳지 않은 것은?

① 발달에는 개인차가 존재한다.
② 발달은 분화와 통합의 과정을 거친다.
③ 발달은 양적 변화와 질적 변화를 포함한다.
④ 발달의 각 영역은 서로 영향을 주고받는다.
⑤ 발달의 가소성(Plasticity)은 청소년기까지만 나타난다.

> **해설**
> 발달의 가소성(Plasticity)은 노화 과정이 진행됨에 따라 감소하는 경향이 있지만, 전 생애에 걸쳐 나타난다.
>
> • 가소성(Plasticity)
>   유전과 환경 중 환경적 경험에 의한 발달 가능성으로, 발달의 주요 특성이다.

002

발달연구에서 자료수집 방법에 관한 설명으로 옳지 않은 것은?

① 관찰법은 인간의 행동을 관찰하고 기록하는 연구방법이다.
② 질문지법은 많은 피험자를 한꺼번에 연구할 수 있다.
③ 사례연구법은 많은 수의 피험자를 연구하고 대부분 정상인을 대상으로 한다.
④ 정신생리학적 방법은 심장박동률, 호르몬, MRI 등을 통해서 정보를 수집한다.
⑤ 면접법에서 면접자의 특성은 자료수집 과정에 영향을 미친다.

> **해설**
> • 사례연구법
>   소수의 피험자를 깊이 연구함으로써 개인의 복잡한 내적 현상을 기술하는 방법이다

003

성인 중기의 발달특징에 관한 설명으로 옳은 것은 몇 개인가?

- 폐경으로 인해 골밀도 감소가 가속화된다.
- 현실에서의 실용적인 문제해결능력이 증가한다.
- 결정성 지능은 유동성 지능에 비해 더 빨리 감퇴한다.
- 연령이 증가함에 따라 자극에 대한 반응속도가 느려진다.
- 청각 기능이 약화되고 저음보다 고음에 대한 감퇴가 먼저 발생한다.

① 1개 ② 2개
③ 3개 ④ 4개
⑤ 5개

> **해설**
>
> '유동성 지능'은 '결정성 지능'에 비해 더 빨리 감퇴한다.
>
> - 유동성 지능
>   - 유전적·선천적으로 타고나는 지능이다.
>   - 청소년기(성인 초기) 이후 급격히 퇴보하는 경향이 있다.
>   - 예 기억력, 암기력 등
> - 결정성 지능
>   - 환경·경험·학습 등에 의해 후천적으로 발달하는 지능이다.
>   - 연령이 증가함에 따라 지속적으로 발달하는 경향이 있다.
>   - 예 일반상식, 문제해결능력, 언어이해능력 등

(5) 적응 단계	은퇴 후 생활에 대해 직시하고, 현실적인 대안을 재지향하는 단계이다.
(6) 안정 단계	재적응에 성공하여 다시 안정된 생활로 돌아가는 단계이다.
(7) 종결 단계	노화로 인하여 자립할 수 있는 기능을 상실하고, 다른 사람의 보살핌에 의지하는 의존자 역할로 은퇴 생활을 종결짓는 단계이다.

004

애칠리(R. C. Atchley)의 은퇴 과정을 순서대로 바르게 나열한 것은?

ㄱ. 준비	ㄴ. 안정
ㄷ. 적응	ㄹ. 환멸
ㅁ. 밀월	ㅂ. 종결

① ㄱ → ㄴ → ㄷ → ㄹ → ㅁ → ㅂ
② ㄱ → ㄷ → ㅁ → ㄴ → ㄹ → ㅂ
③ ㄱ → ㄹ → ㅁ → ㄷ → ㄴ → ㅂ
④ ㄱ → ㅁ → ㄹ → ㄴ → ㄷ → ㅂ
⑤ ㄱ → ㅁ → ㄹ → ㄷ → ㄴ → ㅂ

> **해설**
>
> - 애칠리(R. C. Atchley) - 은퇴 과정
>
> | (1) 원격 단계 | 퇴직을 한다는 사실은 알고 있지만, 아직 먼 일이라고 여기며, 구체적인 계획이 없는 단계이다. |
> |---|---|
> | (2) 근접 단계 | 퇴직이 가까워지면서 재정 계획이나 구체적인 수입에 대해 생각하는 단계이다. |
> | (3) 밀월 단계 | 퇴직 직후 직장의 제약과 의무에서 벗어나 홀가분함을 만끽하며 행복을 느끼는 단계이다. |
> | (4) 환멸 단계 | 은퇴 계획이 현실적이지 못하였음을 깨닫는 단계로, 일부 사람들은 경제적 어려움·무료한 생활·소외감 등으로 환멸을 느끼거나 우울증에 빠질 수 있다. |

005

발달이론가와 그가 주장한 내용의 연결이 옳지 않은 것을 모두 고른 것은?

ㄱ. 파블로프(I. Pavlov) - 보상과 처벌을 강조하였다.
ㄴ. 볼비(J. Bowlby) - 각인의 기제를 설명하였다.
ㄷ. 에릭슨(E. Erikson) - 동화와 조절을 인지발달의 과정에 적용하였다.
ㄹ. 에인즈워스(M. Ainsworth) - 애착의 발달단계를 제시하였다.

① ㄱ, ㄴ, ㄷ   ② ㄱ, ㄴ, ㄹ
③ ㄱ, ㄷ, ㄹ   ④ ㄴ, ㄷ, ㄹ
⑤ ㄱ, ㄴ, ㄷ, ㄹ

> **해설**
>
> ㄱ. 파블로프(I. Pavlov) - 고전적 조건형성
>   자극과 반응을 강조하였다.
>   - 스키너(B. Skinner) - 조작적 조건형성
>   보상과 처벌을 강조하였다.
> ㄴ. 볼비(J. Bowlby) - 애착이론
>   인간의 애착은 동물보다 더 복잡하며, 일차적 양육자와 유대관계를 통해서 형성된다.
>   - 로렌츠(K. Lorenz) - 각인이론
>   각인은 동물이 출생 후 특정 시기 동안 노출된 대상에 대하여 형성한 애착으로, '오리 실험'을 통해 설명하였다.
> ㄷ. 에릭슨(E. Erikson) - 심리사회적 발달이론
>   인간은 타인과의 관계에 따라 전 생애에 걸쳐 발달하며, 각 발달단계마다 도전과 위기가 존재한다.

- 피아제(J. Piaget) – 인지발달이론
  동화와 조절의 과정으로 이루어진 적응 상태인 평형화를 통해 인지발달이 이루어진다.
- ㄹ. 에인즈워스(M. Ainsworth) – '낯선 상황 실험'을 통한 영아 반응의 개인차를 근거로 애착의 유형을 제시하였다.
- 쉐퍼 & 에멀슨(Schaffer & Emerson)
  60명의 유아를 출생 후 18개월간 관찰한 결과 애착의 발달 단계를 제시하였다.

006

다음 사례에서 마샤(J. Marcia)의 이론에 근거하여, A의 자아정체감 지위에 관한 설명으로 옳은 것을 모두 고른 것은?

> 부모님이 초등학교 교사가 되기를 권유하셔서, A는 자신의 적성이나 흥미 등을 깊이 고민하거나 탐색하지 않고 ○○교육대학교에 진학하기로 결심하고 학업에 열중하고 있다.

> ㄱ. A는 주어진 과제에 대해서 의사결정을 한 상태이다.
> ㄴ. A는 자아정체감 위기의 경험이 없다.
> ㄷ. A는 정체감 유예 상태이다.

① ㄴ
② ㄱ, ㄴ
③ ㄱ, ㄷ
④ ㄴ, ㄷ
⑤ ㄱ, ㄴ, ㄷ

해설
ㄷ. A는 정체감 유실 상태이다.

- 마샤(J. Marcia) – 자아정체감 유형

(1) 정체감 혼미 (위기×, 전념×)	자신에 대해 탐색하거나 이해하려고 하지 않고, 어떠한 전념도 없는 상태
(2) 정체감 유실 (위기×, 전념○)	다른 사람의 가치를 채택하여 정체성을 형성하고, 이를 위해 전념하는 상태
(3) 정체감 유예 (위기○, 전념×)	자신에 대해 탐색하거나 이해하려고 노력하지만, 아직 전념하는 일이나 가치가 없는 상태
(4) 정체감 성취 (위기○, 전념○)	여러 위기를 겪으면서 정체성을 확립하고, 신념을 가진 일이나 가치에 전념하고 있는 상태

007

다음 발달단계 중 아동기(6~12세)에 해당하는 것을 모두 고른 것은?

> ㄱ. 에릭슨(E. Erikson)의 주도성 대 죄책감
> ㄴ. 프로이트(S. Freud)의 잠복기
> ㄷ. 피아제(J. Piaget)의 구체적 조작기

① ㄴ
② ㄷ
③ ㄱ, ㄷ
④ ㄴ, ㄷ
⑤ ㄱ, ㄴ, ㄷ

해설
ㄱ. 에릭슨(E. Erikson)의 주도성 대 죄책감은 '학령 전기(후기 아동기, 3~6세)'에 해당한다.

- 에릭슨(E. Erikson) – 심리사회적 발달단계

1단계	유아기, 0~1세	기본적 신뢰감 대 불신감
2단계	아동기, 1~3세	자율성 대 수치심
3단계	학령 전기, 3~6세	주도성 대 죄책감
4단계	학령기, 6~12세	근면성 대 열등감
5단계	청소년기, 12~18세	자아정체감 대 정체성 혼란
6단계	성인 초기, 18~45세	친밀감 대 고립감
7단계	성인 중기, 45~65세	생산성 대 침체감
8단계	노년기, 65세 이후	자아통합 대 절망감

008

다음의 진로이론을 주장한 학자는?

> - 직업선택의 과정을 바람(Wish)과 가능성 간의 타협으로 보았다.
> - 진로발달을 환상기(Fantasy), 잠정기(Tentative), 현실기(Realistic)의 3단계로 구분하였다.

① 긴즈버그(E. Ginzberg)
② 파슨스(T. Parsons)
③ 홀랜드(J. Holland)
④ 수퍼(D. Super)
⑤ 로우(A. Roe)

> **해설**
> - 긴즈버그(E. Ginzberg) – 진로발달이론
>   - 직업 선택은 일련의 결정들이 계속적으로 이루어지는 과정으로, 나중 결정은 이전 결정의 영향을 받는다.
>   - 직업 선택은 가치관, 정서적 요인, 교육 및 환경의 영향 등 상호작용으로 결정된다.
>   - 직업 선택과정은 바람과 가능성 간의 타협이다.
>   - 직업 발달단계를 '환상기-잠정기-현실기'의 3단계로 구분하여 제시한다.

009

다음과 같이 지능이론을 주장한 학자는?

> 지능은 다요인 구조로 언어이해 요인, 기억요인, 추리요인, 공간시각화 요인, 수요인, 단어유창성 요인, 지각속도 요인의 7개 기본 정신능력으로 구성되어 있다.

① 서스톤(L. L. Thurstone)
② 스피어만(C. Spearman)
③ 길포드(J. P. Guilford)
④ 가드너(H. Gardner)
⑤ 스턴버그(R. J. Sternberg)

> **해설**
> - 서스톤(L. L. Thurstone) – 기본정신능력(Primary Mental Ability, PMA)
>
> | | |
> |---|---|
> | (1) 언어이해 요인 (V Factor) | 언어를 이해하고 표현하는 능력이다. |
> | (2) 단어유창성 요인 (W Factor) | 단어를 신속하게 산출하는 능력이다. |
> | (3) 수요인 (N Factor) | 숫자를 다루고 계산하는 능력이다. |
> | (4) 기억요인 (M Factor) | 경험 또는 자료를 명확하게 기억하고 재생할 수 있는 능력이다. |
> | (5) 추리요인 (R Factor) | 주어진 자료에서 일반원칙을 도출하여 적용할 수 있는 능력이다. |
> | (6) 공간시각화 요인 (S Factor) | 물체와 공간을 상상하고 시각화할 수 있는 능력이다. |
> | (7) 지각속도 요인 (P Factor) | 대상 또는 현상을 빠르고 정확하게 파악하는 능력이다. |

010

주의력결핍 과잉행동장애(ADHD)에 관한 설명으로 옳지 않은 것을 모두 고른 것은?

> ㄱ. 청소년기에 주로 발병한다.
> ㄴ. DSM-5에서 정서장애로 분류된다.
> ㄷ. ADHD를 치료할 때에는 중추신경계를 자극하는 약물을 사용한다.
> ㄹ. 주로 연령이 높아질수록 과잉행동이 증가하며 주의산만은 감소한다.
> ㅁ. ADHD 청소년의 대인관계 기술향상을 위해서는 뇌파치료가 가장 효과적이다.

① ㄴ, ㄷ
② ㄱ, ㄴ, ㄷ
③ ㄱ, ㄹ, ㅁ
④ ㄱ, ㄴ, ㄷ, ㄹ
⑤ ㄱ, ㄴ, ㄹ, ㅁ

> **해설**
> ㄱ. **아동기**에 주로 발병한다.
> ㄴ. DSM-5에서 **신경발달장애**로 분류된다.
> ㄹ. 주로 연령이 높아질수록 과잉행동이 **감소**하며 주의산만은 **증가**한다.
> ㅁ. ADHD 청소년의 대인관계 기술향상을 위해서는 **인지행동 치료, 사회적기술 훈련 등**이 효과적이다.

011

태내 발달에 관한 설명으로 옳지 않은 것은?

① 발아기(Germinal Period)는 수정에서부터 수정란이 자궁벽에 착상하기까지 약 2주간의 기간이다.
② 일반적으로 태아기(Fetal Period)가 배아기(Embryonic Period)보다 기형발생물질에 더 취약하다.
③ 태아기에는 산모가 태동을 느낄 수 있다.
④ 알코올 중독을 가진 산모의 태아는 출생 후 정신지체, 과잉행동 등의 문제를 보일 수 있다.
⑤ 임신 후기에 지방층의 발달로 태아의 체중이 급격히 증가한다.

해설

태내 발달 단계 중 '배아기(Embryonic Period)'에 기형발생 물질에 가장 취약하다.

- 태내 발달 단계

단계	설명
(1) 수정	- 새로운 생명이 태어나기 위한 첫 단계이다.
(2) 발아기(배종기) (수정~임신 2주)	- 본격적인 태내 발달이 시작되는 단계이다. - 세포분열을 거친 수정란이 자궁 벽에 착상하게 된다.
(3) 배아기 (임신 3주~8주)	- 성장 속도가 가장 빠른 시기이다. - 주요 기관을 포함한 대부분의 기관들이 형성되는 결정적 시기(Critical Period)이다. - 심한 기형이나 장애의 발생 가능성이 높으므로 배아기 때 태내 환경이 특히 중요하다. - 수정란이 자궁 벽에 착상한 후, 배아는 외배엽, 중배엽, 내배엽의 세 겹의 층으로 다시 분화된다. - 신경계가 발달하며 심장, 근육, 척추, 갈비뼈, 소화관 등이 형성된다.
(4) 태아기 (임신 9주~출생)	- 태내기 중 가장 긴 기간으로, 출생에 필요한 모든 준비를 마친다. - 9주 차에는 장기와 근육, 신경계가 조직적으로 연결되기 시작한다. - 12주 정도에는 외부 생식기가 완전히 형성되어 초음파로 성별을 구분할 수 있다. - 17~20주에는 엄마가 태동을 느낄 수 있으며, 태지(Vernix)와 연모(Lanugo)는 양수 속에서 태아의 피부를 보호한다.

012

청소년기 발달에 관한 설명으로 옳지 않은 것은?

① 급격한 신체 발달과 성적 성숙이 일어난다.
② 조숙과 만숙은 성별에 따라 미치는 영향이 다르다.
③ 청소년은 주로 구체적 경험에 근거해 사고한다.
④ 신체상(Body Image)은 자아존중감에 영향을 미친다.
⑤ 이상주의적 사고와 미래 가능성에 관한 사고가 가능해진다.

해설

아동은 주로 **구체적 경험**에 근거해 사고한다.
청소년은 주로 **추상적 추론**에 의해 사고한다.

013

영유아기 언어발달에 관한 설명으로 옳은 것을 모두 고른 것은?

ㄱ. 유아는 문법적 형태소를 획득하면서 구사하는 말의 길이가 길어진다.
ㄴ. 옹알이에 대한 부모의 강화는 영아의 모국어 습득을 촉진시킨다.
ㄷ. 유아는 문법규칙을 적용하는 과정에서 예외 상황에도 문법규칙을 과잉 적용한다.
ㄹ. 대부분의 영아는 어휘 표현 능력이 어휘 이해 능력보다 먼저 발달한다.

① ㄱ, ㄴ
② ㄴ, ㄷ
③ ㄱ, ㄴ, ㄷ
④ ㄱ, ㄷ, ㄹ
⑤ ㄴ, ㄷ, ㄹ

해설

대부분의 영아는 어휘 **이해** 능력이 어휘 **표현** 능력보다 먼저 발달한다.

014

두뇌발달에 관한 설명으로 옳은 것은?

① 대뇌 피질의 발달은 아동기에 완성된다.
② 청소년기의 뇌는 가소성(Plasticity)이 가장 우수하다.
③ 수초화(Myelination)는 정보처리 속도를 향상시키기 위한 시냅스의 가지치기 현상이다.
④ 청소년의 충동적 행동은 전전두엽과 변연계의 상호작용이 원활하지 않기 때문이다.
⑤ 시냅스의 수는 성인기에 가장 크게 증가한다.

> **해설**
> ① 대뇌 피질의 발달은 **성인기까지 계속된다.**
> ② **영유아기**의 뇌는 가소성(Plasticity)이 가장 우수하다.
> ③ '수초화(Myelination)'는 수초가 신경세포의 축색돌기에 감기어서 자극의 전달 속도를 더욱 빠르게 하는 현상이다. '시냅스 가지치기'는 신경활동에 필요한 시냅스만 남기고 불필요한 부분은 제거되는 신경발달 과정이다.
> ⑤ 시냅스의 수는 **영유아기**에 가장 크게 증가한다.

015

다음의 진단적 특징을 보이는 정신장애는?

- 분노발작이 평균적으로 일주일에 3회 이상 발생한다.
- 분노발작이 부모나 교사, 또래에 의해 자주 관찰된다.
- 거의 하루 중 대부분의 시간 동안 분노에 차 있다.

① 파괴적 기분조절 부전장애
② 품행장애
③ 간헐적 폭발장애
④ 경계성 성격장애
⑤ 반사회성 성격장애

> **해설**
> • 파괴적 기분조절 부전장애(Disruptive Mood Dysregulation Disorder, DMDD)
> - DSM-5의 '우울장애'에 해당한다.
> - 평균 주 3회 이상 수시로 기분이 바뀌거나 분노, 폭발 및 짜증 등의 특징을 보인다.
> - 하루 중 대부분의 시간 동안 화가 나 있으며, 부모·교사·친구 등에 의해 객관적으로 관찰된다.

016

섭식장애에 관한 설명으로 옳은 것을 모두 고른 것은?

ㄱ. 청소년기 신경성 식욕부진증의 유병률은 남녀 성차가 뚜렷하게 나타난다.
ㄴ. 폭식장애는 신경성 폭식증과 달리 부적절한 보상행동이 나타나지 않는다.
ㄷ. 신경성 식욕부진증을 가진 사람은 흔히 문제에 대한 통찰이 없거나 문제를 부정한다.
ㄹ. 섭식장애의 행동 개선에는 약물치료가 인지행동치료에 비해 효과적이다.

① ㄱ, ㄴ
② ㄱ, ㄷ
③ ㄱ, ㄴ, ㄷ
④ ㄴ, ㄷ, ㄹ
⑤ ㄱ, ㄴ, ㄷ, ㄹ

> **해설**
> 섭식장애의 행동 개선에는 약물치료보다 인지행동치료가 우선되며, 필요시 약물치료를 진행한다.

017

아동·청소년의 사회성 발달에 관한 설명으로 옳지 않은 것은?

① 셀만(R. Selman)의 조망수용이론에서 미분화된 자기중심적 단계에 있는 청소년들은 자신과 타인의 행동을 제3자의 관점에서 생각할 수 있다.
② 권위있는(Authoritative) 양육을 하는 부모의 자녀는 자신감이 높고 또래와 안정된 관계를 맺는다.
③ 아동기는 유아기에 비해 대체로 이타적 행동이 증가한다.
④ 언어 능력과 가상놀이는 마음이론의 발달에 영향을 준다.
⑤ 아동기는 유아기에 비해 대체로 연합놀이나 협동놀이의 비중이 증가한다.

해설

셀만(R. Selman)의 조망수용이론에서 미분화된 자기중심적 단계는 0단계(3~5세)에 해당한다.
자신과 타인의 행동을 제3자의 관점에서 생각할 수 있는 단계는 3단계(10~15세) 제3자 조망수용단계이다.

- 셀만(R. Selman) - 조망수용이론

단계	내용
0단계 (3~5세) 자기중심적 미분화단계	자신과 타인이 동일한 견해를 갖는다고 자각하며, 다른 견해를 가질 수 있다는 것을 이해하지 못한다.
1단계 (6~8세) 주관적 조망수용단계	자신과 타인이 다른 견해를 가질 수 있다는 것을 이해하지만, 아직도 자신의 입장에서 타인을 이해한다.
2단계 (8~10세) 자기반성적 조망수용단계	타인의 조망을 고려할 수 있고, 타인도 자신의 조망을 고려할 수 있다는 것을 인식하지만, 동시에 상호적으로 고려하지는 못한다.
3단계 (10~15세) 제3자 조망수용단계	자신과 타인의 조망을 동시에 상호적으로 각각 이해하며, 객관적으로 생각할 수 있다.
4단계 (청소년기~) 사회적 조망수용단계	사회적 합의나 법·질서·도덕 등에 근거하여 자신과 타인의 조망을 이해하고 판단한다.

018

신생아의 반사행동에 관한 설명으로 옳지 않은 것은?

① 반사행동은 선천적이고 자동적인 반응이다.
② 잡기반사는 신생아의 손바닥에 물건을 놓으면 그것을 꽉 쥐는 행동이다.
③ 모로반사는 큰 소리가 나거나 머리의 위치가 변하면 등을 구부리고 팔다리를 앞으로 뻗는 반사행동이다.
④ 근원반사는 신생아의 입 주위에 자극을 주면 아기가 자극을 향해 고개와 입을 돌리는 반사행동이다.
⑤ 바빈스키반사는 갑작스러운 자극이 다가오면 눈을 감는 것이다.

해설

'바빈스키반사'는 발바닥 반사의 일종으로, 신생아의 발바닥을 간지럽히면 엄지발가락은 구부리는 반면 다른 네 발가락은 펴는 반사행동이다.
'눈 깜빡이기 반사'는 갑작스러운 자극이 다가오면 눈을 감는 것이다.

019

몸통의 발달이 이루어진 후 팔다리 그리고 손발의 순서로 발달이 이루어지는 것과 같이 몸의 중심부에서 말초부로 발달하는 신체발달의 원리는?

① 위계적(Hierarchical) 발달
② 근원(Proximodistal) 발달
③ 특수(Special) 발달
④ 두미(Cephalocaudal) 발달
⑤ 일반(General) 발달

> **해설**
>
> • 발달 원리
> (1) 발달은 일정한 순서대로 진행된다.
>   예 기어 다니기 → 앉기 → 서기 → 걷기 → 뛰기
> (2) 발달은 일정한 방향으로 진행된다.
>   - 두미(Cephalocaudal) 발달 : 머리에서 발 방향으로 진행
>   - 근원(Proximodistal) 발달 : 중심부에서 말초 신경부로 진행
>   - 세분화(General to Specific) 발달 : 일반적인 것에서 특수한 것으로 진행
> (3) 발달은 개인차가 있다.
> (4) 발달은 전 생애 동안 계속되는 과정이지만, 발달의 속도는 일정하지 않다.
>   예 성장급등 : 신체적 혹은 심리적 발달이 급속도로 이루어지는 기간

021

설리번(H. S. Sullivan)의 이론에 해당하는 것은?

① 자아정체감을 형성하는 것이 청소년의 건강한 발달에 중요하다.
② 청소년기는 방황과 갈등이 중심이 되는 질풍노도의 시기이다.
③ 인간행동은 보상이나 처벌의 결과로 형성된다.
④ 학습에서 개인, 행동, 환경 간의 상호작용의 중요성을 강조한다.
⑤ 발달단계를 6단계로 구분하고, 연령에 따라 다른 사람과의 상호작용 욕구가 변화한다고 설명한다.

> **해설**
>
> 설리번(H. S. Sullivan)은 유아기부터 후기 청소년기까지 6단계의 발달 시기에 따라 다른 사람과의 상호작용 욕구가 변화한다고 설명하였다.
>
> • 설리번(H. S. Sullivan) - 대인관계 발달단계
>
> | | |
> |---|---|
> | (1) 유아기 (출생~2세) | 양육자로부터 안정감을 느끼려는 욕구 |
> | (2) 아동기 (3~6세) | 부모로부터 관심을 얻으려는 욕구 |
> | (3) 소년기 (7~10세) | 또래관계를 형성하고자 하는 욕구 |
> | (4) 전청소년기 (11~12세) | 단짝 친구로 표현되는 애정 욕구 |
> | (5) 청소년 초기 (13~16세) | 대인 간 친밀감을 유지하려는 욕구 |
> | (6) 청소년 후기 (17~20세) | 이성관계를 추구하려는 욕구 |

020

다음에서 설명하고 있는 유아의 사고 특성은?

> - 다른 사람의 관점을 고려하지 못한다.
> - 엄마의 생일선물로 자신이 좋아하는 인형을 고른다.
> - 숨바꼭질 놀이를 할 때, 자신이 술래를 못 보면 술래도 자신을 볼 수 없다고 생각한다.

① 물활론적 사고
② 상징적 사고
③ 자아중심적 사고
④ 추상적 사고
⑤ 보존개념의 부재

> **해설**
>
> 유아기 '자아중심적 사고'는 유아가 자신의 입장에서만 세상을 바라보는 것으로, 다른 사람의 생각이나 감정을 자신과 동일하다고 가정하는 것이다.

022

도덕성 발달에 관한 설명으로 옳은 것을 모두 고른 것은?

> ㄱ. 프로이트(S. Freud)는 남근기에 이성 부모와의 동일시 과정을 통해서 발달하는 초자아를 강조하였다.
> ㄴ. 반두라(A. Bandura)는 도덕적 행동보다는 도덕적 갈등상황에서 개인이 느끼는 죄책감을 중요시했다.
> ㄷ. 콜버그(L. Kohlberg)는 도덕적 갈등상황에 대한 판단에 기초하여 개인의 도덕발달수준을 평가하였다.
> ㄹ. 길리건(C. Gilligan)은 여성이 공동체적 관계와 타인 배려를 중요시하는 배려의 도덕성을 지향한다고 하였다.

① ㄱ, ㄴ
② ㄱ, ㄹ
③ ㄴ, ㄹ
④ ㄷ, ㄹ
⑤ ㄱ, ㄷ, ㄹ

해설

ㄱ. 프로이트(S. Freud) - 남근기에 동성 부모와의 동일시 과정을 통해서 발달하는 초자아를 강조하였다.
ㄴ. 반두라(A. Bandura) - 아동은 타인의 행동을 관찰하고 모방하여 도덕적 행동을 학습한다고 하였다.

023

애착에 관한 설명으로 옳지 않은 것은?

① 애착은 영아와 주양육자 간에 형성되는 친밀한 정서적 유대감이다.
② 할로우(H. Harlow)는 원숭이 연구를 통해 수유가 애착형성과정에서 중요함을 밝혔다.
③ 에인즈워스(M. Ainsworth)는 '낯선상황 실험'을 고안하여 애착에 관한 연구를 하였다.
④ 낯가림과 분리불안을 통해 영아가 주양육자와 애착을 형성했음을 알 수 있다.
⑤ 안정애착을 보이는 영아의 양육자는 자녀의 신호와 욕구에 민감하고 일관되게 반응하는 특성을 보인다.

해설

② 할로우(H. Harlow)는 원숭이 연구를 통해 수유보다 접촉위안(Contact Comfort)이 애착형성과정에서 중요함을 밝혔다.

- 할로우(H. Harlow) - 원숭이 연구
  새끼 원숭이들을 어미에게서 분리한 뒤 각각 우유가 나오지만 철사로 된 젖꼭지와 부드러운 담요로 덮여 있는 젖꼭지를 단 인형 대리모에게 할당하였다. 실험 결과 담요로 덮여 있는 젖꼭지를 단 인형 대리모를 더 선호하는 것을 통하여, 애착형성에는 먹이보다 접촉이 더 중요한 변수임을 밝혔다.

024

아동이 사용하는 기억전략 중 기억하려는 정보를 의미적으로 관련 있는 것끼리 묶어서 범주화함으로써 기억의 효율성을 높이는 전략은?

① 시연
② 주의집중
③ 정교화
④ 조직화
⑤ 인출

해설

- 기억전략
  (1) 정교화 : 기억해야 할 정보에 무엇인가를 덧붙이거나 다른 정보와 서로 관련시켜 기억하는 방법이다.
  (2) 조직화 : 기억해야 할 정보가 가지고 있는 속성에 따라 의미 있는 단위로 묶어서 기억하는 방법이다.
  (3) 시연 : 기억해야 할 정보를 여러 번 보거나 말로 되풀이하여 기억하는 방법이다.
  (4) 부호화 : 기억해야 할 정보를 한 형태에서 다른 형태로 변환하여 기억하는 방법이다.
  (5) 심상법 : 심상(Image)을 이용하여 기억하는 방법이다.
  (6) 상위기억(Metamemory) : 자신의 기억 과정이나 기억을 촉진하기 위한 전략을 아는 것이다.

025

다음에서 밑줄 친 '이것'이 설명하는 것은?

- 이것은 한 개인의 행동양식과 정서적 반응유형을 의미하는 것으로 활동수준, 사회성, 과민성과 같은 특성을 포함한다.
- 이것이 사회적 환경과 이루는 '조화의 적합성'은 아동이 유능하고 건강하게 발달하는 데 중요하다.
- 토마스(A. Thomas)와 체스(S. Chess)는 이것을 순한, 까다로운, 반응이 느린 아동의 세 유형으로 구분하였다.

① 기질 ② 애착
③ 성격 ④ 정체성
⑤ 자기개념

해설
- 토마스(A. Thomas) & 체스(S. Chess) - 기질 연구
  - 기질은 출생 후 외부환경에 적응해 나가는 방식이며, 개인적인 경향성으로 개인차가 있고, 성인기의 성격형성에 큰 영향을 미친다.
  - 뉴욕 종단 연구를 통하여 기질의 아홉 가지 구성요인을 밝히고, 기질 질문지를 개발하였다.
  - 영아를 양육하는 부모를 대상으로 한 설문 결과, 영아들의 기질은 '순한 아동(Easy Child)', '까다로운 아동(Difficult Child)', '더딘 아동(Slow to Warm Up Child)'의 세 가지 유형으로 구분하였다.

필수 | 제2과목 집단상담의 기초

026

현실치료 집단상담에서 사용하는 주요기법을 모두 고른 것은?

ㄱ. 질문하기	ㄴ. 유머사용
ㄷ. 역할 바꾸기	ㄹ. 역설적 기법
ㅁ. 게임분석	

① ㄱ, ㄴ ② ㄱ, ㄷ
③ ㄱ, ㄴ, ㄷ ④ ㄱ, ㄴ, ㄹ
⑤ ㄴ, ㄹ, ㅁ

해설
ㄷ. 역할 바꾸기 : 주로 '인지행동' 집단상담에서 사용한다.
ㅁ. 게임분석 : 주로 '교류분석' 집단상담에서 사용한다.

현실치료 상담기법
질문, 유머, 직면(맞닥뜨림), 역설적 기법 등

027

집단상담의 이론에 관한 설명으로 옳은 것을 모두 고른 것은?

ㄱ. 인간중심상담에서는 집단원이 처한 문제보다 집단원에게 초점을 맞춘다.
ㄴ. 해결중심 집단상담자는 '알지 못함의 자세'를 취한다.
ㄷ. 개인심리학에 근거한 집단상담은 집단과정에서 집단원에게 이중자아의 역할을 해보게 한다.
ㄹ. 합리정서행동(REBT) 상담은 집단상담자의 무조건적 수용을 통해 집단원으로 하여금 자신이 받아들여질 것이라고 느끼게 한다.

① ㄱ, ㄹ ② ㄷ, ㄹ
③ ㄴ, ㄷ, ㄹ ④ ㄱ, ㄴ, ㄷ
⑤ ㄱ, ㄴ, ㄹ

해설

ㄷ. '심리극'에 근거한 집단상담은 집단과정에서 집단원에게 이중자아의 역할을 해보게 한다.

- **심리극(사이코드라마, Psychodrama)**
  - 집단원들이 역할 연기를 함으로써 감정의 변화를 경험하고 왜곡되었던 자신을 이해하며, 새롭게 형성된 자아를 바탕으로 자발성과 창조성을 발휘하여 삶을 영위할 수 있도록 하는 것을 상담 목표로 한다.
  - 5대 구성요소

주인공	가장 핵심적인 인물로서 심리극을 통해 개인의 내면세계와 문제, 그로부터 파생되는 인간관계를 보여준다.
보조자아	중요한 타인이나 주인공의 변형된 자아 역할로서 주인공과 극의 상황을 함께 연기한다.
연출가	주인공이 자신을 드러낼 수 있도록 심리를 이해하고 신뢰감을 제공하며, 극의 분위기를 조성하고 객관적 자세를 유지한다.
관객	주인공의 이야기를 통해서 자신의 경험을 정리하고 통찰을 얻는다. 극 속에서 공유한 자신의 경험을 드러내고 소통한다.
무대	심리극이 이루어지는 공간이다.

028

집단상담의 이론적 접근과 구성요소의 연결이 옳은 것은?

① 심리극 – 주인공, 무대
② 현실치료 – 선택, 접촉
③ 개인심리학 – 창조, 스트로크
④ 게슈탈트 – 전이, 모델링
⑤ 정신분석 – 해석, 각본

해설

② 현실치료 – 선택, 통제
③ 개인심리학 – 창조, 사회적 관심
- 교류분석 – 각본, 스트로크
④ 게슈탈트 – 자각(알아차림), 접촉
- 행동주의 – 소거, 모델링
⑤ 정신분석 – 전이, 해석

029

집단상담자의 윤리적 행동으로 옳은 것을 모두 고른 것은?

ㄱ. 청소년집단에서 집단원이 같은 학교 여자친구와 성관계를 했다는 것을 알게 되었을 때 담임 선생님에게 즉각 알려준다.
ㄴ. 청소년집단에서 집단원의 자살에 대한 구체적인 내용을 알았을 때 즉각 부모와 담당선생님에게 알린다.
ㄷ. 가정에서 지속적으로 학대당하고 있는 청소년 집단원에 대해 본인이 거부하는 경우 비밀을 보장하고 신고하지 않는다.
ㄹ. 집단상담자는 자신의 가치관을 집단원에게 분명히 알려주는 것보다는 가치중립적 태도를 보이는 것이 좋다.
ㅁ. 집단상담 진행 중 집단원이 집단상담자와 이성적 만남을 원하는 경우 비밀보장을 원칙으로 개인적인 만남을 가질 수 있다.

① ㄱ, ㄴ
② ㄴ, ㄹ
③ ㄷ, ㅁ
④ ㄱ, ㄴ, ㄹ
⑤ ㄱ, ㄴ, ㅁ

해설

ㄱ. 비밀보장의 한계가 있는 경우에 해당하지 않는다.
ㄷ. '아동학대'는 비밀보장의 한계가 있는 경우에 해당한다.
ㅁ. 청소년상담사는 내담자와 연애 관계 및 기타 사적인 관계를 맺지 않는다.

〈청소년상담사 윤리강령〉

마. 비밀보장
  4. 비밀보장의 한계
    가) 청소년상담사는 상담 시 비밀보장의 1차적 의무를 내담자의 보호에 두지만 비밀보장의 한계가 있는 경우 청소년의 부모(보호자) 및 관계기관에 공개할 수 있다.
    나) 비밀보장의 한계가 있는 경우는 다음과 같다.
      1) 청소년상담사는 <u>내담자의 생명이나 사회의 안전을 위협하는 경우</u> 비밀을 공개하여 그러한 위험의 목표가 되는 사람을 보호하기 위한 합당한 조치 등 안전을 확보한다.

2) 청소년상담사는 **법적으로 정보의 공개가 요구되는 경우** 내담자에게 그 사실을 알리고 최소한의 정보만을 제공한다.
3) 청소년상담사는 **내담자에게 감염성이 있는 치명적인 질병이 있을 경우** 관련 기관에 신고하고, 그 질병에 노출되어 있는 제3자에게 정보를 공개할 수 있다.
다) 청소년상담사는 **아동학대, 청소년 성범죄, 성매매, 학교폭력, 노동관계 법령 위반** 등 관련 법령에 의해 신고의무자로 규정된 경우 해당 기관에 관련 사실을 신고해야 한다.

해설

- 상담기법

명료화	집단상담자가 집단원의 감정·사고·태도를 파악하여 실제 감정을 인식할 수 있도록 한다.
요약	집단상담자가 집단원이 말한 둘 이상의 내용의 요점을 간추려서 되돌려주는 기술이다.
자기노출	집단상담자가 자신의 감정·생각·경험 등 정보를 드러내고 활용하는 기술이다.
해석	집단상담자가 집단원의 감정·사고·태도의 의미에 대하여 설명해서 그 이면에 숨겨진 문제를 제대로 파악하도록 한다.
맞닥뜨림 (직면)	집단원의 말이나 행동이 일치하지 않거나 모순점이 있을 때 그것을 지적하는 것이다. 내담자의 저항심을 발생시킬 수 있으므로, 충분한 신뢰관계가 형성된 후에 사용하는 것이 좋다.

030
집단상담기술에 관한 설명으로 옳은 것을 모두 고른 것은?

ㄱ. 명료화하기 : 어떤 중요한 문제의 밑바닥에 깔려 있는 혼동되고 갈등적인 느낌을 가려내어 분명히 해주는 것이다.
ㄴ. 요약하기 : 집단원들이 이야기의 핵심을 제대로 파악하지 못하거나 전체적인 집단과정에서 방향을 잡지 못할 때 활용할 수 있다.
ㄷ. 자기노출 : 중요한 기술 중의 하나이며, 적절한 모험심과 용기가 필요하다.
ㄹ. 해석하기 : 집단원이 표면적으로 표현하거나 인식한 내용을 뛰어넘어 집단상담자가 그에게 새로운 방식으로 자신의 문제를 바라볼 수 있도록 하는 것이다.
ㅁ. 맞닥뜨림하기 : 피드백의 일종으로서 보다 정도가 강한 피드백이라 할 수 있다.

① ㄱ, ㄴ, ㄹ
② ㄱ, ㄷ, ㅁ
③ ㄴ, ㄷ, ㄹ
④ ㄱ, ㄴ, ㄷ, ㄹ
⑤ ㄱ, ㄴ, ㄷ, ㄹ, ㅁ

031
집단상담 참가자의 권리 중 옳은 것을 모두 고른 것은?

ㄱ. 참가 동의에 대한 거부
ㄴ. 폐쇄집단인 경우라도 나갈 수 있는 자유
ㄷ. 개인의 모든 비밀에 대해 보장받을 권리
ㄹ. 동등한 대우를 받을 권리
ㅁ. 강요나 부당한 압력으로부터의 자유

① ㄱ, ㄴ
② ㄷ, ㅁ
③ ㄱ, ㄴ, ㄹ
④ ㄱ, ㄴ, ㄹ, ㅁ
⑤ ㄱ, ㄴ, ㄷ, ㄹ, ㅁ

해설
비밀보장의 한계가 있는 경우 청소년의 부모(보호자) 및 관계기관에 공개할 수 있다.

032

얄롬(I. Yalom)이 제시하고 확인한 집단상담 치료적 요인 중에서 집단의 종결단계로 갈수록 부각되는 치료적 요인은?

① 보편성　　② 희망
③ 응집력　　④ 동일시
⑤ 실존적 요인

해설

집단상담의 치료적 요인 중 '실존적 요인'은 자신의 삶에 대한 책임감을 새롭게 인식하게 되는 것으로, 집단의 종결단계로 갈수록 부각되는 요인이다.

해설

(ㄱ) 반영 : 집단상담자가 집단원의 말·행동·경험을 정리해서 상담자의 언어로 표현함으로써 집단원이 전달하고자 하는 의미를 더 명확하게 인식하도록 한다.
(ㄴ) 연결하기 : 한 집단원의 말·행동·경험을 다른 집단원의 것과 관련지어 연결해서 집단원이 문제의 원인 및 해결책을 찾도록 돕는다.
(ㄷ) 자기개방 : 집단상담자가 자신의 감정·생각·경험 등 정보를 드러내고 활용하는 기술이다.
(ㄹ) 공감 : 집단원의 감정을 정확하게 파악하여 이해하고 집단원의 입장이 되어 느낀 다음 그 감정을 집단원에게 전달하는 것이다.

033

다음은 집단상담 축어록의 일부이다. (ㄱ)~(ㄹ)에 해당되는 것을 순서대로 옳게 나열한 것은?

> 향기 : 저는 요즘 남자친구와 많이 싸우고 있어요. 그래서 지금 너무 힘들어서 헤어지고 싶다는 생각이 들어요.
> 겨울 : 남자친구와 많이 싸우면서 힘들고, 너무 힘들어서 벗어나고 싶은 생각에 헤어지고 싶다는 생각이 들었군요. (ㄱ)
> 향기 : 네, 정말 힘들어요. 혹시 저와 같은 고민을 가지고 계신 분 있나요? (ㄴ)
> 바다 : 저도 남자친구와 싸웠어요. 너무 성격이 안 맞는 것 같아 많이 힘들고 헤어질까도 고민하고 있어요. (ㄷ)
> 향기 : 바다 님도 저처럼 남자친구와의 관계가 힘드셨군요. (ㄹ)
> 그런데 바다 님은 어떤 문제로 자주 싸우고 있나요?

① 공감 - 개방적 질문 - 자기개방 - 반영
② 반영 - 폐쇄적 질문 - 반영 - 공감
③ 공감 - 연결하기 - 자기개방 - 연결하기
④ 공감 - 개방적 질문 - 명료화 - 연결하기
⑤ 반영 - 연결하기 - 자기개방 - 공감

034

집단상담에서 응집력이 높을 때 나타나는 현상이 아닌 것은?

① 지금-여기에서 상호작용이 촉진된다.
② 갈등을 인식하나 이를 직접 다루지 않는다.
③ 집단원과 상담자 간 상호작용보다 집단원간 상호작용이 활발하다.
④ 자기를 개방하고 적극적으로 참여한다.
⑤ 집단규범을 지키지 않는 집단원을 제지한다.

해설

응집력이 높은 집단에서는 집단원들 간 갈등이나 부정적 감정을 표현하고 해결책을 모색하며 상호 신뢰감, 친밀감 등을 발달시켜 나간다.

- **집단응집력**
  집단구성원들이 집단 내 남아 있도록 작용하는 힘으로, 구성원들 간 유대감에 근거하여 발달한다.

035

집단상담에서 바람직한 태도나 역할, 행동양식에 관한 설명으로 옳은 것을 모두 고른 것은?

> ㄱ. 집단구조를 뜻한다.
> ㄴ. 집단의 유지 발전에 필요하다.
> ㄷ. 집단의 목표 달성에 중요한 역할을 한다.
> ㄹ. 암묵적이기보다는 명시화하는 것이 좋다.
> ㅁ. 집단원끼리 스스로 확립해야 하는 것이다.

① ㄱ, ㄴ, ㄹ
② ㄱ, ㄹ, ㅁ
③ ㄴ, ㄷ, ㄹ
④ ㄱ, ㄴ, ㄷ, ㅁ
⑤ ㄴ, ㄷ, ㄹ, ㅁ

해설

ㄱ. '집단규범'을 뜻한다.
ㅁ. 집단상담자와 집단원 간 상호 협력을 통해 확립해야 한다.

• 집단규범
집단 내 바람직한 태도·역할·행동에 대하여 집단원들이 공유하는 기대상황과 신념으로, 집단원들이 집단참여를 통해 얻고자 하는 것의 성취를 촉진하는 기능이 있다.

036

집단역동에 영향을 주는 요인을 모두 고른 것은?

> ㄱ. 집단상담자   ㄴ. 집단원
> ㄷ. 집단과정   ㄹ. 집단응집력
> ㅁ. 지도성 경쟁

① ㄱ, ㄷ
② ㄱ, ㄴ, ㄹ
③ ㄱ, ㄴ, ㄷ, ㄹ
④ ㄴ, ㄷ, ㄹ, ㅁ
⑤ ㄱ, ㄴ, ㄷ, ㄹ, ㅁ

해설

집단역동에 영향을 미치는 요소
집단의 배경·크기·규모, 모임시간·빈도, 참여형태, 분위기, 구성원들의 집단참여 경험이나 목표달성 경험, 구성원들의 태도·가치관·신뢰도, 하위집단 형성, 집단상담자, 지도성의 경쟁, 주제의 회피, 숨겨진 안건, 제안의 묵살 등

• 집단역동
집단구성원들이 목적을 달성하기 위해 노력할 때 나타나는 상호작용적 힘으로, 집단 발달에 긍정적 또는 부정적 영향을 미칠 수 있다.

037

집단상담의 계획 단계에서 나타날 수 있는 집단상담자의 실수를 모두 고른 것은?

> ㄱ. 부적절한 활동 선택
> ㄴ. 너무 많은 활동 계획
> ㄷ. 부족한 시간 계획
> ㄹ. 한 집단원에게 많은 시간 할당
> ㅁ. 부적절한 집단 활동 순서 배정

① ㄱ, ㄴ
② ㄱ, ㄷ, ㅁ
③ ㄱ, ㄴ, ㄷ, ㅁ
④ ㄴ, ㄷ, ㄹ, ㅁ
⑤ ㄱ, ㄴ, ㄷ, ㄹ, ㅁ

해설

ㄹ. 집단상담의 '진행 단계'에서 나타날 수 있는 실수이다.

038

집단상담의 회기종료를 위한 방법에 관한 설명으로 옳은 것을 모두 고른 것은?

> ㄱ. 라운드는 집단원이 돌아가면서 회기의 가장 인상적인 것을 평가하는 것이다.
> ㄴ. 집단원의 라운드 반응은 길고 깊을 때 회기종료에 효과적이다.
> ㄷ. 집단원이 요약하기는 한 명 또는 그 이상의 집단원이 회기에 일어난 것을 간단히 말하는 것이다.
> ㄹ. 집단원이 요약하기한 후에 다른 집단원도 느낌이나 중요했던 점을 언급하면 좋다.
> ㅁ. 지도자가 요약하기한 후 집단원이 추가 내용을 요약할 수 있다.

① ㄱ, ㄴ, ㄷ
② ㄱ, ㄴ, ㄹ
③ ㄱ, ㄷ, ㄹ
④ ㄱ, ㄷ, ㄹ, ㅁ
⑤ ㄴ, ㄷ, ㄹ, ㅁ

해설
ㄴ. 집단원의 라운드 반응은 **짧고 명료할 때** 회기종료에 효과적이다.

039

다음과 같은 개입이 요구되는 집단상담 단계에서 집단상담자의 역할에 관한 설명으로 옳지 않은 것은?

> - 집단상담자에 대한 도전 다루기
> - 방어적인 행동 다루기
> - 두려움과 저항 탐색하기
> - 곤란한 행동을 하는 집단원 다루기

① 집단 응집력 형성 촉진하기
② 집단 참여를 격려하기
③ 적극적 작업과 생산적 성과 촉진하기
④ 집단원간 갈등의 직면과 해결 도전하기
⑤ 정직하고 건설적으로 직면하는 본 보이기

해설
위와 같은 개입이 요구되는 집단상담 단계는 '과도기 단계(Transition Stage)'이다.
③ '작업 단계(Working Stage)'에서 집단상담자의 역할이다.

040

코리(G. Corey)의 집단상담 발달단계에서 집단상담자가 집단원의 사고와 정서변화, 자기탐색을 촉진하고 공통으로 나타나는 주제나 강렬한 정서를 다루는 단계는?

① 추수 단계
② 초기 단계
③ 전환(과도) 단계
④ 작업 단계
⑤ 종결 단계

해설
집단상담자가 집단원의 사고와 정서변화, 자기탐색을 촉진하고 공통으로 나타나는 주제나 강렬한 정서를 다루는 집단상담 발달단계는 '작업 단계(Working Stage)'이다.
작업 단계에서 집단원들은 변화를 도모하고 새로운 행동을 과감하게 시도한다. 느끼는 것을 서로 직접적으로 이야기하며, 집단원 간 또는 집단상담자와 갈등이 있다면 인정하고 그것에 대해 논의하고 해결한다.

• 코리(G. Corey) - 집단상담 발달단계

초기 단계 → 과도기 단계 → 작업 단계 → 최종 단계

041

집단상담 종결단계에 관한 설명으로 옳지 않은 것은?

① 집단원의 성장과 변화를 평가한다.
② 미해결 갈등이나 과제에 대한 생각이나 감정을 표현하게 한다.
③ 집단 내 초기 지각과 후기 지각을 비교해 보게 한다.
④ 집단원 개인에 대한 피드백보다 집단전체와 과정에 대한 피드백을 한다.
⑤ 집단 밖의 환경에 적용할 행동 계획을 발전시킨다.

> **해설**
> 집단상담 '종결단계'에서는 집단전체와 과정에 대한 피드백 뿐만 아니라 집단원 개인의 성장과 변화에 대한 피드백 또한 중요하다.

042

중·고등학교 청소년 집단상담에 관한 설명으로 옳지 않은 것은?

① 교우관계, 학습기술과 전략 외에도 성지향성, 부모의 이혼과 재혼, 분노조절의 주제를 다룬다.
② 참가자는 참여목적이 분명하고 집단원들 간에 상호작용이 가능한 청소년들을 중심으로 선발한다.
③ 집단상담자는 청소년집단원과의 불필요한 힘겨루기 및 갈등을 해결하기 위해 주도적 역할을 한다.
④ 집단원들의 관심을 높일 수 있도록 놀이나 매체를 활용한다.
⑤ 자발적 집단상담은 치료센터나 시설거주치료센터에서 실시한다.

> **해설**
> 자발적 집단상담은 주로 학교, 교회 등에서 이루어진다. **비자발적** 집단상담은 주로 치료센터나 시설거주치료센터 등에서 실시한다.

043

청소년 집단상담에서 집단응집력 촉진 방법에 관한 설명으로 옳지 않은 것은?

① 집단 공통 문제점을 직면하여 다룬다.
② 집단원들의 상호작용을 긍정적인 방향으로 이끈다.
③ 집단상담자는 열정적이고 긍정적인 태도를 갖는다.
④ 집단원들의 공통 관심사를 연결 짓는다.
⑤ 방어적이거나 비자발적인 집단원들이 참여할 때까지 기다린다.

> **해설**
> 방어적이거나 비자발적인 집단원들이 참여할 때까지 기다리기보다 과제를 제공하는 등 적극적으로 참여할 수 있는 기회를 제공하여 상호작용을 촉진해 집단응집력을 발달시켜야 한다.
>
> • **집단응집력**
> 집단구성원들이 집단 내 남아 있도록 작용하는 힘으로, 신뢰감, 친밀감, 안정감, 소속감 등에 기반을 둔 정서적 유대감에 근거하여 발달한다.

044

청소년 집단을 이끄는 집단상담자에게 요구되는 인간적 자질을 모두 고른 것은?

> ㄱ. 개인상담 경험
> ㄴ. 유머감각
> ㄷ. 청소년집단에 대한 폭넓은 식견
> ㄹ. 자신의 경험에 대한 개방성
> ㅁ. 집단에 접근하는 새로운 방식에 대한 독창성

① ㄱ, ㄴ
② ㄱ, ㄹ
③ ㄴ, ㄷ, ㅁ
④ ㄴ, ㄹ, ㅁ
⑤ ㄱ, ㄷ, ㄹ, ㅁ

해설
ㄱ, ㄷ은 상담자로서의 훈련이나 지식 증진과 관련된 것으로, '전문적' 자질에 해당한다.

045

다음 청소년 집단상담에서 상담자가 적용한 집단기술은?

> 하늘 : 저는 어릴 때부터 아토피가 있어서 얼굴이나 목이 빨개요. 그래서 다른 친구들이 싫어하기 때문에 머리카락으로 가려야 해요.
> 상담자 : 하늘이가 아토피 때문에 머리카락으로 얼굴을 가리고 있었구나. 머리카락을 늘어뜨리고 있으니까 얼굴을 잘 볼 수가 없네. 네 얼굴이 조금 빨간 것이 나는 크게 느껴지지 않는데, 하늘이가 어떻게 느끼고 있는지 네 이야기도 듣고 싶구나.

① 연결하기
② 차단하기
③ 피드백
④ 구조화
⑤ 요약하기

해설
위 사례에서 상담자는 '하늘이가 아토피 때문에 머리카락으로 얼굴을 가리고 있었구나.'라고 상담자가 관찰한 집단원의 행동을 전달하고,
'… 나는 크게 느껴지지 않는데 … 네 이야기도 듣고 싶구나.'라며 집단원의 행동에 대한 상담자의 반응을 상호 간에 솔직하게 이야기하고 있다.

• 상담기법 – 피드백하기
상담자가 관찰한 집단원의 생각·감정·행동을 전달하여, 집단원의 자기이해 폭을 넓히고 자신을 다른 각도에서 조망하도록 한다.

046

청소년 집단상담에서 나타날 수 있는 문제행동에 관한 집단상담자의 대처로 옳지 않은 것은?

① 불평하는 집단원에게 개별면담을 활용한다.
② 집단 전체가 침묵하는 경우 주위를 둘러보거나 시간을 자주 확인한다.
③ 하위집단에 속하지 않는 집단원을 의도적으로 집단활동에 참여시킨다.
④ 집단규칙을 위반하는 경우 필요에 따라 강제로 중도 탈락 시킨다.
⑤ 대화를 독점하는 집단원에 대해 이야기를 차단하는 기법을 사용하여 제재한다.

해설
상담자가 주위를 둘러보거나 시간을 자주 확인하는 행동은 집단원들의 주의를 분산시키고 불안감을 유발할 위험이 있기 때문에 피해야 한다.

• 생산적인 침묵
집단에서 발생한 경험을 숙고하고 통합하는 과정에서 일시적으로 말이 없어진 현상이다.
집단원이 자신의 생각과 감정을 스스로 정리할 수 있도록 잠시 시간을 주고 기다려 주는 것이 효과적이다.
• 비생산적인 침묵
무관심, 지루함, 두려움, 분노 등으로 인하여 멈춘 것이다.
기다리지 않고 즉시 상담자가 개입하여 돕는 것이 효과적이다.

047

청소년 집단상담을 초기, 중기, 후기단계로 구분할 때 중기단계의 효과적인 개입전략은?

① 구조화 및 목표 명확히 하기
② 스스로 대안을 찾도록 격려하기
③ 긴장과 불안 다루기
④ 신뢰적 분위기 조성하기
⑤ 집단을 통하여 알게 된 사실과 목표달성 정도를 평가하기

해설
①, ③, ④ '초기단계'에 해당한다.
⑤ '후기단계'에 해당한다.

048

중·고등학교 청소년 집단상담의 효율적 진행을 위한 방법으로 옳지 않은 것은?

① 개별상담이 필요한 경우는 집단상담이 종료된 후 실시한다.
② 집단에 선발된 학생들은 반드시 부모에게 참가동의서를 받도록 한다.
③ 집단원들에게 집단 규범에 대해서 매회 숙지시킨다.
④ 초기단계에 말문열기 활동을 활용한다.
⑤ 교사들에게 집단에 대한 정보(일시, 회기, 장소)를 제공한다.

해설
① 개별상담이 필요한 경우는 **집단상담과 병행하여** 진행하는 것이 효과적이다.
② 집단에 선발된 학생들이 **만 14세 미만인 경우** 반드시 부모(법정대리인)에게 참가동의서를 받도록 한다.
③ 집단상담 **초기단계에서** 집단원들에게 집단 규범에 대해서 숙지시킨다. 이후 필요에 따라 공유하고, 변경·확장할 수 있다.

※ **참고** : 가답안은 ①로 발표되었으나, 문제 오류로 ①, ②, ③이 정답 처리되었습니다.

049

청소년 집단상담에 비자발적으로 참여하는 집단원의 저항에 대한 적절한 대응이 아닌 것은?

① "집단 상담에 대해 잘 모르겠다면 일단 참여한 다음 생각해보면 어떨까?"
② "여기에 참여한 이유가 무엇인지 같이 생각해 볼까?"
③ "예전에도 하기 싫은 일에 참여 했던 적이 있었는지 궁금하구나."
④ "다른 친구들도 처음엔 그렇게 느꼈단다. 다른 친구들의 이야기를 들어보겠니?"
⑤ "여기 있고 싶지 않다는 것은 이해할 수 있지만 누구라도 인생은 원하는 대로 다 하면서 살 수는 없어."

해설
비자발적으로 참여하는 집단원에 대한 상담자의 충고나 조언은 더 큰 반발심과 저항감을 유발할 수 있다.

• **비자발적 집단원**
 - 타의에 의해 집단에 참여하게 된 청소년이다. 비자발적 집단원의 경우 집단 참여에 대한 동기가 떨어지므로 적극적으로 참여하지 않을 가능성이 높다.
 - 상담참여 촉진방법
  (1) 집단원으로서 가질 수 있는 자유와 권리를 알려준다.
  (2) 집단 목표, 상담 내용 등 상세한 정보를 제공한다.
  (3) 집단참여에 대한 불편한 감정을 표현할 수 있도록 한다.
  (4) 집단에서 나눈 이야기는 비밀보장이 된다는 것과 동시에 비밀보장의 한계가 있는 경우를 알려준다.

050

게슈탈트 집단상담에 관한 설명으로 옳은 것을 모두 고른 것은?

> ㄱ. '왜'보다 '무엇'과 '어떻게'를 더 중요시한다.
> ㄴ. 지적인 이해보다 '행함'을 강조한다.
> ㄷ. 자기 스스로 일어서지 못하게 하는 방해물을 제거하는 것을 목표로 한다.
> ㄹ. '뜨거운 자리', '차례로 돌아가기', '빈자리', '질문형을 진술형으로 고치기' 등의 기법이 있다.

① ㄱ, ㄴ
② ㄴ, ㄷ
③ ㄱ, ㄴ, ㄹ
④ ㄱ, ㄷ, ㄹ
⑤ ㄴ, ㄷ, ㄹ

해설
- **슈츠(Schutz) – 개방적 참만남집단 모형**
  - 신체적 느낌과 에너지의 이완을 통한 개인의 정서적 문제 해결을 목표로 한다.
  - 집단상담자는 지적인 이해보다 '행함(Doing)'과 '경험(Experiencing)'을 강조한다.
  - 의사소통, 심리극, 도형, 신체운동연습, 명상 등의 방법을 사용한다.

필수 | 제3과목 심리측정 및 평가

051

척도에 관한 설명으로 옳지 않은 것은?

① 비율척도는 절대영점의 특성도 가지고 있다.
② 한 학급의 영어성적 석차는 서열척도에 해당한다.
③ 성별은 서열척도이다.
④ 명명척도는 구별성의 특성을 가지고 있다.
⑤ 운동선수의 등번호는 명명척도에 해당한다.

해설
성별은 '명명척도'이다.

• **척도의 구분**

구분	내용
명명척도	측정 대상에 임의적으로 숫자를 부여한 것으로, 숫자는 분류 종목에 대한 구별 수단에 불과하다. 예 성별, 인종, 종교, 운동선수의 등번호, 직업 등
서열척도	측정 대상들의 특성을 서열로 나타낸 것으로, '명명척도'의 특성을 가지는 동시에 측정 대상의 상대적 서열을 표시한다. 예 성적 등수, 키 순서, 수능 등급 등
등간척도	측정 대상의 분류와 서열에 관한 정보를 주며 동간성을 갖는 척도로, 임의 영점과 가상 단위를 지니고 있다. 예 온도, 연도, 토익(TOEIC)시험의 점수 등
비율척도	분류, 서열, 동간성의 속성을 지닌 '등간척도'의 특성을 지니면서 절대 영점과 가상 단위를 갖는 척도이다. 예 무게, 길이, 시간, 시속 등
절대척도	분류, 서열, 동간성의 속성을 지닌 '등간척도'의 특성을 지니면서 절대 영점과 절대 단위를 갖는 척도이다. 예 사람 수, 자동차 수 등

052

규준점수에 관한 설명으로 옳지 않은 것은?

① Z점수 0에 해당하는 웩슬러(Wechsler) 지능검사 편차 IQ는 100이다.
② 백분위 50과 59인 두 사람의 원점수 차이는 백분위 90과 99인 두 사람의 원점수 차이와 같다.
③ 평균과 표준편차가 60, 15인 규준집단에서 원점수 90의 T점수는 70이다.
④ 백분위는 규준집단에서 특정 원점수 이하에 속하는 사례의 비율이다.
⑤ 백분위 50에 해당하는 스테나인(Stanine)의 점수는 5이다.

해설

백분위 점수는 집단 내 개인의 상대적인 위치를 알려줄 뿐이 므로, 원점수의 차이를 알 수 없다.

① 웩슬러(Wechsler) 지능검사 결과 평균 100, 표준편차 15인 정규분포 내 개인의 위치를 확인할 수 있다.
  웩슬러 지능검사 IQ = 100 + 15 × Z점수
  100 + 15 × 0 = 100
③ T점수 = 50 + 10 × Z점수
  Z점수 = (원점수 − 평균) / 표준편차 = (90 − 60) / 15 = 2
  T점수 = 50 + 10 × 2 = 50 + 20 = 70
④ 백분위는 규준집단에서 특정 학생의 점수보다 낮은 점수를 받은 학생이 전체 학생 중 몇 %가 있느냐를 나타낸다.
  예 한 학생의 원점수가 70점이고, 70점보다 낮은 점수의 학생들이 전체의 75%라면, 이 학생의 백분위 점수는 75이며 상위 25%에 해당한다.
⑤ 스테나인(Stanine) 점수는 원점수를 백분위 점수로 변환한 후 1~9까지 범위로 나누어 등급을 매긴 것이다. 최고점수는 9, 최저점수는 1이므로 중간점수는 5이다. 따라서 백분위 50에 해당하는 스테나인 점수는 5이다.

053

신뢰도 계수에 관한 설명으로 옳지 않은 것은?

① 추측해서 우연히 맞을 수 있는 문항이 많으면 신뢰도 계수가 작아진다.
② 신뢰도 계수는 점수 분포의 분산에 의해 영향을 받는다.
③ 측정오차가 크면 신뢰도 계수는 작아진다.
④ 신뢰도 계수는 검사의 난이도에 따라 달라진다.
⑤ 수검자들 간의 개인차가 크면 신뢰도 계수는 작아진다.

해설

수검자들 간의 개인차가 크면 점수 분포가 분산되기 때문에 신뢰도 계수는 커진다.

- **신뢰도에 영향을 미치는 요인**
  (1) 문항 난이도 : 너무 어렵거나 쉽지 않고 보통일 때 신뢰도가 높아진다.
  (2) 문항 구성 : 쉬운 문항부터 배열하면 신뢰도가 높아진다.
  (3) 문항 수 : 많을수록 신뢰도는 높아진다.
  (4) 문항 내용 : 동질적일수록 신뢰도는 높아진다.
  (5) 문항 변별도 : 높을수록 신뢰도는 높아진다.
  (6) 검사 시간 : 충분할수록 신뢰도는 높아진다.
  (7) 검사 내용의 범위 : 좁을수록 신뢰도는 높아진다.
  (8) 측정 오차 : 클수록 신뢰도는 낮아진다.
  (9) 수검자 요인 : 지능수준이 높은 집단일수록 신뢰도는 낮아진다.
  (10) 집단의 이질성 : **이질적일수록 신뢰도가 높아진다.**

054

규준참조검사(Norm-referenced Test)의 특징으로 옳은 것을 모두 고른 것은?

> ㄱ. 원점수를 어떤 상대적 위치로 바꾼 유도(Derived) 점수를 이용한다.
> ㄴ. 운전면허 시험처럼 최소한의 숙달수준을 달성했는지 측정하는 검사가 여기에 속한다.
> ㄷ. 개인의 점수는 동일한 검사를 수행한 다른 사람들의 점수와 비교해서 해석한다.

① ㄱ
② ㄱ, ㄴ
③ ㄱ, ㄷ
④ ㄴ, ㄷ
⑤ ㄱ, ㄴ, ㄷ

해설

ㄴ. '준거참조검사'에 관한 설명이다.

• 심리검사 사용목적에 따른 분류

준거참조검사	규준참조검사
- 개인의 점수를 미리 정해져 있는 준거(기준 점수)와 비교하여 해석한다. - 특정 기준에 근거하여 점수를 해석하는 절대평가 목적의 검사이다. 예 운전면허시험 등 국가자격시험, 학업성취도 평가 등	- 개인의 점수를 다른 사람들의 점수와 비교하여 평가한다. - 대상자 집단의 점수분포를 고려하는 상대평가 목적의 검사이다. - 개인의 위치를 알아보기 위해 유도 점수(Derived Score)를 이용한다.

055

다음에서 설명하는 유형의 척도는?

> - 보통 12~46개의 문항으로 구성됨
> - 측정 변인의 연속선상에서 문항이 놓이는 위치가 그 문항의 척도치가 됨
> - 수검자의 점수는 자신과 일치한다고 표시한 문항들의 척도치를 모두 합해서 그것을 문항 수로 나눈 값임

① 리커트(Likert)식 척도
② 써스톤(Thurstone)식 척도
③ 형용사 체크리스트
④ 의미변별척도
⑤ 숫자 등급 척도

해설

• 척도의 종류

리커트(Likert)	- 측정하려고 하는 특성에 관해 5단계로 나누어 수검자가 동의하는 어느 하나에 표시하도록 하는 것이다. - 수검자의 점수는 각 문항의 선택지에 부여한 점수를 합하여 구한다.
써스톤(Thurstone)	- 다수의 문항(대개 12~46개)을 제시하여 수검자가 동의하는 문항에 모두 표시하게 하고, 동의하지 않는 문항에는 표시하지 않도록 하는 것이다. - 표시해놓은 각 문항에 부여되어 있는 척도치를 모두 합한 값을 표시한 문항 수로 나누어 수검자의 점수를 구한다.
거트만(Guttman)	- 태도의 강도에 대한 연속적 증가유형을 측정하는 것으로, 측정의 대상이 되는 척도가 단일 차원성을 지녀야 한다.
어의변별(의미분화)	- 일직선으로 도표화된 척도의 양극단에 서로 상반되는 형용사를 배열하여, 수검자가 양극단 사이에서 해당 속성에 대한 평가를 하도록 하는 것이다.

056

문항분석에 관한 설명으로 옳지 않은 것은?

① 문항변별도 지수(Item Discrimination Index)의 범위는 0부터 1까지이다.
② 오답의 능률도(Effectiveness)는 오답의 매력도라고도 한다.
③ 문항변별도는 문항난이도의 영향을 받는다.
④ 문항분석을 위해서는 사전에 총점계산, 집단구분이 필요하다.
⑤ 오답의 능률도는 문항반응분포를 통해 파악할 수 있다.

> **해설**
> • 문항분석 – 문항변별도(Item Discrimination)
> – 한 검사의 각 문항이 피험자의 능력 수준을 변별할 수 있는 정도를 나타내는 것으로, 난이도가 적절할수록 변별도가 높아진다.
> – 변별력이 있는 문항이란 능력이 높은 피험자가 낮은 피험자보다 답을 맞히는 확률이 높은 문항이라는 것을 의미한다.
> – 문항변별도 지수는 -1.0~1.0의 범위를 가지며, 1.0에 가까울수록 변별력이 높은 문항이다.

057

신뢰도에 관한 설명으로 옳은 것은?

① 후광(Halo)효과는 채점자 간 신뢰도에 영향을 미친다.
② 검사-재검사 신뢰도에서 오차변인은 내용표집에 따른 오차이다.
③ 짝진 임의배치법은 동형검사 신뢰도를 구하는 한 방법이다.
④ 연습효과는 검사-재검사 신뢰도에 영향을 미치지 않는다.
⑤ 검사가 측정하고자 하는 내용을 정확히 측정하는가의 문제이다.

> **해설**
> ② 검사-재검사 신뢰도에서 오차변인은 **전·후 검사 간 실시 간격**이다. 검사 실시 간격이 짧은 경우 신뢰도가 높게 나타나는 반면, 긴 경우 신뢰도가 상대적으로 낮게 나타난다.
> ③ 짝진 임의배치법은 **반분 신뢰도**를 구하는 한 방법이다.
> ④ 검사-재검사 신뢰도는 특정 검사에 대한 반복노출로 인해 연습효과가 발생할 수 있으므로, 이를 방지하기 위한 대안적 방법으로 '동형검사 신뢰도'를 이용할 수 있다.
> ⑤ **타당도**는 검사가 측정하고자 하는 내용을 정확히 측정하는가를 나타낸다.
>
> • 채점자 간 신뢰도
> – 한 집단의 검사 용지를 두 명의 채점자가 각각 독립적으로 채점하는 것으로, 채점자 간 점수가 일치하면 신뢰도가 높은 것이다.
> – 채점자 오류의 유형
>
> | | |
> |---|---|
> | 후광효과로 인한 오류 | 수검자(피평가자)에 대한 정보가 평가에 영향을 미칠 수 있음 |
> | 중앙집중화 오류 | 극단적으로 높거나 낮은 점수보다 중간 점수를 많이 주는 경향 |
> | 관대화 / 엄격화 오류 | 지나치게 관대하거나 지나치게 엄격함 |
> | 논리적 오류 | 논리적으로 연결된 것처럼 보이는 두 항목에 유사 평가를 함 |
> | 근접 오류 | 시간적·공간적으로 근접한 항목에 대해서 비슷하게 평가함 |
> | 대비 오류 | 평가 대상을 어떻게 보느냐에 따라 자신과 비슷하게 평가하거나 정반대로 평가하는 양면성 |

058

문항특성곡선(ICC)에 관한 설명으로 옳지 않은 것은?

① 특정 문항을 맞출 확률을 잠재적 능력의 함수로 나타낸 것이다.
② 정답이 없는 성격검사의 경우에도 적용할 수 있다.
③ 잠재적 능력은 평균 0, 표준편차 1, 범위는 +무한대에서 -무한대까지 이르는 분포라고 가정한다.
④ 기울기가 양(+)인 경우 기울기가 큰 문항은 작은 문항에 비해 변별력이 떨어진다.
⑤ 문항의 난이도에 관한 정보를 제공해 준다.

해설

'문항변별도'는 문항특성곡선의 기울기가 가파를수록(클수록) 높아지고, 완만할수록(작을수록) 낮아진다.

해설

수렴-변별(Convergent-discriminant)타당도는 **구인타당도**에 속한다.

- 구인타당도(개념·구성타당도, Construct Validity)
  - 조작적으로(관찰 가능한 형태로) 정의한 '구인(구성요인)'이 검사도구에 의해 제대로 측정되고 있는지에 대한 타당도이다.
  - 구인은 직접 관찰하거나 측정할 수 없는 인지적·심리적 특성·변수를 의미하며, 심리학적·추상적 이론·개념이 측정대상이 된다.
  - 요인분석, 수렴타당도, 변별타당도 등의 방법으로 검토한다.

059

K-WISC-IV의 숫자(Digit Span) 소검사 수행점수에 영향을 미치는 요인으로 옳은 것을 모두 고른 것은?

| ㄱ. 주의집중력 | ㄴ. 불안 |
| ㄷ. 거부증 | ㄹ. 학습장애 |

① ㄱ, ㄴ, ㄷ
② ㄱ, ㄴ, ㄹ
③ ㄱ, ㄷ, ㄹ
④ ㄴ, ㄷ, ㄹ
⑤ ㄱ, ㄴ, ㄷ, ㄹ

해설

K-WISC-IV의 작업기억 지표 측정을 위한 숫자(Digit Span) 소검사 시 수검자의 주의집중, 불안, 긴장, 거부, 학습장애 등은 검사결과에 영향을 끼칠 수 있다.

- 숫자폭 검사(Digit Span Test)
  여러 개의 숫자 자극을 듣고 기억하여 말하는 검사로, 앞에서부터 뒤로 순서대로 따라하는가(음운단기기억), 뒤에서 앞으로 거꾸로 따라하는가(음운작업기억)에 따라 음운기억을 측정한다.

060

다음 설명 중 옳지 않은 것은?

① 안면(Face)타당도가 높아도 내용(Content)타당도는 낮을 수 있다.
② 공인(Concurrent)타당도는 준거(Criterion)타당도에 속한다.
③ 수렴-변별(Convergent-discriminant)타당도는 내용타당도에 속한다.
④ 구인(Construct)은 직접 관찰하거나 측정할 수 없는 이론적 개념이다.
⑤ 예언(Predictive)타당도는 검사 실시 후 일정 시간이 경과되어야 평가될 수 있다.

061

MMPI-2의 타당도 척도 중 자신을 긍정 왜곡하게 되면 상승하는 것은?

① F
② K
③ F(P)
④ FBS
⑤ VRIN

해설

'K'는 자기 자신에 대하여 긍정적으로 왜곡하여 제시하며 교묘하게 자신을 미화하는 방어성 교정 척도이다.

- 다면적 인성검사(MMPI-2) - 타당도 척도

구분	척도	처리속도
성실성	?(무응답)	부주의한 태도, 우유부단, 자기노출 회피 등의 이유로 응답을 하지 않은 문항 또는 '예/아니오'에 모두 응답한 문항
	VRIN (무선반응 비일관성)	내용이 유사하거나 상반되는 문항 쌍으로 구성 또는 비일관적으로 응답하는 경향
	TRIN (고정반응 비일관성)	문항의 내용과 상관없이 '예/아니오' 둘 중 하나로 응답하는 경향
비전형성	F(비전형)	대다수의 사람과 다른 응답을 하는 경향
	F(B) (비전형-후반부)	수검자의 후반부 태도 변화에 대한 척도

방어성	F(P) (비전형-정신병리)	정신병적 증상인지 왜곡되게 답한 것인지에 대한 결과를 보여주는 척도
	FBS (증상 타당도)	수검자의 과장 정도를 보여주는 척도
	L (부인)	사회적으로 바람직하게 보이고자 스스로를 부정하는 방어기제
	K (교정)	자기 자신에 대하여 긍정적으로 왜곡하여 제시하며 교묘하게 자신을 미화
	S (과장된 자기제시)	자기 자신을 과장되게 유능하고 도덕적인 사람으로 나타내려는 경향

063

타당도의 특성을 설명한 내용으로 옳지 않은 것은?

① 검사점수 간 상관이 높을수록 수렴(Convergent) 타당도가 높아진다.
② 구인(Construct)타당도는 각 요인의 부하량에 의해 영향을 받는다.
③ 내용(Content)타당도는 해당분야의 전문가에 의해서 판단된다.
④ 검사점수 간 상관이 높을수록 변별(Discriminant) 타당도가 높아진다.
⑤ 검사점수 간 상관이 높을수록 공인(Concurrent) 타당도가 높아진다.

> **해설**
> 검사점수 간 상관이 **낮을수록**, 즉 서로 다른 구성개념을 동일하게 측정하였을 때 상관관계가 낮을수록 '변별타당도(Discriminant Validity)'가 높아진다.
> 동일한 구성개념을 서로 다른 방법으로 측정한 검사점수 간의 상관이 높을수록 '수렴타당도(Convergent Validity)'가 높아진다.

062

심리검사의 윤리에 관한 설명으로 옳은 것을 모두 고른 것은?

> ㄱ. 수검자에게 비밀보장의 한계를 설명해 준다.
> ㄴ. 검사결과에 대해 수검자가 설명을 요구할 권리를 존중한다.
> ㄷ. 수검자의 문화적 배경을 고려한다.

① ㄱ
② ㄴ
③ ㄱ, ㄷ
④ ㄴ, ㄷ
⑤ ㄱ, ㄴ, ㄷ

> **해설**
> ㄱ. 상담심리사가 내담자에게 설명해야 할 사전 동의 항목으로는 상담자의 자격과 경력, 상담 비용과 지불 방식, 치료기간과 종결 시기, 비밀보호 및 한계 등이 있다.
> ㄴ. 심리검사에 대한 상담심리사의 결과해석, 소견 및 권고는 충분한 정보와 근거를 바탕으로 이루어져야 하며, 상담심리사는 이에 대한 내담자의 알권리를 존중한다.
> ㄷ. 상담심리사는 내담자의 다양한 문화적 배경을 이해하려고 적극적으로 시도해야 하며, 상담심리사 자신의 고유한 문화적 정체성이 상담과정에 어떤 영향을 주는지 인식해야 한다.

064

지능검사 결과에 관한 설명으로 옳은 것은?

① 웩슬러(Wechsler) 검사에서 소검사 환산점수 13과 지표점수(Index) 110의 백분위는 같다.
② 웩슬러 검사에서 소검사 환산점수 7과 지표점수 90의 백분위는 같다.
③ 신뢰구간 95%의 범위는 모든 지표점수에서 같다.
④ 소검사 환산점수 10과 지표점수 100의 백분위는 같다.
⑤ 신뢰구간 95%의 범위는 신뢰구간 90%보다 더 작다.

> **해설**
> 소검사 환산점수 10과 지표점수 100의 상대적 위치는 동일하다.
>
> - **소검사 환산점수**: 수검자의 수행을 동일 연령대와 상대적으로 비교하기 위하여 평균 10, 표준편차 3으로 변환하여 산출한 것이다.
> - **조합점수(지표점수)**: 환산점수들의 다양한 조합을 토대로 평균 100, 표준편차 15로 변환하여 산출한 것이다.

066

수검자에게 심리검사를 실시할 때 고려해야 할 사항을 모두 고른 것은?

ㄱ. 인종	ㄴ. 교육배경
ㄷ. 연령	ㄹ. 저항감

① ㄱ, ㄴ, ㄷ
② ㄱ, ㄴ, ㄹ
③ ㄱ, ㄷ, ㄹ
④ ㄴ, ㄷ, ㄹ
⑤ ㄱ, ㄴ, ㄷ, ㄹ

> **해설**
> 심리검사 시 연령, 성별, 인종, 심신상태, 수검능력 등 다양한 변인을 고려하여 검사자와 수검자 간 상호 협력하는 신뢰관계(라포, Rapport)를 형성해야 한다.

065

MMPI-2의 재구성 임상척도 중 전반적인 정서적 불편감을 나타내는 것은?

① RCd
② RC1
③ RC2
④ RC6
⑤ RC7

> **해설**
> RCd는 의기소침(Demoralization) 척도이며, 여러 임상척도에 공통적으로 반영되는 일반 요인을 추출한 것으로, 정서적 혼란 또는 적응상 문제 등의 특성을 포함한다.
>
> - **다면적 인성검사(MMPI-2) - 재구성 임상척도(RC, Restructured Clinical Scales)**
>
> | 척도 | 내용 | 척도 | 내용 |
> |---|---|---|---|
> | RCd | 의기소침 | RC6 | 피해의식 |
> | RC1 | 신체증상 호소 | RC7 | 역기능적 부정 정서 |
> | RC2 | 낮은 긍정 정서 | RC8 | 기태적 경험 |
> | RC3 | 냉소적 태도 | RC9 | 경조증적 상태 |
> | RC4 | 반사회적 행동 | | |

067

로샤(Rorschach) 검사의 엑스너(J. Exner) 종합체계에서 유채색 반응이 아닌 것은?

① C
② C'
③ CF
④ FC
⑤ Cn

> **해설**
> C'는 '무채색 반응'이다.
>
> - **로샤 검사(로르샤흐 검사, Rorschach Test) - 엑스너(J. Exner) 종합체계의 결정요인(Determinants)**
>   - 색채(Color)
>
> | 유채색 반응(Chromatic) | | 무채색 반응(Achromatic) | |
> |---|---|---|---|
> | C | 순수 색채 반응 | C' | 순수 무채색 반응 |
> | CF | 색채-형태 반응 | C'F | 무채색-형태 반응 |
> | FC | 형태-색채 반응 | FC' | 형태-무채색 반응 |
> | Cn | 색채 명명 반응 | | |

068

성격평가질문지(PAI)의 임상 척도를 모두 고른 것은?

> ㄱ. 우울 척도(DEP)
> ㄴ. 자살관념 척도(SUI)
> ㄷ. 약물문제 척도(DRG)
> ㄹ. 신체적 호소 척도(SOM)

① ㄱ, ㄴ, ㄷ
② ㄱ, ㄴ, ㄹ
③ ㄱ, ㄷ, ㄹ
④ ㄴ, ㄷ, ㄹ
⑤ ㄱ, ㄴ, ㄷ, ㄹ

해설

자살관념 척도(SUI)는 '치료고려척도'이다.

- 성격평가질문지(PAI) - 22개 척도

타당도척도(4)
ICN(비일관성), INF(저빈도), NIM(부정적 인상), PIM(긍정적 인상)
임상척도(11)
SOM(신체적 호소), ANX(불안), ARD(불안 관련 장애), DEP(우울), MAN(조증), PAR(망상), SCZ(정신분열증), BOR(경계선적 특징), ANT(반사회적 특징), ALC(알코올 문제), DRG(약물 문제)
치료고려척도(5)
AGG(공격성), SUI(자살 관련), STR(스트레스), NON(비지지), RXR(치료 거부)
대인관계척도(2)
DOM(지배성), WRM(온정성)

069

심리검사 종류에 관한 설명으로 옳지 않은 것은?

① 성취검사는 능력검사에 속한다.
② 아동용 주제통각검사(CAT)는 투사적 검사에 속한다.
③ 아미-알파(Army-α) 검사는 흥미검사에 속한다.
④ 최대(Maximum) 수행검사는 능력검사라고도 한다.
⑤ 인성검사는 습관적(Typical) 수행검사에 속한다.

해설

- 여키스(R.Yerkes) - 알파지능검사(Army-α & Army-β)
제1차 세계대전 시 수많은 신병을 효율적으로 평가하기 위하여 개발된 집단 **지능검사**로, 아미-알파(Army-α)는 영어를 할 줄 아는 사람을 아미-알파(Army-β)는 영어가 서툴거나 문맹인 사람을 대상으로 한다.

070

외부세계에 대한 태도나 적응에 있어서 어떤 과정을 선호하는지를 나타내는 MBTI 지표는?

① EI(외향성-내향성)
② SN(감각형-직관형)
③ TF(사고형-감정형)
④ JP(판단형-인식형)
⑤ WO(비관형-낙관형)

해설

J/P 축은 선호하는 생활양식에 대한 설명이다. 외부세계에 대한 대처방식에 있어서 '판단적 태도/인식적 태도' 중 주로 어떤 태도를 취하는지에 대한 선호 경향이다.

- 마이어스-브릭스 유형 지표(MBTI, Myers-Briggs Type Indicator)
두 개의 태도 지표(외향/내향, 판단/인식)와 두 개의 기능 지표(감각/직관, 사고/감정)로 구성된 16가지 성격유형 중 개인의 선호도에 따른 4개의 선호문자로 개인의 성격유형을 알려준다.

MBTI에서는 인간의 내적 과정을 다음과 같이 4가지 선호로 분류한다.

주의초점 – 에너지의 방향	외향 (Extraversion)
	내향 (Introversion)
인식기능 – 사람이나 사물을 인식하는 방식	감각 (Sensing)
	직관 (iNtuition)
판단기능 – 판단의 근거	사고 (Thinking)
	감정 (Feeling)
생활양식 – 선호하는 삶의 패턴	판단 (Judging)
	인식 (Perceiving)

071

지능의 개념과 측정에 관한 설명으로 옳지 않은 것은?

① 아동기의 전반적인 인지발달은 청소년기보다 그 속도가 느리다.
② 발달규준에서는 수검자의 생활연령과 정신연령을 함께 표기한다.
③ 편차 IQ는 집단 내 규준에 속한다.
④ 추적규준은 연령별로 동일한 백분위를 갖는다고 가정한다.
⑤ 연령규준을 설정할 경우에는 수검자가 어릴수록 연(월)령 간격을 좁게 해야 한다.

해설
인지발달은 개인별 발달 속도에 차이가 있다. 아동기 신체발달은 꾸준하게 서서히 이루어지지만, 인지적·사회적·정서적 발달은 빠르게 일어나는 편이다. 청소년기 인지발달은 양적인 측면뿐 아니라 질적인 측면에서도 이루어지며 가설·연역적 사고, 추상적 사고가 가능해진다.

072

다음의 직업과 가장 관련 있는 홀랜드(J. Holland)의 직업적 성격유형은?

> 화학자, 물리학자, 인류학자

① 현실적(Realistic) 유형
② 탐구적(Investigative) 유형
③ 예술적(Artistic) 유형
④ 기업적(Enterprising) 유형
⑤ 관습적(Conventional) 유형

해설

• 홀랜드(J. Holland) – 직업적 성격 유형(RIASEC)

영역	유형	선호 활동	비선호 활동
R	현실형	신체적 활동 선호, 손재주가 좋음	교육적 활동 비선호, 사회적 기술 부족
		예 기술자, 정비사, 엔지니어, 운동선수 등	
I	탐구형	관찰이나 탐구 등 깊이 생각하고 연구하는 활동	사회적이고 반복적인 활동
		예 과학자, 화학자, 물리학자, 의사 등	
A	예술형	창조적인 활동, 변화와 다양성 선호, 독립적이고 자유로움	체계적이고 구조화된 활동
		예 작곡가, 작가, 배우, 소설가, 무용가 등	
S	사회형	다른 사람들과 같이 상호작용하거나 문제를 해결하는 활동	기계나 도구 등을 활용하거나 체계적인 활동
		예 상담가, 사회복지사, 교육자, 간호사 등	
E	진취형	다른 사람들에게 인정받거나 다른 사람들을 이끄는 활동	관찰적·상징적·체계적 활동
		예 경영인, 정치인, 판매원, 관리자 등	
C	관습형	규칙을 따르고 체계적인 활동, 꼼꼼하고 정확함	창의적·자율적·모험적·비체계적 활동
		예 세무사, 은행원, 프로그래머, 사서 등	

073

로샤(Rorschach) 검사의 엑스너(J. Exner) 종합체계에서 소외지표와 관련이 없는 반응 내용은?

① 식물(Bt)　　② 구름(Cl)
③ 지도(Ge)　　④ 음식(Fd)
⑤ 자연(Na)

해설

- 로샤 검사(로르샤흐 검사, Rorschach Test)
  - 소외지표(Isolate/R) : 식물(Bt), 구름(Cl), 지도(Ge), 풍경(Ls), 자연(Na)

074

문장완성검사(SCT)에 관한 설명으로 옳지 않은 것은?

① 수검자가 작성한 문장을 사용하여 수검자의 욕구, 감정, 태도를 파악한다.
② 정·오답이 없다.
③ 개인과 집단에게 모두 실시할 수 있다.
④ 주어진 어구를 보고 제일 먼저 생각나는 것을 쓴다.
⑤ 문장을 완성하지 못하면 다음 문항으로 넘어갈 수 없다.

해설

문장을 완성하지 못하면 다음 문항으로 넘어간 뒤 마지막에 작성을 완료할 수 있다. 문장완성검사는 제시된 미완성 문장을 순서나 규칙 없이 자유롭게 완성하는 검사이다.

- 문장완성검사(SCT, Sentence Completion Test)
  문장완성검사는 갈톤(Galton)의 자유연상검사, 카텔(Cattell)과 라파포트(Rapaport)의 단어연상검사, 융(Jung)의 임상적 연구 등에 영향을 받았다.
  미완성 문장을 제시하고 그 문장을 완성하도록 하는 투사검사의 일종으로, 투사된 내용에 따라 자기 자신과 가족, 성, 대인관계 등 여러 방면의 생활영역에 대해 알 수 있다.

075

집-나무-사람(HTP) 검사를 해석할 때 고려하는 특성을 모두 고른 것은?

| ㄱ. 필압 | ㄴ. 그림의 크기 |
| ㄷ. 검사 소요시간 | ㄹ. 그림을 그린 위치 |

① ㄱ, ㄴ, ㄷ　　② ㄱ, ㄴ, ㄹ
③ ㄱ, ㄷ, ㄹ　　④ ㄴ, ㄷ, ㄹ
⑤ ㄱ, ㄴ, ㄷ, ㄹ

해설

집-나무-사람(HTP) 검사 해석 시 필압, 그림의 크기, 검사 소요시간, 그림을 그린 위치 등 구조적 해석과 내용적 해석을 모두 고려해야 한다.

- 집-나무-사람(HTP) 검사
  그림을 그릴 수 있는 빈 종이에 집-나무-사람 그림을 그리도록 하고, 이에 대한 질문을 이어 가며 내담자가 그린 그림을 통해 그의 내면 상태를 해석한다.
  검사의 해석 시 고려해야 할 사항은 다음과 같다.

구조적 해석	검사 소요시간, 그림의 크기·위치·선, 그림의 대칭·왜곡, 그림을 그린 위치, 그림의 세부묘사, 필압, 그림 지우기, 종이 돌리기 등
내용적 해석	집 - 문, 창문, 지붕, 벽 등 나무 - 뿌리, 몸통, 줄기 등 사람 - 얼굴, 머리, 몸, 팔다리 등

필수 | 제4과목 상담이론

076
다음 사례에서 상담자가 사용한 실존주의 상담기법은?

> 저는 이 기법으로 내담자가 문제라고 생각하는 행동을 오히려 더 과장하게 해서 내담자가 두려워하는 것은 두려움 그 자체일 뿐이라는 사실을 깨닫도록 도왔습니다.

① 역설적 의도
② 과잉교정
③ 탈숙고
④ 내현적 가감법
⑤ 반대로 하기

해설
- 실존주의 상담기법 - 역설적 의도
  내담자가 두려워하는 일을 오히려 더 하도록 지시하여 그 문제에 대한 불안감을 감소시키는 방법이다.

077
합리정서행동상담에 관한 설명으로 옳지 않은 것은?

① 합리적 사고수준의 객관적 탐색을 위해 표준화된 검사 사용을 권장한다.
② 절대적 당위성을 비롯한 사건왜곡 메커니즘이 강조된다.
③ 적극적이고 지시적으로 개입한다.
④ 인지적 과정을 자기패배적 정서와 역기능적 행동의 주된 원인으로 본다.
⑤ 합리적 사고는 개인이 자신, 타인, 상황에 대해 무조건적 수용을 할 수 있게 한다.

해설
'합리정서행동상담'에서는 인간의 비합리적인 사고나 신념은 부적응을 유발한다고 보고, 내담자의 비합리적 신념을 적극적으로 반박하는 '논박'을 통해 정서적 문제나 심리적 장애가 사건이나 상황 때문이 아니라 그 사건에 대한 자신의 비합리적인 신념 때문에 일어난다는 것을 깨닫게 해준다.

078
여성주의 상담이론에 관한 설명으로 옳은 것을 모두 고른 것은?

> ㄱ. 인간을 발달상의 성차가 있는 존재로 본다.
> ㄴ. 내담자의 문제를 사회·정치적 맥락보다는 개인적인 것으로 이해한다.
> ㄷ. 여성과 남성의 차이점 또는 유사점을 지나치게 과장하는 것을 경계하기 위해 알파편견과 베타편견 개념을 사용한다.
> ㄹ. 여성은 타인들과 연결되어 있다고 느낄 때 존재가치를 인정받는 것으로 여긴다는 밀러(J. Miller)의 관계모형이 포함되어 있다.

① ㄱ, ㄹ
② ㄴ, ㄷ
③ ㄱ, ㄷ, ㄹ
④ ㄴ, ㄷ, ㄹ
⑤ ㄱ, ㄴ, ㄷ, ㄹ

해설
ㄴ. 내담자의 문제를 개인적인 것이 아니라 사회·정치적 맥락에서 보다 폭넓고 근원적으로 파악한다.

- 여성주의 상담
  - 남성중심 가부장적 사회에서 소외되고 평가 절하되었던 여성들의 차별과 억압을 해소하고자 하는 전환된 가치관에서 비롯되었다.
  - 길리건(Gilligan)의 도덕성발달이론, 밀러(Miller)의 관계모형, 스톤센터 학자의 연구모형(관계·문화 모형) 등에 의해 영향받았다.
  - 상담사와 내담자는 치료관계에 있어 평등하며, 내담자의 문제를 개인적 특성보다는 정치·경제·사회 구조적 관점에서 보다 폭넓고 근원적으로 해석한다.

- 알파편견(남녀를 불평등하게 분리하는 편견)과 베타편견(남녀 차를 인정하지 않고 동등하게 취급하는 편견) 개념을 사용하여 남녀 간 차이점과 유사점을 지나치게 과장하는 것을 경계한다.
- 남녀의 차이는 선천적이기보다 사회화에 의한 것이며, 근본적인 문제해결을 위해서는 개인의 변화뿐 아니라 사회 구조 및 제도의 변화가 반드시 수반되어야 한다.

079

비밀유지의 상담자 윤리에 관한 설명으로 옳은 것을 모두 고른 것은?

ㄱ. 비밀유지 원칙의 위반은 윤리적 문제뿐 아니라 법적 문제도 초래할 수 있다.
ㄴ. 현재 우리나라에서는 비밀유지를 위한 증언거부권이 적용되고 있다.
ㄷ. 미성년자를 상담하고 있는 상담자는 자녀의 상담내용에 대한 부모나 보호자의 알권리를 인정해야 한다.
ㄹ. 상담자는 상담에서 알게 된 타인에 대한 심각한 위협을 잠재적 희생자에게 알려야 할 의무가 있다.

① ㄱ, ㄷ
② ㄴ, ㄹ
③ ㄱ, ㄷ, ㄹ
④ ㄴ, ㄷ, ㄹ
⑤ ㄱ, ㄴ, ㄷ, ㄹ

해설

ㄴ. 현재 우리나라에서는 비밀유지를 위한 증언거부권이 적용되고 있지만, '상담사' 업무에 적용되지는 않는다.

〈형사소송법〉
제149조(업무상 비밀과 증언거부) 변호사, 변리사, 공증인, 공인회계사, 세무사, 대서업자, 의사, 한의사, 치과의사, 약사, 약종상, 조산사, 간호사, 종교의 직에 있는 자 또는 이러한 직에 있던 자가 그 업무상 위탁을 받은 관계로 알게 된 사실로서 타인의 비밀에 관한 것은 증언을 거부할 수 있다. 단, 본인의 승낙이 있거나 중대한 공익상 필요 있는 때에는 예외로 한다.

〈청소년상담사 윤리강령〉

마. 비밀보장
  4. 비밀보장의 한계
    가) 청소년상담사는 상담 시 비밀보장의 1차적 의무를 내담자의 보호에 두지만 비밀보장의 한계가 있는 경우 청소년의 부모(보호자) 및 관계기관에 공개할 수 있다.
    나) 비밀보장의 한계가 있는 경우는 다음과 같다.
      1) 청소년상담사는 내담자의 생명이나 사회의 안전을 위협하는 경우 비밀을 공개하여 그러한 위험의 목표가 되는 사람을 보호하기 위한 합당한 조치 등 안전을 확보한다.
      2) 청소년상담사는 <u>법적으로 정보의 공개가 요구되는 경우</u> 내담자에게 그 사실을 알리고 최소한의 정보만을 제공한다.
      3) 청소년상담사는 내담자에게 감염성이 있는 치명적인 질병이 있을 경우 관련 기관에 신고하고, 그 질병에 노출되어 있는 제3자에게 정보를 공개할 수 있다.
    다) 청소년상담사는 아동학대, 청소년 성범죄, 성매매, 학교폭력, 노동관계 법령 위반 등 관련 법령에 의해 신고의무자로 규정된 경우 해당 기관에 관련 사실을 신고해야 한다.

080

해석에 관한 설명으로 옳지 않은 것은?

① 교류분석에서는 내담자의 무의식적 교류에 대한 통찰을 얻기 위해 사용된다.
② 내담자의 명시적·암묵적 메시지와 행동 사이의 인과관계 확인을 목적으로 한다.
③ 상담자의 직감 또는 최적의 추측을 기반으로 가설적 형태로 제시된다.
④ 인간중심상담에서는 상담과정의 흐름을 저해하고 내담자에게 위협이 될 수 있다고 간주한다.
⑤ 내담자가 문제를 새로운 각도에서 이해하도록 생활경험과 행동의 의미를 설명해 주는 기술이다.

해설
교류분석에서는 '해석'을 내담자 행동의 내면적, 암묵적 의미를 깨닫기 위해 사용한다.

081
정신분석에 관한 설명으로 옳은 것을 모두 고른 것은?

> ㄱ. 성격형성과 정신장애의 원인이 어린 시절의 경험과 관련이 있다고 본다.
> ㄴ. 객관적·과학적 검증을 위한 시도가 부족하다는 비판을 받고 있다.
> ㄷ. 개인이 불안을 느끼게 되면 자아가 방어기제를 동원한다고 가정한다.
> ㄹ. 정상적 불안은 개인의 존재를 유지하기 위한 노력에서 발생한다고 본다.

① ㄱ, ㄴ ② ㄷ, ㄹ
③ ㄱ, ㄴ, ㄷ ④ ㄴ, ㄷ, ㄹ
⑤ ㄱ, ㄴ, ㄷ, ㄹ

해설
ㄹ. '실존주의'에 관한 설명이다.

- **실존주의 주요개념**
얄롬(I. Yalom)은 인간 존재의 궁극적 관심이나 본질의 요소를 죽음, 자유와 책임, 고립, 무의미로 보았으며, 이러한 요소가 인간이 직면하는 역동적 갈등을 실존적인 차원에서 만들어내고 있다고 설명하였다.
실존적 갈등은 불안을 야기하며, 불안은 다음과 같은 두 가지로 나뉜다. 이 중 정상적 불안은 긍정적인 것으로 인간 존재를 유지하는 데 필수조건이며 성장할 수 있는 원동력이다.

정상적(실존적) 불안	신경증적 불안
- 직면한 상황에 부합	- 직면한 상황에 부적절
- 억압을 요구하지 않음	- 억압적, 파괴적
- 창조적으로 사용 가능	- 건설적이지 못함

082
다음 사례개념화 내용에서 나타난 내담자의 방어기제를 순서대로 옳게 나열한 것은?

> (ㄱ) 내담자는 또래들과의 관계에서 자신이 인식한 약점이나 실패를 다른 긍정적인 특성으로 보충함으로써 자존심을 회복하고자 하고, (ㄴ) 용납하기 어려운 감정이나 동기를 타인 또는 외부에 돌리는 경향이 있으며, (ㄷ) 내담자의 폭력적인 행동은 자신의 자아를 위협하는 대상에 대한 감정을 덜 위협적인 대상으로 옮겨 표출하는 기제로 보인다.

	ㄱ	ㄴ	ㄷ
①	합리화	투사	퇴행
②	승화	전이	치환
③	보상	투사	전치
④	승화	합리화	치환
⑤	보상	전이	전치

해설
- **방어기제**

보상	자신의 좌절된 욕구나 한계를 만회하기 위해 다른 장점이나 특성을 강조하거나 발전시키는 것이다.
투사	자신의 내부에서 용납하기 어려운 욕구나 충동을 남의 탓으로 돌리는 것이다.
전치	자신이 어떤 대상에 대해 느낀 감정을 보다 덜 위협적인 다른 대상에게 표출하는 것이다.
합리화	자신의 행위나 생각을 정당화하기 위해 그럴 듯한 이유를 제시하는 것이다.
퇴행	생애 초기에 성공적으로 사용한 경험이 있는 감정·생각·행동에 의지하는 것이다.
승화	욕구나 충동이 신경증적인 행동으로 전이되지 않고 오히려 사회적으로 바람직한 행동으로 나타난다.
전이	과거에 특정 대상에게 가졌던 감정을 현재의 다른 대상에게 무의식적으로 느끼는 일종의 착각이다.
치환(전위)	특정 대상에 대한 충동이나 욕구를 다른 대상에게 돌리는 것이다.

083

다음 사례에서 상담자가 사용한 상담기법은?

> 학생 : 그렇지만 음……, 언젠간 문제가 잘 해결되겠죠 뭐. (미소를 짓는다.)
> 상담자 : 학생이 고통스러운 경험에 대해 말하면서 미소를 지을 때마다 나를 안심시키려는 것 같아서 안타까운 느낌이 든단다.

① 해석　　　② 반영
③ 직면　　　④ 재진술
⑤ 즉시성

해설

- 방어기제

해석	상담자가 내담자의 감정·사고·태도의 의미에 대하여 설명해서 그 이면에 숨겨진 문제를 제대로 파악하도록 한다.
반영	상담자가 내담자의 말·행동·경험을 정리해서 상담자의 언어로 표현함으로써 내담자가 전달하고자 하는 의미를 더 명확하게 인식하도록 한다.
직면	내담자의 말이나 행동이 일치하지 않거나 모순점이 있을 때 그것을 지적하는 것이다.
재진술	내담자의 말·행동·경험 중 핵심을 알아차리고 그것을 상담자의 말로 내담자에게 되돌려주는 기술이다.
즉시성	'지금-여기'에서 상담자와 내담자 간에 일어나고 있는 일에 대해 직접적으로 민감하게 반응하는 것이다.

084

상담의 통합적 접근에 관한 설명으로 옳지 않은 것은?

① 내담자의 다양한 특성을 고려하여 상담의 효과성을 높이기 위한 접근이다.
② 다양한 이론적 접근과 기법을 필요에 따라 선별적으로 적용한다.
③ 혼합주의(Syncretism)는 통합적 상담위계의 중간단계 특징이다.
④ 이 접근에 숙달된 상담자는 최종적으로 메타이론 단계에 도달한다고 본다.
⑤ 서로 다른 이론에서 나온 요소들을 통합하여 상담자 자신만의 개입전략을 개발할 때 사용된다.

해설

'혼합주의(Syncretism)'는 수많은 상담 기법 중에서 이론에 대한 전반적인 기준 없이 서로 다른 둘 이상의 개념을 임의적, 비계획적, 비체계적으로 선택하는 것이다.

085

다음 중 개인심리학의 개념에 해당하는 것을 모두 고른 것은?

> ㄱ. 열등감　　ㄴ. 가상적 목적론
> ㄷ. 사회적 관심　ㄹ. 인생태도
> ㅁ. 생활양식

① ㄱ, ㄴ　　　② ㄷ, ㄹ
③ ㄱ, ㄴ, ㄷ　　④ ㄷ, ㄹ, ㅁ
⑤ ㄱ, ㄴ, ㄷ, ㅁ

해설

ㄹ. '교류분석(TA)'의 개념에 해당한다.

- **교류분석(TA) 주요개념** – 인생태도(생활자세, Life Position) 자기 자신, 다른 사람 또는 세상에 대한 반응이나 태도를 총칭하는 것으로 초기 경험에 의해 형성되는 삶의 기본자세이다.

086
상담자의 자질에 관한 설명으로 옳지 않은 것은?

① 인간에 대한 호기심과 깊은 관심이 있다.
② 대부분의 상황에서 좋고 싫음을 분명히 표현한다.
③ 지역사회 자원 및 사회 환경에 대한 이해가 있다.
④ 인간관계 및 경험에서 개방적이고 수용적이다.
⑤ 다문화적 차이에 대한 이해와 민감성이 있다.

해설

- **상담자의 자질**
  상담자는 인간적 자질과 전문적 자질을 모두 갖추어야 한다.

인간적 자질	전문적 자질
- 유머감각 - 자기성찰 태도 및 능력 - 감정 인식 및 수용 능력 - 인간관계 및 경험에 대한 수용성 및 개방성 - 새로운 접근 방식에 대한 독창성 및 유연성 - 인간에 대한 호기심과 관심 - 변화에 대한 신뢰와 용기	- 상담자 윤리에 대한 이해 - 상담이론 적용 능력 - 실제적인 상담기술 훈련 - 내담자 혹은 내담 집단에 대한 폭넓은 식견 - 다문화적 차이에 대한 이해와 민감성 - 지역사회 자원 및 사회 환경에 대한 이해 - 풍부한 상담 경험

087
상담에 관한 설명으로 옳지 않은 것은?

① 상담자, 내담자, 상담관계 등이 주요 구성요소이다.
② 치료, 예방, 발달을 주된 목적으로 한다.
③ 비자발적 신청자는 상담 대상에서 제외된다.
④ 상담자는 전문적 자질을 갖추어야 한다.
⑤ 상담관계는 일반적 대인관계와는 다른 관계이다.

해설
자발적인 신청자뿐 아니라 부모, 선생님 등의 의뢰에 의해서도 선정된 비자발적 신청자도 상담 대상에 포함된다.

088
교류분석에 관한 설명으로 옳지 않은 것은?

① 성격은 어버이자아상태, 어른자아상태, 어린이자아상태로 구성된다.
② 어른자아상태는 합리적, 이성적, 객관적 성격 특징을 지닌다.
③ 상보적 교류는 두 사람 간의 대화가 지지적으로 잘 이루어지는 상태를 말한다.
④ 게임은 겉으로는 친밀한 것처럼 보이지만 결과적으로는 라켓 감정을 유발하는 현상을 말한다.
⑤ 시간구조화에는 의식, 친밀관계, 소일, 공생관계가 포함된다.

해설

- **교류분석(TA) 주요개념 – 시간구조화(Time Structuring)**
  인간은 서로 스트로크(Stroke)를 주고받기 위해 사회생활을 영위하는데, 자신이 원하는 스트로크를 얻기 위해 주어진 시간 동안 타인과 접촉하는 방식을 어떻게 조작하는가이다.
  시간구조화의 여섯 가지 방법은 다음과 같다. 폐쇄(Withdrawal), 의례(Rituals), 소일(Pastime), 활동(Activities), 게임(Games), 친밀(Intimacy)

089
다음 사례에 해당하는 교류분석 유형은?

> 학생 : (수업시간에 시계를 보며) 선생님! 지금 몇 시예요?
> 교사 : 너는 공부는 안 하고 집에 갈 생각만 하는구나!

① 상보교류 ② 교차교류
③ 이면교류 ④ 각적교류
⑤ 혼합교류

> **해설**
>
> 위 사례에서 학생은 시간에 대한 질문을 하였으나, 교사는 시간에 대한 답변을 하지 않고 학생의 질문에 다른 의도가 숨어있다고 해석하였다.
>
> • 교류분석(의사교류분석, 대화분석)
>
> | | |
> |---|---|
> | 상보교류 | - 두 자아가 상호 지지하는 상태
- 자극과 반응의 방향이 수평적
- 발신자가 예상한 대로 수신자가 반응함 |
> | 교차교류 | - 3~4개의 자아가 관여하는 상태
- 자극과 반응의 방향이 항상은 아니지만 자주 교차됨
- 서로 예상한 대로 발신과 수신이 이루어지지 않으며, 인간관계에 있어 고통의 근원이 됨 |
> | 이면교류 | - 3~4개의 자아가 관여하는 상태
- 현재적 교류와 잠재적 교류가 동시에 작용하는 것으로, 대화 속에 숨어있는 의사를 전달
- 메시지의 사회적(언어적) 수준과 심리적(비언어적) 수준이 종종 상반됨 |

090

접수면접자의 역할로 옳지 않은 것은?

① 내담자의 기본정보 및 주 호소문제를 파악한다.
② 내담자의 이전 상담 경험 유무와 상담성과를 탐색한다.
③ 행동관찰 등의 평가를 통해 상담계획을 수립한다.
④ 내담자의 스트레스 정도 및 위기 상태를 파악한다.
⑤ 상담에 대한 내담자의 기대를 확인한다.

> **해설**
>
> '상담계획 수립'은 상담자의 역할이다.
> 접수면접자는 상담신청서, 접수면접, 행동관찰, 심리검사 등을 통해 얻은 정보로 본 상담자를 배정한다.

091

인간중심 상담에 관한 설명으로 옳지 않은 것은?

① 이상적 자기와 현실적 자기 간의 괴리가 큰 경우 심리적 부적응이 발생한다고 본다.
② 모든 인간에게 실현경향성이 있다고 보는 긍정적 인간관을 지닌다.
③ 상담자가 내담자에 대해 무조건적 긍정적 존중의 태도를 지니는 것을 강조한다.
④ 아동은 부모의 기대와 가치를 내면화하여 현실적인 자기를 형성한다.
⑤ 충분히 기능하는 사람은 경험에 대해 개방적이며 매 순간의 삶에 충실하다.

> **해설**
>
> '인간중심 상담'에서 아동은 긍정적인 존중을 받기 위해 부모의 기대와 가치를 내면화하여 **이상적인** 자기를 형성한다.
>
> • 인간중심 상담 주요개념
> - 가치조건화 : 아동은 자신의 삶에서 중요한 사람들에게 긍정적 존중을 받기 위한 자아개념을 형성한다.
> - 실현경향성 : 인간이 자신의 잠재력을 실현하고자 하는 타고난 경향성을 의미한다.
> - 가치조건화와 실현경향성의 간극 : 중요한 타인의 가치를 내면화하면 이상적 자기와 현실적 자기의 거리가 멀어지며, 주관적으로 경험하는 사실을 왜곡하고 부정하게 된다. 이는 내적 갈등과 부조화를 일으키고 성장을 향한 자기 실현화 경향성을 억제한다. 그러나 수용과 무조건적 존중 등 촉진적 환경이 제공된다면 아동은 '충분히 기능하는 사람'으로 발달할 수 있다.

092

다음 사례에서 보인 인지치료에서의 인지왜곡을 바르게 짝지은 것은?

> ㄱ. A는 여자친구가 바쁘다며 연락을 자주 하지 않자 '나를 싫어하고 멀리하려 한다'는 결론을 내리고 이별을 준비한다.
> ㄴ. B는 수업시간에 과제를 발표한 후 대부분의 학생들이 긍정적인 반응을 보인 반면, 소수의 학생들이 부정적인 반응을 보이자, 부정적인 반응에 초점을 두고 자신의 발표가 잘못되었다고 단정 짓고 낙담한다.

① ㄱ - 선택적 추론, ㄴ - 임의적 추론
② ㄱ - 임의적 추론, ㄴ - 선택적 추론
③ ㄱ - 임의적 추론, ㄴ - 파국화
④ ㄱ - 개인화, ㄴ - 파국화
⑤ ㄱ - 개인화, ㄴ - 과잉일반화

해설

ㄱ. A는 연락을 자주 하지 않는 여자친구에 대하여 '나를 싫어하고 멀리하려 한다'는 잘못된 추론을 하고 있다.
ㄴ. B는 소수 학생들의 부정적인 반응에 초점을 맞추어 '자신의 발표가 잘못되었다고' 전체적인 의미를 잘못 해석하고 있다.

• 인지왜곡 유형

임의적 추론	명확한 증거 없이 또는 잘못된 증거를 통해 추측만으로 틀린 해석을 하는 것이다.
정신적 여과 (선택적 추론)	중요한 주된 내용은 무시하고 사소한 특정 부분에 초점을 맞추어 전체적인 의미를 이해하고 해석한다.
개인화	자신과 무관하게 발생한 부정적 사건의 원인이 자신이라고 생각한다.
파국화	어떤 사건에 대하여 지나치게 걱정하여 항상 최악을 생각하고 두려움에 사로잡힌다.
과잉일반화	한두 번 우연히 발생한 사건에 근거하여 일반적인 결론을 내리고, 관계가 없는 상황에도 그 결론을 적용한다.

093

상담 기관에 관한 설명으로 옳지 않은 것은?

① 학교상담 체계에는 학교의 Wee클래스, 지역 교육청의 Wee스쿨, 시·도교육청의 Wee센터가 있다.
② 해바라기아동센터는 성범죄 피해 아동에게 통합적인 지원 서비스를 제공한다.
③ 청소년상담복지센터는 위기청소년을 통합적으로 지원하기 위해 CYS-Net을 운영한다.
④ 진로진학지원센터는 진로개발 및 진로상담 등의 업무를 담당한다.
⑤ 건강가정지원센터는 가정 문제의 예방 및 상담, 프로그램 개발, 가정 관련 정보를 제공한다.

해설

학교상담 체계에는 학교의 Wee클래스, 지역 교육청의 Wee센터, 시·도교육청의 Wee스쿨이 있다.

• 위(Wee) 프로젝트
학교-교육청-지역사회의 긴밀한 협력으로 위기학생 예방·상담·치유 지원 등 종합적인 지원 체제를 갖춰 학교 안전망을 구축하는 사업이다. 크게 단위 학교의 Wee클래스, 지역 교육청의 Wee센터, 시·도 교육청의 Wee스쿨로 체계가 구축되어 있다.

094

청소년 내담자의 상담목표에 해당하지 않는 것은?

① 또래의 부당한 요구를 거절하기
② 친구들이 내 기분을 이해하게 만들기
③ 다른 사람과 5분 이상 대화를 지속하기
④ 엄마가 소리를 지를 때 함께 고함치지 않고 말하기
⑤ 이번 학기가 끝나기 전까지 친한 친구 1명 사귀기

> **해설**
> 청소년 내담자는 긍정적인 자아개념을 확립하여 문제행동을 변화시키고, 의사소통 기술을 함양하여 대인관계를 개선하는 것 등을 상담목표로 한다.

095

행동주의 상담의 기법과 예시의 연결이 옳지 않은 것은?

① 소거 - 자녀가 문제행동을 했을 때 부모가 관심을 기울이지 않았다.
② 차별강화 - 수업 중 자리를 이탈하는 학생이 제자리에 앉아있을 때만 칭찬을 하였다.
③ 과잉교정 - 주 1회 방 청소를 하기로 한 아이가 청소를 하지 않자 다음 2주 동안 매일 방을 청소하도록 하였다.
④ 혐오치료 - 금연을 하려는 청소년에게 담배와 관련된 질병에 걸려 고통스러워하는 장면을 상상해 보게 하였다.
⑤ 행동조성 - 자기표현을 잘하는 친구의 행동을 지켜보고 나서 친구들의 부당한 요구에 거절하는 행동을 시도해 보았다.

> **해설**
> ⑤ '자기주장훈련' 기법의 예시이다.
>
> • 행동주의 상담기법
>   - 행동조성 : 목표 행동을 작은 단위로 나누어 단계별로 구성한 후 각 단계마다 강화를 제공하여 차례대로 학습하게 함으로써 전체 목표 행동을 학습하게 한다.
>   - 자기주장훈련 : 대인관계에서 불안을 느끼는 사람에게 자신의 권리나 느낌을 표현하게 함으로써 상호제지를 일으키도록 하여 불안을 줄이는 방법이다.

096

현실치료의 WDEP 모델의 상담자 반응을 순서대로 나열한 것은?

ㄱ. 원하는 것을 얻기 위해 어떻게 하고 있나요?
ㄴ. 문제해결을 위해 노력할 마음이 있나요?
ㄷ. 문제해결을 위해 어떻게 하려고 하나요?
ㄹ. 지금 하고 있는 행동이 원하는 것을 얻는 데 도움이 되나요?

① ㄱ - ㄴ - ㄷ - ㄹ
② ㄱ - ㄹ - ㄴ - ㄷ
③ ㄴ - ㄱ - ㄷ - ㄹ
④ ㄴ - ㄱ - ㄹ - ㄷ
⑤ ㄷ - ㄴ - ㄱ - ㄹ

> **해설**
> 현실치료 'WDEP 모델'의 상담자 반응을 순서대로 나열하면 다음과 같다.
> ㄴ. 바람(Want) - ㄱ. 행동(Doing) - ㄹ. 자기행동 평가(Evaluating) - ㄷ. 계획(Planning)
>
> • 우볼딩(R. Wubbolding) - WDEF 상담과정 모델
>
> | | |
> |---|---|
> | (1) Want(바람·욕구·지각 탐색 단계) | 내담자의 질적세계를 탐색하며, 내담자가 무엇을 원하는지 명확히 한다. |
> | (2) Doing(행동방향 탐색 단계) | 내담자의 현재 행동양식을 파악한다. |
> | (3) Evaluating(자기행동 평가 단계) | 현재 행동과 욕구의 관계를 점검한다. |
> | (4) Planning(계획하기 단계) | 계획과 실행의 과정으로, 긍정적인 행동계획과 그 과정에 대한 마무리 제언을 한다. |

097

게슈탈트 상담의 접촉경계 장애와 예시를 바르게 연결한 것을 모두 고른 것은?

> ㄱ. 반전 – 자신을 괴롭히는 친구에게 화가 날 때 자해를 함
> ㄴ. 융합 – 부모가 요구하는 가치관을 비판하지 않고 수용함
> ㄷ. 내사 – 친구와 싸운 일 때문에 수업에 집중하지 못함
> ㄹ. 편향 – 요점이 없는 이야기를 장황하게 늘어놓음

① ㄱ, ㄴ
② ㄱ, ㄹ
③ ㄴ, ㄷ
④ ㄷ, ㄹ
⑤ ㄱ, ㄴ, ㄹ

해설

ㄴ. 내사   ㄷ. 융합

- 접촉경계 장애(Contact Boundary Disturbance)

내사 (Introjection)	다른 사람이나 환경과의 접촉을 통해 신념·가치관·행동방식 등을 무비판적으로 받아들이는 것
융합 (Confluence)	다른 사람과의 경계가 약화되거나 제거되어 서로 간의 차이점이 없다고 느끼는 것으로, 융합 관계를 깨는 사람은 심한 죄책감을 느낌
투사 (Projection)	자신의 감정·생각·욕구를 다른 사람의 것으로 지각하는 현상
반전 (Retroflection)	다른 사람이나 환경에 하고 싶은 행동을 자신에게 하는 것 또는 타인이 자신에게 해주기를 바라는 행동을 스스로 하는 것
편향 (Deflection)	감당하기 힘든 내적 갈등이나 환경적 자극에 노출되지 않기 위하여 감각을 둔화시키거나 환경과의 접촉을 피하는 것

098

종결 단계에서 상담자가 취한 행동으로 옳은 것을 모두 고른 것은?

> ㄱ. 내담자가 이별에 대한 감정을 충분히 이야기할 수 있는 기회를 제공하였다.
> ㄴ. 종결에 대한 두려움으로 상담자에게 의존하는 내담자와 정해진 회기를 초과하여 상담을 계속 진행하였다.
> ㄷ. 상담이 필요한 사안이 발생하면 다시 상담을 받을 수 있다고 이야기하였다.
> ㄹ. 내담자가 상담 초기에 호소했던 문제가 얼마나 줄어들었는지 비교하도록 하였다.

① ㄱ, ㄴ
② ㄴ, ㄷ
③ ㄷ, ㄹ
④ ㄱ, ㄷ, ㄹ
⑤ ㄱ, ㄴ, ㄷ, ㄹ

해설

'상담 종결' 단계에서 상담자는 내담자가 의존성을 극복할 수 있도록 상담 관계가 영원히 지속될 수 있는 관계가 아니라는 것을 알려주고, 내담자가 이별에 대한 감정을 충분히 이야기할 수 있는 기회를 제공해야 한다.
종결에 대한 두려움으로 상담자에게 의존하는 내담자와 정해진 회기를 초과하여 상담을 계속 진행하는 것은 바람직하지 않다.

099

해결중심 상담 기법에 해당하지 않는 것은?

① 전략질문 ② 기적질문
③ 관계성 질문 ④ 악몽질문
⑤ 대처질문

해설

'전략질문'은 해결중심 상담 기법에 해당하지 않는다.

> **해결중심 상담기법 – 질문기법**
> 기적질문, 예외질문, 척도질문, 관계질문, 대처질문,
> 간접질문, 악몽질문, 상담 전 변화에 대한 질문 등

100

각 이론의 한계점에 관한 설명으로 옳지 않은 것은?

① 정신분석 – 내담자 입장에서 치료 기간이 길고 비용이 많이 든다.
② 실존주의 상담 – 정형화된 상담 모형과 상담자 훈련 프로그램이 마련되어 있지 않다.
③ 행동주의 상담 – 부적응 행동에 대한 과거의 영향력을 간과한다.
④ 현실치료 – 상담자와 내담자의 치료적 관계를 중요하게 여기지 않는다.
⑤ 인간중심 상담 – 사회체계가 개인에게 기여하는 영향력을 과소평가하고 있다.

해설

④ '행동주의 상담'의 한계이다.

- **현실치료 한계점**
  - 인간 행동의 의식적인 면을 강조함으로써 무의식적인 부분을 소홀히 한다.
  - 상담자의 주관적 가치판단이 개입되고 강력한 영향력을 미칠 가능성이 크다.
  - 내담자의 과거와 무의식적 동기를 경시하여 문제에 대한 피상적인 접근에 머무른다.

| 2교시 | 필수 1과목 / 선택 1과목 (50분) |

필수 | 제1과목 학습이론

001

레퍼와 호델(Lepper & Hodell)의 관점에서, 최 교사가 학생들에게 유발하고자 한 내재적 동기 요소는?

> 최 교사는 역사수업에서 역대 대통령의 복장과 목소리를 흉내낸다. 그는 자신이 묘사하고자 하는 사람을 현실감 있게 표현하면 학생들이 그 인물에 관심을 가지고 학습할 수 있다고 생각한다.

① 도전
② 자율성
③ 통제
④ 상상
⑤ 숙달

해설
위 사례에서 최 교사는 역대 대통령을 흉내내어 학생들을 가상세계에 참여하게 한 후 주의를 집중시키고 내재적 동기를 유발하고자 하고 있다.

• 레퍼와 호델(Lepper & Hodell) - 내재적 동기의 요인

도전	중간 정도의 난이도에서 지속적으로 높아지도록 목표 설정
호기심	현재의 지식·믿음과 일치하지 않는 정보를 제시하는 활동 제공
통제	활동에 선택권을 주고 규칙과 절차를 확립하는 데 일정한 역할 부여
상상	시뮬레이션이나 게임을 통해 학습자가 가상세계에 참여하게 하는 방법

002

몰입(Flow)에 관한 설명으로 옳지 않은 것은?

① 활동의 도전정도와 개인의 역량 사이의 균형 상태를 나타낸다.
② 보상을 기대하기보다는 경험 그 자체를 추구한다.
③ 도전정도가 자신이 지각하는 기술수준을 초과하면 불안해진다.
④ 자신이 지각하는 기술수준이 도전정도를 초과하면 지루함을 느낀다.
⑤ 개인 간의 과정이며 개방된 체계의 목표를 반영한다.

해설
몰입(Flow)은 개인 내 과정이다. 몰입을 잘 하는 사람은 자기목적적인 성격이어서 다른 사람의 시선과 평가에 신경을 쓰지 않으며, 목표·성과·야망으로부터 자유로운 편이다.

003

드웩(C. Dweck)이 제시한 지능에 대한 실체적 견해(Entity View of Intelligence)를 가진 학생들의 특징이 아닌 것은?

① 피상적인 학습전략을 선호한다.
② 자기 보호적 전략을 사용한다.
③ 자신이 어떻게 평가되는지가 주된 관심사이다.
④ 지능이 안정적이며 통제 가능한 특성이라 본다.
⑤ 위험과 도전을 회피하고 목표도달에 실패하면 쉽게 포기하는 경향이 있다.

해설
드웩(C. Dweck)이 제시한 지능에 대한 실체적 견해(Entity View of Intelligence)를 가진 학생들은 수행목표를 지향하며, 노력보다는 능력에 귀인하는 경향이 있다. 따라서 지능은 타고나는 것이며, 통제 불가능하다고 본다.

004

라이언과 데시(Ryan & Deci)가 설명한 자기결정성 정도에 따른 자기조절 유형 수준을 낮은 것에서 높은 순으로 바르게 나열한 것은?

> ㄱ. 내사된 조절(Introjected Regulation)
> ㄴ. 통합된 조절(Integrated Regulation)
> ㄷ. 내재적 조절(Intrinsic Regulation)
> ㄹ. 확인된 조절(Identified Regulation)
> ㅁ. 외적 조절(External Regulation)

① ㄷ - ㄴ - ㄹ - ㄱ - ㅁ
② ㄷ - ㄹ - ㄱ - ㄴ - ㅁ
③ ㅁ - ㄱ - ㄹ - ㄴ - ㄷ
④ ㅁ - ㄷ - ㄹ - ㄴ - ㄱ
⑤ ㅁ - ㄹ - ㄱ - ㄴ - ㄷ

> **해설**
> 라이언과 데시(Ryan & Deci)가 설명한 자기결정성 정도에 따른 자기조절 유형 수준을 낮은 것에서 높은 순서로 나열하면 다음과 같다.
> 무동기 - 외재적 동기(외적 조절 - 내사된 조절 - 확인된 조절 - 통합된 조절) - 내재적 동기(내적 조절)

005

톨만(E. Tolman)의 잠재적 학습(Latent Learning)과 관련된 설명으로 옳지 않은 것은?

① 학습은 보상이나 추동 감소 없이 발생할 수 있다.
② 보상은 수행과정보다 학습과정에 영향을 미친다.
③ 목표를 달성하기 위해 필요한 행동에 대한 기대를 포함하는 인지지도(Cognitive Map)를 형성한다.
④ 자극-반응 연합의 한계를 극복하고자 하였다.
⑤ 목표를 강조하는 목적적 행동주의(Purposive Behaviorism)에 적합한 예이다.

> **해설**
> 보상은 학습과정보다 수행과정에 영향을 미친다. 즉, 이미 학습되었으나 보상이 주어질 때까지 학습한 것이 나타나지 않고 잠재되어 있는 것이다.
>
> • 톨만(E. Tolman) - 잠재적 학습
> 학습은 강화(보상)와 독립적으로 일어난다. 강화는 단지 학습한 것을 수행으로 나타나도록 하는 데 도움을 준다.

006

강화계획과 관련된 설명으로 옳지 않은 것은?

① 간격계획은 강화시간간격에 기초하고, 비율계획은 반응비율에 기초한다.
② 카지노의 슬롯머신은 변동비율 강화의 예이다.
③ 고정간격계획은 강화 직후 반응이 감소했다가 다음 강화시점이 가까울수록 반응이 증가하는 패턴을 보인다.
④ 비율계획보다 간격계획에서 더 높은 비율의 반응이 나타난다.
⑤ 간헐적 강화는 연속적 강화에 비해 소거에 대한 저항이 크다.

> **해설**
> 간격계획보다 비율계획에서 더 높은 비율의 반응이 나타난다. 반응률이 낮은 것에서 높은 순서로 나열하면 다음과 같다.
> 고정간격 < 변동간격 < 고정비율 < 변동비율
>
> • 강화계획
>
> | | | | |
> |---|---|---|---|
> | 계속적 강화 | | | 반응의 시간이나 횟수에 관계없이 모든 반응에 대하여 강화
예 공부를 열심히 하는 학생에게 컴퓨터 게임을 허락하는 것 등 |
> | 간헐적 강화 | 간격 | 고정 | - 일정한 시간 간격에 따라 강화
- 지속성이 거의 없음
예 월급, 정기적 시험 등 |
> | | | 변동 | - 시간 간격은 일정하지 않으나, 정해진 시간 범위 내 강화
- 느리고 완만한 반응률
예 낚시 등 |

비율	고정	– 일정한 횟수의 반응마다 강화 – 높은 반응률, 약한 지속성 예 성과급, 쿠폰 등
	변동	– 평균 횟수의 반응이 나타난 다음 불규칙적으로 강화 – 높은 반응률, 강한 지속성 예 복권, 카지노의 슬롯머신 등

해설
① 성인기의 경험보다는 아동기의 경험을 중요시했다.
③ 동시에 또는 반복적으로 활성화될수록 연합 강도가 향상된다.
④ 너무 높지도 너무 낮지도 않은 각성수준은 모든 과제수행을 촉진한다.
⑤ 감각박탈은 신경생리학적 발달을 방해한다.

007
고전적 조건형성과 관련 없는 것은?

① 자극일반화(Stimulus Generalization)
② 체계적 둔감화(Systematic Desensitization)
③ 자발적 회복(Spontaneous Recovery)
④ 조형(Shaping)
⑤ 소거(Extinction)

해설
조형(Shaping)은 원하는 방향으로 행동을 조성하기 위해 강화를 제공하는 것으로, '조작적 조건형성'의 행동수정 기법이다.

008
헵(D. Hebb)의 이론에 관한 설명으로 옳은 것은?

① 아동기의 경험보다는 성인기의 경험을 중요시했다.
② 세포 집합체는 역동적 뉴런체계로서, 유전적 영향보다는 경험적 영향을 더 많이 받는다.
③ 자극 패턴은 반응과 처음 결합되는 순간 완전한 연합 강도를 획득한다.
④ 너무 높지도 너무 낮지도 않은 각성수준은 모든 과제수행을 방해한다.
⑤ 감각박탈은 적절한 신경생리학적 발달을 촉진한다.

009
다음에서 설명하는 장(Field)이론의 주요 개념은?

– 어느 순간에 어느 곳에 위치하고 있는가를 나타내는 순간적인 상태
– 개인이 관심을 두고 의미를 부여함으로써 스스로 위치해 있는 공간

① 위상(Topology)
② 벡터(Vector)
③ 표상(Representation)
④ 패턴(Pattern)
⑤ 차원(Dimension)

해설
• 장 이론(Field Theory) – 위상(Topology)
지각이나 활동의 범위를 정의하는 형태로 생활공간(Life Space)을 표현하기 위해 사용된다. 즉, 생활공간의 기능적 부분들의 배열이나 경계를 보여줄 때나 구조화·의미화시킬 때 사용된다. 예를 들어 생활공간에 있는 개인의 영역은 가족·교회·학교·극장·회사 등과 같은 공간적 의미이다.

010

다음 각 사례들에 해당하는 정보처리이론을 보기에서 바르게 골라 짝지은 것은?

> ㄱ. 엊그제 남자친구와 수목원을 다녀왔는데, 사랑나무만 기억에 남는다.
> ㄴ. 책을 눈으로만 읽었을 때보다 소리 내어 읽었을 때 기억에 잘 남았다.
> ㄷ. 모자와 마스크를 쓴 친구를 알아볼 수 있다.

> a. 이중부호이론(Dual Code Theory)
> b. 처리수준이론(Level of Processing Theory)
> c. 병렬분산처리모형(Parallel Distributed Processing Model)

① ㄱ - a, ㄴ - b, ㄷ - c
② ㄱ - a, ㄴ - c, ㄷ - b
③ ㄱ - b, ㄴ - a, ㄷ - c
④ ㄱ - b, ㄴ - c, ㄷ - a
⑤ ㄱ - c, ㄴ - b, ㄷ - a

해설
ㄱ - b. 처리수준이론
ㄴ - a. 이중부호이론
ㄷ - c. 병렬분산처리모형

- **이중부호이론**
  기억하고자 하는 정보를 언어부호와 심상부호로 함께 저장하는 경우 재생 확률이 증가한다.
- **처리수준이론**
  정보를 깊게 처리할수록 정보의 회상(기억)이 향상된다.
- **병렬분산처리모형**
  정보가 병렬적으로 처리되고 신경망 전체에 분산되어 있다는 것으로, 정보처리의 여러 단계가 동시에 나타날 수 있으며 정보처리 요소들 간 상호작용이 일어난다고 본다.

011

〈보기〉와 같이 선형이 연결되지 않은 불완전한 도형을 완성된 형태로 지각하는 원리는?

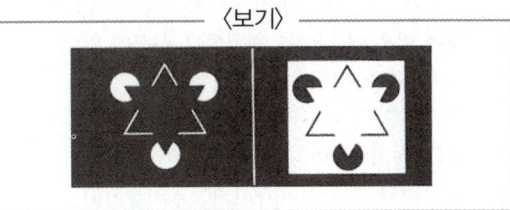

〈보기〉

① 유사성(Similarity)
② 폐쇄성(Closure)
③ 대칭성(Symmetry)
④ 연속성(Continuation)
⑤ 근접성(Proximity)

해설
• 게슈탈트 - 시지각의 원리

근접성	서로 가까이 놓인 요소들을 하나의 그룹으로 보는 경향
유사성	유형, 모양, 색상 등 시각 요소가 비슷한 것들을 하나의 그룹으로 보는 경향
연속성	불연속적인 것보다 방향성을 가지고 연속된 요소들을 하나의 그룹으로 보는 경향
폐쇄성	불완전한 형태일지라도 기존의 지식을 토대로 완성된 형태로 인지하는 경향
대칭성	대칭의 이미지들은 조금 떨어져 있더라도 하나의 그룹으로 보이는 경향

012
다음에서 설명하는 것은?

- 학습을 어떻게 조율해야 하는지를 아는 것
- 책을 읽을 때 단어를 하나하나 꼼꼼히 읽어야 하는지, 대충 읽어도 되는지를 아는 것

① 선언 지식(Declarative Knowledge)
② 절차 지식(Procedural Knowledge)
③ 조건 지식(Conditional Knowledge)
④ 일화 기억(Episodic Memory)
⑤ 의미 기억(Semantic Memory)

해설

'선언 지식'과 '절차 지식'을 언제, 어디서, 어떻게, 왜 활용할 것인지에 대한 '조건 지식'에 대한 설명이다.

- **장기기억(Long-term Memory)**
  감각기억을 통해 투입된 정보가 단기기억(작업기억)의 과정을 거쳐 비교적 영속적으로 저장되는 기억의 과정이다. 장기기억에 저장되는 지식의 종류에는 서술적(선언적) 지식·절차적 지식·조건적 지식이 있으며, 서술적 기억의 하부체계에는 의미기억과 일화기억이 있다.

서술적 지식 (Declarative Knowledge)	학습한 개념·법칙 등 사실적 정보에 대한 지식으로서 내용지식에 해당한다.
절차적 지식 (Procedural Knowledge)	과제를 수행하는 방법에 대한 지식으로서 과정지식에 해당한다.
조건적 지식 (Conditional Knowledge)	서술적 지식과 절차적 지식을 어떻게 사용하고 활용할 것인지 아는 것이다.

013
인지주의 학습이론에 관한 설명으로 옳지 않은 것은?

① 경험의 결과보다 정신적 과정을 중시한다.
② 객관적 입장보다 주관적 입장을 강조한다.
③ 전체는 부분의 합 이상이다.
④ 몰 단위(Molar)행동보다 분자 단위(Molecular)행동에 더 많은 관심을 갖는다.
⑤ 시행착오적 문제해결보다 통찰적 문제해결을 강조한다.

해설

인지주의 학습이론은 몰 단위(Molar) 행동에 관심을 갖는 거시적 입장인 반면, 행동주의 학습이론은 분자 단위(Molecular) 행동에 관심을 갖는 미시적 입장을 취한다.

014
마이켄바움과 굿맨(Meichenbaum & Goodman)의 자기조절행동 단계를 낮은 것에서 높은 순으로 바르게 나열한 것은?

ㄱ. 상담자의 말을 아동이 큰 소리로 따라하면서 과제를 수행한다.
ㄴ. 상담자가 큰 소리로 말하며 과제를 수행하고 아동은 관찰한다.
ㄷ. 아동이 혼자서 큰 소리로 말하면서 과제를 수행한다.
ㄹ. 아동이 속삭이면서 과제를 수행한다.
ㅁ. 아동이 마음속으로 말을 하면서 과제를 수행한다.

① ㄱ - ㄴ - ㄷ - ㄹ - ㅁ
② ㄱ - ㄴ - ㅁ - ㄹ - ㄷ
③ ㄴ - ㄱ - ㄷ - ㄹ - ㅁ
④ ㄴ - ㄱ - ㅁ - ㄹ - ㄷ
⑤ ㅁ - ㄹ - ㄷ - ㄱ - ㄴ

해설

자기조절행동 단계를 낮은 것에서 높은 순서로 나열하면 다음과 같다.
ㄴ. '인지적 모델링' - ㄱ. '외현적 지도' - ㄷ. '외현적 자기지도' - ㄹ. '외현적 자기지도 감소' - ㅁ. '내재적 자기지도'

- 마이켄바움과 굿맨(Meichenbaum & Goodman)
  - 자기조절행동 향상단계

(1) 인지적 모델링	과제 수행 시 자기 자신에게 말하면서 배우는 인지훈련 방법
(2) 외현적 지도	타인에 의한 외현적 안내 단계
(3) 외현적 기지도	외현적 자기 안내 단계
(4) 외현적 자기지도 감소	외현적 자기 안내가 점진적으로 소멸하는 단계
(5) 내재적 자기지도	내면적 자기 안내 단계

015

정보처리과정에 관한 설명으로 옳은 것은?

① 이중부호이론에서 정보는 언어부호와 의미부호로 약호화되어 저장된다.
② 감각수용기관을 통해 정보를 최초로 저장하는 곳은 단기기억이다.
③ 심상은 어떤 정보를 반복적으로 연습하는 것으로 정보 유지의 기본적인 방법이다.
④ 청킹(Chunking)은 감각기억에서 시작된다.
⑤ 새로운 정보를 기존의 지식과 연결하여 의미를 부여하는 것을 정교화(Elaboration)라 한다.

해설

① 이중부호이론에서 정보는 언어부호와 **심상(시각)부호**로 약호화되어 저장된다.
② 감각수용기관을 통해 정보를 최초로 저장하는 곳은 **감각기억**이다.
③ '**시연(Rehearsal)**'은 어떤 정보를 반복적으로 연습하는 것으로 정보 유지의 기본적인 방법이다.
'심상(Image)'은 외적 자극이나 이전에 경험한 것에 의하여 마음속에 떠오르는 구체적인 상(象)이다.
④ 청킹(Chunking)은 **단기기억(작업기억)**에서 시작된다.

016

망각 중 순행간섭의 사례로 옳은 것은?

① 집 주소가 바뀌면 예전 집 주소가 생각이 안 난다.
② 친구가 이름을 개명했는데 예전 이름으로 부를 때가 있다.
③ 소꿉친구를 20년 만에 만났더니 이름이 생각나지 않았다.
④ 교통사고로 인해 3년 전 기억이 사라졌다.
⑤ 통장의 비밀번호를 오랫동안 사용하지 않아서 잊어버렸다.

해설

과거에 학습된 정보인 '예전 이름'이 나중에 학습된 정보인 '개명한 이름'을 기억하는 것에 간섭하는 것으로, 선행학습이 후속학습을 방해하는 '순행간섭'의 사례이다.

① 후속학습이 선행학습을 방해하는 '역행간섭'의 사례이다.
③, ⑤ 소멸에 의한 망각을 설명하는 '흔적쇠퇴설(쇠퇴이론)'의 사례이다.

017

볼스(R. Bolles)의 진화심리학적 학습이론과 관련하여 다음에서 설명하는 것은?

> 특정한 방식으로 행동하는 동물의 선험적인 소인을 활용하는 학습 과제는 성공할 가능성이 크다.

① 굴절 적응(Exaptation)
② 적소 논증(Niche Argument)
③ 본능 표류(Instinctive Drift)
④ 등위성(Equipotentiality)
⑤ 포괄적 적합성(Inclusive Fitness)

> **해설**
>
> - 진화심리학적 학습이론 – 적소 논증(Niche Argument)
> 동물이 학습하는 사건에는 어떠한 구조가 있으며, 학습을 하는 유기체에는 대응하는 구조가 있기 때문에 학습될 필요가 있는 것을 학습할 수 있다. 이는 경험을 통한 학습능력이 아니라 유전적인 학습능력, 즉 타고난 소인이다. 자기 적소에 대한 동물의 선험적인 생물학적 의무를 위반하는 학습과제는 변칙적인 행동을 산출할 것이다. 그러나 특정한 방식으로 행동하는 동물의 선험적인 소인을 활용하는 학습과제는 성공할 가능성이 크다.

018

뇌의 편재화(Lateralization)에 관한 설명으로 옳지 않은 것은?

① 편재화 정도에 대한 신경과학자들의 의견은 일치하지 않는다.
② 스페리(R. Sperry)는 양쪽 반구가 독립된 뇌인 것처럼 활동한다고 주장하였다.
③ 레비(J. Levy)는 우반구가 정보를 분석적, 순차적으로 처리하는데 비해 좌반구는 전체적으로 처리함을 발견하였다.
④ 우반구의 손상은 신체 왼쪽의 움직임에 영향을 주는 반면에 좌반구의 손상은 오른쪽에 영향을 주게 된다.
⑤ 병렬적 분산처리 관점에 의하면 지식은 특정한 위치에 부호화되는 것이 아니라 여러 기억 네트워크에 걸쳐 부호화된다.

> **해설**
>
> 레비(J. Levy)는 **좌반구**가 정보를 분석적, 순차적으로 처리하는데 비해 **우반구**는 전체적으로 처리함을 발견하였다.

019

학습에 영향을 주는 요소에 관한 설명으로 옳지 않은 것은?

① 교수법보다 지능이 학업 성취에 더 큰 영향을 미치는 것으로 알려져 있다.
② 블룸(B. Bloom)에 의하면 학문적 자아개념과 학업성적 간에는 유의미한 관련성이 있다.
③ 로젠탈과 제이콥슨(Rosenthal & Jacobson)에 의하면 학생들의 성취도는 교사의 기대에 영향을 받는다.
④ 게젤스와 잭슨(Getzels & Jackson)에 의하면 학업 성취는 지능뿐만 아니라 창의력에 의해서도 좌우된다.
⑤ 반두라(A. Bandura)는 자기효능감을 학습자가 과제수행에 필요한 행위를 효율적으로 조직하고 실행해 나가는 능력이라고 정의하였다.

> **해설**
>
> 반두라(A. Bandura)는 자기효능감을 '학습자 스스로 특정한 과제를 성공적으로 수행할 수 있으며 긍정적인 결과를 도출할 수 있다는 믿음'이라고 정의한다.

020

전이(Transfer)와 관련된 내용으로 옳은 것을 모두 고른 것은?

> ㄱ. 손다이크(E. Thorndike)는 상황이 동일한 요소(자극)를 가지고 있으며 유사한 반응을 요구할 때 전이가 일어난다고 주장하였다.
> ㄴ. 형태이조설(Transposition Theory)은 선행학습 장면에서 발견한 관계성(형태)을 후행학습 장면에 사용하기 때문에 전이가 일어난다는 주장이다.
> ㄷ. 부적 전이(Negative Transfer)는 선행학습이 후행학습을 촉진하는 것이며, 그 역도 성립한다.
> ㄹ. 도해적 전이(Figural Transfer)는 원래대로의 지식이 새로운 과제에 전이되는 것이다.

① ㄱ, ㄴ
② ㄱ, ㄹ
③ ㄴ, ㄷ
④ ㄴ, ㄹ
⑤ ㄷ, ㄹ

해설

> ㄷ. '정적 전이(Positive Transfer)'는 선행학습이 후행학습을 촉진하는 것이다.
> '부적 전이(Negative Transfer)'는 선행학습이 후속학습을 방해하거나 억제하는 현상이다.
> ㄹ. '축어적 전이(Literal Transfer)'는 원래대로의 지식이 새로운 과제에 전이되는 것이다.
> '도해적 전이(Figural Transfer)'는 특정 문제나 이슈에 대한 문제해결, 사고, 학습을 위하여 일반적인 지식의 몇 가지 측면들을 사용하는 것이다.

021

다음에서 설명하는 것은?

> 새롭게 학습된 정보가 대뇌피질에 입력된 후 나중에 회상될 수 있도록 신경연결이 안정되고 강화되는 과정으로 해마가 중심적인 역할을 한다.

① 공고화(Consolidation)
② 가소성(Plasticity)
③ 국면계열(Phase Sequence)
④ 뉴런생성(Neurogenesis)
⑤ 시냅스(Synapse)

해설

- 공고화(Consolidation)
단기기억을 장기기억으로 저장하는 과정으로, 새로운 정보와 기존의 정보를 연결하고 통합시키는 과정이다.

022

조작적 조건형성과 관련된 설명으로 옳지 않은 것을 모두 고른 것은?

> ㄱ. 연쇄화(Chaining)는 먼저 한 반응만 강화하고, 그 다음 연속으로 이루어지는 두 반응에 대해 강화하는 식으로 반응의 연쇄를 학습시키는 과정이다.
> ㄴ. 특정한 반응비율이 요구될 경우 차별강화계획은 부적절하다.
> ㄷ. 수동적 회피 학습(Passive Avoidance Learning)에서 유기체는 혐오사태를 회피하기 위해 특정반응을 하지 않는 것을 학습한다.
> ㄹ. 유기체가 특정 자극에 대해 반응을 더 잘하는 현상을 자극 분극화(Stimulus Polarization)라고 한다.
> ㅁ. 무작위로 강화를 주면 바로 직전 반응은 무엇이든지 강화되는 경향이 있어 미신적 행동이 나타난다.

① ㄱ, ㄴ
② ㄱ, ㄷ
③ ㄴ, ㄹ
④ ㄷ, ㅁ
⑤ ㄹ, ㅁ

해설

> ㄴ. 특정한 반응비율이 요구될 경우, 여러 행동 중 하나만 골라 선택적으로 강화하는 '차별강화계획'은 적절하다.
> ㄹ. 유기체가 특정 자극에 대해 반응을 더 잘하는 현상을 '강화(Reinforce)'라고 한다.

023

학습과 발달의 관련성에 관한 비고츠키(L. Vygotsky)와 피아제(J. Piaget)의 주장으로 옳은 것은?

① 비고츠키는 학습을 준비가 될 때까지 기다릴 필요가 없는 능동적 과정으로 보았다.
② 피아제는 학습을 지식의 능동적 구성으로, 발달을 연합의 수동적 형성으로 정의하였다.
③ 비고츠키에 의하면 발달은 학습의 도구에 불과하다.
④ 비고츠키는 동화와 조절이라는 과정 속에서 인지발달이 일어난다고 보았다.
⑤ 피아제는 근접발달대(ZPD)라는 개념으로 학습을 통한 발달의 극대화를 가정하였다.

> **해설**
> ② **비고츠키**는 학습을 지식의 능동적 구성, 발달을 연합의 수동적 형성으로 정의하였다. 즉 '학습이 발달을 주도한다'고 하였다.
> ③ 비고츠키에 의하면 **물리적 환경**은 학습의 도구에 불과하다. 개인과 환경의 상호작용보다 다른 사람과의 '사회적 상호작용'을 강조한다.
> ④ **피아제**는 동화와 조절이라는 과정 속에서 인지발달이 일어난다고 보았다.
> ⑤ **비고츠키**는 근접발달대(ZPD)라는 개념으로 학습을 통한 발달의 극대화를 가정하였다.

024

자기결정성 이론의 기본 가정에 관한 설명으로 옳지 않은 것은?

① 사람들은 행동의 주체가 자신이라고 느끼기를 원한다.
② 스스로 목표를 세우고 행동하는 조절자라고 믿는다.
③ 자기에게 중요하고 가치 있는 것이 무엇인지 결정할 수 있는 자유를 원한다.
④ 사람들은 타인과 연결되어 있다고 느끼기를 원한다.
⑤ 스스로 다른 사람에게 의존할 것을 선택하는 것은 타율적인 행동이다.

> **해설**
> 스스로 다른 사람에게 의존할 것을 선택하는 것은 **자율적인 행동**이다. 다른 사람 혹은 상황에 의하여 외재적으로 동기화된 타율적인 행동이 아니고, 자기 스스로 결정한 행동과 계획이다.

025

와이너(B. Weiner)의 귀인이론으로 옳지 않은 것은?

① 소재차원은 자기존중감과 관련이 있다.
② 안정성 차원은 성공에 대한 주관적 기대와 관련이 있다.
③ 외적원인 중 과제난이도는 불안정적 요인으로 보았다.
④ 통제가능성은 분노, 감사와 같은 정서반응에 영향을 준다.
⑤ 실패를 안정적이며 통제 불가능한 요인에 귀인하면 우울과 무기력에 빠진다.

> **해설**
> 외적원인 중 과제난이도는 **안정적** 요인으로 보았다.
>
> - 와이너(B. Weiner) - 귀인이론
>   - 귀인의 차원 : 학업성취의 성공 또는 실패 요인을 무엇으로 보는지에 대한 것이다.
>   (1) 소재 : 자신의 내부 또는 외부에 원인이 있다.
>   (2) 안정성 : 시간이나 상황에 따라 변하지 않는다.
>   (3) 통제가능성 : 자신의 의지로 변화시킬 수 있다.
>   - 귀인의 모형
>
> | 구분 | 내적 | | 외적 | |
> |---|---|---|---|---|
> | | 안정 | 불안정 | 안정 | 불안정 |
> | 통제 가능 | 장기적 노력 | 일시적 노력 | 교사의 편견 | 타인의 도움 |
> | 통제 불가능 | 능력, 적성 | 기분, 건강 | 과제 난이도 | 운, 기회 |

선택 | 제2과목 **청소년이해론**

026
유해매체물, 유해약물, 유해업소 등의 유해환경을 규제하여 청소년이 건전한 인격체로 성장하게 함이 목적인 법령은?

① 청소년 기본법
② 청소년복지 지원법
③ 아동·청소년의 성보호에 관한 법률
④ 청소년활동 진흥법
⑤ 청소년 보호법

해설

〈청소년 보호법〉

제1조(목적)
이 법은 청소년에게 유해한 매체물과 약물 등이 청소년에게 유통되는 것과 청소년이 유해한 업소에 출입하는 것 등을 규제하고 청소년을 유해한 환경으로부터 보호·구제함으로써 청소년이 건전한 인격체로 성장할 수 있도록 함을 목적으로 한다.

028
청소년기 방어기제 중 성적 충동과 같은 본능적 욕구와 연결된 활동에 참여하는 것을 거절하는 자기부정 행위는?

① 주지화(Intellectualization)
② 금욕주의(Asceticism)
③ 철회(Withdrawal)
④ 부정(Denial)
⑤ 억압(Repression)

해설

• 방어기제

주지화(지성화)	종교, 철학, 문학 등의 지적 활동에 몰입함으로써 불안을 회피하려는 것이다.
철회	스트레스를 야기하는 사람이나 상황으로부터 거리를 두고 자신의 내적 공상세계로 대처하는 자기 보호 반응이다.
부인(부정)	충격적인 사건이나 용납할 수 없는 충동을 무의식적으로 거부한다.
억압	창피했던 일, 무서웠던 일 등을 기억에 떠오르지 않도록 무의식적으로 막는 것이다.

027
청소년기 정서적 특징으로 옳지 않은 것은?

① 격렬하고 쉽게 동요한다.
② 자의식 증가와 관련이 깊다.
③ 보존개념 획득과 관련이 깊다.
④ 아동기에 비해 정조(Sentiment)가 발달한다.
⑤ 부모와 심리적 이유(Psychological Weaning)를 원한다.

해설
'보존개념'은 사물의 형태가 변하여도 질량·무게 등의 특징은 변하지 않는다는 것으로, 피아제의 인지발달단계 중 '구체적 조작기(7~11세)'에 획득한다.

029
청소년기 동조성(Conformity)의 특징과 거리가 먼 것은?

① 아동기보다 동년배 압력에 더 민감하게 반응한다.
② 자율성이 증가하면 동조성이 증가한다.
③ 동년배와의 우정이 주요 의사결정요인이 된다.
④ 부모와의 정서적 독립이 영향을 준다.
⑤ 동년배 집단에 대한 동조성은 일반적으로 청소년 초기에 비해 후기에 약화된다.

해설
자율성이 <u>감소</u>하면 동조성이 증가한다.
동조성(Conformity)은 공동규범에 순응하는 것으로, 집단 내 개인의 자발성을 약화시키고 개인적 자유를 제한하는 경향이 있다.

030

청소년 보호법상 ( )에 들어갈 내용이 순서대로 바르게 나열된 것은?

> 인터넷게임 제공자는 ( ) 미만의 청소년에게 ( )부터 ( )까지 인터넷게임을 제공하여서는 아니 된다.

① 15세, 오후 11시, 다음 날 오전 6시
② 15세, 오전 0시, 오전 7시
③ 16세, 오전 0시, 오전 6시
④ 16세, 오후 11시, 다음 날 오전 7시
⑤ 17세, 오전 0시, 오전 6시

해설

〈청소년 보호법〉
제26조(심야시간대의 인터넷게임 제공시간 제한)
① 인터넷게임의 제공자는 16세 미만의 청소년에게 오전 0시부터 오전 6시까지 인터넷게임을 제공하여서는 아니 된다. 〈2021. 12. 7.〉

※ 참고 : 〈청소년 보호법〉의 개정 전 출제된 문제입니다. 해당 조항의 폐지로 정답이 ③에서 '정답 없음'으로 변경되었습니다.

031

다음의 학자와 보기의 내용이 바르게 연결된 것은?

> ㄱ. 홀(S. Hall)
> ㄴ. 레빈(K. Lewin)
> ㄷ. 엘킨드(D. Elkind)

> a. 장이론(Field Theory)
> b. 개인적 우화(Personal Fable)
> c. 재현이론(Recapitulation Theory)

① ㄱ - c, ㄴ - a   ② ㄱ - c, ㄴ - b
③ ㄱ - a, ㄷ - b   ④ ㄴ - a, ㄷ - c
⑤ ㄴ - c, ㄷ - b

해설

- 홀(S. Hall) – 재현이론(Recapitulation Theory)
  개인의 발달은 인류의 발달역사를 재현하며, 청소년기는 역사적으로 급격한 문명화 변화를 다시 겪게 되는 시기로 혼란이 불가피하다고 주장하였다.
- 레빈(K. Lewin) – 장이론(Field Theory)
  '장(Field)' 또는 '생활공간'은 물리적 환경이나 일반적 생활수준이 아니라 개인의 심리적 환경으로, 인간의 행동은 개인의 심리적 환경이 어떻게 작용하느냐에 달려있다고 하였다.
- 엘킨드(D. Elkind) – 자아중심성 이론
  '개인적 우화(Personal Fable)'는 청소년기 자아중심성의 특징 중 하나로, 자신은 특별하고 독특하며 자신이 느끼는 감정이나 경험은 다른 사람들과는 다르다고 생각하는 것이다.

032

에릭슨(E. Erikson)의 청소년기 자아정체감에 관한 설명으로 옳지 않은 것은?

① 자기정의(Self-definition)와 관련된다.
② 청소년기의 가장 중요한 발달과업이다.
③ 위기(Crisis)와 보호(Protection) 두 개의 요소로 구성된다.
④ 정체감 혼미에 빠지면 건강한 성인으로 성장하기 어렵다.
⑤ 심리적 유예기(Moratorium) 동안 다양한 역할을 실험한다.

해설

③ 마샤(J. Marcia)의 '자아정체감 유형'에 관한 설명이다.

033

청소년복지 지원법에 따르면 여성가족부장관은 청소년복지정책수립을 위해 청소년의 의식·태도·생활 등에 관한 실태조사를 몇 년마다 실시해야 하는가?

① 1년
② 2년
③ 3년
④ 4년
⑤ 5년

해설

〈청소년복지 지원법〉

제2조의2(실태조사)
① 여성가족부장관은 청소년복지 향상을 위한 정책수립에 활용하기 위하여 **3년마다** 청소년의 의식·태도·생활 등에 관한 실태조사를 실시하고 그 결과를 공표하여야 한다.

034

부르디외(P. Bourdieu)의 소비문화이론 내용으로 옳은 것은?

① '취향'에 따른 일상생활의 소비를 통해 계급 정체성이 유지되고 인지된다.
② 소비는 즐거움에 대한 열망과 체험의 순환경험을 제공한다.
③ 소비욕구는 광고나 판매전략에 의해 인위적으로 창출, 조작되는 것이다.
④ 소비는 '물건에 부여된 기호'를 소비하는 것이다.
⑤ 소비문화는 '생산영역의 메커니즘'에 의해 형성된다.

해설

② 캠벨(Campbell)의 '쾌락주의적 소비문화론' 관점이다.
③, ⑤ 하우크(W. Haug)의 '생산주도적 소비문화론' 관점이다.
④ 장 보드리야르(J. Baudrillard)의 '소비양식론' 관점이다.

• **부르디외(P. Bourdieu)**
취향이 단지 개인의 선택적 결과가 아니라 사회적으로 조직되어 있다고 주장하며, 취향을 전통적(칸트적) 취향과 대중적 취향으로 구분하였다. 취향에 따라 이루어지는 일상생활에서의 소비를 통해 정체성이 유지되고 인지된다고 하며, 소비문화에 대한 '소비양식론' 관점을 취하였다.

035

지역사회 청소년통합지원체계에 관한 설명으로 옳지 않은 것은?

① 국가는 지역사회 청소년통합지원체계의 구축·운영을 지원하여야 한다.
② 지방자치단체는 필수연계기관 간의 상호연계·협력 촉진을 위한 조치를 추진하여야 한다.
③ 지역사회 청소년통합지원체계에 포함된 기관의 장은 지원이 필요한 학교 밖 청소년을 발견한 경우 지체 없이 학교 밖 청소년 지원센터에 연계하여야 한다.
④ 지역사회 청소년통합지원체계 운영위원회는 위기청소년의 발견 및 보호와 관련된 조례·규칙의 제·개정 제안에 관한 사항을 심의한다.
⑤ 지방고용노동청 및 지청은 필수적으로 연계하여야 하는 기관에 포함되지 않는다.

해설

① 〈청소년복지 지원법〉 제9조(지역사회 청소년통합지원체계의 구축·운영) 제2항
② 〈청소년복지 지원법 시행령〉 제4조(지역사회 청소년통합지원체계 구성 등) 제4항 제1호
③ 〈학교 밖 청소년 지원에 관한 법률〉 제15조(지원센터에의 연계) 제2항
④ 〈청소년복지 지원법 시행령〉 제5조(청소년복지심의위원회 심의사항) 제6호

〈청소년복지 지원법 시행령〉	

제4조(지역사회 청소년통합지원체계 구성 등) 제1항
1. 청소년상담복지센터 및 청소년복지시설
2. 청소년 지원시설
3. 청소년단체
4. 지방자치단체
5. 특별시·광역시·특별자치시·도 및 특별자치도 교육청 및 교육지원청
6. 학교
7. 시·도경찰청 및 경찰서
8. 공공보건의료기관
9. 보건소(보건의료원을 포함한다.)
10. 청소년 비행예방센터
11. **지방고용노동청 및 지청**
12. 학교 밖 청소년 지원센터
13. 보호관찰소(보호관찰지소를 포함한다.)

제5조(청소년복지심의위원회 심의사항)
[제목개정 2021. 9. 24.]

※ 참고 : 〈청소년복지 지원법 시행령〉의 개정 후 '지역사회 청소년통합지원체계 운영위원회'에서 '청소년복지심의위원회'로 명칭이 변경되었습니다.

문화결핍	문화적인 요소나 환경이 부족하거나 박탈된 상태
문화전계	문화 지도나 학습으로 세대 간 문화가 전달·전수되고 내면화하는 현상
문화접변	서로 다른 두 문화체계의 접촉 및 상호작용으로 인하여 문화요소가 전파되어 원래의 문화 형태에서 변화를 일으키는 현상

037

청소년증에 관한 설명으로 옳은 것을 모두 고른 것은?

> ㄱ. 다른 사람에게 빌려주어서는 안 된다.
> ㄴ. 지방자치단체가 운영하는 문화시설 등의 시설 이용료 할인에 사용할 수 있다.
> ㄷ. 재발급 신청은 청소년의 주소지 이외의 읍·면·동 주민센터에서는 불가능하다.

① ㄱ
② ㄱ, ㄴ
③ ㄱ, ㄷ
④ ㄴ, ㄷ
⑤ ㄱ, ㄴ, ㄷ

036

특정 지역이나 집단의 지배문화가 다른 지역 혹은 집단에게 급속하게 전파되는 현상은?

① 문화지체(Cultural Lag)
② 문화변용(Cultural Acculturation)
③ 문화전계(Cultural Transmission)
④ 문화결핍(Cultural Deprivation)
⑤ 문화이식(Cultural Transplantation)

[해설]

• 문화 변동

문화지체	비물질문화가 물질문화를 따라가는 속도가 느려 시간이 경과함에 따라 두 문화 요소 간의 간격이 점점 더 벌어지는 현상
문화이식	특정 지역·집단의 문화가 다른 지역·집단에 전파되어 현지화되는 현상

[해설]

〈청소년복지 지원법 시행규칙〉	

제4조(청소년증의 분실 등)
① 청소년증을 발급받은 청소년은 그 청소년증을 잃어버리거나 청소년증이 훼손된 경우에는 별지 제1호 서식의 청소년증 재발급신청서에 청소년증(청소년증이 훼손된 경우에만 제출한다)을 첨부하여 **신청인의 주소지와 관계없이** 특별자치시장·특별자치도지사 또는 시장·군수·구청장에게 재발급을 신청할 수 있다.

〈청소년복지 지원법〉	

제3조(청소년의 우대)
① 국가 또는 지방자치단체는 그가 운영하는 수송시설·문화시설·여가시설 등을 청소년이 이용하는 경우 그 이용료를 면제하거나 할인할 수 있다.

제4조(청소년증)
② 제1항에 따른 청소년증은 다른 사람에게 양도하거나 빌려주어서는 아니 된다.

038

위기청소년 특별지원에 관한 내용으로 옳은 것은?

① 법률상담 및 소송비용 등 금전형태 지원은 할 수 없다.
② 지원 기간은 5년 이내로 하되, 필요한 경우 그 기간을 연장할 수 있다.
③ 특별자치시장·특별자치도지사 또는 시장·군수·구청장이 위기청소년 특별지원 여부를 결정하였을 때에는 그 내용을 청소년 본인, 보호자 및 신청인에게 서면으로 통보하여야 한다.
④ 지방자치단체 청소년 업무담당 공무원은 위기청소년을 지원 대상 청소년으로 선정받기 위한 신청을 할 수 없다.
⑤ 위기청소년 보호자가 지원 대상 청소년으로 선정하여 줄 것을 신청할 경우 해당 청소년의 동의를 받을 필요는 없다.

해설

① 폭력이나 학대 등 위기상황에 있는 청소년에게 필요한 법률상담 및 소송비용의 지원을 할 수 있다.
〈청소년복지 지원법 시행령〉 제7조(위기청소년 특별지원 내용 등) 제1항 제5호
② 지원 기간은 1년 이내로 하되, 필요한 경우 1년의 범위에서 한 번 연장할 수 있다.
〈청소년복지 지원법 시행령〉 제7조(위기청소년 특별지원 내용 등) 제3항
④ 지방자치단체 청소년 업무담당 공무원은 위기청소년을 지원 대상 청소년으로 선정받기 위한 신청을 할 수 있다.
〈청소년복지 지원법〉 제15조(특별지원의 신청 및 선정) 제1항 제5호
⑤ 위기청소년 보호자가 지원 대상 청소년으로 선정하여 줄 것을 신청할 경우 해당 청소년의 동의를 받아야 한다.
〈청소년복지 지원법〉 제15조(특별지원의 신청 및 선정) 제1항

〈청소년복지 지원법 시행령〉
제10조(특별지원 내용 등 통보)
특별자치시장·특별자치도지사 또는 시장·군수·구청장이 위기청소년에 대하여 특별지원 여부를 결정하였을 때에는 그 결정의 요지(특별지원을 하기로 결정한 경우에는 지원 내용·금액 및 기간을 포함한다)를 청소년 본인, 보호자 및 신청인에게 서면으로 통보하여야 한다.

039

콜즈(B. Coles)가 분류한 청소년권리 영역에 해당하지 않는 것은?

① 천부권(Entitlements Rights)
② 보호권(Protection Rights)
③ 복지권(Welfare Rights)
④ 권능부여권(Enabling Rights)
⑤ 의사표명권(Representation Rights)

해설

③ 프랭클린과 프리먼(B. Franklin & M. Freeman)이 분류한 청소년권리 유형이다.

• 콜즈(B. Coles) - 청소년권리
의존에서 자립으로 나아가는 전이과정을 감당해야 하는 청소년기의 특성을 기존의 아동권리 영역과 구별하여 4가지 영역으로 제시하였다.

천부권	청소년기에 알고 행동하기 위하여 주어지는 법률적·도덕적 기본권
보호권	사회적 착취와 가정 학대, 유해 환경 등으로부터 청소년을 보호하기 위한 권리
의사표명권	청소년이 자신의 미래와 관련된 의사결정에 적극적으로 참여하고 입장을 반영할 수 있는 권리
권능부여권	청소년의 법률적·도덕적 권리와 주장이 실제로 실현되고 행사될 수 있도록 관련 자원 및 비용이 확보되어야 함을 주장하는 권리

040

대중매체(Mass Media)의 특징으로 옳은 것을 모두 고른 것은?

ㄱ. 대규모 자본을 필요로 한다.
ㄴ. 대량 복제기술을 전제로 한다.
ㄷ. 생산되는 산물들은 시장을 통해 유통된다.

① ㄱ
② ㄱ, ㄴ
③ ㄱ, ㄷ
④ ㄴ, ㄷ
⑤ ㄱ, ㄴ, ㄷ

> **해설**
> • 대중매체(Mass Media)의 특징
>   - 불특정 다수인 대중을 대상으로 한다.
>   - 시·공간의 한계를 극복하여 동시에 전달된다.
>   - 전문성을 갖춘 사람들에 의해 만들어진다.
>   - 대규모 자본 및 대량 복제 기술을 기반으로 한다.
>   - 상품의 성격을 지니며 시장을 통해 유통된다.

041
청소년 기본법상 청소년특별회의는 몇 년마다 개최되는가?

① 1년 ② 2년
③ 3년 ④ 4년
⑤ 5년

> **해설**
> 〈청소년 기본법〉
> 제12조(청소년특별회의 개최)
> ① 국가는 범정부적 차원의 청소년정책과제의 설정·추진 및 점검을 위하여 청소년 분야의 전문가와 청소년이 참여하는 청소년특별회의를 **해마다** 개최하여야 한다.

> **해설**
>
> | | |
> |---|---|
> | 루키즘 | 외모를 의미하는 'Look'에서 파생된 단어로, 외모지상주의를 지칭한다. |
> | 오타쿠 문화 | 일본에서 시작된 사회적 현상으로, 현재는 한 분야에 광적으로 집착하는 마니아적인 성향의 사람을 가리킨다. |
> | 팬덤 문화 | 특정 인물이나 대상을 열성적으로 추종하고, 상호 간 그 대상에 대한 정보를 공유하며 정체성을 드러내는 문화 현상이다. |
> | 리셋신드롬 | 잘못하거나 실수한 부분이 있으면 컴퓨터를 초기화시키듯 현실에서도 얼마든지 리셋이 가능할 것으로 착각하는 현상을 가리킨다. |
> | 디지털원주민 | 유년기부터 컴퓨터, 인터넷, 스마트폰 등의 디지털 기술을 사용하면서 성장한 세대를 일컫는다. |

042
다음과 같은 현상을 나타내는 개념은?

> - 게임을 하다가 불리한 상황이 되면 중단하고 처음부터 다시 시작한다.
> - SNS를 하다가 언제 어디서나 관계를 끊고 사라졌다가 새로 시작한다.

① 루키즘(Lookism)
② 오타쿠문화
③ 팬덤(Fandom) 문화
④ 리셋신드롬(Reset Syndrome)
⑤ 디지털원주민(Digital Native)

043
헐록(E. Hurlock)의 이성애 발달단계 순서로 맞는 것은?

> ㄱ. 성적 혐오기   ㄴ. 이성애 단계
> ㄷ. 초기 성적 단계 ㄹ. 성적 애착기
> ㅁ. 성적 대항기

① ㄱ → ㅁ → ㄷ → ㄹ → ㄴ
② ㄷ → ㄱ → ㅁ → ㄹ → ㄴ
③ ㄷ → ㅁ → ㄱ → ㄹ → ㄴ
④ ㄷ → ㄹ → ㅁ → ㄱ → ㄴ
⑤ ㄹ → ㄷ → ㅁ → ㄱ → ㄴ

해설

헐록(E. Hurlock)의 이성애 발달단계 순서는 다음과 같다.
ㄷ. 초기 성적 단계 → ㅁ. 성적 대항기 → ㄱ. 성적 혐오기 → ㄹ. 성적 애착기 → ㄴ. 이성애 단계

• 헐록(E. Hurlock) - 이성애 발달단계

초기 성적 단계 (만 1~5세)	자기애 단계로, 일정 시기 이후 양육자에게 애정을 표시한다.
성적 대항기 (만 6~12세)	사회적 원인으로 인하여 이성보다 동성 간의 친밀함을 느끼는 단계이다.
성적 혐오기 (만 12~13세)	사춘기의 생리적 원인으로 인한 현상으로, 이성에게 심한 대립감을 느끼는 단계이다.
성적 애착기 (만 13~15세)	성적 혐오기에서 이성애 단계로 넘어가기 전, 동성 또는 연상의 이성에게 애착을 느끼는 단계이다.
이성애 단계 (만 15~20세)	이제까지 동성에 대한 애착관계가 이성으로 대체된다.

해설

① 진로발달은 전 생애 걸쳐 지속되는 과정이다.
③ 탐색기(Exploration Stage)에는 토론, 경험 등을 통해 직업을 탐색한다.
④ 탐색기(Exploration Stage)는 잠정기, 전환기, 시행기로 나뉜다.
성장기(Growth Stage)는 환상기, 흥미기, 능력기로 나뉜다.
⑤ 쇠퇴기(Decline Stage)에는 정신적·육체적으로 기능이 쇠퇴함에 따라 다른 활동을 찾게 된다.

044

수퍼(D. Super)의 진로발달이론에 관한 설명으로 옳은 것은?

① 진로발달은 아동기부터 성인초기까지로 국한된다.
② 유지기(Maintenance Stage)에는 직업세계에서의 확고한 위치가 확립되고 이를 유지하려고 노력한다.
③ 안정기(Stabilization Stage)에는 토론, 경험 등을 통해 직업을 탐색한다.
④ 성장기(Growth Stage)는 잠정기, 전환기, 시행기로 나뉜다.
⑤ 확립기(Establishment Stage)에는 정신적·육체적으로 기능이 쇠퇴함에 따라 다른 활동을 찾게 된다.

045

다음에 제시된 민수의 반응에 해당하는 콜버그(L. Kohlberg)의 도덕성 발달단계는?

민수는 콜버그(L. Kohlberg)의 하인츠 딜레마 이야기를 듣고 "하인츠가 잘못했다고 말하기 전에 여러 가지 상황을 고려해야 하지 않을까? 약국을 무단침입해서 약을 훔치는 것이 옳은 일은 아니지만 그런 상황에서는 약을 훔칠 수도 있을 것 같아"라고 말했다.

① 처벌과 복종(Punishment and Obedience)의 단계
② 착한 소녀·소년(Good Girl-boy)의 단계
③ 법과 질서(Law and Order)의 단계
④ 사회적 계약(Social Contract)의 단계
⑤ 도구적 쾌락주의(Instrumental Hedonism)의 단계

해설

위 사례에서 민수는 '약국을 무단침입해서 약을 훔치는' 법·규칙보다 '그런 상황에서는 약을 훔칠 수도 있을 것 같아'라며 사회적 계약·합의에 따라 도덕적 융통성을 발휘하고 있으므로, '사회적 계약(Social Contract)의 단계'에 해당한다.

• 콜버그(L. Kohlberg) – 도덕성 발달 단계

제1수준 전인습적	1단계	– 처벌과 복종 지향 – 타율적 도덕성 단계
	2단계	– 개인적·도구적 목표 지향 – 욕구충족 수단으로서의 도덕성
제2수준 인습적	3단계	– 대인관계 조화를 위한 도덕성
	4단계	– 법·질서·사회체계적 도덕성
제3수준 후인습적	5단계	– 민주적·사회계약적 도덕성 – 도덕적 융통성이 발휘되는 단계로, 민주적 절차에 따라 사회계약을 변경할 수 있다고 본다.
	6단계	– 보편적·윤리적 도덕성 – 가장 높은 단계의 도덕성으로, 인간의 존엄성이나 정당성과 같은 보편적 원리에 의해 판단한다.

046

비고츠키(L. Vygotsky)의 사회문화적 인지이론에 관한 설명으로 옳은 것을 모두 고른 것은?

ㄱ. 언어는 사고발달에 필수적이며 사회적 상호작용의 매개역할을 한다.
ㄴ. 근접발달영역(ZPD)은 실제적 발달수준과 잠재적 발달수준 사이의 간극을 말한다.
ㄷ. 비계(Scaffolding)는 스스로의 힘으로 문제를 해결할 수 있도록 성인이나 유능한 또래가 도움을 제공하는 것을 말한다.
ㄹ. 인지발달의 문화적 보편성을 강조하며, 아동은 동일한 인지발달단계를 거친다.

① ㄱ, ㄷ
② ㄱ, ㄴ, ㄷ
③ ㄱ, ㄴ, ㄹ
④ ㄴ, ㄷ, ㄹ
⑤ ㄱ, ㄴ, ㄷ, ㄹ

해설

ㄹ. 피아제(J. Piaget)의 '인지발달이론'에 관한 설명이다.

047

브론펜브레너(U. Bronfenbrenner)의 생태학적 이론에 관한 설명으로 옳지 않은 것은?

① 거시체계는 개인이 현재 살고 있는 문화적 환경을 의미한다.
② 청소년은 미시체계와 서로 상호작용하며 이는 발달에 영향을 미친다.
③ 중간체계는 미시체계들 간의 관계성 또는 맥락 간의 연결을 말한다.
④ 시간체계에 따르면 어떤 사건의 효과는 시간적 경과에 따라 변화될 수 있다.
⑤ 외체계는 이웃, 학교, 교사와 같이 청소년을 둘러싸고 있는 경험적 환경이다.

해설

'미시체계'는 이웃, 학교, 교사와 같이 청소년을 둘러싸고 있는 경험적 환경이다.
'외(부)체계'는 부모의 직장, 정부·공공기관 등 아동에게 간접적으로 영향을 주는 요인이다.

• 브론펜브레너(U. Bronfenbrenner) – 생태학적 체계 모델

(1) 미시체계	– 아동에게 가장 가까운 환경 층 – 모든 관계는 양방향으로 이루어짐 예 가정, 학교, 친구 등
(2) 중간체계	– 미시체계들 간의 상호관계 예 가족 관계, 부모–교사 관계, 친구 관계 등
(3) 외부체계	– 아동이 직접적으로 상호작용하지는 않지만, 미시체계에 영향을 주는 요인 예 부모의 직장, 사회복지 서비스 등
(4) 거시체계	– 가장 지속적이고 거대한 체계 – 한 사회의 법률, 제도, 관습의 기저가 되는 이데올로기 예 사회적 신념·가치·전통 등 문화적 환경
(5) 시간체계	– 개인의 전 생애 걸쳐 나타나는 사건이나 사회·역사적 환경의 변화 예 부모의 사망, 동생의 출생, 이사 등

048

청소년 비행이론 중 중화이론(Neutralization Theory)에 관한 설명으로 옳은 것을 모두 고른 것은?

> ㄱ. 대표적인 학자로는 마짜(D. Matza)와 사이크스(G. Sykes) 등이 있다.
> ㄴ. 잘못된 것인지를 알면서도 중화기술을 적용하여 자신의 행위를 합리화한다.
> ㄷ. 애착, 관여, 참여, 신념의 4가지 중화기술이 있다.
> ㄹ. '잠재적 숨은 가치(Subterranean Value)'는 중화의 형태로 비행에 작동할 수 있다.

① ㄱ, ㄴ
② ㄴ, ㄹ
③ ㄱ, ㄴ, ㄹ
④ ㄱ, ㄷ, ㄹ
⑤ ㄱ, ㄴ, ㄷ, ㄹ

해설

ㄷ. 허쉬(T. Hirschi)의 사회유대이론에 관한 설명이다.

- 마짜와 사이크스(D. Matza & G. Sykes) - 중화이론(Neutralization Theory)
비행청소년은 올바르고 합법적인 규범을 알고 있음에도 불구하고 위법행위에 대한 정당화 기술을 통해 준법의식을 마비시키고 위법행위를 하게 된다.
이때 동원되는 다섯 가지 방식의 '자기 정당화' 유형은 다음과 같다.

책임 부정	자신의 행위에 대한 책임을 다른 사람이나 상황으로 돌린다.
가해(상해) 부정	자신의 행위가 다른 사람에게 전혀 해를 미치지 않는다고 주장한다.
피해자 부정	나쁜 쪽은 피해자이므로, 피해자는 해를 받아 마땅한 사람이라고 주장한다.
비난자 비난	자신을 비난하는 자 또는 기관의 잘못을 찾아내어 자신보다 더 나쁘므로 자신을 심판할 자격이 없다고 주장한다.
높은 충성심에 호소	더 높은 충성심 또는 더 고차적인 원칙을 위해 기존의 규범을 어겼다고 주장한다.

049

청소년기의 생물학적 발달에 관한 설명으로 옳지 않은 것은?

① 성장급등 현상이 일어난다.
② 에스트로겐은 유방의 발달이나 음모의 성장 등을 자극한다.
③ 프로게스테론은 자궁이 임신을 준비하게 하고, 임신을 유지하게 해준다.
④ 에스트라디올은 남자청소년의 성적 발달을 주도한다.
⑤ 뇌하수체는 시상하부에 의해 통제된다.

해설

테스토스테론은 남자청소년의 성적 발달을 주도한다. '에스트라디올'은 여성의 난소에서 분비되는 성호르몬으로, 생식기관과 성기능에 중요한 역할을 한다.

050

청소년 자살에 관한 설명으로 옳은 것을 모두 고른 것은?

> ㄱ. 현실도피적인 수단으로 자살이라는 극단적 행동을 보이기도 한다.
> ㄴ. 판타지 소설류나 인터넷게임 등의 영향으로 죽음에 대한 환상을 갖는 경우가 있다.
> ㄷ. 청소년의 자살 동기는 성인과 동일하게 나타난다.
> ㄹ. 청소년의 자살 시도는 충동적으로 일어나는 경우가 많다.

① ㄱ, ㄴ
② ㄴ, ㄹ
③ ㄱ, ㄴ, ㄹ
④ ㄱ, ㄷ, ㄹ
⑤ ㄱ, ㄴ, ㄷ, ㄹ

해설

성인의 경우 우울증 등 정신질환으로 인한 자살하는 경우가 많지만, 청소년의 경우 극심한 스트레스나 어려움을 일시적으로 회피하기 위한 충동적 자살을 선택할 수도 있다. 또한 자신의 심적 고통을 외부에 알리거나 도움을 요청하는 수단으로 의도적 자살 시도를 할 수 있으며, 다른 사람으로부터 영향을 받는 동반자살 또는 모방자살의 가능성이 높다.

선택 | 제3과목 **청소년수련활동론**

051

제6차 청소년정책기본계획 정책목표 중 '청소년 주도 활동 활성화'의 중점과제를 모두 고른 것은?

> ㄱ. 청소년활동 및 성장지원 체계 혁신
> ㄴ. 청소년 체험활동 활성화
> ㄷ. 청소년 참여 확대
> ㄹ. 청소년 민주시민 성장 지원
> ㅁ. 청소년 진로교육 지원 체계 강화

① ㄱ, ㄴ, ㅁ
② ㄱ, ㄷ, ㄹ
③ ㄷ, ㄹ, ㅁ
④ ㄴ, ㄷ, ㄹ, ㅁ
⑤ ㄱ, ㄴ, ㄷ, ㄹ, ㅁ

해설

ㄷ, ㄹ은 정책목표 중 '청소년 참여 및 권리증진'의 중점과제이다.

• 제6차 청소년정책기본계획

비전	현재를 즐기는 청소년, 미래를 여는 청소년, 청소년을 존중하는 사회
정책목표	중점과제
청소년 참여 및 권리증진	- 청소년 참여 확대 - 청소년 권리증진 기반 조성 - 청소년 민주시민 성장 지원
청소년 주도의 활동 활성화	- 청소년활동 및 성장지원 체계 혁신 - 청소년 체험활동 활성화 - 청소년 진로교육 지원 체제 강화
청소년 자립 및 보호지원 강화	- 청소년 사회안전망 확충 - 대상별 맞춤형 지원 - 청소년 유해환경 개선 및 보호지원 강화
청소년 정책 추진체계 혁신	- 청소년정책 총괄·조정 강화 - 지역 중심의 청소년정책 추진체계 강화 - 청소년지도자 역량 제고

052

청소년 프로그램 마케팅의 4P 모델에 해당하지 않는 것은?

① 프로그램 내용(Product)
② 프로그램 참가비(Price)
③ 프로그램 장소(Place)
④ 프로그램 자부심(Pride)
⑤ 프로그램 홍보(Promotion)

해설

• 청소년 프로그램 마케팅 - 4P 모델
  (1) 프로그램 내용(Product) : 교육 프로그램, 서비스 등
  (2) 프로그램 장소(Place) : 접근성, 유통경로 등
  (3) 프로그램 홍보(Promotion) : 다양한 커뮤니케이션 이용, 광고전략 구성 등
  (4) 프로그램 비용(Price) : 가격책정전략 등

053

청소년프로그램 기획의 성격이 아닌 것은?

① 미래지향성
② 연계성
③ 연속성
④ 목적성
⑤ 고착성

해설

'고착성'은 '굳어져 변하지 않는 성질'을 의미하는 것으로, 미래지향적·목표지향적·행동지향적인 청소년프로그램 기획의 성격과 거리가 멀다.

054
다음이 설명하는 청소년프로그램 평가모형은?

- 행동주의 철학에 기초한다.
- 평가모형 중 가장 널리 사용된다.
- 대표적인 모형으로 간극모형, 3차원모형, 비용 효과 분석모형 등이 있다.

① 목표중심 평가모형
② 의사결정중심 평가모형
③ 판단중심 평가모형
④ 전문성중심 평가모형
⑤ 참여-반응중심 평가모형

해설
② 의사결정중심 평가모형 : 평가를 통해 의사결정자에게 유용한 정보를 제공하여 교육에 관한 의사결정을 촉진한다.
③ 판단중심 평가모형 : 프로그램이 지닌 가치나 장점을 발견하거나 판단하기 위하여 평가를 실시한다.
④ 전문성중심 평가모형 : 전문가의 판단에 의하여 평가하는 모형으로, 전문가의 주관성이 개입될 우려가 있다.
⑤ 참여-반응중심 평가모형 : 프로그램에 의하여 영향을 받거나 직접 참여한 사람들의 반응에 입각하여 평가를 실시한다.

055
다음이 설명하는 청소년지도방법 이론은?

- 청소년지도사와 청소년 상호 간 의사소통을 중요시한다.
- 발신자, 메시지, 매체, 수신자 등이 주요한 구성요소이다.
- 언어적, 비언어적 방법이 있다.

① 경험학습이론
② 구성주의이론
③ 프로그램이론
④ 동기이론
⑤ 커뮤니케이션이론

해설
① 경험학습이론 : 학습은 학습자 경험의 능동적 측면과 수동적 측면이 성찰을 통하여 내면화되고 종합되는 지속적 과정이다.
② 구성주의이론 : 지식은 학습자 삶의 맥락에 따라 주관적으로 구성되는 것으로, 맥락이 달라지면 재구성되는 개인의 구성물이다.
③ 프로그램이론 : 청소년지도는 프로그램을 중심으로 이루어지므로, 청소년들의 요구를 정확히 파악하여 프로그램의 목표를 설정하고 이에 적절한 활동·방법·지원 등을 유기적으로 배치하여 질 좋은 프로그램을 개발하고 활용할 것을 강조한다.
④ 동기이론 : 동기는 행동의 원동력이므로, 동기유발은 학습이나 활동에서 매우 중요하다. 청소년지도 시 청소년들의 행동을 세밀하고 체계적으로 관찰하여 동기의 본질·유형·수준 등을 파악하고 이해하여 활용할 것을 강조한다.

056
청소년 기본법령상 청소년지도자 자격검정 응시기준에 관한 설명으로 옳은 것은?

① 1급 청소년지도사는 2급 청소년지도사 자격 취득 후 청소년활동 등 청소년육성업무 종사경력이 2년 이상이면 응시할 수 있다.
② 1급 청소년상담사는 석사학위 학위를 취득한 후 상담 실무경력이 3년 이상이면 응시할 수 있다.
③ 2급 청소년상담사는 3급 청소년상담사로서 상담 실무경력이 1년 이상이면 응시할 수 있다.
④ 3급 청소년상담사는 고등학교 졸업 후 상담 실무경력이 5년 이상이면 응시할 수 있다.
⑤ 2급 청소년지도사는 3급 청소년지도사 자격 취득 후 청소년활동 등 청소년육성업무 종사경력이 1년 이상이면 응시할 수 있다.

> **해설**
> ① 1급 청소년지도사는 2급 청소년지도사 자격 취득 후 청소년활동 등 청소년육성업무 종사경력이 **3년** 이상이면 응시할 수 있다.
> 〈청소년 기본법 시행령〉 [별표 1]
> ② 1급 청소년상담사는 석사학위 학위를 취득한 후 상담 실무경력이 **4년** 이상이면 응시할 수 있다.
> 〈청소년 기본법 시행령〉 [별표 3]
> ③ 2급 청소년상담사는 3급 청소년상담사로서 상담 실무경력이 **2년** 이상이면 응시할 수 있다.
> 〈청소년 기본법 시행령〉 [별표 3]
> ⑤ 2급 청소년지도사는 3급 청소년지도사 자격 취득 후 청소년활동 등 청소년육성업무 종사경력이 **2년** 이상이면 응시할 수 있다.
> 〈청소년 기본법 시행령〉 [별표 1]

〈청소년 기본법 시행령〉
[별표 3] 청소년상담사 자격검정의 등급별 응시자격 기준

등급	응시자격 기준
3급 청소년 상담사	1. 대학 및 「평생교육법」에 따른 학력이 인정되는 평생교육시설의 상담관련분야의 학사학위를 취득한 사람 2. 전문대학 또는 다른 법령에 따라 이와 동등한 학력을 인정받는 기관에서 상담관련분야 전문학사를 취득한 사람으로서 상담 실무경력이 2년 이상인 사람 3. 대학 또는 다른 법령에 따라 이와 동등한 학력을 인정받는 기관에서 학사학위를 취득한 후 상담 실무경력이 2년 이상인 사람 4. 전문대학 또는 다른 법령에 따라 이와 동등한 학력을 인정받는 기관에서 전문학사 학위를 취득한 후 상담 실무경력이 4년 이상인 사람 5. **고등학교를 졸업하고 상담 실무경력이 5년 이상인 사람** 6. 제1호부터 제4호까지에 규정된 사람과 같은 수준 이상의 자격이 있다고 여성가족부령으로 정하는 사람

057

청소년지도방법의 심성계발 원리에 해당하는 것을 모두 고른 것은?

> ㄱ. 집단역동과 같은 집단활동 이론을 심리치료 목적에 응용하면서 시작되었다.
> ㄴ. 지적 학습보다는 정의적 학습에 비중을 둔다.
> ㄷ. 인간성장, 자기노출, 의사소통을 중요시한다.
> ㄹ. 문제해결능력 향상을 주목표로 한다.

① ㄱ
② ㄴ, ㄹ
③ ㄱ, ㄴ, ㄷ
④ ㄴ, ㄷ, ㄹ
⑤ ㄱ, ㄴ, ㄷ, ㄹ

> **해설**
> ㄹ. '문제해결 원리'에 해당한다.

058

다음이 설명하는 청소년프로그램 개발 패러다임은?

> – 실제적-해석적 패러다임이라고도 불린다.
> – 절대적 진리가 존재하는 것이 아니라 청소년과 청소년지도사 간에 긴밀한 상호작용을 통해 교육적 의미가 만들어진다.
> – 듀이(J. Dewey)의 실용주의 입장과 해석학적 인식론이 혼합된 패러다임이다.

① 실증주의
② 논리실증주의
③ 구성주의
④ 비판주의
⑤ 합리주의

> **해설**
> • 청소년 프로그램개발 패러다임

(1) 실증주의 (경험적-분석적 패러다임)	- 도구적·공학적 성격 - 목표에 의해 내용이 결정되는 특성 - 청소년은 선행지식과 경험이 없는 빈 그릇 상태로 간주됨 - 청소년지도사는 청소년에게 교육내용을 효과적으로 전달하는 사람으로 간주됨
(2) 구성주의 (실제적-해석적 패러다임)	- 듀이(J. Dewey)의 실용주의 입장과 해석학적 인식론이 혼합된 패러다임 - 전문가가 아닌 참여자 중심의 프로그램 개발 - 청소년지도는 청소년지도사와 청소년이 함께 의미를 창출하는 상호작용 과정 - 다양한 교육적 경험을 통한 지속적·반성적 숙고 과정
(3) 비판주의 (비판적-해방적 패러다임)	- 교육을 의식화 과정으로 간주하고, 억압으로부터의 해방을 목적으로 함 - 프로그램은 청소년의 반성과 행위의 상호작용으로 설명되는 비판적 실천 행위 - 청소년지도 과정은 청소년지도사와 청소년 간 대화와 타협을 통해 이루어짐 - 청소년 스스로 학습경험에 대한 통제력과 폭넓은 기회를 가지게 됨

059

청소년자원봉사활동의 특성으로 적합하지 않은 것은?

① 자발성   ② 공익성
③ 무보상성 ④ 의존성
⑤ 계속성

> **해설**
> '의존성'은 '다른 것에 의지하여 생활하거나 존재하는 성질'을 의미하는 것으로, 청소년자원봉사활동의 특성으로 적합하지 않다.

060

청소년지도방법의 문제해결원리 중 과학적 체계 7단계의 순서로 옳은 것은?

ㄱ. 대안 평가	ㄴ. 문제 인식
ㄷ. 대안 탐색	ㄹ. 해결책 선택
ㅁ. 정보 수집	ㅂ. 선택 실행
ㅅ. 결과 평가	

① ㄴ → ㄷ → ㅁ → ㄱ → ㄹ → ㅂ → ㅅ
② ㄴ → ㅁ → ㄷ → ㄹ → ㄱ → ㅂ → ㅅ
③ ㄴ → ㅁ → ㄹ → ㄷ → ㄱ → ㅅ → ㅂ
④ ㅁ → ㄴ → ㄷ → ㄱ → ㄹ → ㅂ → ㅅ
⑤ ㅁ → ㄷ → ㄴ → ㄹ → ㄱ → ㅅ → ㅂ

> **해설**
> 청소년지도방법의 문제해결원리 중 과학적 체계 7단계의 순서는 다음과 같다.
> ㄴ. 문제 인식 → ㄷ. 대안 탐색 → ㅁ. 정보 수집 → ㄱ. 대안 평가 → ㄹ. 해결책 선택 → ㅂ. 선택 실행 → ㅅ. 결과 평가

061

유사한 관심사를 가진 청소년들이 자기개발, 진로탐색 등을 위해 자율적으로 참여하여 조직하고 운영하는 형태의 청소년활동은?

① 청소년멘토링   ② 청소년교류활동
③ 오리엔티어링 ④ 청소년동아리활동
⑤ 방과후학교활동

> **해설**
> • 청소년 동아리활동
> 〈청소년활동 진흥법〉 제64조 제1항에 근거하여, 청소년들이 자율적으로 참여하여 조직하고 운영하는 다양한 형태의 동아리 활동을 통해 다양한 특기를 개발·체험하고 재능·소질을 발견하여 건전한 문화조성, 여가선용, 취미활동을 도모하고 동아리 활동에 수반되는 책임감, 협동심, 사회성, 인성을 함양하기 위한 기틀을 마련한다.

062

청소년의 달을 맞이하여 개최되는 국내 최대 규모의 범 청소년 축제는?

① 청소년문화존
② 대한민국청소년박람회
③ 청소년푸른성장대상
④ 미래교육박람회
⑤ 너나들이축제

해설
- 대한민국 청소년박람회
  2005년부터 청소년의 달 5월을 기념하여 매년 여성가족부가 주최하고 한국청소년활동진흥원과 각 시·도 청소년활동진흥센터가 주관하는 청소년들을 위한 박람회로, 청소년들이 다양한 활동과 문화에 대한 정보를 나누고 직접 참여해 숨은 재능을 마음껏 표현할 수 있는 기회를 제공한다.

063

청소년활동 진흥법상 청소년 수련시설 설치·운영자에게 금지된 행위를 모두 고른 것은?

ㄱ. 정당한 사유 없이 청소년의 수련시설 이용 제한
ㄴ. 수련시설에 대한 정기 안전점검 및 수시 안전점검 실시
ㄷ. 청소년단체가 아닌 자에게 수련시설을 위탁하여 운영하게 하는 행위

① ㄱ
② ㄱ, ㄴ
③ ㄱ, ㄷ
④ ㄴ, ㄷ
⑤ ㄱ, ㄴ, ㄷ

해설

〈청소년활동 진흥법〉
제21조(금지행위) 수련시설 설치·운영자 또는 위탁운영단체는 다음 각 호의 행위를 하여서는 아니 된다.
1. 정당한 사유 없이 청소년의 수련시설 이용을 제한하는 행위
2. 청소년활동이 아닌 용도로 수련시설을 이용하는 행위. 다만, 대통령령으로 정하는 용도로 이용하는 경우는 제외한다.
3. 청소년단체가 아닌 자에게 수련시설을 위탁하여 운영하게 하는 행위

064

다음은 청소년 기본법상 청소년단체에 대한 정의이다. ( )에 들어갈 용어로 옳은 것은?

청소년단체란 (ㄱ)을(를) 주된 목적으로 설립된 법인이나 (ㄴ)으로 정하는 단체를 말한다.

① ㄱ : 청소년육성, ㄴ : 여성가족부령
② ㄱ : 청소년육성, ㄴ : 대통령령
③ ㄱ : 청소년참여, ㄴ : 여성가족부령
④ ㄱ : 청소년참여, ㄴ : 대통령령
⑤ ㄱ : 청소년보호, ㄴ : 여성가족부령

해설

〈청소년 기본법〉
제3조(정의)
8. "청소년단체"란 **청소년육성**을 주된 목적으로 설립된 법인이나 **대통령령**으로 정하는 단체를 말한다.

065

창의적 체험활동 중 자치활동, 적응활동, 행사활동, 창의적 특색활동 등이 포함된 활동영역은?

① 자율활동   ② 동아리활동
③ 봉사활동   ④ 진로활동
⑤ 범교과활동

> **해설**
>
> • 창의적 체험활동 – 영역별 활동체계
>
> | 영역 | 활동 |
> |---|---|
> | (1) 자율활동 | 자치·적응활동, 창의주제활동 등 |
> | (2) 동아리활동 | 예술·체육활동, 학술문화활동, 실습노작활동, 청소년단체활동 등 |
> | (3) 봉사활동 | 이웃돕기활동, 환경보호활동, 캠페인활동 등 |
> | (4) 진로활동 | 자기이해활동, 진로탐색활동, 진로설계활동 등 |

066

청소년활동 진흥법상 명시된 한국청소년활동진흥원의 사업에 해당되지 않는 것은?

① 청소년육성에 필요한 정보 등의 종합적 관리 및 제공
② 청소년의 자립능력 향상을 위한 자활 및 재활 지원
③ 청소년수련활동 인증위원회 등 청소년수련활동 인증제도의 운영
④ 국가 및 지방자치단체가 개발한 주요 청소년수련거리의 시범운영
⑤ 숙박형 등 청소년수련활동 계획의 신고 지원에 대한 컨설팅 및 교육

> **해설**
>
> 〈청소년활동 진흥법〉
>
> 제6조(한국청소년활동진흥원의 설치)
> 1. 청소년활동, 청소년복지, 청소년보호에 관한 종합적 안내 및 서비스 제공
> 2. **청소년육성에 필요한 정보 등의 종합적 관리 및 제공**
> 3. **청소년수련활동 인증위원회 등 청소년수련활동 인증제도의 운영**
> 4. 청소년 자원봉사활동의 활성화
> 5. 청소년활동 프로그램의 개발과 보급
> 6. 국가가 설치하는 수련시설의 유지·관리 및 운영업무의 수탁
> 7. **국가 및 지방자치단체가 개발한 주요 청소년수련거리의 시범운영**
> 8. 청소년활동시설이 실시하는 국제교류 및 협력사업에 대한 지원
> 9. 청소년지도자의 연수
> 9의2. 제9조의2에 따른 **숙박형 등 청소년수련활동 계획의 신고 지원에 대한 컨설팅 및 교육**
> 10. 제18조의3에 따른 수련시설 종합 안전·위생점검에 대한 지원
> 11. 수련시설의 안전에 관한 컨설팅 및 홍보
> 11의2. 제18조의2에 따른 안전교육의 지원
> 12. 그 밖에 여성가족부장관이 지정하거나 활동진흥원의 목적을 수행하기 위하여 필요한 사업

067

청소년활동 진흥법령상 청소년수련시설 설치의 개별 기준에 따라 체육활동장을 설치해야 하는 시설은?

① 청소년수련관, 청소년문화의집, 청소년특화시설
② 청소년수련원, 유스호스텔, 청소년야영장
③ 청소년문화의집, 청소년수련원, 청소년야영장
④ 청소년수련원, 유스호스텔, 청소년특화시설
⑤ 청소년수련관, 청소년수련원, 청소년야영장

> **해설**
>
> 〈청소년활동 진흥법 시행규칙〉 [별표 3] 수련시설의 시설기준에 따라 체육활동장을 설치해야 하는 시설은 다음과 같다.
> '청소년수련관', '청소년수련원', '청소년야영장'

068

청소년활동 진흥법상 청소년수련활동 인증제의 인증심사원에 관한 설명으로 옳지 않은 것은?

① 인증심사원은 1급 청소년지도사 또는 1급 청소년상담사 자격증 소지자로 한다.
② 청소년활동분야에서 5년 이상의 실무경력이 있는 사람은 인증심사원 선발에 응시할 수 있다.
③ 청소년수련활동 인증위원회에서 면접 등 절차를 거쳐 선발한다.
④ 인증심사원이 되려는 사람은 청소년수련활동 인증위원회가 실시하는 직무연수를 40시간 이상 받아야 한다.
⑤ 인증심사원은 2년마다 20시간 이상의 직무연수를 이수하여야 한다.

해설

<청소년활동 진흥법 시행규칙>

제15조(인증심사원의 자격 및 선발 등)
① … 다음 각 호의 어느 하나에 해당하는 자격요건을 갖춘 사람 중에서 … 인증심사원을 선발한다.
  1. <u>1급 또는 2급 청소년지도사 자격 소지자</u>
  2. 청소년활동분야에서 5년 이상의 실무경력이 있는 사람
② 인증심사원이 되려는 사람은 인증위원회에서 실시하는 면접 등 절차를 거쳐 선발한다.
③ 인증심사원이 되려는 사람은 인증기준, 인증절차 등 인증심사와 관련된 내용을 중심으로 인증위원회가 실시하는 직무연수를 40시간 이상 받아야 한다.
④ 인증심사원은 2년마다 20시간 이상의 직무연수를 이수하여야 한다.

069

다음 (   )에 순서대로 들어갈 내용은?

> 동장이 없는 18세 K 청소년이 국제청소년성취포상제의 은장 활동을 신청하고, 봉사활동 7개월, 예비탐험 2박 3일, 정식탐험 2박 3일을 완료하였다. K 청소년은 향후 자기개발과 신체단련 활동 기간을 각각 (   ), (   )을 완료하면 은장의 포상을 받을 수 있다.
> (단, 국제청소년성취포상제 세부 운영기준을 준수한 경우임)

① 6개월, 8개월
② 7개월, 9개월
③ 8개월, 10개월
④ 9개월, 11개월
⑤ 10개월, 12개월

구분	봉사활동	신체단련	자기개발	탐험활동	합숙활동
금장 (만 16세 이상)	최소 12개월 48회(시간) 이상	최소 12개월 48회(시간) 이상	최소 12개월 48회(시간) 이상	3박4일	4박5일
	은장을 보유하지 않은 경우, 3가지 영역(봉사, 신체단련, 자기개발) 중 1가지 영역을 선택해 추가로 6개월 활동			예비탐험 3박4일(1일 최소 야외활동 8시간)	금장 단계에 한함
은장 (만 15세 이상)	최소 6개월 24회(시간) 이상	최소 6개월 24회(시간) 이상	최소 6개월 24회(시간) 이상	2박3일	
	동장을 보유하지 않은 경우, 3가지 영역(봉사, 신체단련, 자기개발) 중 1가지 영역을 선택해 추가로 6개월 활동			예비탐험 2박3일(1일 최소 야외활동 7시간)	
동장 (만 14세 이상)	최소 3개월 12회(시간) 이상	최소 3개월 12회(시간) 이상	최소 3개월 12회(시간) 이상	1박2일	
	참가자는 3가지 영역(봉사, 신체단련, 자기개발) 중 1가지 영역을 선택해 3개월 추가 활동 수행			예비탐험 1박2일(1일 최소 야외활동 6시간)	

※ 활동 1회당 주 1회 간격, 매회 1시간 이상 활동

해설
위 사례에서 K 청소년은 봉사활동 7개월을 완료했지만, 동장이 없으므로 3가지 영역(봉사, 신체단련, 자기개발) 중 1가지 영역을 선택해 추가로 6개월 활동해야 한다.
따라서 자기개발과 신체단련 활동 기간을 각각 '6개월 이상' 또는 '12개월'을 완료하면 은장의 포상을 받을 수 있다.

070

다음이 설명하는 기관은?

- 1996년 청소년자원봉사센터로 출범하여 2006년에 개편·설치되었다.
- 청소년의 요구를 수용하여 청소년의 발달단계와 여건에 맞는 프로그램과 정보를 상시 안내하고 제공한다.
- 지역의 각급 학교 및 평생교육시설에서 필요로 하는 청소년 활동 관련사항을 지원할 수 있다.
- 국가(중앙)-지방(시·도)-지역(시·군·구)으로 이어지는 청소년정책 전달체계의 기관이다.

① 한국청소년단체협의회
② 시·도 청소년상담복지센터
③ 한국청소년쉼터협의회
④ 지방청소년활동진흥센터
⑤ 한국청소년수련시설협회

해설

- 지방청소년활동진흥센터
1996년 청소년자원봉사센터로 출범하여 2006년에 개편·설치되었으며, 해당 시·도 및 시·군·구의 청소년활동을 진흥하기 위하여 설치·운영한다.
〈청소년활동 진흥법〉 제8조와 제9조에 따른 지방청소년활동진흥센터의 사업은 다음과 같다.
- **청소년의 발달단계와 여건에 맞는 프로그램과 정보를 상시 안내하고 제공해야 한다.** 이를 위하여 해당 지역 청소년의 활동 요구를 정기적으로 조사하고, 그 결과를 그 지역의 청소년활동시설과 청소년단체에 제공해야 한다.
- 학교 및 평생교육시설과의 협력체제를 구축하여야 한다.
- **해당 지역 각급 학교 및 평생교육시설에서 필요로 하는 청소년활동 관련 사항을 지원할 수 있다.**
- '한국청소년활동진흥원'과 '지방청소년활동진흥센터'는 매년 1회 이상 상호 협의하여 청소년수련거리를 개발하고, 해당 지역의 수련시설에 이를 보급하여야 한다.
- 청소년수련거리를 개발할 때 필요하면 교육청 및 각급 학교에 관련 자료를 요청할 수 있다. 이 경우 관계 기관은 특별한 사유가 없으면 그 요청에 적극 협조하여야 한다.

071

청소년 기본법의 내용 중 ( )에 들어갈 용어로 옳은 것은?

"청소년육성"이란 ( )을(를) 지원하고 청소년의 복지를 증진하며 근로 청소년을 보호하는 한편, 사회 여건과 환경을 청소년에게 유익하도록 개선하고 청소년을 보호하여 청소년에 대한 교육을 보완함으로써 청소년의 균형 있는 성장을 돕는 것을 말한다.

① 청소년활동   ② 청소년참여
③ 청소년권리   ④ 청소년문화
⑤ 청소년교류

해설

〈청소년 기본법〉
제3조(정의)
2. "청소년육성"이란 **청소년활동**을 지원하고 청소년의 복지를 증진하며 근로 청소년을 보호하는 한편, 사회 여건과 환경을 청소년에게 유익하도록 개선하고 청소년을 보호하여 청소년에 대한 교육을 보완함으로써 청소년의 균형 있는 성장을 돕는 것을 말한다.

072

다음이 설명하는 것은?

- 청소년활동 진흥법에 근거를 두고 있다.
- 19세 미만의 청소년을 대상으로 하는 청소년수련활동에 적용된다.
- 청소년수련활동 관련 안전사고 예방을 위해 도입되었다.
- 이동숙박형, 고정숙박형 등의 활동이 대상이 된다.

① 청소년수련시설종합평가제
② 청소년수련활동신고제
③ 청소년자기도전포상제
④ 자유학기제
⑤ 학교 내 청소년단체활동

> **해설**
> - 청소년수련활동 신고제
>   〈청소년활동 진흥법〉에 근거를 두어, 19세 미만의 청소년을 대상으로 하는 청소년수련활동의 실시 계획을 신고하도록 하고, 신고 수리 된 내용을 공개하여 국민이 정보를 활용할 수 있도록 하는 제도로, 활동에 관심이 있는 보호자 및 청소년에게 안전성 여부를 확인할 수 있는 정보를 제공하여 청소년들의 선택권을 보장한다.

073
청소년 기본법상 청소년활동 지원에 관한 내용으로 옳지 않은 것은?

① 국가 및 지방자치단체의 청소년활동 지원
② 청소년활동과 학교교육·평생교육을 연계하여 교육적 효과를 높일 수 있는 시책 수립
③ 학교의 정규교육으로 보호할 수 없는 시간 동안 다양한 교육 및 활동 프로그램을 제공할 수 있는 방안 마련
④ 청소년육성기금의 사용
⑤ 청소년이 수송·문화·여가·수련 등의 시설 이용료 면제, 할인을 받을 수 있는 청소년증 발급

> **해설**
> ① 〈청소년 기본법〉 제47조
> ② 〈청소년 기본법〉 제48조
> ③ 〈청소년 기본법〉 제48조의2
> ④ 〈청소년 기본법〉 제55조
>
> 〈청소년복지 지원법〉
>
> **제4조(청소년증)**
> ① 특별자치시장·특별자치도지사 또는 시장·군수·구청장(자치구의 구청장을 말한다. 이하 같다)은 9세 이상 18세 이하의 청소년에게 청소년증을 발급할 수 있다.
> ② 제1항에 따른 청소년증은 다른 사람에게 양도하거나 빌려주어서는 아니 된다.
> ③ 누구든지 제1항에 따른 청소년증 외에 청소년증과 동일한 명칭 또는 표시의 증표를 제작·사용하여서는 아니 된다.
> ④ 제1항에 따른 청소년증의 발급에 필요한 사항은 여성가족부령으로 정한다.

074
청소년어울림마당에 관한 설명으로 옳지 않은 것은?

① 청소년들이 주체가 되어 기획·진행될 수 있도록 한다.
② 청소년의 다양한 문화표현의 장으로 운영될 수 있도록 한다.
③ 청소년의 접근이 용이하고 다양한 지역사회 자원이 결합된 일정한 공간을 의미한다.
④ 청소년의 건전한 여가활동을 증진하기 위한 놀이마당식 체험 공간이다.
⑤ 청소년수련지구와 같은 의미이다.

> **해설**
> '청소년어울림마당'은 지역 공간에서 청소년들의 문화감성 함양, 역량개발, 문화표출의 기회를 제공하기 위하여 다양한 문화·예술·놀이체험 프로그램을 연간 수시로 개최하는 문화활동의 장을 일컫는다.
> '청소년수련지구'는 청소년활동을 지원하기 위하여 필요한 경우 명승고적지, 역사유적지 또는 자연경관이 수려한 지역으로서 청소년활동에 적합하고 이용이 편리한 지역을 지정한 것이다.

075
청소년자원봉사활동의 준비단계에 해당되지 않는 것은?

① 청소년자원봉사활동이 진행될 현장을 답사한다.
② 청소년들에게 교육적으로 적합한 활동인지 파악한다.
③ 청소년자원봉사활동이 어떻게 전개될 것인지 검토한다.
④ 청소년 봉사활동의 확인서를 발급한다.
⑤ 필요한 물품목록을 확인한다.

> **해설**
> 청소년 봉사활동의 확인서는 청소년자원봉사활동의 종료 후 해당 자원봉사센터나 인터넷 홈페이지에서 발급받을 수 있다.

2019년 제18회 청소년상담사 3급 1교시 채점표

구분	필수 제1과목	필수 제2과목	필수 제3과목	필수 제4과목	전과목 평균
점수					

※ 합격기준 : 100점을 만점으로 하여 과목당 40점 이상, 전과목 평균 60점 이상

2019년 제18회 청소년상담사 3급 2교시 채점표

구분	필수 제1과목	선택 제2과목	선택 제3과목	전과목 평균
점수				

※ 합격기준 : 100점을 만점으로 하여 과목당 40점 이상, 전과목 평균 60점 이상

2019 제18회 1교시 정답

001	002	003	004	005	006	007	008	009	010	011	012	013	014	015	016	017	018	019	020
⑤	③	④	⑤	⑤	②	④	①	①	⑤	②	③	③	④	①	③	①	⑤	②	③
021	022	023	024	025	026	027	028	029	030	031	032	033	034	035	036	037	038	039	040
⑤	④	②	④	①	④	⑤	①	②	⑤	④	⑤	②	③	⑤	③	③	③	③	④
041	042	043	044	045	046	047	048	049	050	051	052	053	054	055	056	057	058	059	060
④	⑤	⑤	③	②	②	②	①,②,③	⑤	③	③	③	③	②	①	①	①	④	⑤	③
061	062	063	064	065	066	067	068	069	070	071	072	073	074	075	076	077	078	079	080
②	⑤	④	④	④	②	②	③	③	③	①	①	②	④	⑤	⑤	①	③	③	①
081	082	083	084	085	086	087	088	089	090	091	092	093	094	095	096	097	098	099	100
③	③	⑤	③	⑤	②	③	⑤	②	③	④	②	①	②	⑤	②	②	④	①	④

2019년 제18회 2교시 정답

001	002	003	004	005	006	007	008	009	010	011	012	013	014	015	016	017	018	019	020
④	⑤	④	③	②	④	④	②	①	③	②	③	④	③	③	②	②	③	⑤	①
021	022	023	024	025	026	027	028	029	030	031	032	033	034	035	036	037	038	039	040
①	③	①	⑤	③	⑤	②	②	–	①	③	③	①	⑤	⑤	②	③	③	③	⑤
041	042	043	044	045	046	047	048	049	050	051	052	053	054	055	056	057	058	059	060
①	④	③	②	④	②	⑤	③	③	①	④	⑤	①	⑤	①	④	③	③	④	①
061	062	063	064	065	066	067	068	069	070	071	072	073	074	075
④	②	③	①	②	⑤	①	⑤	④	①	②	⑤	⑤	④	

2020년
청소년상담사 3급
기출문제

2020년 제19회
2020. 10. 10. 시행

청소년상담사 3급 필기
기출문제집

2020년 제19회 청소년상담사 3급 기출문제

2020. 10. 10. 시행

1교시 필수 4과목 (100분)

필수 | 제1과목 발달심리

001

발달에 관한 설명으로 옳은 것을 모두 고른 것은?

ㄱ. 생물학적, 인지적 발달과정은 독립적으로 이루어진다.
ㄴ. 상황에 따른 일시적인 변화도 발달에 속한다.
ㄷ. 학습은 직접 또는 간접 경험의 산물로서 훈련이나 연습에 기인한다.
ㄹ. 발달적 변화의 과정에는 신체, 운동기능, 사고, 언어, 성격, 사회성 등이 포함된다.

① ㄱ, ㄹ
② ㄴ, ㄷ
③ ㄷ, ㄹ
④ ㄱ, ㄴ, ㄷ
⑤ ㄴ, ㄷ, ㄹ

해설
ㄱ. 인간의 발달은 생물학적, 인지적, 사회 · 정서적 발달의 상호작용으로 이루어진다.
ㄴ. 상황에 따른 일시적인 변화는 발달에 포함되지 않는다.

002

질적 연구방법에 관한 설명으로 옳지 않은 것은?

① 심리적 현상을 계량화하고 인과관계를 검증한다.
② 근거이론연구, 사례연구, 담화분석, 행동연구가 해당된다.
③ 인간 경험의 심미적 차원을 해석한다.
④ 외부감사자에 의해 연구의 정밀성을 검토한다.
⑤ 연구자들은 자신의 해석을 뒷받침하기 위해 삼각측정기법을 사용한다.

해설
① '양적 연구방법'에 대한 설명이다.

질적 연구방법	양적 연구방법
- 연구자의 주관적인 연구를 통해 현상에 담긴 인간 행위의 동기나 사회적 의미를 해석하고 이해한다. - 사회 · 문화 현상의 의미해석을 통해 이해한다.	- 경험적 자료를 수집한 뒤 측정하고 계량화한다. - 사회 · 문화 현상의 인과관계를 검증하거나 일반화된 법칙을 도출하고 미래에 대한 결과를 예측한다.

003

발달연구의 자료수집 방법에 관한 설명으로 옳지 않은 것은?

① 질문지법은 질문지를 통해 자료를 수집한다.
② 구조화된 면접은 모든 대상자에게 동일한 질문을 동일한 순서대로 물어본다.
③ 사례연구는 소수를 대상으로 관찰이나 면접을 통해 자료를 수집한다.
④ 에믹(Emic)접근법은 다른 문화권에서도 일반화할 수 있는 행동을 묘사한다.
⑤ 자연관찰법은 어떠한 개입 없이 일상적인 환경에서 참여자의 행동을 기록한다.

> **해설**
> - 에믹(Emic) 접근법
>   특정 문화권에서만 유의미한 언어나 행동을 발견하고 분석하는 것이다.
> - 에틱(Etic) 접근법
>   다른 문화권에서도 일반화할 수 있는 행동을 묘사하는 것으로, 범문화적이다.

004

다음 설명이 모두 해당되는 브론펜브레너(U. Bronfenbrenner)의 생태학적 체계는?

> - 특정한 맥락이 아니라 문화적 가치, 법, 관습, 자원들로 구성된다.
> - 한국에서 태어난 아이가 미국으로 이민을 가서 그 문화권의 영향을 받는다.

① 외체계
② 거시체계
③ 중간체계
④ 미시체계
⑤ 시간체계

> **해설**
> - 브론펜브레너(U. Bronfenbrenner) – 생태학적 체계 모델
>
> | | | |
> |---|---|---|
> | (1) 미시체계 | - 아동에게 가장 가까운 환경 층
- 모든 관계는 양방향으로 이루어짐
예 가정, 학교, 친구 등 | |
> | (2) 중간체계 | - 미시체계들 간의 상호관계 가족 관계,
예 부모-교사 관계, 친구 관계등 | |
> | (3) 외부체계 | - 아동이 직접적으로 상호작용하지는 않지만, 미시체계에 영향을 주는 요인
예 부모의 직장, 사회복지 서비스 등 | |
> | (4) 거시체계 | - 가장 지속적이고 거대한 체계
- 한 사회의 법률, 제도, 관습의 기저가 되는 이데올로기
예 사회적 신념·가치·전통 등 문화적 환경 | |
> | (5) 시간체계 | - 개인의 전 생애 걸쳐 나타나는 사건이나 사회·역사적 환경의 변화
예 부모의 사망, 동생의 출생, 이사 등 | |

005

발달이론가와 성인발달에 관한 주장의 연결이 옳은 것은?

① 헤이플릭(L. Hayflick) – 인생주기는 네 개의 시기로 구분된다.
② 레빈슨(D. Levinson) – 세포의 수명은 유전적 프로그램에 한정되어 있다.
③ 해비거스트(R. Havighurst) – 성공적 노화는 선택, 최적화, 보상의 요인과 연결되어 있다.
④ 레빙거(J. Loevinger) – 전 생애 동안 개인의 자아는 단계적으로 발달하고 발달이 진행될수록 개인은 더 성숙한 자아발달 상태를 지향한다.
⑤ 발테스와 발테스(P. Baltes&M. Baltes) – 능동적이고 적극적인 생활양식이 성인후기의 안녕감과 만족도를 높인다.

> **해설**
> ① 헤이플릭(L. Hayflick) – 세포의 수명은 유전적 프로그램에 한정되어 있다.
>   헤이플릭 분열한계 : 정상 세포의 수명은 유한하기 때문에 세포의 분열 횟수에 한계가 있다.
> ② 레빈슨(D. Levinson) – 인생주기를 '성인 이전 – 성인 초기 – 성인 중기 – 성인 후기'의 네 시기로 구분했다.
> ③ 해비거스트(R. Havighurst) – 능동적이고 적극적인 생활양식이 성인후기의 안녕감과 만족도를 높인다.
> ⑤ 발테스와 발테스(P. Baltes & M. Baltes) – 성공적 노화는 선택, 최적화, 보상의 요인과 연결되어 있다.

006
다음 설명이 모두 해당되는 검사는?

- 신생아의 건강상태를 검사하기 위한 것으로, 출생 후 바로 실시한다.
- 검사내용은 심장박동률, 호흡, 근육, 강도, 피부색, 반사민감성이다.

① 덴버(Denver) 발달선별검사
② 베일리(Bayley) 영아발달검사
③ 게젤(Gesell) 발달검사
④ 아프가(Apgar) 척도
⑤ 카텔(Cattell) 영아척도

해설
- **아프가(Apgar) 척도**
  - 출생 직후 신생아의 건강을 빠르고 간단하게 검사하며, 반복적으로 사용할 수 있도록 고안한 신생아 건강척도이다.
  - 신생아의 혈색(Appearance), 맥박(Pulse), 반사(Grimace), 근육 운동(Activity), 호흡(Respiration)의 다섯 가지 영역을 측정한다.
  - 영역별 각각 0~2점으로 채점하여 총점은 0~10점이 된다. 총점이 7~10점이면 정상, 4~6점은 발달장애 가능성이 있으며, 3점 이하는 위기 상황이다.

007
뇌에 관한 설명으로 옳은 것을 모두 고른 것은?

ㄱ. 뇌의 발달속도는 각 부위마다 다르다.
ㄴ. 뇌 발달은 환경적 자극의 양과 종류에 영향을 받는다.
ㄷ. 뇌간의 기본적인 기능은 호흡, 심혈관 활동, 수면, 의식에 관계된다.
ㄹ. 우반구는 신체의 오른쪽을 통제하고 언어능력, 청각, 정서표현을 관장한다.

① ㄱ, ㄴ
② ㄷ, ㄹ
③ ㄱ, ㄴ, ㄷ
④ ㄴ, ㄷ, ㄹ
⑤ ㄱ, ㄴ, ㄷ, ㄹ

해설
뇌의 **좌반구**는 신체의 오른쪽을 통제하고 언어능력, 청각, 긍정적 정서표현을 관장한다.
뇌의 우반구는 신체의 왼쪽을 통제하고 음악, 이미지, 공간, 촉각, 부정적 정서표현을 관장한다.

008
피아제(J. Piaget)가 제시한 구체적 조작기 사고의 주요 특징으로 옳지 않은 것은?

① 상위유목과 하위유목 간의 관계를 이해한다.
② 타인의 입장, 감정, 인지 등을 추론하고 이해한다.
③ 미래의 가능성에 대해 이상적으로 공상한다.
④ 문제해결 과정에서 직관보다는 논리적 조작이나 규칙을 적용한다.
⑤ 두 가지 이상의 속성에 따라 대상을 비교해서 순서대로 배열이 가능하다.

해설
③ '형식적 조작기'의 특징이다.

- **피아제(J. Piaget) - 인지발달단계**

(1) 감각 운동기 (출생~2세)	- 언어와 같은 상징적 기능이 작용하지 못하고, 감각운동에 기초해 경험한다.
(2) 전조작기 (2~7세)	- 직관적인 사고 수준이며, 비논리적이다. - 대상영속성 획득 - 보존개념 미획득
(3) 구체적 조작기 (7~11세)	- 이론적·논리적 사고가 가능하지만, 가설·연역적 추론에 이르지 못한다. - 보존개념 획득 - 분류화, 서열화 가능
(4) 형식적 조작기 (12세 이상)	- 가설·연역적 추론이 가능하며, 추상적 사고도 가능하다. - 체계적인 사고능력, 논리적인 문제해결능력이 발달한다. - 사회적 규범·가치관, 예술작품에 내재된 상징적 의미를 이해한다.

009

다음 설명이 모두 해당되는 콜버그(L. Kohlberg)의 도덕성발달 단계는?

- 자신의 흥미와 욕구를 만족시키기 위해 규범을 준수한다.
- 훈이는 어머니가 약속한 선물 때문에 찻길에서 뛰어다니지 않는다.

① 사회 계약 지향
② 착한 아이 지향
③ 법과 질서 지향
④ 벌과 복종 지향
⑤ 도구적 목표 지향

해설

2단계 '도구적 목표 지향' 단계에서는 상과 칭찬을 받기 위해 도덕적 행동을 하며, 자신이나 타인의 욕구를 충족하는 것이 옳다고 판단한다.

• 콜버그(L. Kohlberg) – 도덕성 발달 단계

제1수준 전인습적	1단계	– 처벌과 복종 지향 – 타율적 도덕성 단계
	2단계	– 개인적·도구적 목표 지향 – 욕구충족 수단으로서의 도덕성
제2수준 인습적	3단계	– 대인관계 조화를 위한 도덕성
	4단계	– 법·질서·사회체계적 도덕성
제3수준 후인습적	5단계	– 민주적·사회계약적 도덕성 – 도덕적 융통성이 발휘되는 단계로, 민주적 절차에 따라 사회계약을 변경할 수 있다고 본다.
	6단계	– 보편적·윤리적 도덕성 – 가장 높은 단계의 도덕성으로, 인간의 존엄성이나 정당성과 같은 보편적 원리에 의해 판단한다.

010

방어기제와 그에 관한 설명으로 옳은 것은?

① 합리화 – 용납하기 어려운 충동이 무의식적으로 억제되어 반대로 나타난다.
② 반동형성 – 충격적인 사건이나 용납할 수 없는 충동을 무의식적으로 거부한다.
③ 억압 – 종교나 철학 등의 지적 활동에 몰입함으로써 성적 욕망에서 벗어나고자 한다.
④ 동일시 – 다른 사람의 태도, 신념, 가치 등을 자신의 것으로 채택함으로써 다른 사람의 특성을 자신의 성격에 흡수한다.
⑤ 투사 – 성적 본능이 신경증적인 행동으로 전이되지 않고 오히려 사회적으로 바람직한 행동으로 나타난다.

해설

• 방어기제

투사	자신의 내부에서 용납하기 어려운 욕구나 충동을 남의 탓으로 돌리는 것이다.
승화	욕구나 충동이 신경증적인 행동으로 전이되지 않고 오히려 사회적으로 바람직한 행동으로 나타난다.
반동형성	자신과 반대되는 감정을 표출하거나 행동을 하는 것이다.
부인(부정)	충격적인 사건이나 용납할 수 없는 충동을 무의식적으로 거부한다.
동일시	다른 사람의 태도, 신념, 가치 등을 자신의 것으로 채택함으로써 다른 사람의 특성을 흡수한다. 예로는 청소년들이 인기 연예인의 헤어스타일을 모방하는 경우가 있다.
치환(Displacement)	특정 대상에 대한 충동이나 욕구를 다른 대상에게 돌리는 것이다.
주지화(지성화)	종교, 철학, 문학 등의 지적 활동에 몰입함으로써 불안을 회피하려는 것이다.
합리화	자신의 행위나 생각을 정당화하기 위해 그럴듯한 이유를 제시하는 것이다.
억압	창피했던 일, 무서웠던 일 등을 기억에 떠오르지 않도록 무의식적으로 막는 것이다.

퇴행	생애 초기에 성공적으로 사용한 경험이 있는 감정·생각·행동에 의지하는 것이다.
전치	자신이 어떤 대상에 대해 느낀 감정을 보다 덜 위협적인 다른 대상에게 표출하는 것이다.

011

다음 각 사례에 해당하는 청소년기의 자아정체감 유형이 바르게 나열된 것은?

> A : 저는 사람들에게 봉사하는 것을 좋아해서 장래 희망이 사회복지사예요.
> B : 저는 잘하는 것도 없고, 하고 싶은 것도 없어요. 아직 장래에 대해 생각해보지 않았어요.
> C : 아버지가 치과의사이고, 부모님이 의사가 되는 게 좋겠다고 해서서 장래희망은 의사예요.

	A	B	C
①	정체감 성취	정체감 유실	정체감 혼미
②	정체감 성취	정체감 혼미	정체감 유실
③	정체감 성취	정체감 혼미	정체감 유예
④	정체감 유예	정체감 유실	정체감 혼미
⑤	정체감 유예	정체감 혼미	정체감 유실

해설

- 마샤(J. Marcia) - 자아정체감 유형

(1) 정체감 혼미 (위기×, 전념×)	자신에 대해 탐색하거나 이해하려고 하지 않고, 어떠한 전념도 없는 상태
(2) 정체감 유실 (위기×, 전념○)	다른 사람의 가치를 채택하여 정체성을 형성하고, 이를 위해 전념하는 상태
(3) 정체감 유예 (위기○, 전념×)	자신에 대해 탐색하거나 이해하려고 노력하지만, 아직 전념하는 일이나 가치가 없는 상태
(4) 정체감 성취 (위기○, 전념○)	여러 위기를 겪으면서 정체성을 확립하고, 신념을 가진 일이나 가치에 전념하고 있는 상태

012

샤이(K. Schaie)가 제시한 성인기 인지발달 단계로 옳은 것은?

① 획득 → 성취 → 책임(실행) → 재통합
② 획득 → 책임(실행) → 재통합 → 성취
③ 획득 → 책임(실행) → 성취 → 재통합
④ 성취 → 획득 → 재통합 → 책임(실행)
⑤ 성취 → 재통합 → 책임(실행) → 획득

해설

- 샤이(K. Schaie) - 인지발달단계

(1) 획득 단계 (아동기, 청소년기)	아동과 청소년이 정보와 기술을 습득한다.
(2) 성취 단계 (성인 초기)	스스로 세운 인생의 목적에 적합한 과업에 최선을 다한다.
(3) 책임 단계 (성인 중기)	가족구성원의 욕구충족에 관한 책임과 직업인·사회일원으로서의 책임을 진다.
(4) 실행 단계 (성인 중기)	사회체계에 책임을 지고 많은 수준에서 복잡한 관계를 통합한다.
(5) 재통합 단계 (성인 후기)	자신이 노력을 기울여야 할 과업에 대해 보다 선택적인 단계이다.

013

퀴블러-로스(E. Kübler-Ross)가 제시한 죽음에 적응하는 심리적 변화의 순서로 옳은 것은?

① 부정 → 분노 → 타협 → 우울 → 수용
② 분노 → 부정 → 우울 → 수용 → 타협
③ 부정 → 우울 → 분노 → 수용 → 타협
④ 분노 → 부정 → 타협 → 우울 → 수용
⑤ 부정 → 타협 → 분노 → 우울 → 수용

해설

- 퀴블러-로스(E. Kübler-Ross) - 사망 단계

(1) 부정 단계	자신의 죽음을 부정하고 받아들이지 않는다.
(2) 분노 단계	자신이 회복되지 않는다는 것을 깨닫게 되어 주변 사람들에게 분노하고 원망한다. 또한 건강한 사람들에게 부러움과 질투의 감정을 느낀다.
(3) 타협 단계	자신의 죽음을 인정하지만 죽음이 늦추어지기를 바란다.
(4) 우울 단계	죽음을 피할 수 없다는 것을 깨닫게 되어 우울과 슬픔을 느낀다.
(5) 수용 단계	죽음에 대하여 어떤 감정도 남아 있지 않으며 오히려 안도감을 느끼기도 한다.

014

태내발달에 관한 설명으로 옳지 않은 것은?

① 중배엽은 근육, 골격, 순환계가 된다.
② 태내발달은 착상 순간부터 시작된다.
③ 태내발달은 배종기, 배아기, 태아기로 나뉜다.
④ 라누고(Lanugo)는 태아의 신체를 덮고 있는 가는 털을 말한다.
⑤ 기형발생물질이 태내발달에 영향을 미치는 민감한 시기가 있다.

해설

태내발달은 <u>수정 직후</u>부터 시작된다.

① 외배엽은 표면적 부분(표피, 손·발톱, 머리카락, 치아 등)과 중추신경계(뇌, 척수), 말초신경계로 발달한다.
중배엽은 진피, 근육, 골격, 순환계, 배설기관 등으로 발달한다.
내배엽은 호흡기관, 소화기관, 허파, 폐, 간, 췌장 등으로 발달한다.

- 태내 발달 단계

(1) 수정	- 새로운 생명이 태어나기 위한 첫 단계이다.
(2) 발아기(배종기) (수정~임신 2주)	- <u>본격적인 태내 발달이 시작되는 단계이다.</u> - 세포분열을 거친 수정란이 자궁 벽에 착상하게 된다.
(3) 배아기 (임신 3주~8주)	- 성장 속도가 가장 빠른 시기이다. - 주요 기관을 포함한 대부분의 기관들이 형성되는 결정적 시기(Critical Period)이다. - <u>심한 기형이나 장애의 발생 가능성이 높으므로 배아기 때 태내 환경이 특히 중요하다.</u> - <u>수정란이 자궁 벽에 착상한 후, 배아는 외배엽, 중배엽, 내배엽의 세 겹의 층으로 다시 분화된다.</u> - 신경계가 발달하며 심장, 근육, 척추, 갈비뼈, 소화관 등이 형성된다.
(4) 태아기 (임신 9주~출생)	- 태내기 중 가장 긴 기간으로, 출생에 필요한 모든 준비를 마친다. - 9주 차에는 장기와 근육, 신경계가 조직적으로 연결되기 시작한다. - 12주 정도에는 외부 생식기가 완전히 형성되어 초음파로 성별을 구분할 수 있다. - 17~20주에는 엄마가 태동을 느낄 수 있으며, <u>태지(Vernix)와 연모(Lanugo)는 양수 속에서 태아의 피부를 보호한다.</u>

015

유전 발달에 관한 설명으로 옳은 것은?

① 접합체의 발달은 감수분열을 통해 발생한다.
② 다운증후군은 성염색체 장애이다.
③ 생식세포는 22개의 상염색체와 1개의 성염색체를 갖고 있다.
④ 정상적인 인간 접합체는 48개의 염색체를 갖고 있다.
⑤ 클라인펠터(Klinefelter) 증후군은 여아에게 발생한다.

해설

① 접합체는 수정과정에서 정자와 난자의 융합을 통해 발생한다.
② 다운증후군은 **상염색체** 장애이다. 21번 염색체가 정상인 2개보다 하나 더 많은 3개가 존재하는 경우로, 지능과 근육 등에 장애를 동반한다.
④ 정상적인 인간 접합체는 **46개**의 염색체를 갖고 있다.
⑤ 클라인펠터(Klinefelter) 증후군은 **남성**에게 발생한다.

- **성염색체 이상 증후군**
  (1) 터너증후군(Turner's Syndrome) : 여성에게 나타나는 유전적 질환으로, 성염색체 XX 중 X 염색체가 하나만 있는 경우이다.
  (2) 클라인펠터 증후군(Klinefelter Syndrome) : 남성에게 나타나는 유전적 질환으로, 2개 이상의 X 염색체와 적어도 1개 이상의 Y 염색체를 가진 경우이다.
  (3) XXX 증후군(삼중 X 증후군, Triple X Syndrom) : 여성에게 X 염색체가 하나 더 있어서 일반 46개의 염색체가 아닌 총 47개의 염색체가 있는 경우이다.
  (4) XYY 증후군(야콥/제이콥스 증후군, 초남성 증후군) : 남성에게 Y 염색체가 하나 더 있어서 일반 46개의 염색체가 아닌 총 47개의 염색체가 있는 경우이다.

해설

ㄱ. 뉴런은 신경계의 단위로, 자극을 받았을 경우 전기를 발생시켜 다른 세포에 정보를 전달하는 기능을 한다. 구조는 신경세포체·가지돌기·축삭돌기의 세 부분으로 나뉘며, 종류는 역할에 따라 감각뉴런·연합뉴런·운동뉴런의 세 가지로 나뉜다.
ㄴ. 브로카 영역과 베르니케 영역은 모두 두뇌 좌반구에 위치해 있으며, 언어 능력에 관여한다. 브로카 영역은 언어의 출력(표현)을, 베르니케 영역은 언어의 입력(이해)을 담당한다.
ㄷ. 뇌량은 좌·우반구를 연결하는 신경 집합으로, 이상이 생기면 신체적·지적·감정적·사회적 장애를 유발할 수 있다.
ㄹ. 대뇌피질(대뇌겉질)은 대뇌에서 가장 겉에 위치하는 신경세포의 집합으로, 부위에 따라 언어·운동·감각 등의 중요 기능을 담당한다.

016

신경계에 관한 설명으로 옳은 것을 모두 고른 것은?

ㄱ. 뉴런은 뇌와 신경계의 기본 단위로 태아의 신경관에서 만들어진다.
ㄴ. 뇌의 브로카 영역과 베르니케 영역의 손상은 언어장애를 초래한다.
ㄷ. 뇌량은 좌반구와 우반구를 이어주는 신경섬유 다발을 말한다.
ㄹ. 대뇌피질은 수의적인 신체움직임, 학습, 사고와 관련된 대뇌 바깥층을 말한다.

① ㄱ, ㄴ, ㄷ ② ㄱ, ㄴ, ㄹ
③ ㄱ, ㄷ, ㄹ ④ ㄴ, ㄷ, ㄹ
⑤ ㄱ, ㄴ, ㄷ, ㄹ

017

신체 및 운동발달에 관한 설명으로 옳은 것을 모두 고른 것은?

ㄱ. 뇌하수체는 내분비선을 통제하고 성장호르몬을 생산한다.
ㄴ. 마라스무스(Marasmus)는 열량을 충분히 섭취하지만 단백질을 전혀 섭취하지 않는 아이에게 생기는 질병이다.
ㄷ. 에스트로겐(Estrogen)은 남녀 모두에게 있다.
ㄹ. 프리래디컬(Free Radicals)은 신체노화를 촉진한다.

① ㄱ, ㄴ ② ㄴ, ㄷ
③ ㄷ, ㄹ ④ ㄱ, ㄴ, ㄹ
⑤ ㄱ, ㄷ, ㄹ

해설

- **단백질-열량 영양불량**(Protein Energy Malnutrition, PEM) 단백질과 열량 섭취가 부족한 경우 나타날 수 있다. 그 중에서 특히 단백질이 결핍되면 쿼시오커(Kwashiorkor)라고 하며, 열량이 결핍되면 마라스무스(Marasmus)라고 한다.

018

다음 설명이 모두 해당되는 이론으로 옳은 것은?

- 자폐스펙트럼장애를 가진 아동의 사고특성을 보여준다.
- 타인의 욕망과 행위 사이의 연결을 이해할 수 있다.
- 거짓믿음 검사를 활용한다.

① 사회인지이론   ② 대인관계이론
③ 인지발달이론   ④ 마음이론
⑤ 성역할발달이론

해설

- **마음이론(Theory of Mind)**
  - 자신과 타인의 마음 상태에 대해서 이해하는 것으로서, 자신과 타인의 행동은 목표와 의도를 가지고 있다는 것을 알고 미래의 행동을 예측하고 대처하기 위해 사용한다.
  - 마음이론이 잘 발달된 사람은 타인에 대한 이해와 공감 능력이 뛰어난 반면, 마음이론에 결함이 있는 사람은 자신의 시각에서 상황을 이해함으로써 사회적 상호작용에 어려움을 겪는다.
  - 주로 자폐스펙트럼장애, 조현병, 주의력결핍 과잉행동장애(ADHD) 등의 환자에게서 마음이론의 결함이 보인다.
  - '거짓(틀린) 믿음 과제(False Belief Task)'는 사실과 무관한 개인의 믿음에 따라 행동이 나타난다는 것을 이해하는지 알아보기 위한 것으로, 마음이론을 테스트하기 위한 가장 대표적인 실험이다.

019

다음 사례에서 활용되지 않은 것은?

정우는 일주일 후에 볼 시험을 앞두고 매일 그동안 학습했던 내용을 정리하고 더 보완해야 할 지식을 찾아 유형별로 구조화하여 공부한다.

① 비계설정   ② 실행기능
③ 작업기억   ④ 선택적 주의
⑤ 장기기억

해설

위 사례에서 정우는 시험을 앞두고 문제해결 혹은 목표달성을 위해 전략을 조절하고 관리하는 '실행기능', 정보를 능동적으로 이해하고 조작하여 단기기억에 저장하는 '작업기억', 여러 정보 중 특정 정보에 주의집중하는 '선택적 주의', 비교적 영구적으로 저장하기 위한 '장기기억' 전략을 활용하고 있다.

- **비계설정(Scaffolding)**
  아동이 스스로 문제를 해결할 수 있도록 적절한 단서나 암시를 제공하는 것이다.

020

아동의 사회성 발달에 관한 설명으로 옳지 않은 것은?

① 주양육자의 비일관적 양육행동은 불안정애착을 야기할 수 있다.
② 프로이트(S. Freud)에 의하면 초자아 발달은 구강기에 형성된다.
③ 닷즈(K. Dodge)에 의하면 공격적 아동은 적대적 귀인편향을 보인다.
④ 아이젠버그(N. Eisenberg)에 의하면 아동의 공감능력은 친사회성 발달을 촉진한다.
⑤ 반두라(A. Bandura)의 보보인형 실험은 아동의 공격성이 모방될 수 있음을 보여준다.

해설

- **프로이트(S. Freud) - 정신분석이론**
  - 심리성적 발달단계

(1) 구강기	- 리비도가 구강에 집중되는 시기이다. - 빨기, 먹기 등 구강을 통해 만족을 추구한다.
(2) 항문기	- 리비도가 항문에 집중되는 시기이다. - 배변 활동을 통해 만족과 쾌감을 경험한다.

(3) 남근기	- 리비도가 성기에 집중되는 시기로, 가장 결정적인 발달단계이다. - 남아는 오이디푸스 콤플렉스, 여아는 엘렉트라 콤플렉스를 경험한다. - 초자아가 형성된다.
(4) 잠복기	- 리비도가 무의식 속에 잠복하는 시기이다. - 또래 관계에서 사회적 활동이 적극적으로 이루어진다. - 초자아가 강해진다.
(5) 생식기	- 리비도가 이성에게로 향하는 시기이다. - 무의식 속에 억압되었던 성적 에너지가 의식으로 다시 떠오른다.

- 성격 구조

원초아(Id)	- 본능을 충족시키기 위한 무의식적이고 충동적인 성향이다.
자아(Ego)	- 현실세계의 의식적인 생각과 행동이다. - 경험, 교육, 훈련 등에 의해 더욱 강화된다.
초자아(Superego)	- 양심과 도덕적인 원리에 의해 작동한다.

해설

- 로버트 스턴버그(R. Sternberg) – 사랑의 삼각형 이론
  - 사랑은 하나의 삼각형을 구성하는 세 가지 요소 '친밀감, 열정, 결심/헌신'으로 측정될 수 있다.
  - 세 가지 요소는 관계의 기간(시간)에 따라 변화한다.
  - 자신과 상대방이 인지하는 삼각형의 형태를 비교하여 사랑의 감정에 있어 어떤 유형의 불일치가 일어나는지 알 수 있다.

- 위트본(S. Whitbourne) – 정체감 과정 이론
  - 성인기 동안 자아정체감이 형성되고 수정되는 과정을 설명하였다.
  - '동화'와 '조절' 과정 속에서 평형을 이룰 때 정체감이 균형을 이룬 건강한 성인이 된다고 하였다.
  - 성인 초기 정체감 형성의 가장 중요한 요인은 '**가족 간의 친근감 형성**'이다.

021

성인기 발달에 관한 설명으로 옳은 것을 모두 고른 것은?

ㄱ. 하잔(C. Hazan)과 쉐버(P. Shaver)에 의하면 아동기 애착유형은 성인기 낭만적 사랑 관계에서도 나타난다.
ㄴ. 하트필드(E. Hatfield)의 사랑의 삼각형 이론에 의하면 사랑의 유형은 시간과 함께 변화한다.
ㄷ. 코스타(P. Costa)와 맥크래(R. McCrae)의 5요인 모델에 의하면 성격의 안정성은 아동기보다 성인기에 더 크다.
ㄹ. 위트본(S. Whitbourne)에 의하면 성인의 정체감 변화에는 친구가 가장 큰 영향을 미친다.

① ㄱ, ㄴ   ② ㄱ, ㄷ
③ ㄱ, ㄹ   ④ ㄴ, ㄷ
⑤ ㄴ, ㄹ

022

도덕성 발달에 관한 설명으로 옳은 것은?

① 피아제(J. Piaget)에 의하면 타율적 도덕성은 구체적 조작기에서 처음 나타난다.
② 길포드(J. Guilford)에 의하면 여성의 도덕성은 배려와 관련된다.
③ 콜버그(L. Kohlberg)에 의하면 도덕적 추론은 비연속적이다.
④ 피아제(J. Piaget)에 의하면 아동의 도덕적 추론은 사회적 상호작용의 영향을 받지 않는다.
⑤ 반두라(A. Bandura)에 의하면 도덕적 행동은 관찰학습과 관련이 없다.

> **해설**
> ① 피아제(J. Piaget)에 의하면 타율적 도덕성은 **전조작기**에서 처음 나타난다.
> ② **길리건(C. Gilligan)**에 의하면 여성의 도덕성은 배려와 관련된다.
> • 길포드(J. Guilford)는 지능이 조작, 내용, 결과의 3차원으로 구성된 복합체라는 '지능구조이론'을 제시하였다.
> ④ 피아제(J. Piaget)에 의하면 아동의 도덕적 추론은 **사회적 상호작용을 통해 발달한다.**
> ⑤ 반두라(A. Bandura)에 의하면 **관찰학습과 모방학습은 인간 행동 및 성격 형성에 크게 관여한다.**

> **해설**
> • 정신역동 모델
> – 심리결정론에 근거하여 인간의 모든 정신활동에는 목적이 있으며, 이는 과거 발달 과정에서 경험한 것에 의하여 결정된다고 본다.
> – 주요 개념에는 **자아, 방어기제, 무의식** 등이 있다.
> – 무의식의 의식화를 통하여 자기 통찰을 이루기 위한 개입기법에는 자유연상, 전이·역전이, 꿈의 분석, 직면, 훈습 등이 있다.

023

다음 사례에서 나타난 발달양상은?

> 우수한 언어능력과 지적능력을 갖고 있지만 사회성 발달은 매우 뒤쳐진 자폐스펙트럼장애 청소년이 있다.

① 발달전이 ② 역할갈등
③ 적응실패 ④ 비동시성
⑤ 퇴행

> **해설**
> • 비동시성
> 인지적·정서적·사회적·신체적 발달의 불균형으로 인하여 내적 불일치와 불안감이 발생한다.

024

발달정신병리를 설명하는 이론적 모델과 주요 개념의 연결이 옳지 않은 것은?

① 사회인지 모델 – 부적절한 정보처리
② 사회학적 모델 – 아노미 상태
③ 의학적 모델 – 기질적 역기능
④ 가족체계 모델 – 경계의 붕괴
⑤ 정신역동 모델 – 과잉행동 보상

025

DSM-5의 탈억제성 사회적 유대감 장애 진단을 받은 아동에 관한 설명으로 옳지 않은 것은?

① 타인에 대한 최소한의 사회적·감정적 반응성을 보인다.
② 진단 시점까지 장애가 12개월 이상 지속되었다.
③ 심각한 사회적 방임이나 불충분한 양육을 경험했다.
④ 아동의 연령은 최소 9개월 이상이다.
⑤ 양육환경이 바뀌어도 증상이 잘 개선되지 않을 것이다.

> **해설**
> '탈억제성 사회적 유대감 장애' 아동은 타인에 대하여 **과도한 사회적·감정적 반응성**을 보인다.
> '반응성 애착장애' 아동은 타인에 대한 최소한의 사회적·감정적 반응성을 보인다.
>
> | DSM-5 외상 및 스트레스 관련 장애 |
> |---|
> | 반응성 애착장애, 탈억제성 사회적 유대감 장애, 외상 후 스트레스 장애, 급성 스트레스 장애, 적응장애 등 |

필수 | 제2과목 집단상담의 기초

026
집단상담의 장점으로 옳은 것을 모두 고른 것은?

> ㄱ. 한정된 시간에 보다 많은 내담자와 상담할 수 있다.
> ㄴ. 개개인에 대한 깊이 있는 관심과 탐색이 용이하다.
> ㄷ. 실생활에 필요한 대인관계 기술을 학습할 수 있다.
> ㄹ. 유대감, 소속감, 협동심을 향상시킬 수 있다.

① ㄱ, ㄹ
② ㄷ, ㄹ
③ ㄱ, ㄴ, ㄷ
④ ㄱ, ㄷ, ㄹ
⑤ ㄴ, ㄷ, ㄹ

해설
ㄴ. '개인상담'의 장점이다.

027
구조화 집단상담 계획에 관한 설명으로 옳지 않은 것은?

① 집단상담 회기, 시간, 장소를 사전에 계획한다.
② 집단원의 선별 절차에 대한 계획을 사전에 수립한다.
③ 집단평가 시기, 방법, 내용을 사전에 계획한다.
④ 집단원 모집을 위한 홍보계획을 사전에 수립한다.
⑤ 회기별 세부적인 활동은 해당 회기 직전에 계획한다.

해설
구조화 집단상담의 경우 회기별 세부적인 활동이 사전에 구체적으로 계획되어 있어야 한다.

028
다음에 해당하는 집단의 유형은?

> - 집단원들은 주로 일상생활에서 어려움을 경험하는 일반인들로 구성된다.
> - 대인관계 과정, 자기이해 증진, 부적응 행동의 극복에 초점을 맞춘다.
> - 과거 문제의 탐색보다 지금-여기에 초점을 둔 상담기술을 주로 사용한다.
> - 비교적 단기간에 해결 가능한 문제를 다루며 성장 지향적인 특징이 있다.

① 상담집단
② 치료집단
③ 과업집단
④ 자조집단
⑤ 교육집단

해설
- 기능에 따른 집단 유형
  - 상담집단 : 개인의 일상적인 삶의 문제를 해결하는 데 초점을 두고, 치료적·예방적·교육적 목표 달성을 위해 집단원들 간 역동적인 상호 교류를 하는 집단이다.
  - 치료집단 : 병리적 증상의 완화·제거를 위한 정신 치료를 목적으로 하는 집단이다.
  - 성장집단 : 성장욕구가 있는 집단원들의 자기인식을 증진시키고 사고를 변화시키는 것을 목적으로 하는 집단이다.
  - 자조집단 : 공동의 관심이나 문제가 있는 사람들이 모여 상호 간 도움을 주고받기 위해 구성된 비전문가들의 집단이다.
  - 지지집단 : 앞으로 발생할 사건에 효과적으로 적응하고 대응하기 위한 기술을 발전시킴으로써 집단원들이 삶의 위기를 대처할 수 있도록 돕는 집단이다.
  - 교육집단 : 집단원들의 지식·정보·기술 향상을 목적으로 하는 집단이다.
  - 과업집단 : 특정 목적을 달성하거나 과제를 수행하기 위해 조직된 집단이다.

029

집단상담의 윤리에 관한 설명으로 옳지 않은 것을 모두 고른 것은?

ㄱ. 법원 판결을 받아 참여하는 집단원이 중도에 집단을 포기할 때, 이로 인해 발생할 수 있는 문제를 설명하고 집단 참여 여부를 스스로 선택하게 한다.
ㄴ. 한 집단원이 부정적인 감정표출에 대한 집단압력을 받을 때, 집단상담자는 집단원들이 상호작용해서 문제를 해결하도록 기다린다.
ㄷ. 청소년 집단원이 치명적인 전염병에 걸렸을 때, 즉시 집단원, 법적 보호자, 교사 및 관련 전문기관 등에 이 사실을 알려야 한다.
ㄹ. 청소년들이 집단상담에 참여할 때 상담료와 상담기록 부분은 집단상담 종료 후 청소년과 법적 보호자에게 동의를 받아야 한다.
ㅁ. 개인상담 내담자가 집단상담에 참여해야 할 때, 상담의 효과를 위해 개인상담자는 가급적 자신이 운영하는 집단에 내담자를 참여하게 해야 한다.

① ㄱ, ㄷ
② ㄹ, ㅁ
③ ㄱ, ㄴ, ㅁ
④ ㄱ, ㄹ, ㅁ
⑤ ㄴ, ㄹ, ㅁ

해설

ㄴ. 한 집단원이 부정적인 감정표출에 대한 집단압력을 받을 때, **집단상담자가 개입하여** 집단압력으로부터 한 집단원을 보호하고, 집단원 간 갈등상황을 해결할 수 있도록 도와야 한다.
ㄹ. 청소년들이 집단상담에 참여할 때 상담료와 상담기록 부분은 집단상담 **시작 전** 청소년과 법적 보호자에게 동의를 받아야 한다.
ㅁ. 개인상담 내담자가 집단상담에 참여해야 할 때, 상담의 효과를 위해 개인상담자는 가급적 자신이 운영하는 집단에 내담자를 참여시키는 것을 피해야 한다. 이중관계가 형성되어 객관성을 손상시키거나 윤리적 문제를 발생시킬 수 있기 때문이다.

030

집단상담의 이론적 접근과 기법의 연결로 옳지 않은 것은?

① 현실치료 - 유머, 직면
② 정신분석 - 꿈 분석, 해석
③ 게슈탈트 - 자각, 빈 의자 기법
④ 해결중심 - 기적 질문, 탈숙고 기법
⑤ 아들러 - 생활양식 분석, 역설적 의도

해설

탈숙고 기법은 '실존주의' 상담기법이다.

해결중심 상담기법 - 질문기법
기적질문, 예외질문, 척도질문, 관계질문, 대처질문, 간접질문, 악몽질문, 상담 전 변화에 대한 질문 등

031

심리극 접근의 집단상담에 관한 설명으로 옳지 않은 것은?

① 역할연기를 통해 자신, 타인 및 상황에 대한 이해를 증진한다.
② 과거 발생한 일도 지금-여기에서 일어나는 것처럼 실연된다.
③ 주요 5대 구성요소로 주인공, 보조자아, 연출가, 각본, 무대가 있다.
④ 실연단계에서 내면적 정서들이 표현되면서 주인공은 억압된 감정을 의식하게 된다.
⑤ 언어적·비언어적 수단을 통해 즉흥적으로 주인공의 상황이 표현된다.

해설

- 심리극(사이코드라마, Psychodrama)
  - 집단원들이 역할 연기를 함으로써 감정의 변화를 경험하고 왜곡되었던 자신을 이해하며, 새로운 환경에서 새롭게 형성된 자아를 바탕으로 자발성과 창조성을 발휘하여 삶을 영위할 수 있도록 하는 것을 상담 목표로 한다.

- 5대 구성요소	
주인공	가장 핵심적인 인물로서 심리극을 통해 개인의 내면세계와 문제, 그로부터 파생되는 인간관계를 보여준다.
보조자아	중요한 타인이나 주인공의 변형된 자아 역할로서 주인공과 극의 상황을 함께 연기한다.
연출가	주인공이 자신을 드러낼 수 있도록 심리를 이해하고 신뢰감을 제공하며, 극의 분위기를 조성하고 객관적 자세를 유지한다.
관객	주인공의 이야기를 통해서 자신의 경험을 정리하고 통찰을 얻는다. 극 속에서 공유한 자신의 경험을 드러내고 소통한다.
무대	심리극이 이루어지는 공간이다.

해설

- 인간중심 집단상담 – 상담자의 역할
  - 집단원 간의 상호작용을 촉진하고 집단원들이 자기 자신을 표현하도록 돕는 촉진자의 역할을 한다.
  - 계획된 방법을 사용하기보다 집단원들과 심리적 접촉상태를 형성·유지하고, 인간적인 만남을 위해 노력한다.
  - 상담자의 직접적인 개입 없이도 집단이 발전해 나갈 수 있다고 믿는다.
  - 상담자의 개인적인 경험을 말하며, 자신의 감정을 노출하고 활용한다.

032

다음에서 공통적으로 설명하고 있는 집단상담의 이론적 접근은?

- 집단상담자는 집단원들이 자신을 표현하도록 돕는 역할을 하므로 촉진자로 불린다.
- 집단원에 대한 상담자의 태도와 개인적 특성이 핵심적인 역할을 한다.
- 집단원의 성장을 신뢰하며, 집단에서 현재의 순간을 충분히 경험하도록 한다.

① 인간중심 집단상담
② 교류분석 집단상담
③ 행동주의 집단상담
④ 실존주의 집단상담
⑤ 인지주의 집단상담

033

다음에서 집단상담자가 적용한 상담기술을 <보기>에서 모두 고른 것은?

> 영희 : 제가 원하는 학과에 들어가려면 공부를 열심히 해야 한다는 것을 알고 있어요. 하지만 막상 책상 앞에 앉으면 공부하기가 싫고, 자꾸 핸드폰을 보며 딴 행동을 하게 돼요. 저도 집중력을 높이고 싶지만 방법을 모르겠어요.
> 상담자 : 열심히 공부해야 한다는 것은 알고 있지만 책상 앞에 앉으면 집중력이 떨어져서 스스로 힘들 때가 많구나, 혹시 영희와 비슷한 문제를 겪고 이를 극복한 학생들이 있다면 함께 이야기 해 줄래요?

―――― <보기> ――――
ㄱ. 반영   ㄴ. 직면   ㄷ. 해석   ㄹ. 연결

① ㄱ, ㄷ
② ㄱ, ㄹ
③ ㄴ, ㄹ
④ ㄱ, ㄴ, ㄹ
⑤ ㄱ, ㄷ, ㄹ

해설

위 사례에서 상담자는 영희가 한 말을 정리해서 다시 표현하는 '반영' 기법과 영희의 경험을 다른 집단원과 관련짓는 '연결' 기법을 사용했다.

- **상담기법**

반영	집단상담자가 집단원의 말·행동·경험을 정리해서 상담자의 언어로 표현함으로써 집단원이 전달하고자 하는 의미를 더 명확하게 인식하도록 한다.
직면	집단원의 말이나 행동이 일치하지 않거나 모순점이 있을 때 그것을 지적하는 것이다.
해석	집단상담자가 집단원의 감정·사고·태도의 의미에 대하여 설명해서 그 이면에 숨겨진 문제를 제대로 파악하도록 한다.
연결	한 집단원의 말·행동·경험을 다른 집단원의 것과 관련지어 연결해서 집단원이 문제의 원인 및 해결책을 찾도록 돕는다.

034

소극적으로 참여하는 집단원에 관한 집단상담자의 개입 방안으로 옳지 않은 것은?

① 소극적인 참여 원인에 관한 집단원의 자각을 촉진한다.
② 다른 집단원이 소극적인 집단원을 공격하지 않도록 개입한다.
③ 집단상담자에 대한 저항의 표시인지 탐색해 본다.
④ 생산적인 침묵 시 기다리지 않고 즉시 개입하는 것이 효과적이다.
⑤ 집단상담 초기 침묵 시 집단상담자가 표현하는 것을 보여주어 참여를 유도한다.

해설
생산적인 침묵 시 집단원이 자신의 생각과 감정을 스스로 정리할 수 있도록 잠시 시간을 주고 기다려 주는 것이 효과적이다.

- **생산적인 침묵**
  집단에서 발생한 경험을 숙고하고 통합하는 과정에서 일시적으로 말이 없어진 현상이다.
- **비생산적인 침묵**
  무관심, 지루함, 두려움, 분노 등으로 인하여 멈춘 것이다. 기다리지 않고 즉시 상담자가 개입하여 돕는 것이 효과적이다.

035

주지화 행동을 보이는 집단원에 관한 집단상담자의 대처방안으로 옳은 것을 모두 고른 것은?

ㄱ. 역할연습을 통해 자신의 감정을 인식하게 하여 표현을 유도한다.
ㄴ. 집단상담자가 감정표현하는 것을 보여줌으로써 집단원이 정서를 표현할 수 있게 한다.
ㄷ. 주지화로 인한 대인관계 문제점을 이야기하여 주지화 행동이 비효과적임을 알려 준다.
ㄹ. 비언어적 수단을 통해 용납하기 어려운 충동 및 감정을 인식하고 감정을 표현하게 한다.

① ㄱ, ㄷ
② ㄴ, ㄹ
③ ㄱ, ㄴ, ㄹ
④ ㄴ, ㄷ, ㄹ
⑤ ㄱ, ㄴ, ㄷ, ㄹ

해설
집단상담자는 주지화 행동을 보이는 집단원에게 역할놀이, 모델링, 비언어적 수단 등을 통해 집단원 스스로의 감정을 인식하고 표현할 수 있는 기회를 제공해야 한다.

- **주지화**
  감당하기 어렵거나 불안·위협이 될 수 있는 사건 또는 상황으로부터 자신을 분리시키기 위해 정서적인 반응을 보이기보다는 논리·설명·분석 등 이성적이고 합리적인 방식으로 대처하는 것으로, 일종의 방어기제이다.

036

다음 집단원에 대한 상담자의 개입에 관한 설명으로 옳지 않은 것은?

> 길동 : (어린 시절 잦은 전학으로 학교적응이 어려웠던 과거 이야기를 장황하게 늘어놓으며) 그리고 저는 중학교 가서도 계속 전학을 다녔는데, 하나하나 이야기하면…
> 상담자 : 잠깐만! 길동아, 잠시만 이야기를 멈추고, (다른 집단원들을 쳐다보며) 다른 친구들은 길동이 이야기를 들으며 어떤 생각을 했는지 이야기해 볼까요?

① 집단원들에게 참여기회를 제공하여 상호작용을 촉진시키고 있다.
② 해석 기법을 통해 집단원 행동의 원인과 목적을 통찰하도록 돕고 있다.
③ 과거 사건에 대한 이야기가 현재 집단에 미치는 영향을 탐색하도록 돕고 있다.
④ 연결 기법을 통해 집단원들이 지금-여기에서의 상호작용에 집중하도록 돕고 있다.
⑤ 차단 기법을 통해 대화의 독점이 일어나지 않도록 문제행동에 대처하고 있다.

해설
위 사례에서 상담자는 과거 이야기를 장황하게 늘어놓는 길동이의 이야기를 '차단'하고, 길동이의 이야기를 집단원들의 감정·생각·경험과 '연결'할 수 있도록 질문을 제공하여 상호작용을 촉진시키고 있다.

• 상담기법 – 해석
 – 집단상담자가 집단원의 감정·사고·태도의 의미에 대하여 설명하는 것이다.
 – 집단원이 이면에 숨겨진 문제를 제대로 파악할 수 있도록 한다.
 – 집단원이 받아들일 준비가 되어 있는지 확인한 후에 정확하고 시기적절하게 제공한다.
 – 사실적 진술보다는 잠정적 가설의 형태로 제시한다.

037

공동리더십 한계의 극복방안으로 옳지 않은 것은?

① 집단계획과 목표를 분담하여 수립한다.
② 집단 예비모임에 함께 참석한다.
③ 서로의 개인적 특성을 파악할 시간을 갖는다.
④ 회기 후 집단원 반응에 대해 서로 의견을 교환한다.
⑤ 회기 전 집단에 대한 기대를 함께 나눈다.

해설
공동리더는 집단상담 시작 전 집단계획과 목표를 공동으로 수립하여야 한다.

038

집단상담자의 상담기법과 예시의 연결로 옳은 것은?

① 구조화 – "선생님이 노력한 것을 알아주지 않아 서운했겠네요."
② 해석 – "집단을 마치기 전에 오늘 여러분들이 경험한 것에 대해 잠시 이야기 나눠보죠."
③ 개방적 질문 – "오늘 아침 식사를 하고 왔나요?"
④ 보편화 – "방금 언급한 부정적인 감정이 구체적으로 무엇을 의미하는 것이죠?"
⑤ 직면 – "긴장되지 않는다고 이야기하면서 다리를 계속 떨고 있는데 알고 있나요?"

해설
① 공감적 반응
② 촉진
③ 폐쇄적 질문
④ 명료화

039

집단역동의 요소인 내용적 측면과 과정적 측면에 관한 설명으로 옳지 않은 것은?

① 내용적 측면은 집단원들이 무엇에 관하여 이야기하고 있는지에 관심을 둔다.
② 과정적 측면은 집단원이 어떻게, 왜 그런 말을 했는지에 대해 관심을 둔다.
③ 내용적 측면은 언어로 표현된 것보다 이면에 있는 무의식적인 동기나 의도를 더 중시하는 것이다.
④ 과정적 측면을 이해하기 위해 시선, 동작, 태도에도 주의를 기울여야 한다.
⑤ 내용적 측면과 과정적 측면 중 어느 한쪽으로 치우쳐서는 안 된다.

해설
과정적 측면은 언어로 표현된 것보다 이면에 있는 무의식적인 동기나 의도를 더 중시하는 것이다.

040

다음에서 설명하는 집단상담의 치료적 요인은?

> 집단원들은 타인으로부터 받을 수 있는 도움에 한계가 있다는 점, 자신들이 선택한 삶에 대한 궁극적인 책임은 자신의 것이라는 점, 그리고 아무리 가까운 사이라 할지라도 타인과는 함께 할 수 없는 어떤 부분이 있다는 점을 깨닫게 된다.

① 정화   ② 실존적 요인
③ 자기이해   ④ 보편성
⑤ 이타주의

해설
집단상담의 치료적 요인 중 '실존적 요인'은 자신의 삶에 대한 책임감을 새롭게 인식하게 되는 것으로, 집단의 종결단계로 갈수록 부각되는 요인이다.

① 정화 : 내면에 억압된 여러 감정과 생각을 노출하도록 하여 정서적 변화를 가져 온다.
③ 자기이해 : 자기 자신을 주관적·객관적으로 명확히 인지하면 자신의 본질적인 문제, 무의식적인 생각, 내면의 감정 등을 알 수 있다.
④ 보편성 : 다른 집단원도 자신의 문제, 생각, 감정과 유사한 상황에 놓여 있다는 것을 알게 한다.
⑤ 이타주의 : 다른 집단원에게 도움을 주며 개인의 자긍심을 고취시킨다.

041

응집력이 높은 집단의 특징을 모두 고른 것은?

> ㄱ. 깊은 인간관계를 맺는다.
> ㄴ. 새로운 시도를 하기보다는 편안함에 안주하려 한다.
> ㄷ. 건강한 유머를 통해 친밀해지고 기쁨을 함께 한다.
> ㄹ. 지금-여기에 초점을 맞추면서 순간의 느낌을 토대로 솔직한 피드백을 교환한다.

① ㄱ, ㄴ   ② ㄴ, ㄷ
③ ㄱ, ㄷ, ㄹ   ④ ㄴ, ㄷ, ㄹ
⑤ ㄱ, ㄴ, ㄷ, ㄹ

해설
응집력이 높은 집단은 편안함에 안주하기보다 새로운 시도를 하려 한다.

• **집단응집력**
집단구성원들이 집단 내 남아 있도록 작용하는 힘으로, 신뢰감, 친밀감, 안정감, 소속감 등에 기반을 둔 정서적 유대감에 근거하여 발달한다.

042

집단 발달단계의 특징을 순서대로 옳게 나열한 것은?

> ㄱ. 집단원들 간에 신뢰감이 높아지면서 불안감도 공존하게 된다.
> ㄴ. 집단원들은 새로운 사람들과의 만남으로 어색해하거나 참여에 부담을 느끼기도 한다.
> ㄷ. 집단경험을 통해 학습한 것들을 총체적으로 정리하고, 일상생활에서 지속적으로 적용할 계획을 세운다.
> ㄹ. 다양한 방식으로 상호작용하게 되면서 강력한 집단역동이 발생한다.

① ㄱ → ㄴ → ㄷ → ㄹ
② ㄱ → ㄴ → ㄹ → ㄷ
③ ㄱ → ㄹ → ㄴ → ㄷ
④ ㄴ → ㄱ → ㄷ → ㄹ
⑤ ㄴ → ㄱ → ㄹ → ㄷ

해설
코리(G. Corey)의 집단상담 발달단계에 따른 집단상담자 역할을 순서대로 나열하면 다음과 같다.
ㄴ. '초기 단계' – ㄱ. '과도기 단계' – ㄹ. '작업 단계' – ㄷ. '최종 단계'

043

다음 집단상담자 역할이 공통으로 요구되는 집단 발달단계는?

> – 상호작용 촉진
> – 구조화 실시 및 모델 역할
> – 신뢰분위기 조성

① 준비단계   ② 초기단계
③ 과도기단계   ④ 생산단계
⑤ 종결단계

해설
- 집단상담 초기단계
  (1) 라포(Rapport) 형성
  (2) 내담자 이해 및 정보 파악
  (3) 상담 구조화(상담의 전체 과정에서 필요시 실시)
  (4) 상담목표 및 집단규범 설정
  (5) 신뢰분위기 조성 및 집단응집력 형성

044

집단역동에 영향을 미치는 요소를 모두 고른 것은?

> ㄱ. 집단참여 경험   ㄴ. 집단모임 장소
> ㄷ. 집단크기   ㄹ. 집단모임 시간

① ㄴ, ㄷ   ② ㄱ, ㄴ, ㄹ
③ ㄱ, ㄷ, ㄹ   ④ ㄴ, ㄷ, ㄹ
⑤ ㄱ, ㄴ, ㄷ, ㄹ

해설

집단역동에 영향을 미치는 요소
집단의 배경·크기·규모, 모임 시간·빈도, 참여 형태, 분위기, 구성원들의 집단참여 경험이나 목표달성 경험, 구성원들의 태도·가치관·신뢰도, 하위집단 형성, 집단상담자, 지도성의 경쟁, 주제의 회피, 숨겨진 안건, 제안의 묵살 등

- 집단역동
집단구성원들이 목적을 달성하기 위해 노력할 때 나타나는 상호작용적 힘으로, 집단 발달에 긍정적 또는 부정적 영향을 미칠 수 있다.

045

청소년 집단상담 회기 종결 시에 주로 이루어지는 상담자의 반응을 모두 고른 것은?

> ㄱ. "오늘 어떤 경험을 했습니까?"
> ㄴ. "이번 회기에서 어떤 느낌이 들었습니까?"
> ㄷ. "이번 회기에 필요한 참여규칙은 무엇일까요?"
> ㄹ. "오늘 배운 것을 일상생활에 어떻게 적용할 계획입니까?"

① ㄱ
② ㄴ, ㄷ
③ ㄱ, ㄴ, ㄷ
④ ㄱ, ㄴ, ㄹ
⑤ ㄱ, ㄴ, ㄷ, ㄹ

해설
ㄷ. 시작 시(초기단계)에 주로 이루어지는 상담자의 반응이다.

회기 종결 시 상담자는 회기 내용의 요약·정리, 피드백 제공, 실제적 적용 방법 등을 진행한다.

046

청소년 집단상담에 관한 설명으로 옳은 것은?

① 비자발적인 집단원이 집단참여에 대한 불편한 감정을 표현할 수 있도록 돕는다.
② 정신병리 징후를 가진 학생을 집단상담에 참여하도록 권유한다.
③ 개방집단은 상담진행에서 높은 안정성과 일관성을 유지할 수 있다.
④ 동질집단에 비해 이질집단은 속마음을 쉽게 공개하고 공감할 수 있다.
⑤ 게임이나 매체를 활용하는 활동은 하지 않는다.

해설
② 정신병리 징후를 가진 학생을 **개인상담**에 참여하도록 권유한다.
③ **폐쇄집단**은 상담진행에서 높은 안정성과 일관성을 유지할 수 있다.
④ 이질집단에 비해 **동질집단**은 속마음을 쉽게 공개하고 공감할 수 있다.
⑤ 청소년 집단상담 시 게임이나 매체를 활용하는 활동을 할 수 있다.

047

청소년 집단상담의 계획, 실시, 평가에 관한 설명으로 옳지 않은 것은?

① 집단의 형태, 회기, 인원, 선발방법 등을 계획한다.
② 부모나 법적보호자의 서면동의를 받은 후에 집단상담 계획을 수립한다.
③ 사전 오리엔테이션으로 집단상담에 대한 기본적인 이해를 돕는다.
④ 집단원 선정 시 집단원들의 동질성과 이질성을 고려한다.
⑤ 집단상담 성과평가를 위해 사전 및 사후 검사를 실시한다.

해설
집단상담 계획을 수립한 후에 그 내용을 설명하고 부모나 법적보호자의 서면동의를 받아야 한다.

048

청소년 집단상담에서 비밀유지에 관한 집단상담자의 역할로 옳지 않은 것은?

① 비밀유지 한계를 알려주어 집단에서 자기개방을 어느 정도 할지 집단원 스스로 결정하도록 한다.
② 동일한 학급에 소속된 집단원들의 경우 비밀유지의 문제를 더 중요하게 다룰 필요가 있다.
③ 부모나 법적보호자의 참여 동의서 작성 시 비밀유지에 관한 내용은 고지하지 않아도 된다.
④ 집단회기 중의 녹음, 녹화에 대해 반드시 사용목적을 알린 후 서면 동의를 받아야 한다.
⑤ 법적으로 집단원에 대한 정보 공개가 요구되는 경우는 비밀유지 예외상황이다.

해설
부모나 법적보호자가 참여 동의서를 작성했을 때에도 비밀유지에 관한 내용과 비밀보장의 한계를 고지해야 한다.

〈청소년상담사 윤리강령〉

마. 비밀보장
  1. 사생활과 비밀보장의 의무
   가) 청소년상담사는 내담자와 부모(보호자)의 사생활과 비밀보장에 대한 권리를 최대한 존중해야 한다.
   나) 청소년상담사는 상담기관에 소속된 모든 구성원과 관계자·슈퍼바이저·주변인들에게도 내담자의 사생활과 비밀이 보호되도록 주지시켜야 한다.
   다) **청소년상담사는 청소년 내담자 상담 시 사전에 상담에 대한 내담자의 동의를 받고 상담 과정에 부모나 보호자가 참여할 수 있으며, 비밀보장의 한계에 따라 정보를 제공할 수 있음을 알린다.**
   라) 청소년상담사는 청소년 내담자 상담 시, 상담 의뢰자(교사, 경찰 등)에게 내담자 및 보호자(만 14세 미만 내담 청소년의 경우)의 동의하에 정보를 제공할 수 있다.
   마) 청소년상담사는 비밀보장의 의미와 한계에 대하여 청소년 내담자의 발달단계에 적합한 용어로 알기 쉽게 설명해주어야 한다.
   바) 청소년상담사는 강의, 저술, 동료자문, 대중매체 인터뷰, 사적 대화 등의 상황에서 내담자의 신원 확인이 가능한 정보나 비밀 정보를 공개하지 않는다.

049

다문화 가정 청소년 집단상담을 실시할 때 상담자의 태도로 옳지 않은 것은?

① 문화적 특성이 고려된 다양한 개입방법을 사용한다.
② 집단원들의 문화적 가치와 경험들을 존중한다.
③ 집단원에게 상담자의 문화적 가치를 강요하지 않는다.
④ 집단원의 문화적 배경에 대해 학습한다.
⑤ 집단원 행동을 다수 집단원의 문화적 관점에서 이해한다.

해설
집단원 행동을 다수 집단원의 문화적 관점에서만 이해한다면 소수 문화의 집단원들은 소외받고 배척당할 수 있다. 다문화 집단상담자는 각 집단원의 문화적 배경에 따라 개별적으로 이해하려고 노력해야 한다.

050

다음 청소년 집단상담 장면에서 상담자가 공통으로 사용한 기술은?

― "여러분, 지금 이야기하는 내용에 대해 곰곰이 생각해 봅시다. 여러분이 친구들과 다투게 되는 상황에서 어떤 패턴이 있는지 더 이야기를 나누어 볼까요?"
― "지금 다루고 있는 주제를 10분 정도만 더 나누고, 새로운 주제로 옮겨 가겠습니다."

① 피드백하기
② 차단하기
③ 연결하기
④ 초점 맞추기
⑤ 해석하기

해설
- 상담기법

피드백	상담자가 관찰한 집단원의 생각·감정·행동을 전달하여, 집단원의 자기이해 폭을 넓히고 자신을 다른 각도에서 조망하도록 한다.
차단	집단상담자가 집단원의 진술 중 직접 개입하여 역기능적인 언어적·비언어적 행동을 중지시키는 기법이다.
연결	한 집단원의 말·행동·경험을 다른 집단원의 것과 관련지어 연결해서 집단원이 문제의 원인 및 해결책을 찾도록 돕는다.
초점	집단에서 논의되고 있는 주제에 관심과 주의를 집중하도록 하는 기법이다. 초점 '설정-유지-이동-심화' 과정으로 구성된다.
해석	집단상담자가 집단원의 감정·사고·태도의 의미에 대하여 설명해서 그 이면에 숨겨진 문제를 제대로 파악하도록 한다.

052

심리측정과 검사에 관한 설명으로 옳지 않은 것은?

① 추상적인 구성개념을 직접적으로 측정하는 과정이다.
② 심리측정은 신뢰성 높은 측정도구가 요구된다.
③ 심리검사는 개인 간 또는 개인 내 비교를 가능하게 한다.
④ 심리검사는 행동의 표본을 표준화된 방법으로 측정한다.
⑤ 표준화검사는 시행과 채점이 일정한 방식으로 진행된다.

해설
심리측정과 검사는 추상적인 구성개념을 **간접적으로** 측정하는 과정이다.
물리적 특성의 측정이 더 정밀하고 구체적이며, 직접적으로 측정된다.

필수 | 제3과목 **심리측정 및 평가**

051

심리검사 제작자에게 요구되는 역량으로 옳지 않은 것은?

① 검사목표, 내용, 과정을 이해하여야 한다.
② 수검자 집단의 특성을 파악하여야 한다.
③ 검사이론을 숙지하고 있어야 한다.
④ 추상적이고 복잡한 글을 쓸 수 있는 문장력을 갖추어야 한다.
⑤ 성별, 인종, 학력 등에 대한 편견이 없어야 한다.

해설
심리검사 제작자는 문장을 명확하고 간결하게 기술할 수 있어야 한다.

053

심리검사와 개발자의 연결이 옳은 것은?

① Army-β : 해서웨이(S. Hathaway)
② Stanford-Binet : 머레이(H. Murray)
③ PMA : 써스톤(L. Thurstone)
④ 16PF : 엑스너(J. Exner)
⑤ Strong-Campbell : 벡(A. Beck)

해설

- ① 여키스(R. Yerkes) – 알파지능검사(Army-α & Army-β)
- 해서웨이(S. Hathaway) – 다면적 인성검사(MMPI)
- ② 터먼(L. Terman) – 스탠포드-비네(Stanford-Binet)
- 머레이(H. Murray) & 모건(C. Morgan) – 주제통각검사(TAT)
- ④ 카텔(R. Cattell) – 다요인 인성검사(16PF, The Sixteen Personality Questionnaire)
- 엑스너(J. Exner) – 로샤 검사(로르샤흐 검사, Rorschach Test) 해석의 종합체계 제시
- ⑤ 캠벨(D. Campbell) – 스트롱-캠벨 흥미검사(SCII, Strong-Campbell Interest Inventory)
- 벡(A. Beck) – 인지치료(CT, Cognitive Therapy), 무망감(절망)척도 · 불안척도 · 우울척도

054

자연스런 환경에 참여하고 있는 관찰자가 개인을 관찰하는 측정법은?

① 유사관찰법　　② 일화관찰법
③ 참여관찰법　　④ 자기관찰법
⑤ 실험관찰법

해설

- **참여관찰법**
연구자가 연구대상이 되는 사람들의 삶에 가능한 한 참여하면서 관찰한 자료를 수집 · 분석하는 방법이다.
연구자는 관찰한 대상의 말이나 행동뿐만 아니라 자신의 감정 · 생각 · 행동에 대한 기록을 충실히 해야 한다.

055

타당도에 관한 설명으로 옳은 것은?

① 안면타당도는 다른 점수와의 관계를 분석하여 추정한다.
② 공인타당도는 검사점수와 예측행동자료를 일정시간에 거쳐 수집해서 알아본다.
③ 내용타당도는 관련분야 전문가의 평가를 통해 판단된다.
④ 구성타당도는 크론바흐 알파계수(α)를 사용하여 측정한다.
⑤ 내용타당도는 숙련도검사보다 성격검사나 적성검사에서 더 중요하다.

해설

① 내용타당도는 전문가의 평가에 근거하는 반면, 안면타당도는 수검자(피검사자)의 평가에 따라 기술된다.
② 예언타당도는 검사점수와 예측행동자료를 일정시간에 거쳐 수집해서 알아보는 반면, 공인타당도는 검사실시와 동시에 기준변인에 관한 자료를 수집하여 평가한다.
④ **신뢰도**는 크론바흐 알파계수(α)를 사용하여 측정한다.
⑤ 내용타당도는 숙련도검사나 능력검사에서 더 중요하다.

- 준거타당도(준거 관련 타당도, Criterion-related Validity)

공인타당도 (Concurrent Validity)	예언타당도 (Predictive Validity)
- 현재의 준거변인과 연관성을 나타낸다. - 준거점수가 현재의 측정결과이다.	- 미래의 준거변인을 예측하는 데 목적이 있다. - 준거점수가 미래의 측정결과이다.

056

신뢰도에 관한 설명으로 옳지 않은 것은?

① 검사-재검사 신뢰도는 실시 간격의 영향을 받지 않는다.
② 평정자 간 신뢰도는 두 명 이상의 평가자가 필요하다.
③ 평정자 간 점수 차이는 신뢰도에 영향을 준다.
④ 문항들의 내용이 동질적일수록 신뢰도는 높아진다.
⑤ 검사 문항수가 증가하면 반분신뢰도는 높아진다.

해설
'검사-재검사 신뢰도'는 실시 간격의 영향을 받는다. 검사 실시 간격이 짧은 경우 신뢰도가 높게 나타나는 반면, 긴 경우 신뢰도가 상대적으로 낮게 나타난다.

해설
ㄱ. 성별은 명명척도이다.
ㄷ. 비율척도는 등간척도와 다르게 절대영점이 존재한다.

• 척도의 구분

구분	내용
명명척도	측정 대상에 임의적으로 숫자를 부여한 것으로, 숫자는 분류 종목에 대한 구별 수단에 불과하다. 예 성별, 인종, 종교, 운동선수의 등번호, 직업 등
서열척도	측정 대상들의 특성을 서열로 나타낸 것으로, '명명척도'의 특성을 가지는 동시에 측정 대상의 상대적 서열을 표시한다. 예 성적 등수, 키 순서, 수능 등급 등
등간척도	측정 대상의 분류와 서열에 관한 정보를 주며 동간성을 갖는 척도로, 임의 영점과 가상 단위를 지니고 있다. 예 온도, 연도, 토익(TOEIC)시험의 점수 등
비율척도	분류, 서열, 동간성의 속성을 지닌 '등간척도'의 특성을 지니면서 절대 영점과 가상 단위를 갖는 척도이다. 예 무게, 길이, 시간, 시속 등
절대척도	분류, 서열, 동간성의 속성을 지닌 '등간척도'의 특성을 지니면서 절대 영점과 절대 단위를 갖는 척도이다. 예 사람 수, 자동차 수 등

057

척도에 관한 설명으로 옳지 않은 것을 모두 고른 것은?

ㄱ. 성별은 서열척도이다.
ㄴ. 온도는 등간척도이다.
ㄷ. 비율척도는 절대영점이 존재하지 않는다.
ㄹ. 서열척도는 단위 사이의 간격에 관한 정보가 없다.

① ㄱ, ㄴ   ② ㄱ, ㄷ
③ ㄴ, ㄷ   ④ ㄴ, ㄹ
⑤ ㄷ, ㄹ

058

심리측정에 관한 설명으로 옳은 것은?

① '대학 학점은 대학수학능력시험 점수와 관련된다'는 가설은 실험가설의 대표적인 예이다.
② 실험가설은 선행조건의 조작과 결과적 행동의 측정을 위한 것이다.
③ 종속변인은 실험가설을 증명하기 위해 실험자가 의도적으로 조작하는 변수이다.
④ 등간척도는 가장 높은 수준의 척도이다.
⑤ 표준점수는 원점수와 동일하다.

> **해설**
> ① '대학 학점은 대학수학능력시험 점수와 관련된다'는 가설은 **예측타당도**의 대표적인 예이다.
> ③ **독립변인(조작변인)**은 실험가설을 증명하기 위해 실험자가 의도적으로 조작하는 변수이다.
> ④ **비율척도**는 가장 높은 수준의 척도이다.
> ⑤ 표준점수 : 집단 내 상대적 위치를 파악하기 위해 원점수를 집단의 평균을 중심으로 표준편차 단위로 환산하여 산출한 점수이다.
> • 원점수 : 시험이나 검사를 통해 나온 원래의 점수로 어떤 조작이나 변환을 가하지 않은 점수이다.

060

심리검사 제작 절차의 순서로 옳은 것은?

> ㄱ. 문항 개발 및 작성
> ㄴ. 신뢰도와 타당도 검토
> ㄷ. 검사 목적의 명료화
> ㄹ. 문항 분석 및 수정
> ㅁ. 규준과 검사 요강 작성

① ㄱ - ㄷ - ㄴ - ㄹ - ㅁ
② ㄱ - ㄷ - ㄹ - ㅁ - ㄴ
③ ㄴ - ㄷ - ㄱ - ㅁ - ㄹ
④ ㄷ - ㄱ - ㄹ - ㄴ - ㅁ
⑤ ㄷ - ㄴ - ㄱ - ㅁ - ㄹ

> **해설**
> 심리검사 제작 절차를 순서대로 나열하면 다음과 같다.
> ㄷ. '검사 목적의 명료화(설정)' - '검사 내용·방법 결정' - ㄱ. '문항 개발 및 작성' - '예비검사 실시' - ㄹ. '문항 분석 및 수정' - '실행·채점 방법 결정' - '본 검사 실시' - '채점 및 통계적 조작 통한 규준 생성' - ㄴ. '신뢰도와 타당도 검토' - ㅁ. '규준과 검사 요강 작성'

059

심리평가 시행 단계의 순서로 옳은 것은?

> ㄱ. 평가방법 및 절차 선택
> ㄴ. 의뢰 문제 분석
> ㄷ. 면담
> ㄹ. 심리평가 결과보고

① ㄱ - ㄴ - ㄹ - ㄷ
② ㄴ - ㄱ - ㄷ - ㄹ
③ ㄴ - ㄱ - ㄹ - ㄷ
④ ㄴ - ㄷ - ㄱ - ㄹ
⑤ ㄷ - ㄱ - ㄴ - ㄹ

> **해설**
> 심리평가 시행 단계를 순서대로 나열하면 다음과 같다.
> ㄴ. '의뢰 문제 분석' - ㄱ. '평가방법 및 절차 선택' - ㄷ. '면담' - ㄹ. '심리평가 결과보고'

061

심리검사에 관한 설명으로 옳은 것을 모두 고른 것은?

> ㄱ. 검사자는 검사실시의 표준절차를 따라야 한다.
> ㄴ. 전집의 행동을 측정한다.
> ㄷ. 검사자의 성격특성은 검사결과에 영향을 미친다.
> ㄹ. 심리검사의 결과는 확정적이다.

① ㄱ, ㄴ   ② ㄱ, ㄷ
③ ㄴ, ㄷ   ④ ㄴ, ㄹ
⑤ ㄷ, ㄹ

> **해설**
> ㄴ. 일부 **표집** 대상의 행동을 측정한다.
> ㄹ. 심리검사의 결과는 **잠정적** 가설이다.

062
투사검사의 장점을 모두 고른 것은?

> ㄱ. 반응의 독특성 ㄴ. 방어의 어려움
> ㄷ. 반응의 풍부함 ㄹ. 사회적 바람직성의 반영
> ㅁ. 무의식의 반영

① ㄱ, ㅁ
② ㄴ, ㄷ, ㄹ
③ ㄴ, ㄹ, ㅁ
④ ㄱ, ㄴ, ㄷ, ㄹ
⑤ ㄱ, ㄴ, ㄷ, ㅁ

해설
'객관적 검사'는 문항 내용이 사회적으로 바람직한가에 따라 피검자의 응답 결과에 영향을 미친다.

구분	객관적 검사	투사적 검사
장점	- 신뢰도와 타당도가 높음 - 검사의 시행·채점·해석이 표준화되어 있음 - 검사자나 상황변인의 영향을 적게 받음	- 피검자의 독특한 반응을 이끌어 낼 수 있으며, 반응이 풍부함 - **피검자의 방어가 어렵고**, 솔직한 응답 가능 - 피검자의 심리적 특성·무의식이 반영됨
단점	- 응답의 범위가 제한적이며, 반응이 풍부하지 못함 - **사회적 바람직성으로 응답하는 경향** - 피검자의 심리적 특성·무의식이 잘 반영되지 않음	- 신뢰도와 타당도를 확보하기 어려움 - 해석하는 데 전문성이 필요함 - 피검자의 상황변인에 영향을 많이 받음

063
심리검사 및 평가의 윤리에 관한 설명으로 옳지 않은 것은?

① 수검자가 자해 위험이 있는 경우 비밀보장의 원칙을 지키지 않아도 된다.
② 평가결과의 해석은 내담자가 그 내용을 이해할 수 있어야 한다.
③ 평가서를 보여 주면 안 되는 경우, 사전에 수검자에게 이 사실을 인지시켜야 한다.
④ 가장 적은 시간과 노력을 들여 가장 타당하게 평가할 수 있는 검사를 선택한다.
⑤ 평가 의뢰인과 수검자가 동일하지 않을 경우에, 평가서와 검사보고서는 의뢰인의 동의 없이 수검자에게 열람될 수 있다.

해설
평가 의뢰인과 수검자가 동일하지 않을 경우에, 평가서와 검사보고서는 의뢰인의 동의하에 수검자에게 열람될 수 있다.

〈한국임상심리학회 윤리규정〉
제57조 평가서, 검사 보고서 열람
1. 평가서의 의뢰인과 피검사자가 **동일하지 않을 경우**에, 평가서와 검사보고서는 의뢰인이 **동의할 때** 피검사자에게 열람될 수 있다.
2. 건강에 피해를 줄 수 있다고 판단되지 않는 한, 피검사자가 원할 때는 평가서와 검사보고서를 볼 수 있도록 도와야 한다.
3. 평가서를 보여주어서는 안 되는 경우, 사전에 피검사자에게 이 사실을 인지시켜주어야 한다.

064

웩슬러 지능검사에 관한 설명으로 옳지 않은 것은?

① 편차지능지수 개념을 도입했다.
② 개인의 인지적 강점과 약점에 관한 정보를 제공한다.
③ 학업성취와 신경심리학적 손상까지 예측할 수 있다.
④ 지능지수는 타고난 능력과 모든 문제해결능력을 대표한다.
⑤ 개인의 성격을 측정하는 도구로도 사용할 수 있다.

> **해설**
> 지능검사를 구성하는 과제들은 인위적으로 표집된 문항이므로, 한 지능검사의 결과를 모든 상황에 일반화시키는 것은 신중하게 검토되어야 한다.
>
> • 웩슬러 지능검사(K-WISC-V)
> 신뢰성이 높은 지능검사로 전 세계적으로 가장 널리 쓰이고 있다. 성인용, 아동용, 유아용 등 다양한 버전이 존재한다. 검사 결과 평균 100, 표준편차 15인 정규분포 내 개인의 위치를 확인할 수 있다. 다섯 개(언어이해, 시공간, 유동추론, 작업기억, 처리속도) 지표에 대한 지수와 전체 지능지수로 표시하며, 전체 지능지수가 같아도 언어이해 지수가 높거나 시공간 지수가 높은 등 개인별 차이가 존재할 수 있다.

065

K-WISC-IV의 처리속도 지표(PSI)에 해당하는 소검사는?

① 어휘
② 행렬추론
③ 기호쓰기
④ 숫자
⑤ 토막짜기

> **해설**
> • K-WISC-IV(한국 웩슬러 지능검사 아동용 4판)
> : 핵심 소검사 10개 + 보충 소검사 5개
>
> | 구분 | 언어이해 | 지각추론 | 작업기억 | 처리속도 |
> |---|---|---|---|---|
> | 핵심 소검사 | 공통성 어휘 이해 | 토막짜기 행렬추리 공통그림찾기 | 숫자 순차연결 | 동형찾기 기호쓰기 |
> | 보충 소검사 | 상식 단어추리 | 빠진곳찾기 | 산수 | 선택 |

066

K-WISC-IV 검사를 실시할 때 주의할 점으로 옳지 않은 것은?

① 토막짜기 : 수검자의 정중앙에 토막을 놓는다.
② 모양 맞추기 : 지침서에 제시된 순서대로 조각을 제시한다.
③ 바꿔쓰기 : 지우개가 달린 심이 뾰족한 연필 한 자루를 준비한다.
④ 차례 맞추기 : 카드 순서가 뒤섞이지 않도록 유의한다.
⑤ 어휘/이해 소검사 : 수검자의 반응을 놓치지 않고 그대로 기록한다.

> **해설**
> '바꿔쓰기'는 K-WAIS-III(성인용 3판)에 포함된 동작성 검사로, 시각-운동 협응능력, 시각-운동 기민성, 시각적 단기기억, 정확성 등을 평가한다.
>
> ※ 참고 : K-WISC-III(한국 웩슬러 지능검사 아동용 3판) 기준으로 출제된 선택지입니다.
> K-WISC-IV(아동용 4판)에서는 '모양 맞추기', '차례 맞추기' 소검사가 제외되었으므로 ②, ③, ④ 모두 정답이 될 수 있습니다.

067

맥락적, 경험적, 성분적 요인을 기반으로 지능의 삼원지능모형을 주장한 학자는?

① 스피어만(C. Spearman)
② 써스톤(L. Thurstone)
③ 길포드(J. Guilford)
④ 스턴버그(R. Sternberg)
⑤ 카텔(R. Cattell)

해설

- 스턴버그(R. Sternberg) – 삼원지능이론
  인간의 지능은 구성적(분석적)·경험적(창의적)·맥락적(실용적) 지능으로 구성되어 있다.

① 스피어만(C. Spearman) – 일반요인설(2요인설)
  지능은 일반요인(g요인)과 특수요인(s요인)으로 구성되어 있는 단일능력이며, 모든 인간이 공통적으로 갖고 있는 일반요인(g요인)을 강조하였다.
② 써스톤(L. Thurstone) – 다요인설
  지능은 단일능력이 아니라 7개의 기본적인 정신능력(PMA)으로 구성되어 있다.
③ 길포드(J. Guilford) – 지능구조이론
  지능은 조작, 내용, 결과의 3차원 모델로 구성된 복합체이다.
⑤ 카텔 & 혼(Cattell & Horn) – 위계적 요인설
  인간의 지능을 유전적·선천적으로 타고나는 유동성 지능과 후천적으로 발달하는 결정성 지능으로 구분하였다.

068

MMPI-A의 내용척도에 관한 설명으로 옳은 것은?

① A-aln : 높은 점수는 다른 사람들과 큰 정서적 거리를 느낌
② A-cyn : 높은 점수는 자신이 매력 없고 자신감이 부족하다고 생각함
③ A-las : 낮은 점수는 수줍어하고 혼자 있는 것을 좋아함
④ A-con : 높은 점수는 낮은 성적과 무단결석 등을 나타냄
⑤ A-ang : 높은 점수는 부모나 다른 가족과 많은 갈등이 있음

해설

- 다면적 인성검사 청소년용(MMPI-A) – 내용척도

척도	높은 점수의 의미
A-anx(불안)	긴장, 혼란, 잦은 걱정, 수면장애, 주의집중의 어려움
A-obs(강박성)	사소한 일에 과도한 걱정을 하거나, 삶의 변화를 두려워 함
A-dep(우울)	우울감과 외로움을 느끼며 자신의 삶에 만족하지 못함
A-hea(건강염려)	건강에 지나치게 걱정이 많으며 다양한 신체적 증상 호소
A-aln(소외)	다른 사람들과 상당한 정서적 거리를 느낌
A-biz(기태적 정신상태)	환청·환시·환후 등 이상한 생각이나 경험을 함
A-ang(분노)	욕설을 하거나 폭력적 태도를 보임
A-cyn(냉소적 태도)	염세적인 태도를 보이며 다른 사람을 잘 믿지 못함
A-con(품행 문제)	무례, 욕설, 반항, 범죄 등 다양한 행동적 문제를 보임
A-lse(낮은 자존감)	자신감이 부족하며 자신이 매력 없다고 생각
A-las(낮은 포부)	성공하는 것에 대하여 흥미를 보이지 않음
A-sod(사회적 불편감)	수줍어하고 혼자 있는 것을 좋아하며 사람들을 피함
A-fam(가정 문제)	부모나 다른 가족 구성원과 많은 갈등이 있음
A-sch(학교 문제)	낮은 성적과 무단결석 등 학교생활에서 문제를 보임
A-trt(부정적 치료)	의사 또는 정신건강전문가에 대하여 부정적 태도를 보임

069

MMPI-2의 타당도 척도에 관한 설명으로 옳지 않은 것은?

① ?무응답 척도가 높아지는 요인으로 읽기장애, 정신운동의 지체가 있다.
② L척도가 높으면 자신을 완벽하고 이상적으로 꾸며대는 경향이 있다.
③ F척도는 이상반응 경향을 탐지하기 위한 척도이다.
④ K척도는 자신을 긍정적으로 기술하는 것을 측정하기 위한 척도이다.
⑤ TRIN은 비일관적으로 응답하는 경향을 탐지하기 위한 무선반응 비일관성 척도이다.

해설

'VRIN'은 비일관적으로 응답하는 경향을 탐지하기 위한 무선반응 비일관성 척도이다.

• 다면적 인성검사(MMPI-2) - 타당도 척도

구분	척도	내용
성실성	?(무응답)	부주의한 태도, 우유부단, 자기노출 회피 등의 이유로 응답을 하지 않은 문항 또는 '예/아니오'에 모두 응답한 문항
	VRIN (무선반응 비일관성)	내용이 유사하거나 상반되는 문항 쌍으로 구성 또는 비일관적으로 응답하는 경향
	TRIN (고정반응 비일관성)	문항의 내용과 상관없이 '예/아니오' 둘 중 하나로 응답하는 경향
비전형성	F(비전형)	대다수의 사람과 다른 응답을 하는 경향
	F(B) (비전형-후반부)	수검자의 후반부 태도 변화에 대한 척도
	F(P) (비전형-정신병리)	정신병적 증상인지 왜곡되게 답한 것인지에 대한 결과를 보여주는 척도
	FBS (증상 타당도)	수검자의 과장 정도를 보여주는 척도
방어성	L (부인)	사회적으로 바람직하게 보이고자 스스로를 부정하는 방어기제
	K (교정)	자기 자신에 대하여 긍정적으로 왜곡하여 제시하며 교묘하게 자신을 미화
	S (과장된 자기제시)	자기 자신을 과장되게 유능하고 도덕적인 사람으로 나타내려는 경향

070

NEO-PI-R의 성격 5요인이 아닌 것은?

① 신경증(N) ② 친화성(A)
③ 개방성(O) ④ 내향성(I)
⑤ 성실성(C)

해설

• NEO-PI-R - 성격 5요인
N요인(신경증), E요인(외향성), O요인(개방성), A요인(친화성), C요인(성실성)

071

성격평가질문지(PAI)의 하위척도와 그 형태적 해석으로 옳은 것은?

① ALC : 정서적 불안정성, 분노, 정체감 혼동, 충동성 시사
② ANT : 자기중심적 또는 감각적 경험 추구, 반사회적 행동경향 지속
③ SAS : 마술적 사고, 망상적 신념과 지각, 환각 경험
④ DEP : 공포적 회피행동, 외상사건과 관련된 불쾌한 생각 포함
⑤ DRG : 확장된 자존감, 뚜렷한 과대성, 다양한 일에 대한 지나친 개입

072

다음 성격 특징을 모두 포함하는 홀랜드(J. Holland)의 직업적 성격유형은?

- 상상력이 풍부하며 감수성이 강하다.
- 자유분방하며 개방적이다.
- 감정이 풍부하고 독창적이며 개성이 강한 반면 협동적이지는 않다.

① 사회적(Social) 유형
② 예술적(Artistic) 유형
③ 관습적(Conventional) 유형
④ 탐구적(Investigative) 유형
⑤ 현실적(Realistic) 유형

해설

① ALC(알코올 문제) : 알코올의 사용·남용·의존과 관련된 행동 및 결과
- BOR(경계선적 특징) : 정서적 불안정성, 분노, 정체감 혼동, 충동성 시사
② ANT(반사회적 특징) : 자기중심적 또는 감각적 경험 추구, 반사회적 행동경향 지속
③ SCZ(정신분열증) : 미술적 사고, 망상적 신념과 지각, 환각 경험
④ DEP(우울) : 우울증과 관련된 인지적·정서적·생리적 증상 및 현상
- ARD(불안 관련 장애) : 공포적 회피행동, 외상사건과 관련된 불쾌한 생각 포함
⑤ DRG(약물 문제) : 약물의 사용·남용·의존과 관련된 행동 및 결과
- MAN(조증) : 확장된 자존감, 뚜렷한 과대성, 다양한 일에 대한 지나친 개입

- 성격평가질문지(PAI) – 22개 척도

타당도척도(4)
ICN(비일관성), INF(저빈도), NIM(부정적 인상), PIM(긍정적 인상)
임상척도(11)
SOM(신체적 호소), ANX(불안), ARD(불안 관련 장애), DEP(우울), MAN(조증), PAR(망상), SCZ(정신분열증), BOR(경계선적 특징), ANT(반사회적 특징), ALC(알코올 문제), DRG(약물 문제)
치료고려척도(5)
AGG(공격성), SUI(자살 관련), STR(스트레스), NON(비지지), RXR(치료 거부)
대인관계척도(2)
DOM(지배성), WRM(온정성)

- 홀랜드(J. Holland) – 직업적 성격 유형(RIASEC)

영역	유형	선호 활동	비선호 활동
R	현실형	신체적 활동 선호, 손재주가 좋음	교육적 활동 비선호, 사회적 기술 부족
		예 기술자, 정비사, 엔지니어, 운동선수 등	
I	탐구형	관찰이나 탐구 등 깊이 생각하고 연구하는 활동	사회적이고 반복적인 활동
		예 과학자, 화학자, 물리학자, 의사 등	
A	예술형	창조적인 활동, 변화와 다양성 선호, 독립적이고 자유로움	체계적이고 구조화된 활동
		예 작곡가, 작가, 배우, 소설가, 무용가 등	
S	사회형	다른 사람들과 같이 상호작용하거나 문제를 해결하는 활동	기계나 도구 등을 활용하거나 체계적인 활동
		예 상담가, 사회복지사, 교육자, 간호사 등	
E	진취형	다른 사람들에게 인정받거나 다른 사람들을 이끄는 활동	관찰적·상징적·체계적 활동
		예 경영인, 정치인, 판매원, 관리자 등	
C	관습형	규칙을 따르고 체계적인 활동, 꼼꼼하고 정확함	창의적·자율적·모험적·비체계적 활동
		예 세무사, 은행원, 프로그래머, 사서 등	

073

다음 내용을 포함하는 MMPI-2의 Harris-Lingoes 소척도는?

- 사회적 불안의 부인
- 애정욕구
- 권태-무기력
- 신체증상 호소
- 공격성의 억제

① Hy ② D
③ PD ④ SC
⑤ Ma

해설

- 다면적 인성검사(MMPI-2) - 해리스-링구스(Harris-Lingoes) 임상 소척도

번호	구분	임상 소척도	
2	D	D1 : 주관적 우울감 D2 : 정신운동 지체 D3 : 신체기능 장애	D4 : 둔감성 D5 : 깊은 근심
3	Hy	Hy1 : 사회적 불안 부인 Hy2 : 애정욕구 Hy3 : 권태-무기력	Hy4 : 신체증상호소 Hy5 : 공격성 억제
4	Pd	Pd1 : 가정불화 Pd2 : 권위불화 Pd3 : 사회적 침착성	Pd4 : 사회적 소외 Pd5 : 내적 소외
6	Pa	Pa1 : 피해의식 Pa2 : 예민성 Pa3 : 순진성	
8	Sc	Sc1 : 사회적 소외 Sc2 : 정서적 소외 Sc3 : 자아통합 결여, 인지적	Sc4 : 자아통합 결여, 동기적 Sc5 : 자아통합 결여, 억제부전 Sc6 : 기태적 감각 경험
9	Ma	Ma1 : 비도덕성 Ma2 : 심신운동 항진	Ma3 : 냉정함 Ma4 : 자아팽창
0	Si	Si1 : 수줍음/자의식 (사회적 불안감 관련) Si2 : 사회적 회피 (수줍음 관련) Si3 : 내적/외적 소외 (낮은 자존감 및 외부통제 소재 관련)	

074

로샤 검사의 지각적 사고 지표(PTI)에 해당하지 않는 것은?

① $XA\% < .70$이고 $WDA\% < .75$
② $X-\% > .29$
③ $LVL2 >$ 이고 $FAB2 > 0$
④ $M- > 1$ 혹은 $X-\% > .40$
⑤ $3r+(2)/R < .31$ 혹은 $> .44$

해설

⑤ 자살 지표(S-CON)에 해당한다.

- 로샤 검사(로르샤흐 검사, Rorschach Test) - 지각적 사고 지표(PTI)

$XA\% < .70$ and $WDA\% < .75$
$X-\% > .29$
$LVL2 > 2$ and $FAB2 > 0$
$R < 17$ and $WSUM6 > 12$ or $R > 16$ and $WSUM6 > 17$
$M- > 1$ or $X-\% > .40$

075

허트(M. Hutt)의 BGT 평가항목 중 '형태의 일탈'에 해당하는 것은?

① 지각적 회전(Perception Rotation)
② 중첩 곤란(Overlapping Difficulty)
③ 교차 곤란(Crossing Difficulty)
④ 단편화(Fragmentation)
⑤ 보속성(Perseveration)

해설

② '형태의 왜곡'에 해당한다.

• 허트(M. Hutt) - BGT 평가항목

항목	내용	
조직화	- 배열순서 - 도형 A의 위치 - 공간의 사용 - 공간의 크기	- 도형 간의 중첩 - 가장자리의 사용 - 용지의 회전 - 자극도형의 위치 변경
크기의 일탈	- 전체적으로 크거나 작은 그림 - 점진적으로 커지거나 작아지는 그림 - 고립된 큰 그림 또는 작은 그림	
형태의 일탈	- 폐쇄 곤란 - 교차 곤란	- 곡선 모사 곤란 - 각도 변화
형태의 왜곡	- 지각적 회전 - 퇴영 - 단순화 - 파편화 / 단편화	- 중첩 곤란 - 정교함 / 조악함 - 보속성 - 도형의 재모사
움직임 및 묘사 요인	- 운동방향에서의 일탈 - 운동방향의 비일관성 - 선 또는 점의 질	

필수 | 제4과목 상담이론

076

상담의 정의에 관한 설명으로 옳지 않은 것은?

① 상담자, 내담자, 상담관계가 주요 요소이다.
② 상담자는 상담에 대한 전문적 훈련을 받은 사람이다.
③ 내담자는 자발적인 신청자로 제한한다.
④ 상담은 내담자의 문제를 해결하도록 노력하는 것이다.
⑤ 상담은 조력의 과정이다.

해설

내담자는 자발적인 신청자뿐 아니라 부모, 선생님 등의 의뢰에 의해서도 선정된 비자발적 신청자도 포함한다.

077

인간중심 상담에 관한 설명으로 옳지 않은 것은?

① 구체적인 상담기법보다 상담자의 태도를 더 중요시한다.
② 인간은 자기실현경향성을 가지고 있는 존재이다.
③ 철학적 배경은 실증주의이다.
④ 로저스(C. Rogers)에 의해 창시된 상담이론이다.
⑤ 비지시적 상담 또는 내담자중심 상담으로 불리어졌다.

해설

- 인간중심 상담
  - 로저스(C. Rogers)가 창시한 이론으로, 인본주의 심리학에 뿌리를 두고 실존주의 철학의 영향을 받아 발달하였다.
  - 내담자를 진단하여 지시적이었던 전통적 정신분석적 접근방법에 반대하여 '비지시적 상담접근'이라고 불렀고, 그 후 내담자가 가지고 있는 성장요인을 강조하여 '내담자중심 상담'으로 변경하였다.
  - 인간은 성취와 성장을 향한 기본적이고 선천적인 성향인 자기실현 경향성을 가지고 있으며, 치료의 목표는 이를 강화하는 것이다.
  - 상담자의 태도로 결정되는 내담자와의 관계를 중시하며, 상담자 태도의 핵심조건 세 가지는 진실성(상담자의 일치성), 수용(무조건적 긍정적 존중), 공감(공감적 이해)이다.

해설

ㄹ, ㅁ은 상담자의 '간접적인' 역할에 해당한다.

- 상담자의 역할

직접적인 역할	간접적인 역할
- 상담목표를 달성하기 위해 내담자와 의사소통하는 상담면접 - 상담목표를 달성하기 위해 필요한 이론·법률 교육 - 내담자가 원하는 행동을 실제로 할 수 있도록 계획된 프로그램하에서 훈련 - 내담자의 편에 서서 그의 권리를 옹호	- 내담자를 직접적으로 돕기보다 주변인을 자문 - 내담자가 속한 조직 구성원·문화를 변화시키는 조직 개발 - 내담자가 속한 지역사회 개발 - 지역사회 내 기관·단체의 갈등 조정 - 내담자를 다른 기관·상담사에게 의뢰 및 위탁

078

상담자의 역할 중 내담자를 돕는 직접적인 역할을 모두 고른 것은?

```
ㄱ. 상담면접      ㄴ. 교육
ㄷ. 훈련          ㄹ. 의뢰 및 위탁
ㅁ. 조직개발
```

① ㄱ, ㄴ
② ㄴ, ㄷ
③ ㄷ, ㄹ
④ ㄱ, ㄴ, ㄷ
⑤ ㄴ, ㄹ, ㅁ

079

〈보기〉의 주요개념을 다루고 있는 상담이론으로 옳은 것은?

〈보기〉
- 죽음의 불가피성과 삶의 유한성
- 개인이 갖고 있는 자유와 책임에 대한 인식
- 타인과 세계로부터의 근본적인 고립
- 삶의 의미를 상실한 상태

① 개인심리학 ② 실존주의 상담
③ 인간중심 상담 ④ 게슈탈트 상담
⑤ 현실치료

해설

- 실존주의 주요개념
  얄롬(I. Yalom)은 인간 존재의 궁극적 관심이나 본질의 요소를 죽음, 자유와 책임, 고립, 무의미로 보았으며, 이러한 요소가 인간이 직면하는 역동적 갈등을 실존적인 차원에서 만들어내고 있다고 설명하였다.

080

상담자의 자질에 해당하는 것을 모두 고른 것은?

> ㄱ. 상담이론의 적용 능력
> ㄴ. 자기성찰적 태도
> ㄷ. 자신과 타인의 감정인식 및 수용능력
> ㄹ. 상담자 윤리에 대한 이해

① ㄱ
② ㄴ, ㄷ
③ ㄱ, ㄴ, ㄷ
④ ㄴ, ㄷ, ㄹ
⑤ ㄱ, ㄴ, ㄷ, ㄹ

해설

- 상담자의 자질
  상담자는 인간적 자질과 전문적 자질을 모두 갖추어야 한다.

인간적 자질	전문적 자질
- 유머감각 - 자기성찰 태도 및 능력 - 감정 인식 및 수용 능력 - 인간관계 및 경험에 대한 수용성 및 개방성 - 새로운 접근 방식에 대한 독창성 및 유연성 - 인간에 대한 호기심과 관심 - 변화에 대한 신뢰와 용기	- 상담자 윤리에 대한 이해 - 상담이론 적용 능력 - 실제적인 상담기술 훈련 - 내담자 혹은 내담 집단에 대한 폭넓은 식견 - 다문화적 차이에 대한 이해와 민감성 - 지역사회 자원 및 사회 환경에 대한 이해 - 풍부한 상담 경험

081

상담의 종결과정에서 다루어야 할 사항으로 옳지 않은 것은?

① 내담자와 비공식적인 수준에서 지속적인 상담관계를 계획한다.
② 내담자가 상담과정에서 무엇을 얻었는지 확인한다.
③ 내담자와 상담종결에 대한 불안을 다룬다.
④ 내담자가 사용했던 효과적인 대처행동을 검토한다.
⑤ 내담자가 앞으로 사용할 수 있는 가용자원과 행동목록을 점검한다.

해설

상담의 전체 과정에서 내담자와 비공식적인 상담관계를 지속하는 것은 바람직하지 않다.

082

상담구조화에 관한 설명으로 옳은 것을 모두 고른 것은?

> ㄱ. 상담절차나 조건, 비밀보장 등에 대해 설명한다.
> ㄴ. 라포가 형성된 이후 상담구조화를 천천히 진행한다.
> ㄷ. 상담자의 역할과 내담자의 역할을 안내한다.
> ㄹ. 내담자가 상담에 대한 비현실적 기대를 갖고 있을 경우 중요성이 더욱 높아진다.

① ㄱ, ㄴ
② ㄷ, ㄹ
③ ㄱ, ㄴ, ㄷ
④ ㄱ, ㄷ, ㄹ
⑤ ㄱ, ㄴ, ㄷ, ㄹ

해설

상담 초기단계에서 상담구조화 및 라포(Rapport) 형성을 진행한다.

- 집단상담 초기단계
  (1) 라포(Rapport) 형성
  (2) 내담자 이해 및 정보 파악
  (3) 상담 구조화(상담의 전체 과정에서 필요시 실시)
  (4) 상담목표 및 집단규범 설정
  (5) 신뢰분위기 조성 및 집단응집력 형성

- 상담구조화 주요사항
  (1) 시간 제한
  (2) 행동 제한
  (3) 내담자 및 상담자 역할의 구조화
  (4) 상담 과정 및 목표의 구조화
  (5) 비밀보호의 원칙 및 한계

083

〈보기〉의 상담자가 사용한 상담기법으로 옳은 것은?

― 〈보기〉 ―
내담자 : (굳은 표정을 지으며) 괜찮아요.
상담자 : 당신 말로는 괜찮다고 하면서도 얼굴 표정은 그렇게 보이지 않네요.

① 도전과 직면
② 질문과 탐색
③ 이해와 공감
④ 주의집중과 경청
⑤ 패턴의 자각 및 수정

해설
- 상담기법 – 직면(맞닥뜨림)
  - 상담자가 내담자의 말이나 행동에 일치하지 않거나 모순점이 있을 때 그것을 지적하는 것이다.
  - 내담자가 자기 자신을 되돌아보고 이해하며 통찰을 통해 변화하고 발달할 수 있도록 돕는다.
  - 내담자의 저항심을 발생시킬 수 있으므로, 충분한 신뢰관계가 형성된 후에 사용하는 것이 좋다.

084

〈보기〉에서 설명하고 있는 상담이론으로 옳은 것은?

― 〈보기〉 ―
내담자가 변화하고자 하는 구체적인 행동에 초점을 두고, 상담을 진행할 때 인간 내부의 심리적 구조보다는 환경과의 상호작용을 중시한다.

① 현실치료
② 행동주의 상담
③ 교류분석 상담
④ 정신분석 상담
⑤ 게슈탈트 상담

해설
- 행동주의 상담
  - 상담목표나 상담과정 및 결과를 평가하는 기준이 내담자의 행동변화에 있다.
  - 내담자의 문제를 행동의 문제로 파악하고 이를 변화시키기 위하여 행동을 기능적으로 분석한다.
  - 과거보다 현재의 상담과정에 초점을 두며, 내담자의 내적 심리보다 환경 또는 상황에 의해 설명하고자 한다.

085

첫 회 상담에서 상담자가 수행해야 할 사항으로 옳지 않은 것은?

① 상담신청서 정보 확인
② 접수면접 정보 확인
③ 라포 형성
④ 상담구조화
⑤ 사례개념화

해설
'사례개념화'는 상담 초기 진행해야 할 사항이지만, 첫 회 상담에서 수행해야 할 사항으로 옳지 않다.

- 사례개념화
  상담신청서, 접수면접, 행동관찰, 심리검사 등을 통해 얻은 정보와 한두 회기의 상담 후 상담자가 파악한 내담자의 특성, 증상, 상황 등을 종합하고 이에 이론적인 지식을 적용하여 상담목표 및 전략과 함께 내담자 문제에 대한 잠정적인 가설을 수립하는 것이다.

086

상담기술과 상담자 반응의 연결이 옳지 않은 것은?

① 감정반영 – 엄마한테 야단맞아서 많이 속상했겠다.
② 해석 – 친구에 관해 이야기를 나누기 전에 엄마한테 야단맞은 일에 대해서 좀 더 대화를 해보자.
③ 즉시성 – 네가 엄마 이야기를 하면서 나의 눈치를 자꾸 보는 것 같아 안쓰럽게 느껴진다.
④ 구체화 – 엄마한테 무슨 일 때문에 야단맞았니?
⑤ 자기개방 – 나도 고등학교 다닐 때 엄마한테 야단을 많이 맞았어.

해설

② 상담자는 상담 주제에서 벗어나 친구에 관해 이야기를 하는 내담자의 초점을 돌려서 엄마한테 야단맞은 일에 다시 집중하도록 중심을 잡는 '초점화' 기법을 사용하고 있다.

• 상담기법

해석	상담자가 내담자의 감정·사고·태도의 의미에 대하여 설명해서 그 이면에 숨겨진 문제를 제대로 파악하도록 한다.
초점화	내담자의 산만한 주의·생각·감정을 정리하여 상담의 목적과 주제에 집중할 수 있도록 중심을 잡는 것이다.

088

사례에 해당하는 A의 인지적 오류로 옳은 것은?

> A는 친구들이 자신을 꼬맹이라고 부르는 이유가 성적이 낮은 자신을 무시해서라고 생각한다.

① 이분법적 사고
② 파국화
③ 의미축소
④ 잘못된 명명
⑤ 임의적 추론

해설

위 사례에서 A는 '친구들이 자신을 꼬맹이라고 부르는 이유'가 '낮은 성적'과 '무시' 때문이라는 잘못된 해석을 하고 있다.

• 인지왜곡 – 임의적 추론
명확한 증거 없이 또는 잘못된 증거를 통해 추측만으로 틀린 해석을 하는 것이다.

087

정신분석 상담기법으로 옳은 것을 모두 고른 것은?

ㄱ. 자유연상	ㄴ. 꿈분석
ㄷ. 실험기법	ㄹ. 해석
ㅁ. 역설적 의도	ㅂ. 탈숙고

① ㄱ, ㄴ
② ㄷ, ㄹ
③ ㄱ, ㄴ, ㄹ
④ ㄷ, ㅁ, ㅂ
⑤ ㄱ, ㄴ, ㄹ, ㅂ

해설

ㄷ. '게슈탈트' 상담기법
ㅁ. '개인심리학' 상담기법
ㅂ. '실존주의' 상담기법

089

합리정서행동치료(REBT)에 관한 설명으로 옳은 것을 모두 고른 것은?

> ㄱ. 인간은 합리적인 존재로 태어났지만 가치조건화에 의해 비합리적인 존재가 된다.
> ㄴ. 비합리적 사고의 요소로는 당위적 사고, 과장적 사고, 인간 가치의 총체적 비하 등이 있다.
> ㄷ. ABCDE 모델에서 "시험을 망쳐서 너무 슬퍼!"라는 내담자의 감정은 B에 해당된다.
> ㄹ. 상담기법으로 수치심 극복하기, 신체 자각하기 등이 있다.

① ㄱ
② ㄴ
③ ㄱ, ㄴ
④ ㄷ, ㄹ
⑤ ㄱ, ㄴ, ㄷ, ㄹ

해설

ㄱ. '인간중심 상담'에 관한 설명이다.
ㄷ. ABCDE 모델에서 "시험을 망쳐서 너무 슬퍼!"라는 내담자의 감정은 B(비합리적 신념)이 아니라 C(결과)에 해당된다.
ㄹ. '신체 자각하기'는 게슈탈트 상담기법에 해당한다.

• 합리정서행동치료(REBT) – ABCDE 모델

A(Activating Event) 선행사건, 촉발사건	내담자가 부정적인 결과(정서 및 행동)에 이르도록 영향을 미친 사건
B(Belief System) 비합리적 신념체계	선행 사건에 대한 내담자의 비합리적인 신념
C(Consequence)결과	비합리적인 신념으로 인해 나타난 바람직하지 않은 결과(정서 및 행동)
D(Dispute)논박	내담자의 비합리적인 신념에 대해 상담자가 논리성·현실성·실용성 측면에서 반박하는 것으로, 내담자의 비합리적 신념체계 수정
E(Effect)효과	논박으로 인하여 나타나는 인지적·정서적·행동적 효과로, 내담자의 비합리적인 신념이 합리적인 신념으로 대체된 결과

090

〈보기〉에 해당하는 방어기제로 옳은 것은?

〈보기〉
- 용납되기 어려운 충동이나 행동을 그럴듯한 이유로 설명함으로써 비판으로부터 자신을 보호하여 자존심을 유지하고자 한다.
- 원하는 대학에 불합격하자 "그 대학은 명문대학도 아니야. 나도 그 대학을 꼭 다니고 싶지는 않어."라고 말하는 경우에 해당된다.

① 부인 ② 합리화
③ 치환 ④ 투사
⑤ 억압

해설

위 사례에서는 '원하는 대학에 불합격한' 자아를 보호하기 위하여 '그 대학은 명문대학도 아니야 … 다니고 싶지는 않았어.'라고 이유를 제시하고 있다.

• 방어기제

부인(부정)	충격적인 사건이나 용납할 수 없는 충동을 무의식적으로 거부한다.
합리화	자신의 행위나 생각을 정당화하기 위해 그럴듯한 이유를 제시하는 것이다.
치환(전위)	특정 대상에 대한 충동이나 욕구를 다른 대상에게 돌리는 것이다.
투사	자신의 내부에서 용납하기 어려운 욕구나 충동을 남의 탓으로 돌리는 것이다.
억압	창피했던 일, 무서웠던 일 등을 기억에 떠오르지 않도록 무의식적으로 막는 것이다.

091

다음의 인간관에 기초한 상담이론으로 옳은 것은?

- 사회적 존재
- 목표 지향적 존재
- 주관적 존재

① 개인심리학 ② 정신분석 상담
③ 실존주의 상담 ④ 인간중심 상담
⑤ 행동주의 상담

해설

• 개인심리학 – 인간관
(1) 전체적 존재 : 인간의 행동·사고·감정은 분리하여 생각할 수 없으며 하나의 일관된 전체로 보아야 한다.
(2) 사회적 존재 : 인간은 본질적으로 사회적 존재이므로 인간의 행동은 사회적 맥락 속에서 이해할 수 있다.
(3) 목표지향적 존재 : 인간은 자신이 추구하는 궁극적 목표를 향해 나아가는 존재이며 모든 행동에는 목적이 있다고 보아, 행동의 원인보다 목적을 이해할 것을 강조하였다.
(4) 창조적 존재 : 목표를 지향하는 인간은 자신의 삶을 선택하고 결정을 내리는 등 창조할 수 있는 존재이다.
(5) 주관적 존재 : 현상학적 관점을 수용하여 개인이 세계를 어떻게 인식하느냐 하는 주관성을 강조하였다.

092

게슈탈트 상담에 관한 설명으로 옳지 않은 것은?

① 내파층은 개체가 게슈탈트를 해소하고 완결 짓는 단계이다.
② 알아차림과 접촉 주기는 배경, 감각, 알아차림, 에너지 동원, 행동, 접촉의 순으로 이루어진다.
③ 완결되지 못했거나 해소되지 않은 게슈탈트를 미해결 과제라고 한다.
④ 게슈탈트 상담의 목적은 알아차림과 접촉을 증진시키는 것이다.
⑤ 언어수정 기법을 통해 "나는 ~할 수 없다"를 "나는 ~하지 않겠다"로 바꾼다.

해설
내파층은 억압하고 차단해왔던 욕구와 감정을 알아차리게 되는 단계이다.
외파층은 개체가 게슈탈트를 해소하고 완결 짓는 단계이다.

093

엘리스(A. Ellis)가 제시한 합리적 사고와 비합리적 사고의 변별 기준으로 옳은 것을 모두 고른 것은?

ㄱ. 논리성	ㄴ. 현실성
ㄷ. 실용성	ㄹ. 객관성
ㅁ. 융통성	

① ㄱ, ㄴ, ㄷ
② ㄱ, ㄹ, ㅁ
③ ㄴ, ㄷ, ㄹ
④ ㄱ, ㄴ, ㄷ, ㅁ
⑤ ㄱ, ㄷ, ㄹ, ㅁ

해설
• 합리적 사고–비합리적 사고 변별 기준

구분	합리적 사고	비합리적 사고
논리성	논리적으로 모순이 없다.	논리적으로 모순이 많다.
현실성	현실적으로 실현 가능하다.	현실적으로 실현 불가능하다.
실용성	삶의 목적 달성에 도움이 된다.	삶의 목적 달성에 방해가 된다.
융통성	융통성이 있으며, 경직되어 있지 않다.	절대적·극단적이며, 경직되어 있다.
파급효과	적절한 정서와 적응적 행동을 유발한다.	부적절한 정서와 부적응적 행동을 유발한다.

094

게슈탈트 상담에서 접촉경계 장애와 그 예시가 옳은 것은?

① 내사 – 부모님이 이혼하신 지 한 달이 지났지만 힘들지는 않아요. 통계자료를 봐도 이혼 가정 청소년들이 모두 힘든 것은 아니잖아요.
② 투사 – 엄마는 제가 어려서부터 변호사가 되길 원하셨어요. 저는 변호사 이외에 다른 직업을 생각해 본 적이 없어요.
③ 반전 – 아빠가 술을 드시고 제게 화를 내시면 저는 자해를 하곤 했어요.
④ 융합 – 제가 원하는 것을 엄마가 해 주지 않을 때 정말 화가 나요. 엄마는 자기중심적이세요.
⑤ 편향 – 제가 원하는 대로 진로를 결정한다면 엄마가 실망하실 거예요. 저는 엄마를 실망시켜드리고 싶지 않아요.

해설

① 편향　② 내사　④ 투사　⑤ 융합

- 접촉경계 장애(Contact Boundary Disturbance)

내사 (Introjection)	다른 사람이나 환경과의 접촉을 통해 신념·가치관·행동방식 등을 무비판적으로 받아들이는 것
투사 (Projection)	자신의 감정·생각·욕구를 다른 사람의 것으로 지각하는 현상
반전 (Retroflection)	다른 사람이나 환경에 하고 싶은 행동을 자신에게 하는 것 또는 타인이 자신에게 해주기를 바라는 행동을 스스로 하는 것
융합 (Confluence)	다른 사람과의 경계가 약화되거나 제거되어 서로 간의 차이점이 없다고 느끼는 것으로, 융합 관계를 깨는 사람은 심한 죄책감을 느낌
편향 (Deflection)	감당하기 힘든 내적 갈등이나 환경적 자극에 노출되지 않기 위하여 감각을 둔화시키거나 환경과의 접촉을 피하는 것

해설

위 사례에서 상담자는 엄마에게 속마음을 털어놓기 어려워하는 내담자를 위해 스스로를 언니라고 상상하고 행동해보라고 권유하고 있다.

- 개인심리학 상담기법
  - 격려하기 : 내담자의 용기를 북돋워 주는 것으로, 내담자는 자기 자신의 가치를 깨닫고 신뢰감을 갖게 된다.
  - 자기 포착하기 : 내담자의 실제 모습 속에서 자기파괴적 행동이나 비합리적 논리를 파악하여 문제 행동을 막는 방법이다.
  - 스프에 침 뱉기 : 내담자의 자기 패배적 행동(스프)에 감춰진 동기나 목적을 밝혀냄으로써 접근-회피 상황을 설정하여 그 행동을 감소시킨다.
  - 단추(버튼) 누르기 : 내담자가 자신이 선택한 사건이나 기억으로 스스로 감정을 만들 수 있는 감정의 창조자임을 깨닫게 한다.
  - 마치 ~인 것처럼 행동하기 : 내담자가 마치 치료 목표를 이룬 것처럼 상상하고 행동하도록 역할연기 상황을 설정하여 목표 달성을 촉진한다.

095

상담자가 사용하고 있는 개인심리학의 상담 기법으로 옳은 것은?

> 내담자 : 저도 언니처럼 엄마에게 제 속마음을 이야기하고 싶어요.
> 상담자 : 엄마와 대화를 잘하는 언니를 흉내낸다고 생각하고 엄마와 대화를 나눠보면 어떻겠니?

① 격려하기
② 자기 포착하기
③ 스프에 침 뱉기
④ 단추 누르기 기법
⑤ 마치 ~인 것처럼 행동하기

096

사례에서 상담자가 사용한 해결중심 상담의 질문기법으로 옳은 것은?

> 내담자 : 너무 힘들어서 죽고 싶었어요.
> 상담자 : 그렇게 힘든 상황 속에서 어떻게 견딜 수 있었나요?

① 예외 질문　② 기적 질문
③ 대처 질문　④ 척도 질문
⑤ 관계성 질문

해설

위 사례에서 상담자는 내담자로 하여금 어려운 상황 속에서 적절하게 대처하였던 경험을 상기할 수 있도록 하는 '대처질문'을 하여, 내담자 스스로 대처기술 및 강점을 가지고 있음을 깨닫도록 하고 있다.

- 해결중심 상담기법 - 질문기법

기적질문	문제가 해결된 상태 또는 해결책을 사상해 보도록 하는 질문이다.
척도질문	문제의 심각성, 문제해결의 정도, 문제해결에 대한 희망, 변화(해결)에 대한 의지·노력·확신 등을 숫자로 표현하도록 한다.
예외질문	우연한 기회에 성공적으로 문제해결을 한 방법을 계속하도록 격려하는 것이다.
관계질문	내담자와 중요한 관계에 있는 사람들의 감정·생각·의견 등에 대하여 묻는 것이다.
대처질문	내담자로 하여금 어려운 상황 속에서 적절하게 대처하였던 경험을 상기할 수 있도록 질문하여 내담자 스스로 대처기술 및 강점을 가지고 있음을 깨닫도록 한다.
악몽질문	내담자의 현재 문제보다 더 나쁜 문제가 발생해야만 현재 문제를 해결하기 위한 시도를 할 것으로 예상되는 경우에 사용하는 문제 중심적인 질문이다.

해설

① 기본 욕구에는 사랑과 소속, 힘과 성취, 자유, 즐거움, 생리적(생존) 욕구가 있다.
　'자아실현의 욕구'는 매슬로우(Maslow) 5단계 욕구 중 가장 고차원적 상위 욕구이다.
② 개인이 경험하는 현실세계는 감각체계와 **지각체계**를 거친다.
③ 전행동에는 행동하기, 생각하기, **느끼기, 생리적 과정**의 **네 가지 요소**가 있다.
⑤ WDEP에서 W는 바람, D는 행동, E는 평가, P는 **계획**을 의미한다.

097

현실치료에 관한 설명으로 옳은 것은?

① 기본 욕구에는 사랑과 소속, 힘과 성취, 자유, 즐거움, 자아실현의 욕구가 있다.
② 개인이 경험하는 현실세계는 감각체계와 직관체계를 거친다.
③ 전행동에는 활동하기, 생각하기, 관계하기의 세 가지 요소가 있다.
④ 3R에는 책임, 현실, 옳고 그름이 있다.
⑤ WDEP에서 W는 바람, D는 행동, E는 평가, P는 내담자를 의미한다.

098

교류분석 상담에 해당하는 개념으로 옳은 것을 모두 고른 것은?

ㄱ. 구조분석	ㄴ. 게임
ㄷ. 상보교류	ㄹ. 시간구조화
ㅁ. 공동체감	ㅂ. 조성

① ㄱ, ㄴ, ㄷ
② ㄷ, ㄹ, ㅂ
③ ㄹ, ㅁ, ㅂ
④ ㄱ, ㄴ, ㄷ, ㄹ
⑤ ㄴ, ㄹ, ㅁ, ㅂ

해설

ㅁ. '개인심리 상담' 개념에 해당한다.
ㅂ. '행동주의 상담' 기술에 해당한다.

099

여성주의 상담에 관한 설명으로 옳지 않은 것은?

① 차별적이고 가해적인 사회제도를 변화시키는 것은 여성주의 상담목표를 벗어난다.
② 밀러(J. Miller)의 관계 모형에서 여성은 타인과 연결되어 있다고 느낄 때 존재 가치를 인정받는 것으로 지각한다.
③ 내담자의 문제는 개인적 특성에 의해서라기보다 사회·정치적 환경에 의해 더 잘 유발된다.
④ 여성주의 상담은 성에 대한 도식, 관계의 중요성, 다중 정체성 등을 다룬다.
⑤ 성(性)차이는 선천적이라기보다 사회화에 의한 것이다.

> **해설**
>
> 차별적이고 가해적인 사회제도를 변화시키는 것은 여성주의 상담목표에 포함된다.
>
> - **여성주의 상담**
>   - 남성중심 가부장적 사회에서 소외되고 평가 절하되었던 여성들의 차별과 억압을 해소하고자 하는 전환된 가치관에서 비롯되었다.
>   - 길리건(Gilligan)의 도덕성발달이론, 밀러(Miller)의 관계모형, 스톤센터 학자의 연구모형(관계·문화 모형) 등에 의해 영향받았다.
>   - 상담사와 내담자는 치료관계에 있어 평등하며, 내담자의 문제를 개인적 특성보다는 정치·경제·사회 구조적 관점에서 보다 폭넓고 근원적으로 해석한다.
>   - 알파편견(남녀를 불평등하게 분리하는 편견)과 베타편견(남녀 차를 인정하지 않고 동등하게 취급하는 편견) 개념을 사용하여 남녀 간 차이점과 유사점을 지나치게 과장하는 것을 경계한다.
>   - 남녀의 차이는 선천적이기보다 사회화에 의한 것이며, 근본적인 문제해결을 위해서는 개인의 변화뿐 아니라 사회 구조 및 제도의 변화가 반드시 수반되어야 한다.

100

보기에 적용된 상담기법을 활용할 때 유의사항으로 옳지 않은 것은?

〈보기〉
수업시간에 떠드는 학생을 잠깐 동안 복도에 나가 있게 한다.

① 수업이 이루어지고 있는 교실에 학생이 좋아하는 요인이 있어야 한다.
② 격리되어 있는 장소에 강화자극이 없어야 한다.
③ 복도에 나가 있는 시간은 5분 정도로 한다.
④ 벌을 사용할 때의 일반적인 주의사항을 고려하여 적용한다.
⑤ 수업에 참여하는 것 자체를 싫어하는 학생에게 적용하는 것이 적절하다.

> **해설**
>
> 수업에 참여하는 것 자체를 싫어하는 학생에게 수업시간에 복도에 나가 있게 한다면 오히려 수업시간에 떠드는 '문제 행동'의 빈도를 높일 것이다.
>
> - **행동주의 상담기법 - 타임아웃**
>   문제 행동이 발생하였을 때 문제 행동을 한 사람을 모든 강화인으로부터 격리시키는 방법이다.

| 2교시 | 필수 1과목 / 선택 1과목 (50분) |

필수 | 제1과목 학습이론

001
학습에 관한 뇌과학적 설명으로 옳지 않은 것은?

① 도파민은 정적강화와 관련된 신경전달 물질이다.
② 아세틸콜린과 세로토닌은 기억과 관련된 신경전달 물질이다.
③ 뇌의 우반구가 손상되면 신체의 왼쪽 부분이 영향을 받는다.
④ 뇌의 쾌락중추에 직접적으로 전기자극을 가하는 강화 절차를 실시하면, 자극이 종료되어도 소거가 급격히 일어나지 않는다.
⑤ 거울 뉴런은 인간이 아닌 다른 동물들에게도 발견된다.

해설
뇌의 쾌락중추에 직접적으로 전기자극을 가하는 강화 절차를 실시하면, **자극 종료 시 소거가 급격히 일어난다.**

- 올즈와 밀너(J. Olds & P. Milner) – 쥐 실험
  쥐의 뇌에 전극을 연결하여 쥐가 레버를 누르면 뇌의 특정 부위를 전기로 자극하는 장치를 고안하였다. 쥐는 다른 행동을 멈추고 탈진할 때까지 레버를 반복해서 눌렀는데, 이때 자극된 뇌의 부위를 쾌감중추(보상영역)라 하였다.

002
뇌의 가소성(Plasticity)에 관한 설명으로 옳지 않은 것은?

① 신경가소성은 경험의 결과로서 뇌가 연결을 재조직하거나 수정하는 능력을 말한다.
② 학습 경험은 뉴런 간의 새로운 시냅스를 발달시킬 수 있다.
③ 신경가소성은 환경 자극이 부족할 때 더 활발하게 일어난다.
④ 신경생성(Neurogenesis)은 성인기에도 진행된다.
⑤ 신경생성은 뇌의 특정 부위 손상 시, 그 영역의 기능 회복에 도움이 된다.

해설
신경가소성은 환경 자극이 **풍부할 때** 더 활발하게 일어난다.

- 뇌 가소성(신경 가소성)
  새로운 경험, 환경의 변화 등을 통하여 뇌 신경 경로의 기능과 구조가 변화하고 재조직화되는 현상이다. 영유아기에 뇌의 가소성(Plasticity)이 가장 우수하며, 성인기 이후에도 일정 수준의 가소성을 유지한다.

003
각성에 관한 설명으로 옳은 것을 모두 고른 것은?

ㄱ. 유기체가 현재 경험하는 내적 에너지 수준을 말한다.
ㄴ. 각성수준이 지나치게 높으면 공황상태를 경험할 수 있다.
ㄷ. 각성수준과 수행수준 간의 관계는 U형 함수관계로 나타낼 수 있다.
ㄹ. 망상활성계(Reticular Activation System)와 관련이 있다.

① ㄱ, ㄷ
② ㄴ, ㄹ
③ ㄷ, ㄹ
④ ㄱ, ㄴ, ㄷ
⑤ ㄱ, ㄴ, ㄹ

> **해설**
> - 여키스-도슨 법칙(Yerkes-Dodson Law)
>   각성수준을 적절하게 조절하면 수행수준을 높일 수 있다고 제시하며, 각성수준과 수행수준 간의 관계를 '**거꾸로 된(역) U형 함수관계**'로 나타냈다.

004

고전적 조건형성에 관한 설명으로 옳은 것을 모두 고른 것은?

> ㄱ. 조건 자극과 새로운 중성 자극이 유사할수록 변별(Discrimination)의 가능성이 커진다.
> ㄴ. 무조건 자극과 중성 자극 간의 연결에 관심이 있다.
> ㄷ. 약물내성과 중독은 고전적 조건형성으로 설명될 수 있다.
> ㄹ. 레스콜라-와그너(Rescola-Wagner) 모형은 잠재적 억제를 설명할 수 있다.

① ㄱ, ㄴ ② ㄱ, ㄹ
③ ㄴ, ㄷ ④ ㄱ, ㄷ, ㄹ
⑤ ㄴ, ㄷ, ㄹ

> **해설**
> ㄱ. 변별(Discrimination)
>   유사하거나 비슷한 자극에서 나타나는 작은 차이에 따라 구분하거나 다른 반응을 보이는 보다 정교한 학습방법이다.
>   조건 자극과 새로운 중성 자극이 유사할수록 변별의 가능성이 작아진다.
> ㄹ. 레스콜라-와그너 모형(Rescola-Wagner Model)
>   무조건 자극에 의해 이루어질 수 있는 조건형성의 전체 양에는 한계가 있다. 조건 자극과 무조건 자극이 최초로 연결될 때 가장 많은 학습이 일어난다.
>   어떠한 조건 없이 사전에 이미 노출된 자극에 대하여 나중에 조건화하려 해도 학습이 잘 되지 않는 '잠재적 억제'를 설명할 수 없다는 한계가 있다.

005

내재적(Intrinsic) 동기에 관한 설명으로 옳지 않은 것은?

① 몰입(Flow)은 내재적 동기에 해당된다.
② 내재적 동기가 높아질수록 외재적 동기는 낮아진다.
③ 내재적 동기는 시간이 경과함에 따라 달라질 수 있다.
④ 과제를 선택할 수 있는 자율성이 주어지면 내재적 동기가 높아지는 경향이 있다.
⑤ 내재적으로 동기화된 과제에 외적 보상이 더해지면 내재적 동기가 감소될 수 있다.

> **해설**
> 내재적 동기와 외재적 동기는 독립적으로 작용하므로, 각각 높을 수도 있고 낮을 수도 있다.

006

고전적 조건형성의 자발적 회복에 관한 설명으로 옳은 것은?

① 소거 후 추가적 훈련이 필요한 절차이다.
② 과거에 강화를 받았던 행동이 재출현하는 현상이다.
③ 조건 자극 없이 무조건 자극만 추가로 제시하는 절차이다.
④ 소거 후 일정 시간이 지난 다음 진행되는 절차이다.
⑤ 학습이 소거 절차에서 완전히 사라졌다는 것을 보여주는 증거이다.

> **해설**
> • 자발적 회복(Spontaneous Recovery)
> 소거가 완료된 후 일정 기간이 지난 다음 조건 자극을 다시 제시하면 조건 반응이 갑자기 재출현하는 현상이다. 소거 이후에도 조건 반응이 다시 나타날 수 있다는 사실은 소거가 학습된 조건 자극과 조건 반응 간의 연합을 제거하는 것이 아니라 새로운 연합을 학습하는 것임을 보여준다.

007
고전적 조건형성의 적용 사례로 옳지 않은 것은?

① 쥐가 설탕물을 마실 때 소음에 노출되면 설탕물에 대한 맛혐오가 학습된다.
② 인기 있는 모델이 A 제품을 광고하면 A 제품에 대한 긍정적 이미지가 학습된다.
③ 무의미철자를 보는 중 무서운 장면이 나타나면 무의미철자에 대한 공포가 학습된다.
④ 아침에 머리를 감은 날 시험을 망치면 시험 보는 날은 머리를 감지 않는 행동이 학습된다.
⑤ 범죄 뉴스에서 특정 국가의 사람을 보면 그 국가 국민에 대한 편견이 학습된다.

> **해설**
> ④ 미신 행동(징크스)은 실제로 어떤 행동이 특정 결과를 초래한 원인이 아님에도 불구하고 그 행동을 계속하거나 중단하는 것으로, '조작적 조건형성'의 사례이다. 조작적 조건형성은 인간의 행동(반응)을 유발하기 위한 자극보다 행동이 발생한 이후의 결과에 관심을 가진다.

008
다음 사례에 해당하는 강화계획으로 옳은 것은?

> A 씨는 그동안의 경험을 통해 15분간 빵을 구우면 가장 맛있다는 것을 알게 되었다. 그래서 요즘은 반죽을 오븐에 넣고 15분이 가까워지면 오븐 안을 더 자주 들여다본다.

① 변동비율강화 ② 고정비율강화
③ 변동간격강화 ④ 고정간격강화
⑤ 연속강화

> **해설**
> 위 사례에서 A 씨는 '15분'이라는 일정한 시간 간격에 따라 오븐 안을 더 자주 들여다보고 있으므로, '고정간격강화'에 해당한다.
>
> • 강화계획
>
> | | | | |
> |---|---|---|---|
> | 계속적 강화 | | | 반응의 시간이나 횟수에 관계없이 모든 반응에 대하여 강화
예 공부를 열심히 하는 학생에게 컴퓨터 게임을 허락하는 것 등 |
> | 간헐적 강화 | 간격 | 고정 | – 일정한 시간 간격에 따라 강화
– 지속성이 거의 없음
예 월급, 정기적 시험 등 |
> | | | 변동 | – 시간 간격은 일정하지 않으나, 정해진 시간 범위 내 강화
– 느리고 완만한 반응률
예 낚시 등 |
> | | 비율 | 고정 | – 일정한 횟수의 반응마다 강화
– 높은 반응률, 약한 지속성
예 성과급, 쿠폰 등 |
> | | | 변동 | – 평균 횟수의 반응이 나타난 다음 불규칙적으로 강화
– 높은 반응률, 강한 지속성
예 복권, 카지노의 슬롯머신 등 |

009
귀인의 속성에 관한 분류가 옳은 것은?

① 능력이나 적성 : 내적, 안정적, 통제 불가능
② 과제 난이도 : 외적, 불안정적, 통제 가능
③ 운이나 우연한 기회 : 외적, 안정적, 통제 불가능
④ 시험 당일 기분 상태 : 외적, 안정적, 통제 가능
⑤ 꾸준한 장기적인 노력 : 내적, 불안정적, 통제 불가능

> **해설**
> ② 과제 난이도 : 외적, **안정적, 통제 불가능**
> ③ 운이나 우연한 기회 : 외적, **불안정적, 통제 불가능**
> ④ 시험 당일 기분 상태 : **내적, 불안정적, 통제 불가능**
> ⑤ 꾸준한 장기적인 노력 : **내적, 안정적, 통제 가능**
>
> • 와이너(B. Weiner) – 귀인이론
>   – 귀인의 차원 : 학업성취의 성공 또는 실패 요인을 무엇으로 보는지에 대한 것이다.
>   (1) 소재 : 자신의 내부 또는 외부에 원인이 있다.
>   (2) 안정성 : 시간이나 상황에 따라 변하지 않는다.
>   (3) 통제가능성 : 자신의 의지로 변화시킬 수 있다.
>   – 귀인의 모형
>
> | 구분 | 내적 | | 외적 | |
> |---|---|---|---|---|
> | | 안정 | 불안정 | 안정 | 불안정 |
> | 통제 가능 | 장기적 노력 | 일시적 노력 | 교사의 편견 | 타인의 도움 |
> | 통제 불가능 | 능력, 적성 | 기분, 건강 | 과제 난이도 | 운, 기회 |

011

다음 내용에 해당되는 이론 또는 원리는?

> C 학생은 매일 영어공부를 1시간씩 하기로 하였다. 하지만, 이 목표가 잘 지켜지지 않아서 영어공부를 1시간 해야만 자신이 좋아하는 게임을 하는 것으로 바꾸었다. 그 후 영어공부를 더 자주 하게 되었다.

① 2과정 이론   ② 추동감소 이론
③ 자극대체이론   ④ 반응박탈 이론
⑤ 프리맥의 원리

> **해설**
> • 행동수정기법 – 프리맥의 원리
>   – 덜 선호하는 행동을 강화하기 위하여 선호하는 행동을 관련시키는 방법이다.
>   – 선호하는 행동은 덜 선호하는 행동을 강화하기 위한 정적 강화물(Reinforcer)로 작용한다.
>   – 높은 빈도의 행동이 낮은 빈도의 행동에 대한 효과적인 강화물로 작용하기 위해서는 낮은 빈도의 행동이 먼저 일어나야 한다.

010

뇌의 구조와 기능의 관계로 옳지 않은 것은?

① 편도체 : 정서 기억
② 기저핵 : 서술적 기억
③ 해마 : 새로운 기억 저장
④ 두정엽 : 공간적 특성에 대한 사고
⑤ 전두엽 : 학습전략, 주의 집중 등 의식적인 사고

> **해설**
> '기저핵' : **절차적** 기억(비서술적 기억)

012

학습된 무력감(Learned Helplessness)에 관한 설명으로 옳은 것을 모두 고른 것은?

> ㄱ. 행동과 그 결과 사이에 관련이 없다고 인식될 때 나타난다.
> ㄴ. 학습된 무력감이 높은 사람은 실패를 노력 부족으로 생각한다.
> ㄷ. 숙달지향성이 높은 사람에게 나타날 가능성이 높다.
> ㄹ. 통제 불가능한 상황에서 혐오자극의 반복적 노출로 발생할 수 있다.

① ㄱ, ㄷ   ② ㄱ, ㄹ
③ ㄴ, ㄹ   ④ ㄱ, ㄴ, ㄷ
⑤ ㄴ, ㄷ, ㄹ

해설

ㄴ. 학습된 무력감이 **낮은** 사람은 실패를 노력 부족으로 생각한다.
ㄷ. 숙달지향성이 높은 사람에게 나타날 가능성이 **낮다**.

• 드웩(C. Dweck) - 목표지향성이론(성취목표이론)
학습자가 지향하는 목표에 따라 과제 수행 과정과 결과가 달라진다.

숙달목표 지향	수행목표 지향
- 과제 숙달·이해 등 학습활동 자체에 초점	- 자신이 타인에게 어떻게 평가받는가에 관심
- 자신의 유능감을 향상시키는 데 관심	- 자신과 타인의 능력을 비교하는 데 초점
- 인지전략, 메타인지전략, 자기조절전략 사용	- 피상적·기계적 학습전략 사용
- 내재적 동기가 높음	- 외재적 동기가 높음
- 도전적 과제 선호	- 쉽고 익숙한 과제 선호
- 성공과 실패를 노력으로 귀인(긍정적·적응적 귀인)	- 성공과 실패를 능력에 귀인(부정적·비적응적 귀인)
- 성공 시 자부심, 실패 시 죄책감 경험	- 실패 시 공포·시험불안 등 부정적 정서 경험

013

망각에 관한 설명으로 옳은 것은?

① 망각은 소거와 동일한 의미를 지닌다.
② 순행간섭에 의한 망각은 선행 학습량이 많을수록 증가한다.
③ 기억의 왜곡이론은 억압을 망각의 주된 원인으로 본다.
④ 역행간섭은 망각을 지연시키는 기능을 수행한다.
⑤ 단서의존망각은 소멸에 의한 망각을 설명하는 개념이다.

해설

① '망각'은 시간경과에 따라 기억이 약화 또는 소멸되어 다시 재생되지 않는 현상을 가리킨다.
'소거'는 조건 반응에 강화가 주어지지 않아 제거되는 것으로, 소거 이후에도 조건 반응이 다시 나타날 수 있다.(자발적 회복)
③ '정신분석이론'은 억압을 망각의 주된 원인으로 본다.
④ '역행간섭'은 망각을 일으키는 요인 중 하나이다.
⑤ '단서의존망각'은 정보를 인출할 수 있는 단서가 부족할 때 망각이 발생한다는 이론이다.
'쇠퇴이론(흔적쇠퇴설)'은 소멸에 의한 망각을 설명하는 개념이다.

014

기억 관련 개념에 관한 설명으로 옳은 것을 모두 고른 것은?

ㄱ. 상향처리(Bottom-up Processing)는 부호화 전략이다.
ㄴ. 반향기억(Echoic Memory)은 장기기억에서 나타나는 현상이다.
ㄷ. 기억훑기(Memory Scanning)는 작업기억에서의 기억 인출과정에 사용된다.
ㄹ. 활성화 확산(Spreading Activation)은 장기기억을 일깨우는 과정이다.

① ㄱ, ㄴ
② ㄴ, ㄷ
③ ㄷ, ㄹ
④ ㄱ, ㄴ, ㄹ
⑤ ㄱ, ㄷ, ㄹ

해설

ㄱ. '상향처리(Bottom-up Processing)'는 정보의 흐름이 감각기억에서 장기기억으로 진행되는 일련의 과정을 지칭한다.
'부호화 전략'은 정보를 장기기억 속에 저장하기 위한 유의미 전략을 가리킨다.
ㄴ. '반향기억(Echoic Memory)'은 **감각기억**에서 나타나는 현상이다.

015

각 이론의 주요 입장에 관한 설명으로 옳은 것을 모두 고른 것은?

ㄱ. 행동주의 : 내적 사고과정에 관심을 둔다.
ㄴ. 인지주의 : 태도, 가치 등에 관심을 둔다.
ㄷ. 행동주의 : 정서반응에 대한 조건형성이 가능하다.
ㄹ. 인지주의 : 학습환경은 고려사항이 아니다.

① ㄱ, ㄴ
② ㄱ, ㄹ
③ ㄴ, ㄷ
④ ㄱ, ㄴ, ㄷ
⑤ ㄴ, ㄷ, ㄹ

> **해설**
> ㄱ. 행동주의 : 관찰 가능한 외현적 행동에 관심을 둔다.
> ㄹ. 인지주의 : 학습자가 능동적으로 환경을 선택한다고 본다.

016

이론과 주장의 연결이 옳지 않은 것은?

① 연합주의 : 학습은 인지와 정서의 결합이다.
② 형태주의 : 전체는 부분의 합 이상이다.
③ 구성주의 : 지식은 능동적 구성의 산물이다.
④ 진화심리학 : 개인차 중 일부는 유전으로 전달된다.
⑤ 신경생리학 : 해마는 학습에서 중요한 역할을 수행한다.

> **해설**
> • 연합주의
> 인간 의식의 요소들이 연합과정을 통하여 결합된다는 것으로, 자극-반응 결합 원리의 행동주의 관점 이론이다.

017

각 학자의 이론적 관점에 관한 설명으로 옳은 것은?

① 분트(W. Wundt) : 기존의 실험 중심 연구에 반기를 들었다.
② 왓슨(J. Watson) : 내성법을 받아들인 이론가 중 한 명이다.
③ 피아제(J. Piaget) : 인지적 구성주의 입장을 취한다.
④ 스키너(B. Skinner) : '학습된 무력감'을 최초로 제안하였다.
⑤ 비고츠키(L. Vygotsky) : 사회문화이론에 동기 개념을 도입하였다.

> **해설**
> ① 분트(W. Wundt) : 자기 분석 기법인 '내성법'을 통해 초기 구성주의 성립에 기여했다.
> ② 왓슨(J. Watson) : 초기 행동주의 심리학자로, 의식이 아닌 외현적 행동을 연구 대상으로 삼았다.
> ④ 스키너(B. Skinner) : '조작적 조건형성 이론을 제시하였다. 셀리그만(M. Seligman) : '학습된 무력감'을 최초로 제안하였다.
> ⑤ 비고츠키(L. Vygotsky) : 사회문화이론에 동기 개념을 도입하였다.

018

다음 사례에서 볼 수 있는 학습전략은?

> C 학생은 노트필기를 할 때 수업내용을 그대로 옮겨 적지 않고 가급적 앞서 배운 내용과 관련지어 정리하는 습관이 있다. 공부한 내용을 관련 내용과 유의미하게 통합·정리함으로써 기억이 더 잘되기 때문이다.

① 정교화(Elaboration)
② 조직화(Organization)
③ 모니터링(Monitoring)
④ 자기언어화(Self-verbalization)
⑤ 시각적 심상(Visual Imagery)

> **해설**
> • 기억전략 - 정교화
> 기억해야 할 정보에 무엇인가를 덧붙이거나 다른 정보와 서로 관련시켜 기억하는 방법이다.

019

다음 사례의 학습습관을 설명하는 이론은?

> C 학생은 일요일 아침 카페에 가서 그 주에 공부한 내용을 정리하는 습관이 있다. 일요일 아침의 여유로운 시간과 카페라는 조용한 장소의 선택이 본인의 학습 효과를 높이는 데 도움이 된다는 것을 알기 때문이다.

① 자기조절학습이론(Self-regulated Learning Theory)
② 처리수준이론(Levels-of-processing Theory)
③ 상황학습이론(Situated Learning Theory)
④ 이중부호화이론(Dual-coding Theory)
⑤ 비계설정이론(Scaffolding Theory)

해설
- 자기조절 학습이론
  학습자 스스로 자신의 학습목표 설정, 학습동기 부여, 학습환경 조성 등을 주도적으로 조절하여 학습효과를 극대화하는 학습방법이다.

020

반두라(A. Bandura)의 이론적 개념이 아닌 것은?

① 신념
② 일반화
③ 자기효능감
④ 상호결정주의
⑤ 인지적 모델링

해설
'일반화'는 '고전적 조건형성'의 이론적 개념이다.

021

초기 심리학 입장 중 구조주의(Structuralism)에 관한 설명으로 옳은 것은?

① 기능주의(Functionalism) 입장의 이론적 기반이 되었다.
② 제임스(W. James)의 학술적 성과로부터 영향을 받았다.
③ 의식의 개별 요소에 대한 분석보다 연속적 흐름에 대한 이해를 강조하였다.
④ 행동주의가 심리학 연구의 주류로 자리를 잡는 데 중요한 역할을 하였다.
⑤ 연구대상자가 자신의 경험을 언어적으로 보고한 것을 관찰하는 방식으로 연구를 진행하였다.

해설
① 의식의 개별 요소에 대한 분석을 강조하는 구조주의에 반하여 의식의 기능을 강조하는 '기능주의'가 출현하였다.
②, ③, ④ '기능주의'에 관한 설명이다.

022

반두라(A. Bandura)가 제안한 관찰학습 과정에 포함되지 않는 것은?

① 주의(Attention)
② 파지(Retention)
③ 행동산출(Behavioral Production)
④ 동기(Motivation)
⑤ 자동화(Automatization)

해설
- 반두라(A. Bandura) - 관찰학습
  인간은 단순한 환경적 자극에 대한 반응을 통하여 행동을 학습하는 것이 아니라 타인의 행동을 관찰함으로써 학습한다. 관찰학습이란 타인의 행동을 단순히 모방하는 것 그 이상이며, 직접적인 강화 없이도 '대리강화'를 통해 학습이 일어난다.

(1) 주의집중	- 모델의 행동에 주의를 집중하는 단계 - 무엇을 선택적으로 관찰할 것인지 결정
(2) 파지/보존	- 관찰한 내용(모방할 행동)이 기억되는 과정 - 장기간 보존을 위해 심상(Image)과 언어(Verbal)의 두 내적 표상체계 이용
(3) 운동재생	- 모델을 모방하기 위해 저장한 심상 및 언어적 표상을 외형적인 행동으로 전환
(4) 동기화	- 강화 조건에 따라 모델의 행동이 수행되는 과정 - 강화를 통해 행동의 동기를 높이는 단계

023

학습에 관한 설명으로 옳지 않은 것은?

① 성숙에 의한 변화는 학습이 아니다.
② 수행이 없어도 학습은 일어날 수 있다.
③ 행동 잠재력의 변화는 학습으로 볼 수 없다.
④ 태도의 변화는 학습의 영역에 포함된다.
⑤ 학습은 경험을 통하여 이루어진다.

> **해설**
> 행동주의에서 학습은 '경험이나 관찰의 결과로 유기체에게서 일어나는 비교적 영속적인 행동 또는 행동 잠재력의 변화'로 정의된다.

024

다음 사례에 관한 설명으로 옳지 않은 것은?

> A 학생은 '코로나바이러스감염증-19' 확산 방지를 위한 방역조치로 인하여 음식점에 들어갈 때마다 '온도 체크 → 방문자 명부 작성 → 한 자리 건너 앉기 → 식사 시작 시 마스크 벗기' 등을 반복하다 보니 이 과정이 습관화되어 어느 곳을 가더라도 자연스럽게 이를 따른다.

① 절차적 지식을 습득하는 사례이다.
② 습관화 과정에서 시연의 역할이 중요하다.
③ 인출속도가 비교적 빠른 지식에 관한 것이다.
④ 저장 용량이 제한된 기억에 관한 것이다.
⑤ 부호화와 관련이 있다.

> **해설**
> 위 사례에서 A 학생은 '절차적 지식'을 습득하였다. 절차적 지식은 무한한 정보가 비교적 영속적으로 저장되는 '장기기억'에 해당한다.
>
> ④ '단기기억(작업기억)'에 관한 설명이다.

025

전이(Transfer) 유형에 관한 설명으로 옳은 것을 모두 고른 것은?

> ㄱ. 정적(Positive) 전이 : 독립운동사 지식을 일제 시대 저항시를 배우면서 적용한다.
> ㄴ. 특수(Specific) 전이 : 수학과목에서 배운 지식을 물리과목에 적용한다.
> ㄷ. 근접(Near) 전이 : 1차 방정식을 배운 후 2차 방정식을 배운다.
> ㄹ. 수평적(Horizontal) 전이 : 구구단을 외운 다음 분수를 배운다.

① ㄱ, ㄴ
② ㄴ, ㄷ
③ ㄷ, ㄹ
④ ㄱ, ㄴ, ㄹ
⑤ ㄱ, ㄷ, ㄹ

> **해설**
>
> ㄷ, ㄹ은 '수직적 전이'에 해당한다.

(1)	긍정적 전이 (Positive Transfer)	선행학습이 후속학습을 조장하거나 촉진하는 현상
	부정적 전이 (Negative Transfer)	선행학습이 후속학습을 방해하거나 억제하는 현상
	영 전이 (Zero Transfer)	선행학습이 후속학습에 아무런 영향을 미치지 못하는 현상
(2)	일반 전이 (General Transfer)	일반적인 원리나 개념을 이해하여 전이가 발생
	특수 전이 (Specific Transfer)	선행학습과 후속학습 간의 유사한 구체적인 요인에 의해 전이가 발생
(3)	수평적 전이 (Horizontal Transfer)	한 분야나 상황에서 학습한 것이 다른 분야나 상황에 적용·응용되는 경우
	수직적 전이 (Vertical Transfer)	기본적·단순한 지식의 학습이 고차원적·복잡한 지식의 학습에 적용되는 경우
(4)	축어적 전이 (Literal Transfer)	원래의 지식이나 기능이 새로운 과제에 적용되는 경우
	비유적 전이 (Figural Transfer)	특정 문제나 이슈에 대한 문제해결, 사고, 학습을 위하여 일반적인 지식의 몇 가지 측면들을 사용
(5)	근접 전이 (Near Transfer)	학습 시 맥락과 전이 시 맥락이 유사할 때 발생
	원격 전이 (Far Transfer)	학습 시 맥락과 전이 시 맥락이 상이할 때 발생, 학습한 개념이나 원리를 응용하여 다른 상황에 일반화하여 적용

선택 | 제2과목 청소년이해론

026

마르샤(J. Marcia)의 자아정체감 이론에서 위기에 처해 있으면서 대안을 탐색하지만 아직 의사결정을 내리지 못한 상태는?

① 정체감 유예 ② 정체감 유실
③ 정체감 성취 ④ 정체감 혼미
⑤ 정체감 분리

> **해설**
>
> • 마르샤(J. Marcia) – 자아정체감 유형
>
> | | |
> |---|---|
> | (1) 정체감 혼미 (위기×, 전념×) | 자신에 대해 탐색하거나 이해하려고 하지 않고, 어떠한 전념도 없는 상태 |
> | (2) 정체감 유실 (위기×, 전념○) | 다른 사람의 가치를 채택하여 정체성을 형성하고, 이를 위해 전념하는 상태 |
> | (3) 정체감 유예 (위기○, 전념×) | 자신에 대해 탐색하거나 이해하려고 노력하지만, 아직 전념하는 일이나 가치가 없는 상태 |
> | (4) 정체감 성취 (위기○, 전념○) | 여러 위기를 겪으면서 정체성을 확립하고, 신념을 가진 일이나 가치에 전념하고 있는 상태 |

027

피아제(J. Piaget)의 형식적 조작기에 나타나는 특성을 모두 고른 것은?

ㄱ. 추상적 사고   ㄴ. 물활론적 사고
ㄷ. 가설 연역적 사고   ㄹ. 가능성에 대한 사고

① ㄱ, ㄴ   ② ㄷ, ㄹ
③ ㄱ, ㄴ, ㄷ   ④ ㄱ, ㄷ, ㄹ
⑤ ㄱ, ㄴ, ㄷ, ㄹ

> **해설**
>
> '물활론적 사고'는 전조작기에 나타나는 특성이다.

• 피아제(J. Piaget) - 인지발달단계	
(1) 감각 운동기 (출생~2세)	- 언어와 같은 상징적 기능이 작용하지 못하고, 감각운동에 기초해 경험한다.
(2) 전조작기 (2~7세)	- 직관적인 사고 수준이며, 비논리적이다. - 대상영속성 획득 - 보존개념 미획득
(3) 구체적 조작기 (7~11세)	- 이론적 · 논리적 사고가 가능하지만, 가설 · 연역적 추론에 이르지 못한다. - 보존개념 획득 - 분류화, 서열화 가능
(4) 형식적 조작기 (12세 이상)	- 가설 · 연역적 추론이 가능하며, 추상적 사고도 가능하다. - 체계적인 사고능력, 논리적인 문제 해결능력이 발달한다. - 사회적 규범 · 가치관, 예술작품에 내재된 상징적 의미를 이해한다.

028

엘킨드(D. Elkind)의 개인적 우화(Personal Fable)에 관한 설명으로 옳지 않은 것은?

① 자기중심성(Egocentrism)의 대표적 현상 중 하나이다.
② 다른 사람들이 나를 관심의 초점으로 생각하는 현상이다.
③ 어떠한 사건을 자신에게 적용시킬 때는 일반적인 확률을 무시하거나 왜곡하는 현상이다.
④ 자신의 사고와 감정이 너무나 독특해서 남들이 이해할 수 없을 것이라고 생각하는 것이다.
⑤ 약물을 복용해도 자신의 독특성으로 인해 중독 현상이 없을 것이라고 생각하는 것은 개인적 우화의 예이다.

해설
② '상상적 청중 (Imaginary Audience)'에 관한 설명이다.

029

다음 설명에 해당하는 학자는?

- 대리강화를 중요한 도덕성의 학습기제로 설명하였다.
- 도덕성도 모방과 강화에 의해 학습되는 행동으로 생각하였다.

① 프로이드(S. Freud)
② 로저스(C. Rogers)
③ 피아제(J. Piaget)
④ 반두라(A. Bandura)
⑤ 콜버그(L. Kohlberg)

해설
• 반두라(A. Bandura) - 관찰학습
인간은 단순한 환경적 자극에 대한 반응을 통하여 행동을 학습하는 것이 아니라 타인의 행동을 관찰함으로써 학습한다. 관찰학습이란 타인의 행동을 단순히 모방하는 것 그 이상이며, 직접적인 강화 없이도 '대리강화'를 통해 학습이 일어난다.

030

MBTI(Myers-Briggs Type Indicator)의 선호지표(Indicator)가 아닌 것은?

① 내향형(Introversion)
② 직관형(Intuition)
③ 사고형(Thinking)
④ 감각형(Sensing)
⑤ 의식형(Consciousness)

해설
• 마이어스-브리스 유형 지표(MBTI, Myers-Briggs Type Indicator)
두 개의 태도 지표(외향/내향, 판단/인식)와 두 개의 기능 지표(감각/직관, 사고/감정)로 구성된 16가지 성격유형 중 개인의 선호도에 따른 4개의 선호문자로 개인의 성격유형을 알려준다.
MBTI에서는 인간의 내적 과정을 다음과 같이 4가지 선호로 분류한다.

주의초점 – 에너지의 방향	외향 (Extraversion)
	내향 (Introversion)
인식기능 – 사람이나 사물을 인식하는 방식	감각 (Sensing)
	직관 (iNtuition)
판단기능 – 판단의 근거	사고 (Thinking)
	감정 (Feeling)
생활양식 – 선호하는 삶의 패턴	판단 (Judging)
	인식 (Perceiving)

031

( )에 적합한 학자가 순서대로 옳은 것은?

- ( )는 생애 초기 부모와의 관계에서 형성된 직업욕구에 따라 직업을 선택한다고 보았다.
- ( )는 개인의 성격유형과 직업특성이 일치할 때 직업만족도가 가장 높다고 주장하면서 6가지 성격유형을 제시하였다.

① 로우(A. Roe), 수퍼(D. Super)
② 로우(A. Roe), 홀랜드(J. Holland)
③ 수퍼(D. Super), 홀랜드(J. Holland)
④ 수퍼(D. Super), 긴즈버그(E. Ginzberg)
⑤ 홀랜드(J. Holland), 긴즈버그(E. Ginzberg)

해설

• 로우(A. Roe) – 욕구이론(진로발달이론)
매슬로우(A. Maslow)의 '욕구위계이론'을 기초로 초기 인생경험과 진로선택의 관계에 대한 이론을 발전시켰다. 생애 초기 부모와의 관계는 개인이 미래에 직업을 선택하는 데 큰 영향을 미친다고 하였다.

• 홀랜드(J. Holland) – 성격이론
개인의 특성과 직업의 특징이 최적의 조화를 이루는 것을 강조하며, 개인은 자신의 성격을 표현할 수 있는 직업 환경을 추구한다고 보았다. 여섯 가지 성격 유형의 개인차를 6각형 모형으로 개념화하여 제시하였다.

032

또래집단의 역할 또는 기능에 해당하는 것을 모두 고른 것은?

ㄱ. 자아정체성 형성의 기회 제공
ㄴ. 준거집단으로서의 역할 제공
ㄷ. 심리적 지원과 안정감 제공
ㄹ. 문화학습 및 전승의 기능

① ㄱ, ㄷ ② ㄴ, ㄹ
③ ㄱ, ㄴ, ㄷ ④ ㄴ, ㄷ, ㄹ
⑤ ㄱ, ㄴ, ㄷ, ㄹ

해설

• 또래집단의 기능
- 사회적·심리적 지원과 안정감 제공
- 준거집단으로서의 역할 수행
- 정체감 형성 과정에서의 중요한 역할 수행
- 성숙한 인간관계 형성 기회 제공
- 동료의식 및 소속감 제공
- 역할수행의 기회 및 피드백 제공
- 사회·문화 학습 및 전승의 기능
- 정보교환의 기능

033

설리반(H. Sullivan)의 대인관계 발달단계별 특성으로 옳지 않은 것은?

① 아동기 : 부모의 관심을 얻으려는 욕구가 강함
② 소년·소녀기 : 또래 놀이친구를 얻고자 하는 욕구가 커짐
③ 전청소년기 : 성적 접촉의 욕구가 강함
④ 청소년초기 : 이성관계를 형성하려는 욕구가 강함
⑤ 청소년후기 : 성인사회에 통합하려는 욕구가 커짐

해설

4단계 '전청소년기'에는 단짝(동성) 친구 관계를 형성하려는 욕구가 나타난다.

- 설리번(H. S. Sullivan) – 대인관계 발달단계

(1) 유아기 (출생~2세)	양육자로부터 안정감을 느끼려는 욕구
(2) 아동기 (3~6세)	부모로부터 관심을 얻으려는 욕구
(3) 소년기 (7~10세)	또래관계를 형성하고자 하는 욕구
(4) 전청소년기 (11~12세)	단짝 친구로 표현되는 애정 욕구
(5) 청소년 초기 (13~16세)	대인 간 친밀감을 유지하려는 욕구
(6) 청소년 후기 (17~20세)	이성관계를 추구하려는 욕구

034

청소년의 근로시간과 관련된 근로기준법의 내용이다. ( )에 들어갈 숫자가 순서대로 옳은 것은?

( )세 이상 ( )세 미만인 사람의 근로시간은 1일에 7시간, 1주에 35시간을 초과하지 못한다. 다만, 당사자 사이의 합의에 따라 1일에 1시간, 1주에 5시간을 한도로 연장할 수 있다.

① 9, 18
② 10, 14
③ 13, 18
④ 14, 19
⑤ 15, 18

해설

〈근로기준법〉

제69조(근로시간)
15세 이상 18세 미만인 사람의 근로시간은 1일에 7시간, 1주에 35시간을 초과하지 못한다. 다만, 당사자 사이의 합의에 따라 1일에 1시간, 1주에 5시간을 한도로 연장할 수 있다.

035

다음 설명에 해당하는 것은?

- 대중문화를 이데올로기와 자본주의 사회의 상업성을 결합한 문화산업의 산물로 비판하였다.
- 대표적인 학자는 아도르노(T. Adorno), 호르크하이머(M. Horkheimer), 마르쿠제(H. Marcuse), 벤야민(W. Benjamin) 등이다.

① 구조주의
② 후기 구조주의
③ 프랑크푸르트 학파
④ 포스트모더니즘
⑤ 엘리트주의적 비판론

해설

- 프랑크푸르트 학파
1931년 호르크하이머(M. Horkheimer)가 설치한 프랑크푸르트 대학의 프랑크푸르트 사회연구소에 참가한 학자들의 모임을 일컫는 것으로, 대표적인 구성원으로는 호르크하이머와 아도르노, 마르쿠제, 프롬, 벤야민과 같은 학자들이 있다.
프랑크푸르트 학파의 주요 이론 중 하나인 '문화산업론'은 대중문화를 상당히 비판적인 관점에서 바라보았다. 또한 호르크하이머의 저서 〈계몽의 변증법〉에 따르면, '대중문화라는 표현은 잘못되었다. 문화산업이라고 불러야 한다. 대중 스스로 문화를 만드는 것이 아니라, 자본주의가 만든 문화산업을 소비하고 있을 뿐이다'라고 비판하였다.

036

베블렌(T. Veblen)의 소비이론에 관한 설명으로 옳은 것은?

① 소비는 물건을 구매해서 상품의 경제적 효용가치를 사용하는 행위이다.
② 사회적 지위나 성공에 대한 상징수단으로 소비행위를 설명한다.
③ 소비행위의 핵심 구성체계로 아비투스(Habitus)를 강조한다.
④ 소비는 개인과 집단의 과시가 아닌 상품에 부여된 기호를 소비하는 것이다.
⑤ 소비행위를 문화자본의 하나인 제도적 문화자본으로 규정하였다.

> **해설**
> • 베블렌 효과(Veblen Effect)
> 가격이 높을수록 오히려 수요가 늘어난다는 것으로, 사람들이 사회적 지위나 성공에 대한 상징수단 또는 과시나 모방에 대한 욕구로 비합리적인 소비를 하는 경향을 지칭한다.

037
다음 설명에 해당하는 문화의 특성은?

> 한 사회의 문화는 구성원의 행동양식, 사고방식, 심미적 취향마저 결정할 수 있다. 즉, 문화는 구성원의 행동양식과 생활양식의 구체적인 방향까지 결정하는 힘을 가진다.

① 미래예측성　② 선천성
③ 가변성　　　④ 다양성
⑤ 상대성

> **해설**
> 문화는 한 사회의 구성원이 공유하는 공통된 행동양식과 사고방식으로, 특정 상황에서 해당 문화의 구성원이 어떻게 행동하고 반응할 것인지 예측하고 방향을 제시할 수 있는 '미래예측성'의 특성을 가지고 있다.

038
청소년활동 진흥법상 국가 및 지방자치단체의 청소년문화활동 지원 규정에 명시된 것이 아닌 것은?

① 전통문화의 계승
② 청소년축제의 발굴지원
③ 교포청소년교류활동의 지원
④ 청소년동아리활동의 활성화
⑤ 청소년의 자원봉사활동의 활성화

> **해설**
> '교포청소년교류활동의 지원'은 **청소년교류활동의 지원** 규정에 명시되어 있다.

> 〈청소년활동 진흥법〉
> 제5장 청소년교류활동의 지원
> 제56조(교포청소년교류활동의 지원)
>
> 제6장 청소년문화활동의 지원
> 제62조(전통문화의 계승)
> 제63조(청소년축제의 발굴지원)
> 제64조(청소년동아리활동의 활성화)
> 제65조(청소년의 자원봉사활동의 활성화)

039
머튼(R. Merton)의 아노미 이론 중, 기존의 문화적 목표는 추구하지만 합법적인 수단이 없어 부당하게 목표를 추구하는 유형은?

① 반항형　② 도피형
③ 의례형　④ 혁신형
⑤ 동조형

> **해설**
> • 머튼(R. Merton) - 아노미 이론
> - 문화적 목표를 달성하기 위하여 사회적으로 구조화된 제도적 수단에 대한 접근가능성은 개인의 능력이나 사회계층에 따라 상이하다. 따라서 목표와 수단 간 괴리가 커지고, 비합법적인 방법으로 목표를 달성하기 위해 범죄나 비행 등 일탈행위가 발생한다.
> - 아노미적 사회구조에 대한 적응유형
>
> | | |
> |---|---|
> | 동조형 | - 문화적 목표와 제도적 수단을 모두 수용
- 일탈행위가 아님. '동조형'을 제외한 나머지 4개의 유형은 모두 일탈행위로 규정 |
> | 혁신형 | - 문화적 목표는 수용하는 반면, 제도적 수단은 거부하는 적응양식 |
> | 의례형 | - 문화적 목표는 거부하는 반면, 제도적 수단은 수용하는 적응양식 |
> | 도피형 | - 문화적 목표와 제도적 수단을 모두 거부하고, 사회로부터 후퇴하거나 도피하는 적응양식 |
> | 반역형 | - 문화적 목표와 제도적 수단을 모두 거부하고, 새로운 목표와 수단으로 대치하려는 적응양식 |

040

청소년복지 지원법상 청소년복지지원기관에 해당하는 것은?

① 청소년자립지원관
② 한국청소년상담복지개발원
③ 청소년쉼터
④ 청소년치료재활센터
⑤ 청소년회복지원시설

해설

청소년복지 지원법상 청소년복지지원기관은 '한국청소년상담복지개발원', '청소년상담복지센터', '이주배경청소년지원센터'이다.

〈청소년복지 지원법〉
제7장 청소년복지지원기관
제22조(한국청소년상담복지개발원)
제29조(청소년상담복지센터)
제30조(이주배경청소년지원센터)

해설

〈청소년 기본법〉
제3조(정의)
1. "청소년"이란 9세 이상 24세 이하인 사람을 말한다. 다만, 다른 법률에서 청소년에 대한 적용을 다르게 할 필요가 있는 경우에는 따로 정할 수 있다.

〈학교 밖 청소년 지원에 관한 법률〉
제2조(정의) 제2호
가. **초등학교·중학교** 또는 이와 동일한 과정을 교육하는 학교에 입학한 후 **3개월 이상 결석**하거나 **취학의무를 유예**한 청소년
나. **고등학교** 또는 이와 동일한 과정을 교육하는 학교에서 **제적·퇴학처분**을 받거나 **자퇴**한 청소년
다. **고등학교** 또는 이와 동일한 과정을 교육하는 학교에 **진학하지 아니한** 청소년

041

학교 밖 청소년 지원에 관한 법률상 학교 밖 청소년에 해당하는 자를 모두 고른 것은? (단, 주어진 조건만 고려할 것)

ㄱ. 초등학교 취학의무를 유예한 11세 청소년
ㄴ. 중학교에 입학한 후 2개월 동안 무단결석했던 15세 청소년
ㄷ. 중학교 졸업 후 고등학교에 진학하지 않은 17세 청소년
ㄹ. 고등학교를 졸업하고 대학에 진학하지 않은 21세 청소년

① ㄱ, ㄴ
② ㄱ, ㄷ
③ ㄴ, ㄹ
④ ㄱ, ㄴ, ㄷ
⑤ ㄱ, ㄴ, ㄹ

042

학교 밖 청소년 지원에 관한 법률상 학교 밖 청소년에 대한 국가 및 지방자치단체의 지원내용에 해당하는 것을 모두 고른 것은?

ㄱ. 상담지원
ㄴ. 자립지원
ㄷ. 교육지원
ㄹ. 직업체험 및 취업지원

① ㄱ, ㄴ
② ㄱ, ㄷ
③ ㄴ, ㄷ
④ ㄱ, ㄴ, ㄷ
⑤ ㄱ, ㄴ, ㄷ, ㄹ

해설

〈학교 밖 청소년 지원에 관한 법률〉
제8조(상담지원)
제9조(교육지원)
제10조(직업체험 및 취업지원)
제11조(자립지원)
제12조(학교 밖 청소년 지원센터)

043

청소년문제행동 및 대응 등에 관한 설명으로 옳지 않은 것은?

① 여성가족부장관은 법령에 따라 학교폭력의 예방 및 대책에 관한 기본계획을 5년마다 수립해야 한다.
② 시장·군수·구청장은 법령에 따라 청소년유해환경 개선활동을 수행하는 시민단체를 청소년유해환경감시단 운영기관으로 지정할 수 있다.
③ 청소년자살은 2007년 이후 청소년 사망원인 중 1위를 기록하고 있다.
④ 청소년자립지원관은 청소년쉼터 또는 청소년회복지원시설의 지원을 받았는데도 가정·학교·사회로 복귀하여 생활할 수 없는 청소년을 대상으로 한다.
⑤ 여성가족부장관은 법령에 따라 3년마다 학교 밖 청소년에 대한 실태조사를 실시하고 그 결과를 공표해야 한다.

해설
② 〈청소년 보호법 시행규칙〉 제9조 제1항
③ 통계청과 여성가족부의 조사 결과에 따르면 청소년 자살은 청소년 사망원인 중 1위이다.
④ 〈청소년복지 지원법〉 제31조 제2호

〈학교폭력예방 및 대책에 관한 법률〉
제6조(기본계획의 수립 등)
① **교육부장관**은 … 학교폭력의 예방 및 대책에 관한 기본계획(이하 "기본계획"이라 한다)을 제7조에 따른 학교폭력대책위원회의 심의를 거쳐 수립·시행하여야 한다.
② 기본계획은 다음 각 호의 사항을 포함하여 **5년마다** 수립하여야 한다. 이 경우 교육부장관은 관계 중앙행정기관 등의 의견을 수렴하여야 한다.

〈학교 밖 청소년 지원에 관한 법률〉
제6조(실태조사)
① **여성가족부장관**은 학교 밖 청소년의 현황 및 실태 파악과 학교 밖 청소년 지원 정책수립을 위한 기초자료로 활용하기 위하여 **2년마다** 학교 밖 청소년에 대한 실태조사를 실시하고, 그 결과를 공표하여야 한다. 〈개정 2021. 3. 23.〉

※ 참고 : 〈학교 밖 청소년 지원에 관한 법률〉의 개정 전 출제된 문제입니다. 해당 법령의 개정으로 정답이 ①에서 ①, ⑤로 변경되었습니다.

044

청소년비행에 관한 학자와 이론내용이 바르게 연결된 것은?

① 코헨(A. Cohen) - 하층지역에는 본래부터 비행 가치와 문화가 존재하기 때문에 청소년들이 비행을 저지른다고 보았다.
② 써덜랜드(E. Sutherland) - 청소년이 자기 문제행동을 정당화함으로써 내적 통제가 약화되어 비행으로 이어진다고 보았다.
③ 클로워드(R. Cloward)와 올린(L. E. Ohlin) - 비행하위문화를 범죄하위문화, 동조하위문화, 도피(은둔)하위문화로 분류하였다.
④ 허쉬(T. Hirschi) - 사회와의 유대관계가 청소년의 비행가능성을 높이거나 비행동기를 통제할 수 있다고 보았다.
⑤ 밀러(W. Miller) - 하층 청소년들이 중산층 기준에 맞추는 과정에서 지위좌절을 경험하게 되고 이런 좌절이 비행하위문화를 형성한다고 보았다.

해설
① 밀러(W. Miller) - 하층지역에는 본래부터 비행 가치와 문화가 존재하기 때문에 청소년들이 비행을 저지른다고 보았다.
② 서덜랜드(E. Sutherland) - 비행집단과의 접촉 또는 상호작용을 통해 범죄행위에 대하여 학습하게 되어 비행 가능성이 높아진다고 보았다.
③ 클로워드(R. Cloward)와 올린(L. E. Ohlin) - 비행하위문화를 범죄하위문화, **갈등하위문화**, 도피(은둔)하위문화로 분류하였다.
⑤ 코헨(A. Cohen) - 하층 청소년들이 중산층 기준에 맞추는 과정에서 지위좌절을 경험하게 되고 이런 좌절이 비행하위문화를 형성한다고 보았다.

045

다음 설명에 해당하는 것은?

- 한국정보화진흥원 소속으로 스마트폰과 인터넷 과의존으로 인한 각종 생활 장애를 해결하는 데 목적을 두고 있다.
- 스마트폰 과의존 실태조사 업무를 담당하고 있다.

① Wee센터
② 청소년쉼터
③ 스마트쉼센터
④ 국립청소년인터넷드림마을
⑤ 국립중앙청소년디딤센터

해설

- **스마트쉼센터**
  한국정보화진흥원 소속 스마트폰 과의존 예방해소 전문 상담기관으로 건강한 스마트폰 사용을 통해 삶의 균형을 회복할 수 있도록 예방교육, 상담, 실태조사, 캠페인 등 다양한 사업을 추진하고 있으며, 전국 17개 광역시도에 설치하여 운영하고 있다.

046

탈북학생 맞춤형 교육에 관한 설명으로 옳지 않은 것은?

① 여성가족부는 탈북학생의 학교 및 사회적응력을 높이기 위해 교육경로를 단계별로 체계화하여 교육지원을 하고 있다.
② 초등학생에 해당하는 탈북학생은 '입국 초기'에는 하나원에서 생활하며 삼죽초등학교에서 학업과 사회적응을 지원받는다.
③ '전환기'를 맞는 탈북학생들을 위해 한겨레 중·고등학교를 운영하고 있으며 일반 학교와의 협력사업도 실시하고 있다.
④ '정착기'의 학교 맞춤형 교육 사업에서는 정규학교를 중심으로 탈북학생이 정착지 학교에서 생활하는데 필요한 종합적 지원을 제공한다.
⑤ 탈북학생 맞춤형 교육은 개인특성에 따른 교육 수요를 반영한 맞춤형 교육 강화를 중점 추진 방향으로 삼는다.

해설

교육부는 탈북학생의 학교 및 사회적응력을 높이기 위해 교육 경로를 '입국 초기 교육' – '전환기 교육' – 정착기 교육'순으로 단계별로 체계화하여 교육지원을 한다.
이 밖에도 학령기 초과, 학교 부적응 학생들을 위한 맞춤형 교육지원 '대안 교육'과 입국 초기·전환기·정착기 교육기관 간 연계 지원을 하는 '탈북청소년교육지원센터'를 운영하고 있다.

- **탈북학생 단계별 교육 절차**

구분	내용
입국 초기 교육	기초학습 지도, 심리적응 치료, 초기적응 교육 – 삼죽초등학교 : 하나원 재원 유·초등 탈북학생 교육 및 특별학급 운영 – 하나둘학교 : 하나원 재원 중·고등학생의 학업보충 및 사회 적응 교육
전환기 교육	일반학교 전입을 위한 학업보충 교육, 사회 적응 교육 – 한겨레중·고등학교 : 6개월 또는 1년 전환기 교육 후 전출 조치
정착기 교육	한국학생과 탈북학생의 통합 교육, 탈북학생 핵심역량 중심 진로 교육 – 탈북학생 다수 재학 학교(밀집학교)에 특별반 운영

047

하트(R. Hart)의 참여 사다리모델에서 실질적 참여로 볼 수 없는 단계는?

① 장식 단계(Decoration)
② 청소년이 시작하고 청소년이 감독하는 단계 (Child-initiated and Directed)
③ 성인들이 협의하고 정보를 제공하는 단계 (Consulted and Informed)
④ 성인들이 시작하고 청소년과 의사 결정을 공유하는 단계(Adult-initiated, Shared Decision with Children)
⑤ 성인들이 정하지만 정보는 제공되는 단계(Assigned but Informed)

해설

'장식 단계(Decoration)'는 '비참여 수준'에 해당한다.

• 하트(R. Hart) - 참여 사다리모델

구분		과정
비참여 수준	1단계 조작 단계	청소년을 이해관계자로 인정하지 않고, 성인의 지시를 일방적으로 따르도록 하는 상태
	2단계 장식 단계	청소년이 피상적으로 참여하는 단계로, 성인이 주도하는 가운데 청소년은 장식품처럼 동원되는 상태
	3단계 명목상 참여 단계	청소년이 자문을 제공할 수 있지만, 활동 및 프로그램에 영향을 미치지 않는 상태
형식적 참여 수준	4단계 제한적 위임 단계	청소년에게 제한적으로 역할이 부여되어 활동 및 프로그램의 목적을 이해하게 되는 상태
	5단계 정보제공 단계	청소년의 의사가 반영되지만, 성인이 활동 및 프로그램을 주도하는 단계
실질적 참여 수준	6단계 성인 주도 단계	청소년의 의견이 성인과 동등하게 공유되는 상태
	7단계 청소년 주도 단계	청소년 스스로에 의해 활동 및 프로그램이 주도되고 감독되는 상태
	8단계 동등한 파트너 단계	청소년이 활동 및 프로그램을 주도하면서, 실행과정에 있어서 성인을 파트너로 참여시키는 단계

048

청소년복지 지원법령상 지역사회 청소년통합지원체계 구성 시 반드시 포함하여야 하는 필수연계기관에 포함되지 않는 것은?

① 지방자치단체
② 청소년 비행예방센터
③ 보호관찰소
④ 보건소
⑤ 청소년수련관

해설

〈청소년복지 지원법 시행령〉

제4조(지역사회 청소년통합지원체계 구성 등) 제1항
1. 청소년상담복지센터 및 청소년복지시설
2. 청소년 지원시설
3. 청소년단체
4. **지방자치단체**
5. 특별시·광역시·특별자치시·도 및 특별자치도 교육청 및 교육지원청
6. 학교
7. 시·도경찰청 및 경찰서
8. 공공보건의료기관
9. **보건소**(보건의료원을 포함한다.)
10. **청소년 비행예방센터**
11. 지방고용노동청 및 지청
12. 학교 밖 청소년 지원센터
13. **보호관찰소**(보호관찰지소를 포함한다.)

049

우리나라 청소년은 공직선거법상 몇 세 이상부터 대통령 및 국회의원 선거권이 있는가?

① 16세
② 17세
③ 18세
④ 19세
⑤ 20세

해설

〈공직선거법〉

제15조(선거권)
① 18세 이상의 국민은 대통령 및 국회의원의 선거권이 있다. …

050

소년법상 보호처분에 관한 내용으로 옳지 않은 것은?

① 사회봉사명령 처분은 14세 이상의 소년에게만 할 수 있다.
② 소년의 보호처분은 그 소년의 장래 신상에 어떠한 영향도 미치지 아니한다.
③ 수강명령은 100시간을 초과할 수 없다.
④ 보호관찰관의 단기 보호관찰기간은 1년으로 한다.
⑤ 단기로 소년원에 송치된 소년의 보호기간은 3개월을 초과하지 못한다.

해설

〈소년법〉

제32조(보호처분의 결정)
③ 제1항 제3호(사회봉사명령)의 처분은 14세 이상의 소년에게만 할 수 있다.
⑥ 소년의 보호처분은 그 소년의 장래 신상에 어떠한 영향도 미치지 아니한다.

제33조(보호처분의 기간)
② 제32조 제1항 제4호의 단기 보호관찰기간은 1년으로 한다.
④ 제32조 제1항 제2호의 수강명령은 100시간을, 제32조 제1항 제3호의 사회봉사명령은 200시간을 초과할 수 없으며, 보호관찰관이 그 명령을 집행할 때에는 사건 본인의 정상적인 생활을 방해하지 아니하도록 하여야 한다.
⑤ 제32조 제1항 제9호에 따라 단기로 소년원에 송치된 소년의 보호기간은 **6개월**을 초과하지 못한다.

선택 | 제3과목 **청소년수련활동론**

051

콜브(D. Kolb)가 제시한 경험학습의 진행과정을 순서대로 옳게 나열한 것은?

ㄱ. 적극적 실험(Active Experimentation)
ㄴ. 구체적 경험(Concrete Experience)
ㄷ. 반성적 관찰(Reflective Observation)
ㄹ. 추상적 개념화(Abstract Conceptualization)

① ㄱ - ㄴ - ㄹ - ㄷ
② ㄱ - ㄷ - ㄴ - ㄹ
③ ㄴ - ㄷ - ㄱ - ㄹ
④ ㄴ - ㄷ - ㄹ - ㄱ
⑤ ㄴ - ㄹ - ㄷ - ㄱ

해설

- 콜브(D. Kolb) - 경험학습 사이클(Learning Cycle)
성인은 '구체적 경험'을 통해 정보(지식)를 인식하고 '반성적 성찰'을 통해 정보를 받아들이게 된다. 그 다음 '추상적 개념화'를 통해 새로운 정보를 받아들이고 '능동적 실험'으로 정보를 처리한다. 이렇게 '능동적 실험'을 통해 정보를 획득하는 과정에서 다시 '구체적 경험'을 통해 새로운 정보를 인식하게 된다.

(1) 구체적 경험	- 실제적 상황, 상세한 예문이 포함된 학습 - 동료 학습자들과 상호작용을 통한 학습
(2) 반성적 관찰	- 판단하기 전 주의 깊은 관찰과 객관성을 통해 지식을 이해 - 강의유형과 같은 형식적 학습상황 선호
(3) 추상적 개념화	- 문제상황에 직면했을 때 분석적·논리적으로 접근, 체계적인 계획 세움 - 교사 중심의 이론, 체계적 분석을 강조하는 비개인적 환경에서 학습
(4) 능동적 실험	- 문제상황에 실질적으로 접근하여 문제를 해결 - 실험 지향, 팀 단위 프로젝트나 집단토론 형식의 학습

052

다음이 설명하는 프로그램 유형은?

> - 어떤 하나의 내용을 한 번에 지도하기 위한 일회성 프로그램이다.
> - 비교적 짧은 시간에 달성해야 하는 특정한 활동을 중심으로 구성된다.

① 단위 프로그램 ② 연속 프로그램
③ 통합 프로그램 ④ 종합 프로그램
⑤ 단계적 프로그램

해설

• 청소년활동 프로그램 유형

단위 프로그램	하나의 내용을 한 번에 지도하기 위한 일회성 프로그램
연속(단계적) 프로그램	하나의 주제를 여러 활동으로 나누어 일정한 순서에 따라 지속하는 프로그램
통합 프로그램	하나의 주제에서 세분화된 여러 유사한 활동들이 체계적으로 연결된 프로그램
종합 프로그램	부분별 프로그램이 각각의 고유한 목표와 성격을 유지하는 동시에 상호 관심영역을 조합한 총괄성을 가진 프로그램

053

청소년프로그램개발 패러다임 중 비판주의 패러다임에 관한 설명에 해당하는 것은?

① 외부세계에 존재하는 새로운 지식과 정보, 기술을 청소년에게 전달하는 도구적인 성격이 강하다.
② 청소년지도사는 빈 그릇 상태인 청소년에게 무엇인가를 채워주는 권위 있는 사람으로 인식된다.
③ 프로그램의 목표에 의해 프로그램의 내용이 결정되는 성격이 강하다.
④ 교육을 의식화 과정으로 간주하고, 억압상태로부터의 해방과 비판적 실천행위를 강조한다.
⑤ 프로그램에 참여하는 청소년은 수동적이고 피동적인 존재로 간주된다.

해설

①, ②, ③, ⑤ '실증주의 패러다임'에 관한 설명이다.

• 청소년 프로그램개발 패러다임

(1) 실증주의 (경험적-분석적 패러다임)	- 도구적·공학적 성격 - 목표에 의해 내용이 결정되는 특성 - 청소년은 선행지식과 경험이 없는 빈 그릇 상태로 간주됨 - 청소년지도사는 청소년에게 교육내용을 효과적으로 전달하는 사람으로 간주됨
(2) 구성주의 (실제적-해석적 패러다임)	- 듀이(J. Dewey)의 실용주의 입장과 해석학적 인식론이 혼합된 패러다임 - 전문가가 아닌 참여자 중심의 프로그램 개발 - 청소년지도는 청소년지도사와 청소년이 함께 의미를 창출하는 상호작용 과정 - 다양한 교육적 경험을 통한 지속적·반성적 숙고 과정
(3) 비판주의 (비판적-해방적 패러다임)	- 교육을 의식화 과정으로 간주하고, 억압으로부터의 해방을 목적으로 함 - 프로그램은 청소년의 반성과 행위의 상호작용으로 설명되는 비판적 실천행위 - 청소년지도 과정은 청소년지도사와 청소년 간 대화와 타협을 통해 이루어짐 - 청소년 스스로 학습경험에 대한 통제력과 폭넓은 기회를 가지게 됨

054

프로그램개발 통합모형에서 프로그램 관련 상황분석과 프로그램개발의 기본방향이 설정되는 단계는?

① 프로그램 설계
② 프로그램 기획
③ 프로그램 마케팅
④ 프로그램 실행
⑤ 프로그램 평가

해설

- 프로그램개발 통합모형

(1) 프로그램 기획 (Program Planning)	프로그램과 관련된 상황을 분석하고 프로그램 개발의 기본방향을 설정하는 단계
(2) 프로그램 설계 (Program Design)	프로그램의 목적과 목표를 설정하고, 이와 관련된 프로그램 내용의 선정 및 조직, 지도방법의 체계화, 교육매체를 개발하는 단계
(3) 프로그램 마케팅 (Program Marketing)	잠재적 고객들의 참여를 유도하고 촉진하기 위한 여러 가지 조치
(4) 프로그램 실행 (Program Implementation)	완성된 프로그램이 청소년, 청소년지도사, 운영요원 등의 노력에 의하여 실제 적용되고 전개되는 단계
(5) 프로그램 평가 (Program Evaluation)	일정기간 동안 실시된 청소년프로그램의 가치와 효과를 판단하고 이를 바탕으로 개선하는 단계

055

요구(Needs)에 관한 설명으로 옳은 것을 모두 고른 것은?

ㄱ. 느낀 요구(Felt Needs) : 학습자에 의해 인식된 요구
ㄴ. 표현된 요구(Expressed Needs) : 학습자에 의해 표출되거나 행동화된 요구
ㄷ. 규범적 요구(Normative Needs) : 주관적 차원에서 진단된 요구
ㄹ. 비교 요구(Comparative Needs) : 타인이나 다른 집단과의 비교에 의해 생성된 요구

① ㄱ, ㄷ
② ㄴ, ㄹ
③ ㄱ, ㄴ, ㄹ
④ ㄴ, ㄷ, ㄹ
⑤ ㄱ, ㄴ, ㄷ, ㄹ

해설

ㄷ. 규범적 요구(Normative Needs) : 객관적 차원에서 진단된 요구

056

켈러(J. Keller)의 ARCS모형에 기초한 동기유발전략 중 관련성(Relevance) 향상 전략에 해당하는 것은?

① 특이성의 전략
② 난이도 계열화의 전략
③ 긍정적인 피드백의 전략
④ 친밀성의 전략
⑤ 성공기회 제공의 전략

해설

- 켈러(J. Keller) - ARCS모형 주요전략

Attention (주의)	- 지각적 주의환기 - 탐구적 주의환기 - 다양성
Relevance (관련성)	- 친밀성 - 목적지향성 - 필요 또는 동기 부합성
Confidence (자신감)	- 지각된 능력 - 지각된 조절감 - 성공에 대한 기대감
Satisfaction (만족)	- 자연적 결과 강조 - 긍정적 결과 강조 - 공정성 강조

057

개인중심 청소년지도방법에 해당하는 것을 모두 고른 것은?

ㄱ. 멘토링(Mentoring)
ㄴ. 도제제도(Apprenticeship)
ㄷ. 브레인스토밍(Brainstorming)

① ㄴ
② ㄱ, ㄴ
③ ㄱ, ㄷ
④ ㄴ, ㄷ
⑤ ㄱ, ㄴ, ㄷ

해설

ㄷ. '소집단 지도방법'에 해당한다.

058

청소년 기본법령상 청소년수련관의 청소년지도사 배치기준에 관한 내용이다. ( )에 들어갈 숫자가 순서대로 옳은 것은?

> 1급 또는 2급 청소년지도사 각각 1명 이상을 포함하여 ( )명 이상의 청소년지도사를 두되, 수용인원이 500명을 초과하는 경우에는 500명을 초과하는 ( )명당 1급, 2급 또는 3급 청소년지도사 중 1명 이상을 추가로 둔다.

① 3, 150
② 3, 200
③ 3, 250
④ 4, 200
⑤ 4, 250

해설

〈청소년 기본법 시행령〉

[별표 5] 청소년지도사 · 청소년상담사의 배치대상 및 배치기준

배치대상	배치기준
청소년수련관	1급 또는 2급 청소년지도사 각각 1명 이상을 포함하여 **4명** 이상의 청소년지도사를 두되, 수용인원이 500명을 초과하는 경우에는 500명을 초과하는 **250명**당 1급, 2급 또는 3급 청소년지도사 중 1명 이상을 추가로 둔다.

059

청소년 기본법령상 청소년특별회의에 관한 내용으로 옳지 않은 것은?

① 여성가족부장관은 특별회의의 참석 대상을 정할 때에는 성별 · 연령별 · 지역별로 각각 전체 청소년을 대표할 수 있도록 노력하여야 한다.
② 여성가족부장관이 공개모집을 통하여 선정한 청소년은 참석대상이 된다.
③ 특별회의는 2년마다 개최하여야 한다.
④ 참석대상 · 운영방법 등 세부적인 사항은 대통령령으로 정한다.
⑤ 여성가족부장관은 특별회의의 의제와 관련된 중앙행정기관의 장이 회의에 참석하도록 협조를 요청할 수 있다.

해설

〈청소년 기본법〉

제12조(청소년특별회의의 개최)
① 국가는 범정부적 차원의 청소년정책과제의 설정 · 추진 및 점검을 위하여 청소년 분야의 전문가와 청소년이 참여하는 청소년특별회의를 해마다 개최하여야 한다.

060

청소년 기본법상 한국청소년단체협의회의 청소년육성을 위한 활동에 해당하는 것을 모두 고른 것은?

> ㄱ. 청소년지도자의 연수와 권익 증진
> ㄴ. 청소년 관련 분야의 국제기구활동
> ㄷ. 해외교포청소년과의 교류 · 지원
> ㄹ. 청소년 관련 도서 출판 및 정보 지원

① ㄱ, ㄷ
② ㄷ, ㄹ
③ ㄱ, ㄴ, ㄹ
④ ㄴ, ㄷ, ㄹ
⑤ ㄱ, ㄴ, ㄷ, ㄹ

해설

<청소년 기본법>

제40조(한국청소년단체협의회)
1. 회원단체의 사업과 활동에 대한 협조·지원
2. 청소년지도자의 연수와 권익 증진
3. 청소년 관련 분야의 국제기구활동
4. 외국 청소년단체와의 교류 및 지원
5. 남·북청소년 및 해외교포청소년과의 교류·지원
6. 청소년활동에 관한 조사·연구·지원
7. 청소년 관련 도서 출판 및 정보 지원
8. 청소년육성을 위한 홍보 및 실천 운동
9. 지방청소년단체협의회에 대한 협조 및 지원
10. 그 밖에 청소년육성을 위하여 필요한 사업

061

청소년활동 진흥법 제2조(정의) 규정의 일부이다. ( )에 들어갈 용어로 옳은 것은?

( )(이)란 청소년수련활동에 필요한 프로그램과 이와 관련된 사업을 말한다.

① 청소년이용시설 ② 청소년수련시설
③ 청소년수련거리 ④ 청소년수련지구
⑤ 청소년어울림마당

해설

<청소년활동 진흥법>

제2조(정의)
6. "청소년수련거리"란 청소년수련활동에 필요한 프로그램과 이와 관련되는 사업을 말한다.

062

청소년활동 진흥법령상 ( )에 들어갈 숫자로 옳은 것은?

국가는 인증수련활동에 참여한 청소년의 활동기록을 확인하는 등의 절차를 거쳐 해당 활동이 끝난 후 ( )일이 경과한 날부터 그 기록을 제공할 수 있도록 하여야 한다.

① 7   ② 10
③ 14 ④ 15
⑤ 20

해설

<청소년활동 진흥법 시행령>

제20조(활동기록 유지·관리 등)
① 국가는 법 제35조 제5항에 따른 인증수련활동(이하 "인증수련활동"이라 한다)에 참여한 청소년의 활동기록을 확인하는 등의 절차를 거쳐 해당 활동이 끝난 후 **20일**이 경과한 날부터 그 기록을 제공할 수 있도록 하여야 한다.

063

청소년활동 진흥법령상 청소년수련시설의 안전기준에 관한 내용이다. ( )에 들어갈 내용으로 옳은 것은?

수련시설의 운영대표자는 ( ) 이상 시설물에 대한 안전점검(세부적인 점검사항은 여성가족부령으로 정하는 바에 따른다)을 실시하여야 하며, 점검 결과를 시설물 안전점검기록대장에 기록·관리하여야 한다.

① 매월 1회   ② 분기별 1회
③ 반기별 1회 ④ 매년 1회
⑤ 2년마다 1회

065

청소년활동 진흥법령상 위험도가 높은 청소년수련활동에 해당하는 것을 모두 고른 것은?

ㄱ. 행글라이딩
ㄴ. 하강레포츠
ㄷ. 2시간의 야간등산
ㄹ. 8km의 도보이동

① ㄱ, ㄴ ② ㄱ, ㄷ
③ ㄱ, ㄴ, ㄹ ④ ㄴ, ㄷ, ㄹ
⑤ ㄱ, ㄴ, ㄷ, ㄹ

해설

〈청소년활동 진흥법 시행규칙〉
[별표 7] 위험도가 높은 청소년수련활동

구분	프로그램
수상활동	래프팅, 모터보트, 동력요트, 수상오토바이, 고무보트, 수중스쿠터, 레저용 공기부양정, 수상스키, 조정, 카약, 카누, 수상자전거, 서프보드, 스킨스쿠버
항공활동	패러글라이딩, 행글라이딩
산악활동	암벽타기(자연암벽, 빙벽), 산악스키, 야간등산(4시간 이상의 경우)
장거리걷기활동	10Km 이상 도보이동
그 밖의 활동	유해성 물질(발화성, 부식성, 독성 또는 환경유해성 등), 하강레포츠, ATV 탑승 등 사고위험이 높은 물질·기구·장비 등을 활용하여 이루어지는 청소년수련활동

해설 (064 관련)

〈청소년활동 진흥법 시행령〉
[별표 1] 수련시설의 안전기준
7. 매월 1회 이상 시설물에 대한 안전점검(세부적인 점검사항은 여성가족부령으로 정하는 바에 따른다)을 실시하여야 하며, 점검결과를 시설물 안전점검기록대장에 기록·관리하여야 한다.

064

청소년활동 진흥법상 ( )에 들어갈 숫자로 옳은 것은?

특별자치시장·특별자치도지사·시장·군수·구청장은 수련시설의 운영 또는 청소년활동 중에 「성폭력범죄의 처벌 등에 관한 특례법」 제2조의 성폭력범죄가 발생한 경우 수련시설 설치·운영자 또는 위탁운영단체, 숙박형 등 청소년수련활동 주최자에게 ( )개월 이내의 기간을 정하여 시설 운영 또는 활동의 중지를 명할 수 있다.

① 3 ② 4
③ 5 ④ 6
⑤ 9

해설

〈청소년활동 진흥법〉
제20조의2(운영 중지 명령)
① 특별자치시장·특별자치도지사·시장·군수·구청장은 수련시설의 운영 또는 청소년활동 중에 다음 각 호의 어느 하나에 해당하는 사유가 발생한 경우에는 수련시설 설치·운영자 또는 위탁운영단체, 숙박형 등 청소년수련활동 주최자에게 3개월 이내의 기간을 정하여 시설 운영 또는 활동의 중지를 명할 수 있다.

066

청소년활동 진흥법령상 수련시설의 종합평가에 관한 내용으로 옳지 않은 것은?

① 여성가족부장관은 수련시설에 대한 종합평가를 2년마다 1회 이상 실시하여야 한다.
② 여성가족부장관은 종합평가결과를 교육부장관 등 관계 기관의 장에게 알려야 한다.
③ 종합평가의 주기·방법·절차에 필요한 사항은 한국청소년활동진흥원이 정한다.
④ 국가는 종합평가의 결과가 우수한 수련시설에 대하여 포상 등을 실시할 수 있다.
⑤ 종합평가는 수련시설의 전문성 강화와 운영의 개선 등을 위하여 실시된다.

해설

〈청소년활동 진흥법〉
제19조의2(수련시설의 종합평가 등)
⑦ 제1항에 따른 종합평가의 주기·방법·절차 및 평가결과의 공개 등에 필요한 사항은 **여성가족부령**으로 정한다.

067

청소년활동 진흥법 제2조(정의) 규정의 일부이다. ( )에 들어갈 내용이 순서대로 옳은 것은?

"비숙박형 청소년수련활동"이란 19세 미만의 청소년을 대상으로 제10조 제1호의 청소년수련시설 또는 그 외의 다른 장소에서 실시하는 청소년수련활동으로서 실시하는 날에 끝나거나 숙박 없이 ( )회 이상 ( )으로 실시하는 청소년수련활동을 말한다.

① 1, 비정기적
② 1, 정기적
③ 2, 비정기적
④ 2, 정기적
⑤ 3, 비정기적

해설

〈청소년활동 진흥법〉
제2조(정의)
8. "비숙박형 청소년수련활동"이란 19세 미만의 청소년을 대상으로 제10조 제1호의 청소년수련시설 또는 그 외의 다른 장소에서 실시하는 청소년수련활동으로서 실시하는 날에 끝나거나 숙박 없이 **2회** 이상 **정기적**으로 실시하는 청소년수련활동을 말한다.

068

청소년활동 진흥법상 ( )에 들어갈 내용으로 옳은 것은?

국가는 청소년수련활동 인증제도를 운영하기 위하여 청소년수련활동 인증위원회를 ( )에 설치·운영하여야 한다.

① 한국청소년정책연구원
② 한국청소년단체협의회
③ 한국청소년활동진흥원
④ 한국청소년수련시설협회
⑤ 한국청소년상담복지개발원

해설

〈청소년활동 진흥법〉
제6조(한국청소년활동진흥원의 설치)
① 「청소년기본법」 제3조 제2호에 따른 청소년육성(이하 "청소년육성"이라 한다)을 위한 다음 각 호의 사업을 하기 위하여 **한국청소년활동진흥원**(이하 "활동진흥원"이라 한다)을 설치한다.

069

청소년활동 진흥법령상 청소년수련시설에 해당하는 것은?

① 어린이회관
② 청소년특화시설
③ 청소년쉼터
④ 청소년치료재활센터
⑤ 청소년자립지원관

해설

〈청소년활동 진흥법〉

제10조(청소년활동시설의 종류)
1. 청소년수련시설
   가. 청소년수련관 : 다양한 청소년수련거리를 실시할 수 있는 각종 시설 및 설비를 갖춘 종합수련시설
   나. 청소년수련원 : 숙박기능을 갖춘 생활관과 다양한 청소년수련거리를 실시할 수 있는 각종 시설과 설비를 갖춘 종합수련시설
   다. 청소년문화의 집 : 간단한 청소년수련활동을 실시할 수 있는 시설 및 설비를 갖춘 정보·문화·예술 중심의 수련시설
   라. **청소년특화시설** : 청소년의 직업체험, 문화예술, 과학정보, 환경 등 특정 목적의 청소년활동을 전문적으로 실시할 수 있는 시설과 설비를 갖춘 수련시설
   마. **청소년야영장** : 야영에 적합한 시설 및 설비를 갖추고, 청소년수련거리 또는 야영편의를 제공하는 수련시설
   바. 유스호스텔 : 청소년의 숙박 및 체류에 적합한 시설·설비와 부대·편익시설을 갖추고, 숙식편의 제공, 여행청소년의 활동지원(청소년수련활동 지원은 제11조에 따라 허가된 시설·설비의 범위에 한정한다)을 기능으로 하는 시설
2. 청소년이용시설 : 수련시설이 아닌 시설로서 그 설치 목적의 범위에서 청소년활동의 실시와 청소년의 건전한 이용 등에 제공할 수 있는 시설

해설

① 〈청소년활동 진흥법〉 제2조 제7호
② 〈청소년활동 진흥법〉 제9조의2 제4항
③ 〈청소년활동 진흥법 시행규칙〉 제1조의2 제1항
④ 〈청소년활동 진흥법 시행규칙〉 제1조의2 제3항

〈청소년활동 진흥법〉

제9조의2(숙박형 등 청소년수련활동 계획의 신고)
① 숙박형 청소년수련활동 및 비숙박형 청소년수련활동(이하 "숙박형 등 청소년수련활동"이라 한다)을 주최하려는 자는 여성가족부령으로 정하는 절차와 방법에 따라 특별자치시장·특별자치도지사·시장·군수·구청장(자치구의 구청장을 말한다. 이하 같다)에게 그 계획을 신고하여야 한다. 다만, 다음 각 호의 경우는 제외한다.
  1. 다른 법률에서 지도·감독 등을 받는 비영리 법인 또는 비영리 단체가 운영하는 경우
  2. **청소년이 부모 등 보호자와 함께 참여하는 경우**
  3. 종교단체가 운영하는 경우
  4. 비숙박형 청소년수련활동 중 제36조 제2항에 따라 인증을 받아야 하는 활동이 아닌 경우
④ 숙박형 등 청소년수련활동을 주최하려는 자는 제1항에 따른 **신고가 수리되기 전에는 모집활동을 하여서는 아니 된다.**

070
청소년활동 진흥법령상 '숙박형 등 청소년수련활동 계획의 신고'에 관한 내용으로 옳은 것은?

① 20세 청소년집단을 대상으로 숙박형 등 청소년수련활동을 주최하려는 자는 그 활동계획을 신고하여야 한다.
② 숙박형 등 청소년수련활동을 주최하려는 자는 그 활동계획의 신고가 수리되기 전이라도 모집활동을 할 수 있다.
③ 활동계획의 신고서는 한국청소년활동진흥원에 제출하여야 한다.
④ 활동계획을 신고한 자는 신고한 내용의 변경이 필요한 경우, 활동 후 3일 이내에 변경신고서를 제출하여야 한다.
⑤ 청소년이 부모 등 보호자와 함께 참여하는 경우는 활동계획의 신고 대상에서 제외된다.

071
청소년활동 진흥법령상 청소년운영위원회에 관한 내용으로 옳지 않은 것은?

① 위원장은 위원 중에서 호선(互選)한다.
② 국가 및 지방자치단체는 예산의 범위에서 운영위원회의 운영에 필요한 경비를 지원할 수 있다.
③ 청소년운영위원회의 구성·운영 등에 필요한 사항은 대통령령으로 정한다.
④ 위원의 임기는 2년으로 한다.
⑤ 수련시설운영단체의 대표자는 운영위원회의 의견을 수련시설 운영에 반영하여야 한다.

해설

<청소년활동 진흥법 시행령>

제3조(청소년운영위원회의 구성·운영)
① 법 제4조 제1항에 따른 청소년운영위원회(이하 "운영위원회"라 한다)는 10명 이상 20명 이하의 청소년으로 구성하여야 한다.
② <u>위원의 임기는 1년으로 한다.</u>
③ 위원장은 위원 중에서 호선(互選)한다.
④ 위원장은 운영위원회를 대표하고, 운영위원회의 직무를 총괄한다.
⑤ 위원장이 부득이한 사유로 직무를 수행할 수 없는 경우에는 위원장이 미리 지명한 위원이 그 직무를 대행한다.
⑥ 위원장은 필요시 회의를 소집하며, 그 의장이 된다.
⑦ 이 영에 규정된 것 외에 운영위원회의 운영에 필요한 사항은 위원회의 의결을 거쳐 위원장이 정한다.
⑧ 국가 및 지방자치단체는 예산의 범위에서 운영위원회의 운영에 필요한 경비를 지원할 수 있다.

참가대상	만 14세 이상 만 24세 이하의 청소년
활동영역	봉사활동, 자기개발활동, 신체단련활동, 탐험활동, 합숙활동(금장에 한함)
포상단계	동장(6개월), 은장(6개월~12개월), 금장(12개월~18개월)

072

국제청소년성취포상제에 관한 설명으로 옳지 않은 것은?

① 영국의 에딘버러(Edinburgh) 공작에 의해 시작되었다.
② 은장 단계에서는 4박 5일의 합숙 활동을 해야 한다.
③ 기본이념에는 비경쟁성이 포함된다.
④ 동장 단계에서는 봉사, 자기개발, 신체단련, 탐험을 해야 한다.
⑤ 한국청소년활동진흥원이 국제청소년성취포상제의 한국사무국이다.

해설
• 국제청소년 성취포상제
1956년 영국 에딘버러(Edinburgh) 공작에 의해 설립되었으며, 청소년이 다양한 활동영역에서 자기주도적으로 활동하여 스스로의 잠재력을 최대한 개발하고 삶의 기술을 갖도록 하기 위하여 전 세계 130여 개국에서 운영되는 국제적으로 공인된 자기 성장 프로그램이다.

073

청소년수련활동 인증기준 중 공통기준에 해당하지 않는 것은?

① 프로그램 자원운영
② 지도자 역할 및 배치
③ 공간과 설비의 확보 및 관리
④ 안전관리계획
⑤ 이동관리

해설
'이동관리'는 청소년수련활동 인증기준 중 '개별기준'에 해당한다.

• 청소년수련활동 인증기준

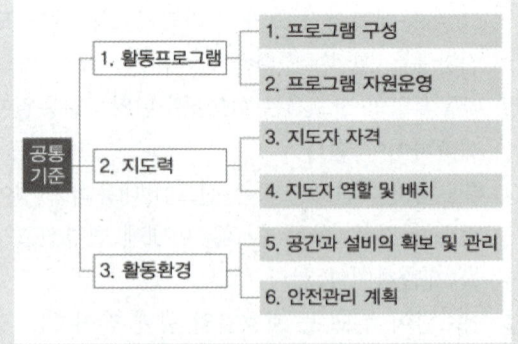

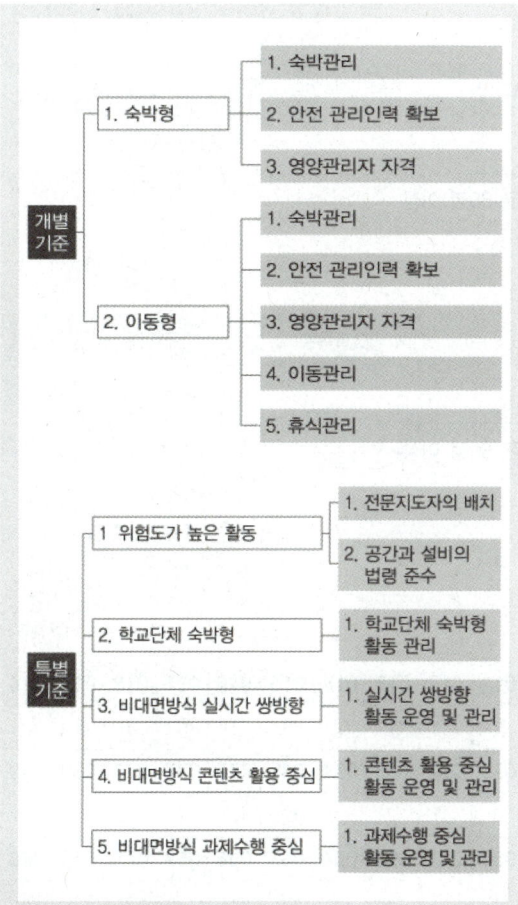

074

청소년 관련법의 제정연도가 빠른 순서대로 나열한 것은?

```
ㄱ. 청소년 기본법
ㄴ. 청소년활동 진흥법
ㄷ. 학교 밖 청소년 지원에 관한 법률
```

① ㄱ - ㄴ - ㄷ
② ㄱ - ㄷ - ㄴ
③ ㄴ - ㄱ - ㄷ
④ ㄴ - ㄷ - ㄱ
⑤ ㄷ - ㄱ - ㄴ

해설

ㄱ. 청소년 기본법(1991년 12월 31일) → ㄴ. 청소년활동 진흥법(2004년 2월 9일) → ㄷ. 학교 밖 청소년 지원에 관한 법률(2014년 5월 28일)

075

청소년방과후아카데미에 관한 설명으로 옳지 않은 것은?

① 청소년 기본법에 법적 근거를 두고 있다.
② 초등학교 1학년부터 중학교 3학년까지가 지원 대상이다.
③ 한국청소년활동진흥원에서 운영지원을 하고 있다.
④ 청소년수련시설에 설치·운영할 수 있다.
⑤ 담임(SM)은 상담 및 생활기록·관리 업무를 수행한다.

해설

'청소년방과후아카데미'는 초등학교 **4학년**부터 중학교 3학년까지가 지원 대상이다.

① 〈청소년 기본법〉 제48조의2(청소년 방과 후 활동의 지원)에 법적 근거를 두고 있다.
③ 여성가족부 산하 '한국청소년활동진흥원'에서 운영지원을 하고 있다.
④ 청소년 수련시설(청소년수련관, 청소년문화의 집 등) 등의 공공시설에서 운영되고 있다.
⑤ 담임(Schedule Manager)은 보충학습 지원 및 자기개발 활동, 상담 및 생활관리, 급식 및 귀가지원 등의 업무를 수행한다.
팀장(Project Manager)은 방과후아카데미 총괄, 일정관리, 운영지원 등의 업무를 수행한다.

- **청소년방과후아카데미**
여성가족부와 지방자치단체에서 공적 서비스를 담당하는 청소년 수련시설(청소년수련관, 청소년문화의집 등)을 기반으로 방과후 돌봄이 필요한 청소년(초등 4학년~중등 3학년)의 자립역량을 개발하고 건강한 성장을 지원하고자 방과후 학습지원, 전문체험 활동, 학습 프로그램, 생활지원 등 종합서비스를 제공하는 국가정책지원 사업이다.

2020년 제19회 청소년상담사 3급 1교시 채점표

구분	필수 제1과목	필수 제2과목	필수 제3과목	필수 제4과목	전과목 평균
점수					

※ 합격기준 : 100점을 만점으로 하여 과목당 40점 이상, 전과목 평균 60점 이상

2020년 제19회 청소년상담사 3급 2교시 채점표

구분	필수 제1과목	선택 제2과목	선택 제3과목	전과목 평균
점수				

※ 합격기준 : 100점을 만점으로 하여 과목당 40점 이상, 전과목 평균 60점 이상

2020 제19회 1교시 정답

001	002	003	004	005	006	007	008	009	010	011	012	013	014	015	016	017	018	019	020
③	①	④	②	④	④	③	③	⑤	④	②	①	①	②	③	⑤	⑤	④	①	②
021	022	023	024	025	026	027	028	029	030	031	032	033	034	035	036	037	038	039	040
②	③	④	⑤	①	④	⑤	①	⑤	④	③	①	②	④	③	②	①	⑤	③	②
041	042	043	044	045	046	047	048	049	050	051	052	053	054	055	056	057	058	059	060
③	⑤	②	⑤	④	①	②	③	⑤	④	④	①	③	③	③	①	②	②	②	④
061	062	063	064	065	066	067	068	069	070	071	072	073	074	075	076	077	078	079	080
②	⑤	⑤	④	③	②, ③, ④	④	①	⑤	④	②	②	①	⑤	③	③	④	②	⑤
081	082	083	084	085	086	087	088	089	090	091	092	093	094	095	096	097	098	099	100
①	④	①	②	⑤	②	③	⑤	②	②	①	①	④	③	⑤	③	④	④	①	⑤

2020년 제19회 2교시 정답

001	002	003	004	005	006	007	008	009	010	011	012	013	014	015	016	017	018	019	020
④	③	⑤	③	②	④	④	④	①	②	⑤	②	②	③	③	①	③	①	①	②
021	022	023	024	025	026	027	028	029	030	031	032	033	034	035	036	037	038	039	040
⑤	⑤	③	④	①	①	④	②	④	⑤	②	⑤	③	⑤	③	②	①	③	④	②
041	042	043	044	045	046	047	048	049	050	051	052	053	054	055	056	057	058	059	060
②	⑤	①, ⑤	②	④	③	①	①	⑤	③	⑤	④	①	②	③	④	②	④	③	⑤
061	062	063	064	065	066	067	068	069	070	071	072	073	074	075					
③	⑤	①	①	①	③	④	③	⑤	⑤	④	②	③	①	②					

청소년상담사 3급 필기
기출문제집

2021년
청소년상담사 3급
기출문제

2021년 제20회
2021. 10. 09. 시행

청소년상담사 3급 필기
기출문제집

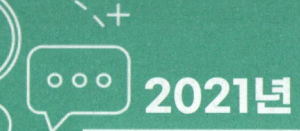

2021년 제20회 청소년상담사 3급 기출문제

2021. 10. 09. 시행

1교시 필수 4과목 (100분)

필수 | 제1과목 발달심리

001

발달에 관한 설명으로 옳지 않은 것은?

① 발달심리학은 다학문적이다.
② 가소성(Plasticity)은 발달의 주요 특성이다.
③ 연속성과 불연속성의 쟁점은 양적·질적 변화의 문제와 관련된다.
④ 발달은 역사적·사회적·문화적 맥락의 영향을 받는다.
⑤ 전 생애발달 관점에서 발달의 지향점은 성숙이며, 노화의 지향점은 죽음이다.

해설

전 생애발달 관점에 따르면 모든 연령에서의 발달은 성장과 감소를 동시에 포함한다. 인간 발달은 수정에서 죽음에 이르는 전체 인생에 걸쳐 다차원적·다방향적으로 이루어진다. 전통적인 관점에서 발달의 지향점은 성숙이며, 노화의 지향점은 죽음이다.

- 가소성(Plasticity)
  유전과 환경 중 환경적 경험에 의한 발달 가능성으로, 발달의 주요 특성이다.

002

발달연구에서 종단적 접근법의 단점에 해당하는 것을 모두 고른 것은?

ㄱ. 연습효과가 나타난다.
ㄴ. 피험자의 탈락 현상이 있다.
ㄷ. 연령 효과와 출생시기 효과를 구분하기 어렵다.
ㄹ. 어떤 특성의 안정성에 대한 정보를 얻기 힘들다.

① ㄱ, ㄴ
② ㄴ, ㄷ
③ ㄷ, ㄹ
④ ㄱ, ㄴ, ㄷ
⑤ ㄴ, ㄷ, ㄹ

해설

ㄷ, ㄹ은 '횡단적 접근법'의 단점에 해당한다.

종단적 접근법	횡단적 접근법
- 개인의 성장과 발달에 따른 변화를 알 수 있다.	- 성장의 일반적인 경향만 파악할 수 있다.
- 한 대상에게 같은 도구를 반복해서 사용하므로, 신뢰성의 문제가 생길 수 있다.	- 표집된 대상의 대표성을 확인하기 어렵다.
- 연구 도중 검사도구를 변경할 수 없다.	- 검사도구 선택이 비교적 자유로우며, 최신의 검사도구를 활용할 수 있다.
- **피험자의 중도탈락 또는 시간의 흐름에 따른 특성 변화가 생길 수 있다.**	- 연구대상의 선정 및 관리가 비교적 용이하며, 피험자 손실의 문제가 거의 없다.
- **연습효과가 나타나서 결과가 왜곡될 수 있다.**	- 표집된 대상의 대표성을 확인하기 어렵다.

- 발달 이론의 연구
  (1) 종단적 접근법 : 동일한 개인 또는 집단을 장기간에 걸쳐 지속적으로 연구하는 방식이다.
  (2) 횡단적 접근법 : 연령이 다른 개인 또는 집단을 어느 시점에 동시에 연구하는 방식이다.
  (3) 계열적 접근법 : 다른 연령층의 연구 대상을 오랜 기간 동안 반복하여 조사하는 방식이다.

003

발달 이론에 관한 설명으로 옳은 것은?

① 수퍼(D. Super)의 진로발달 과정에서 자아개념은 중요한 요인이다.
② 에릭슨(E. Erikson)에 의하면 특정 단계의 위기를 해결하지 않고 다음 단계로 진행할 수 없다.
③ 프로이드(S. Freud)는 구강기, 항문기, 생식기, 남근기의 순서로 성격 발달이 이루어진다고 주장한다.
④ 스턴버그(R. Sternberg)의 삼원지능이론은 분석적·창의적·정서적 지능으로 구성된다.
⑤ 콜버그(L. Kohlberg)는 도덕성을 도덕적 행동 측면에서 전인습적·인습적·후인습적 수준으로 구분한다.

해설

② 에릭슨(E. Erikson) - 심리사회적 발달이론
인간은 타인과의 관계에 따라 전 생애에 걸쳐 발달한다. 각 발달 단계마다 도전과 위기가 존재하며, 위기를 잘 극복할 때 성격의 긍정적인 측면이 발달하게 된다.
③ 프로이드(S. Freud) - 심리성적 발달이론
성격은 '구강기-항문기-남근기-잠복기-생식기'순으로 발달한다.
④ 스턴버그(R. Sternberg) - 삼원지능이론
인간의 지능은 구성적(분석적)·경험적(창의적)·맥락적(실용적) 지능으로 구성되어 있다.
⑤ 콜버그(L. Kohlberg) - 도덕성 발달이론
도덕성 발달 단계를 개인의 도덕적 판단능력에 따라 제1수준 전인습적, 제2수준 인습적, 제3수준 후인습적의 3수준 6단계로 구분하였다.

004

영아기의 시각발달에 관한 설명으로 옳은 것은?

① 시각은 인간의 감각 중 가장 빨리 발달한다.
② 출생 시부터 신생아는 세상을 흑백으로만 지각한다.
③ 팬츠(R. Fantz)의 실험에서 신생아는 곡선보다 직선을 더 선호하는 것으로 나타났다.
④ 워크와 깁슨(Walk & Gibson)의 시각벼랑(Visual Cliff) 실험에서 6~7개월 된 영아는 깊이를 지각하는 것으로 나타났다.
⑤ 신생아는 움직이는 것보다 정지된 물체를 더 선호한다.

해설

① 시각은 인간의 감각 중 가장 늦게 발달한다. 가장 빨리 발달하는 감각기능은 청각이다.
② 출생 시부터 신생아는 세상이 여러 색으로 이루어졌다는 것을 인식하지만, 색깔을 구별하지는 못한다. 출생 2~3개월 후 기본 삼원색의 대부분을 구분할 수 있으며, 4개월이 되면 성인 수준의 색깔 변별이 가능하다.
③ 팬츠(R. Fantz)의 실험에서 신생아는 직선보다 곡선을 더 선호하는 것으로 나타났다.
⑤ 신생아는 정지된 것보다 움직이는 물체를 더 선호한다.

005

애착에 관한 설명으로 옳지 않은 것은?

① 프로이드(S. Freud)는 구강 만족을 통해 애착을 경험한다고 주장한다.
② 영아의 신호에 대한 양육자의 민감성과 반응성은 애착 형성에 중요하다.
③ 애착은 영아와 주양육자 간에 형성되는 친밀한 정서적 유대감이다.
④ 회피 애착 유형의 영아는 부모를 갈망하면서 동시에 거부하는 양면성을 보인다.
⑤ 할로우(H. Harlow)는 애착 형성에 신체접촉이 중요하다고 주장한다.

> **해설**
>
> '저항' 애착 유형의 영아는 부모를 갈망하면서 동시에 거부하는 양면성을 보인다.
>
> - 에인즈워스(M. Ainsworth) – 낯선 상황 실험
>
>   낯선 방에 있는 영아가 부모가 나갔다 들어오거나, 낯선 성인이 들어왔다가 나가는 일련의 상황에서 어떠한 반응을 보이는지 분석하여 애착의 안정성을 평가하였다.
>
> | | | |
> |---|---|---|
> | 안정 애착 | | – 북미 1세 영아 중 약 65% 해당
– 엄마와 함께 있을 때 낯선 상황을 적극적으로 탐색한다.
– 엄마와 분리되었을 때 능동적으로 위안을 찾고, 돌아오면 따뜻하게 맞이한다. |
> | 불안정 애착 | 회피 애착 | – 북미 1세 영아 중 약 20% 해당
– 엄마에게 별다른 반응이 없고, 낯선 사람에게도 엄마와 비슷한 반응을 보인다. |
> | | 저항 애착 | – 북미 1세 영아 중 약 10% 해당
– 엄마와 함께 있을 때도 탐색행동이 거의 없다.
– 엄마와 분리되면 심하게 스트레스를 느끼지만, 돌아와도 밀어내는 양가감정을 보인다. |
> | | 혼란 애착 | – 북미 1세 영아 중 약 5~10% 해당
– 엄마가 돌아왔을 때 멍하고 얼어붙은 표정이거나 회피반응을 보인다. |

> **해설**
>
> - 콜버그(L. Kohlberg) – 성역할 개념의 발달
>
> | | |
> |---|---|
> | 1단계
성 정체성 | – 자신의 성을 인식하고 정확한 성 명칭을 사용한다.
– 어른이 되어서도 자신의 성이 지속된다는 것을 이해하지 못한다. |
> | 2단계
성 안정성 | – 성 정체성이 보다 확고히 자리 잡아 안정적으로 자신의 성을 인식한다.
– 겉모습(옷, 머리모양 등)이 바뀌어도 성이 바뀌지 않는다는 사실을 인지하지 못한다. |
> | 3단계
성 항상성 | – 겉모습과 상관없이 자신이 타고난 성이 변하지 않고 일생 동안 지속된다는 것을 인식한다. |

006

콜버그(L. Kohlberg)의 성역할 발달 단계를 순서대로 바르게 나열한 것은?

① 성정체성 – 성일관성 – 성안정성
② 성정체성 – 성안정성 – 성일관성
③ 성안정성 – 성일관성 – 성정체성
④ 성안정성 – 성정체성 – 성일관성
⑤ 성일관성 – 성정체성 – 성안정성

007

비고츠키(L. Vygotsky)의 언어와 사고에 관한 설명으로 옳은 것을 모두 고른 것은?

> ㄱ. 언어는 인지발달에 중요한 역할을 한다.
> ㄴ. 유아는 혼잣말(Private Speech)을 통해 자신의 사고를 정리하고 촉진하다.
> ㄷ. 유아는 적절히 어려운 과제를 수행할 때 혼잣말을 많이 사용한다.
> ㄹ. 유아는 외적 언어에서 내적 언어로 전환하는 과정에서 혼잣말을 사용한다.

① ㄱ, ㄴ, ㄷ ② ㄱ, ㄴ, ㄹ
③ ㄱ, ㄷ, ㄹ ④ ㄴ, ㄷ, ㄹ
⑤ ㄱ, ㄴ, ㄷ, ㄹ

> **해설**
> - 비고츠키(L. Vygotsky) – 인지발달이론
>   - 인지발달은 사회적 맥락 속에서 구성원과 상호작용을 하는 과정 속에서 일어난다.
>   - 인지발달과 언어발달은 독립적으로 이루어지는 것이지만, 언어의 사용은 인지발달을 위한 상호작용에 가장 중요한 변인이므로, 직접적인 영향을 준다고 보았다.
>   - 아동이 밖으로 소리내어 하던 외적 언어(Outer Speech)는 혼잣말(Private Speech)이 되고, 혼잣말은 다시 내적 언어(Inner Speech)가 된다.
>   - 아동은 혼잣말을 통해 자신의 사고와 행동을 규제하고, 목표를 달성하거나 문제를 해결하는 등 지적발달을 촉진시킨다고 보았다.
>   - 아동은 쉬운 과제보다 어려운 과제를 수행할 때 혼잣말을 더 많이 한다고 보았다.

> **해설**
> - 마거릿 미드(M. Mead) – 사모아(Samoa) 섬 현장 연구
>   - 청소년기 발달은 문화적 상대성에 따라 결정된다고 주장하였다. 즉, 사춘기 현상은 문화에 따라 나타날 수도 있고 나타나지 않을 수도 있는 문화 특수적 현상이다.
>   - 사모아 섬 현장 연구를 통해 사모아 섬에 거주하는 청소년은 질풍노도의 시기를 경험하지 않으며, 성인과의 역할 차이가 크지 않다는 점을 발견했다.
>   - 청소년기가 반드시 혼란의 시기인 것은 아니며, 질풍노도의 시기 없이 아동기에서 성인기로의 전환이 자연스럽고 점진적으로 이루어지는 문화권이 있다.

008

발달 이론가와 청소년기 발달에 관한 주장의 연결로 옳지 않은 것은?

① 설리반(H. Sullivan) – 성·친밀감·안전 욕구 간의 충돌로 질풍노도의 시기를 겪는다.
② 프로이드(S. Freud) – 생식기에 해당하고, 이성에 대한 호기심을 가지며 성숙한 성관계 확립을 하는 시기이다.
③ 미드(M. Mead) – 혼돈과 곤혹의 시기를 맞아 오랜 기간 동안 갈등과 혼란을 겪는 시기이다.
④ 피아제(J. Piaget) – 형식적 조작기에 해당하며, 명제적 사고와 조합적 사고 등이 발달하는 시기이다.
⑤ 홀(S. Hall) – 청소년기의 혼란은 인간이 진화하는 과정에서 나타나는 과도기적 단계에 대한 반영이다.

009

방어기제에 관한 설명으로 옳은 것은?

① 투사는 충족될 수 없는 무의식적 욕구를 다른 대상을 통하여 충족시키는 것이다.
② 주지화(Intellectualization)는 종교, 문학 등의 지적 활동에 몰입함으로써 불안을 회피하려는 것이다.
③ 반동형성의 예로는 청소년들이 인기 연예인의 헤어스타일을 모방하는 경우가 있다.
④ 치환(Displacement)은 자신의 내부에서 용납하기 어려운 욕구나 충동을 남의 탓으로 돌리는 것이다.
⑤ 억압은 자신의 행위나 생각을 정당화하기 위해 그럴듯한 이유를 제시하는 것이다.

> **해설**
> ① 치환
> ③ 동일시
> ④ 투사
> ⑤ 합리화

• 방어기제

투사	자신의 내부에서 용납하기 어려운 욕구나 충동을 남의 탓으로 돌리는 것이다.
승화	욕구나 충동이 신경증적인 행동으로 전이되지 않고 오히려 사회적으로 바람직한 행동으로 나타난다.
반동형성	자신과 반대되는 감정을 표출하거나 행동을 하는 것이다.
부인(부정)	충격적인 사건이나 용납할 수 없는 충동을 무의식적으로 거부한다.
동일시	다른 사람의 태도, 신념, 가치 등을 자신의 것으로 채택함으로써 다른 사람의 특성을 흡수한다. 예로는 청소년들이 인기 연예인의 헤어스타일을 모방하는 경우가 있다.
치환(Displacement)	특정 대상에 대한 충동이나 욕구를 다른 대상에게 돌리는 것이다.
주지화(지성화)	종교, 철학, 문학 등의 지적 활동에 몰입함으로써 불안을 회피하려는 것이다.
합리화	자신의 행위나 생각을 정당화하기 위해 그럴듯한 이유를 제시하는 것이다.
억압	창피했던 일, 무서웠던 일 등을 기억에 떠오르지 않도록 무의식적으로 막는 것이다.

010

청소년기 자기중심성에 대해 엘킨드(D. Elkind)가 주장한 개념을 모두 고른 것은?

```
ㄱ. 전환적 추론
ㄴ. 개인적 우화
ㄷ. 중심화(Centration)
ㄹ. 상상적 청중
```

① ㄱ, ㄷ
② ㄱ, ㄹ
③ ㄴ, ㄷ
④ ㄴ, ㄹ
⑤ ㄴ, ㄷ, ㄹ

해설

• 엘킨드(D. Elkind) - 자아중심성 이론
 - 피아제(Piaget)의 자아중심성을 청소년기의 특성에 적용하여 확장한 개념으로, 형식적 조작사고가 발달하는 11~12세경에 나타나기 시작하여 15~16세경에 정점을 이루지만 점차 사라진다.
 - 청소년기 자아중심성은 자신에 대한 강한 몰두로 인해 자신과 타인의 관심사를 구분하지 못하는 경향성을 말하며, 다음과 같은 것이 있다.
   (1) 개인적 우화 : 자신은 특별하고 독특하며 자신이 느끼는 감정이나 경험은 다른 사람들과는 다르다고 생각한다.
   (2) 상상적 청중 : 과장된 자의식으로 인해 자신이 타인의 집중적 관심과 주의의 대상이 된다고 믿는다.

011

성인기 인지발달에 관한 설명으로 옳은 것은?

① 리겔(K. Riegel)은 형식적 사고에서 실용적 사고로 전환된다고 본다.
② 샤이(K. Schaie)는 문제발견의 단계를 제5단계로 본다.
③ 페리(W. Perry)는 이원적 사고에서 상대적 사고로 옮겨 간다고 본다.
④ 아르린(P. Arlin)은 성인기부터 변증법적 사고를 한다고 본다.
⑤ 라부비비에(G. Labouvie-Vief)는 인지발달 단계를 습득-성취-책임(실행)-재통합으로 제시한다.

해설

① 리겔(K. Riegel) - 변증법적 사고
   성인기부터 변증법적 사고를 한다고 본다.
② 샤이(K. Schaie) - 성인기 인지발달 단계
   인지발달 단계를 습득-성취-책임(실행)-재통합으로 제시한다.
④ 아르린(P. Arlin) - 문제발견적 사고
   문제발견의 단계를 제5단계로 본다.
⑤ 라부비비에(G. Labouvie-Vief) - 실용적 사고
   성인기에는 가설적 사고에서 실용적 사고로 전환된다고 본다.

012

노년기 발달에 관한 설명으로 옳지 않은 것은?

① 노년기에 일화기억은 의미기억과 달리 연령에 따른 영향을 받지 않는다.
② 에릭슨(E. Erikson)은 8단계인 노년기에 발달되는 바람직한 미덕으로 지혜를 제안한다.
③ 레빈슨(D. Levinson)은 노년기를 '다리 위에서의 조망(One's View from the Bridge)'이라 표현한다.
④ 유리 이론(Disengagement Theory)에서는 노인과 사회의 상호 철회 과정을 부정적으로 보지 않고 성공적 노화로 본다.
⑤ 활동 이론(Activity Theory)은 근로자, 부모 등 개인의 역할이 삶에서 만족을 얻을 수 있는 주요 원천으로 본다.

해설
노년기에는 단기기억이 장기기억보다 더 심하게 쇠퇴하며, 일화기억이 의미기억보다 더 많이 쇠퇴한다.

013

다음 설명에 해당하는 성염색체 이상 증후군은?

- 남아가 X염색체를 하나 더 갖고 있어 남성적 특성이 약하고 가슴과 엉덩이가 발달하는 여성적인 2차 성징이 나타난다.
- 남아이지만 정자를 배출하지 못하여 생식능력을 갖고 있지 않다.

① X결함 증후군 ② 터너 증후군
③ 클라인펠터 증후군 ④ XYY 증후군
⑤ 다운증후군

해설
- 클라인펠터 증후군(Klinefelter's Syndrome)
  Y염색체 하나에 X염색체 2개를 포함한 염색체를 물려받은 남성은 동년배의 보통 남성보다 고환 크기가 작거나, 무정자증이거나, 유방이 여성처럼 비대해지는 등의 증상을 보인다.

014

태내 발달에 관한 설명으로 옳지 않은 것을 모두 고른 것은?

ㄱ. 수정란의 세포분열은 착상된 이후 배아기에 시작된다.
ㄴ. 배아기에는 심장의 형성 및 심장박동이 시작된다.
ㄷ. 태아기에 배아의 세포는 외배엽, 중배엽, 내배엽으로 분화된다.
ㄹ. 간접흡연은 태아의 발달에 거의 영향을 미치지 않는다.

① ㄱ, ㄹ ② ㄴ, ㄷ
③ ㄷ, ㄹ ④ ㄱ, ㄴ, ㄹ
⑤ ㄱ, ㄷ, ㄹ

해설
ㄱ. 수정란의 세포분열은 **발아기**에 시작된다.
ㄷ. **배아기**에 배아의 세포는 외배엽, 중배엽, 내배엽으로 분화된다.
ㄹ. 직접흡연과 간접흡연 모두 태아의 발달에 나쁜 영향을 미친다.

• 태내 발달 단계

(1) 수정	- 새로운 생명이 태어나기 위한 첫 단계이다.
(2) 발아기(배종기) (수정~임신 2주)	- 본격적인 태내 발달이 시작되는 단계이다. - 세포분열을 거친 수정란이 자궁벽에 착상하게 된다.

(3) 배아기 (임신 3주~8주)	- 성장 속도가 가장 빠른 시기이다. - 주요 기관을 포함한 대부분의 기관들이 형성되는 결정적 시기(Critical Period)이다. - 심한 기형이나 장애의 발생 가능성이 높으므로 배아기 때 태내 환경이 특히 중요하다. - 수정란이 자궁 벽에 착상한 후, 배아는 외배엽, 중배엽, 내배엽의 세 겹의 층으로 다시 분화된다. - 신경계가 발달하며 심장, 근육, 척추, 갈비뼈, 소화관 등이 형성된다.
(4) 태아기 (임신 9주~출생)	- 태내기 중 가장 긴 기간으로, 출생에 필요한 모든 준비를 마친다. - 9주 차에는 장기와 근육, 신경계가 조직적으로 연결되기 시작한다. - 12주 정도에는 외부 생식기가 완전히 형성되어 초음파로 성별을 구분할 수 있다. - 17~20주에는 엄마가 태동을 느낄 수 있으며, 태지(Vernix)와 연모(Lanugo)는 양수 속에서 태아의 피부를 보호한다.

015

뇌와 신경계 발달에 관한 설명으로 옳지 않은 것은?

① 영아는 성인보다 많은 수의 시냅스를 갖고 있다.
② 청소년기보다 영아기에 뇌의 성장 급등이 이루어진다.
③ 대뇌 피질의 발달은 영아기 이후에도 진행된다.
④ 영아의 뇌는 성인의 뇌보다 가소성이 뛰어나다.
⑤ 뇌의 수초화(Myelination)는 두 반구의 기능 분화를 의미한다.

> **해설**
> • **수초화(Myelination)**
> 수초가 신경세포의 축색돌기에 감기어서 자극의 전달 속도를 더욱 빠르게 하는 현상이다.
> • **편제화(Lateralization)**
> 두 반구 중 하나에 특정 기능이 치우쳐 있는 현상으로, 두 반구의 기능분화를 의미한다.

016

영아기 운동발달에 관한 설명으로 옳은 것은?

① 대체로 다리, 발을 능숙히 사용하기 전에 머리, 목의 통제가 가능하다.
② 운동기술의 발달속도는 개인차가 없다.
③ 일반적으로 말단에서 중심 방향으로 발달한다.
④ 소근육 운동 기능은 생후 6개월 안에 완성된다.
⑤ 대근육 운동인 기기와 손 뻗기는 영아의 주변 탐색을 가능하게 한다.

> **해설**
> ② 운동기술의 발달속도는 개인차가 있지만, 일반적으로 일정한 순서와 단계대로 진행된다.
> ③ 일반적으로 신체 중심에서 말초 방향으로 발달한다.
> ④ 소근육 운동 기능은 생후 6개월 안에 발달되기 시작하여 5세경 완성된다.
> ⑤ 대근육 운동 예 기어 다니기, 서기, 걷기 등
> 소근육 운동 예 손 뻗기, 잡기 등

017

피아제(J. Piaget) 이론에서 구체적 조작기의 특성으로 옳은 것을 모두 고른 것은?

> ㄱ. 사물을 공통의 속성에 따라 분류할 수 있다.
> ㄴ. 문제를 해결할 때 주로 지각적 외양으로 판단한다.
> ㄷ. 구체적 사실이 없어도 가설·연역적 추론을 할 수 있다.
> ㄹ. 키, 무게 등의 속성에 따라 항목을 순서대로 배열할 수 있다.

① ㄱ, ㄷ
② ㄱ, ㄹ
③ ㄴ, ㄷ
④ ㄱ, ㄴ, ㄹ
⑤ ㄴ, ㄷ, ㄹ

해설

ㄴ. 전조작기의 특징이다.
ㄷ. 형식적 조작기의 특징이다.

• 피아제(J. Piaget) - 인지발달단계

(1) 감각 운동기 (출생~2세)	- 언어와 같은 상징적 기능이 작용하지 못하고, 감각운동에 기초해 경험한다.
(2) 전조작기 (2~7세)	- 직관적인 사고 수준이며, 비논리적이다. - 대상영속성 획득 - 보존개념 미획득
(3) 구체적 조작기 (7~11세)	- 이론적·논리적 사고가 가능하지만, 가설·연역적 추론에 이르지 못한다. - 보존개념 획득 - **분류화, 서열화 가능**
(4) 형식적 조작기 (12세 이상)	- 가설·연역적 추론이 가능하며, 추상적 사고도 가능하다. - 체계적인 사고능력, 논리적인 문제 해결능력이 발달한다. - 사회적 규범·가치관, 예술작품에 내재된 상징적 의미를 이해한다.

해설

기억해야 할 정보인 '곰'과 '얼음'을 서로 관련시켜 '얼음을 안고 있는 곰'을 기억하는 방법으로, '정교화' 전략에 해당한다.

• 기억전략
  (1) 정교화 : **기억해야 할 정보에 무엇인가를 덧붙이거나 다른 정보와 서로 관련시켜 기억하는 방법이다.**
  (2) 조직화 : 기억해야 할 정보가 가지고 있는 속성에 따라 의미 있는 단위로 묶어서 기억하는 방법이다.
  (3) 시연 : 기억해야 할 정보를 여러 번 보거나 말로 되풀이하여 기억하는 방법이다.
  (4) 부호화 : 기억해야 할 정보를 한 형태에서 다른 형태로 변환하여 기억하는 방법이다.
  (5) 심상법 : 심상(Image)을 이용하여 기억하는 방법이다.
  (6) 상위기억(Metamemory) : 자신의 기억 과정이나 기억을 촉진하기 위한 전략을 아는 것이다.

018

다음 사례에서 나타난 기억전략은?

> '곰'과 '얼음'을 기억해야 할 때, '얼음을 안고 있는 곰'을 떠올려 두 개의 항목을 기억한다.

① 정교화
② 조직화
③ 시연
④ 상위기억(Metamemory)
⑤ 개념도

019

가드너(H. Gardner)가 주장한 지능이론에 관한 설명으로 옳은 것은?

① 다중지능은 뇌의 동일한 영역과 관련되어 있다.
② 다중지능은 논리적·언어적·유동적 지능 3개로 구성되어 있다.
③ 다중지능은 여러 개의 독립적인 지능들로 구성되어 있다.
④ 자연지능이 높은 사람들은 타인을 공감하는 능력이 뛰어나다.
⑤ 논리수학적 지능이 높은 사람은 모든 다른 지능 영역에서 우수하다.

해설

① 다중지능은 뇌의 서로 다른 영역과 관련되어 있다.
② 다중지능은 언어·논리-수학·시각-공간·음악·신체운동·자연탐구·대인관계·자기성찰·실존 지능 9개로 구성되어 있다.
④ 대인관계 지능이 높은 사람들은 타인을 공감하는 능력이 뛰어나다.
⑤ 논리수학적 지능이 높다고 해서 모든 다른 지능 영역에서 우수한 것은 아니다.

• 가드너(H. Gardner) - 다중지능이론

언어	말하기와 글쓰기를 좋아하는 등 언어를 이해하고 표현하는 능력
논리-수학	논리, 추리, 문제해결, 분석, 수학적 계산, 연역적·귀납적 사고와 관련된 능력
시각-공간	색깔, 모양, 공간, 형태 등 시각적-공간적 이해와 표현에 관련된 능력
음악	리듬, 멜로디, 음색에 민감하며 자신의 감정을 음악적으로 표현할 수 있는 능력
신체운동	자신의 신체 움직임을 통제하고, 물체를 능숙하게 다룰 수 있는 능력
자연탐구	동·식물이나 주변 사물을 자세히 관찰하여 공통점과 차이점을 찾고 분석하는 능력
대인관계	다른 사람의 마음, 감정, 느낌을 잘 이해하여 조화롭게 생활할 수 있는 능력
자기성찰	자신의 감정과 성격, 행동 등을 잘 이해하고 다룰릴 수 있는 능력
실존	인생의 의미를 생각하고, 어떻게 살아야 할지 고민하고 탐색하는 능력

020

친사회적 행동에 관한 설명으로 옳지 않은 것은?

① 정신분석이론에서 친사회적 행동은 초자아의 발달과 관련되어 있다.
② 유아기에서는 타인의 고통을 직접 보지 않고 주로 상상만으로 감정이입을 한다.
③ 사회교환이론에 따르면 친사회적 행동으로 인한 손해가 보상보다 클 때 친사회적 행동은 감소한다.
④ 이타적 행동은 유아기보다 아동기에 더 많이 발생한다.
⑤ 사회학습이론에 따르면 친사회적 행동에 대한 보상의 관찰은 친사회적 행동을 증진시킨다.

해설

유아기에서는 타인의 고통을 직접 보고 감정이입을 한다.

• **친사회적 행동**
다른 사람들을 돕거나 도우려는 행동으로, 타인을 돕기 위해 순수한 의도로 행해진 이타적 행동과 이익을 노린 계산적인 도움 행동을 포괄하는 개념이다.

021

도덕성 발달 이론에 관한 설명으로 옳은 것을 모두 고른 것은?

> ㄱ. 피아제(J. Piajet) 이론에서 타율적 도덕성 단계의 아동은 규칙이 상황에 따라 변경될 수 있다고 생각한다.
> ㄴ. 콜버그(L. Kohlberg)의 5단계인 사회계약 지향 단계에서 사람들은 인간의 권리를 무시하는 법은 부당하다고 생각한다.
> ㄷ. 반두라(A. Bandura)는 강화, 처벌, 모방 등으로 도덕적 행동의 학습을 설명한다.
> ㄹ. 프로이드(S. Freud) 이론에서 동성부모와의 동일시, 죄책감, 초자아는 도덕성 발달과 관련되어 있다.

① ㄱ, ㄴ
② ㄱ, ㄹ
③ ㄴ, ㄹ
④ ㄱ, ㄴ, ㄷ
⑤ ㄴ, ㄷ, ㄹ

해설

• 피아제(J. Piajet) - 도덕성 발달 이론

(1) 전도덕기 (5세 이전)	규칙에 대한 관심이나 이해가 없다.
(2) 타율적 도덕성 (5~10세)	규칙이 고정적이며 불변하는 것이라고 생각한다.
(3) 자율적 도덕성 (10세 이상)	규칙이 절대적인 것이 아니며 상황에 따라 변경될 수 있다고 생각한다.

022

다음 설명에 공통적으로 해당되는 개념은?

> - 까다로운 기질의 영아도 지지적이고 일관된 양육을 받은 경우 긍정적인 발달을 보이게 된다.
> - 생활습관이 불규칙한 영아도 양육자가 허용적일 때 양육자와의 갈등이 줄어들 수 있다.

① 습관화
② 민감한 시기
③ 기질적 순기능
④ 조화의 적합성
⑤ 정서적 사회화

해설

• 조화의 적합성
  - 영유아의 기질은 선천적이지만, 고정불변하는 것이 아니며 환경에 따라 달라질 수 있다. 변화를 결정하는 중요한 요인 중 하나는 부모의 양육방식이다.
  - 영유아의 타고난 기질적 성향과 부모의 양육방식이 조화를 이룬다면 아이의 발달이 최적화될 수 있다.

023

DSM-5의 신경발달장애에 해당되지 않는 것은?

① 지적장애
② 의사소통장애
③ 반응성 애착장애
④ 특정학습장애
⑤ 주의력결핍 과잉행동장애

해설

'반응성 애착장애'는 DSM-5의 외상 및 스트레스 관련 장애에 해당한다.

DSM-5 신경발달장애
지적장애, 의사소통장애, 자폐스펙트럼장애, 주의력결핍 과잉행동장애, 특정학습장애, 운동장애 등

024

DSM-5의 선택적 함구증(Selective Mutism)의 진단 기준 및 설명으로 옳은 것은?

① 아동기 때 주로 발병하는 의사소통장애에 해당된다.
② 언어에 대한 지식의 부족으로 말을 하지 않는 것이 아니다.
③ 아동기에 흔하게 발병하는 장애로 유병률 5% 이상이다.
④ 주로 5세 이후 발병되며, 조기 발견될 가능성이 높다.
⑤ 증상이 최소 6개월 이상 지속되어야 한다.

> **해설**
> ① 선택적 함구증은 불안장애에 해당된다.
> ③ 드물게 발병하는 장애로 유병률 1% 전후이다.
> ④ 주로 5세 이전 발병되지만, 학교에 입학하기 전까지는 임상적으로 관심을 받지 못한다.
> ⑤ 증상이 최소 1개월 이상 지속되어야 한다.

025

DSM-5의 투렛 장애(Tourett's Disorder)의 진단기준으로 옳지 않은 것은?

① 18세 이전에 발병한다.
② 물질의 생리적 효과로 인해 발병되는 것이 아니다.
③ 틱(Tic) 증상은 자주 악화와 완화를 반복한다.
④ 운동성 틱과 음성 틱이 동시에 나타나야만 진단된다.
⑤ 틱 증상은 처음 증상이 시작된 시점부터 1년 이상 지속된다.

> **해설**
> 여러 가지 운동 틱과 한 가지 또는 그 이상의 음성 틱이 질병 경과 중 일부 기간 동안 나타난다. 두 가지 틱이 반드시 동시에 나타날 필요는 없다.

필수 | 제2과목 집단상담의 기초

026

청소년 집단상담의 집단응집력에 관한 설명으로 옳지 않은 것은?

① 집단응집력은 그 자체가 강력한 치료적인 힘이다.
② 집단원의 내면세계를 정서적으로 공유하고 집단으로부터 수용되는 것이다.
③ 개인상담의 치료적 관계와 유사한 개념이다.
④ 집단이 진행되면서 자연스럽게 발달하고 유지된다.
⑤ 집단응집력이 높을수록 출석, 참여, 상호지지의 비율이 더 높아진다.

> **해설**
> 집단응집력은 집단원들 간 신뢰감, 친밀감, 안정감, 소속감 등에 기반을 둔 정서적 유대감에 의해 발달해 나가는 것으로, 저절로 발달되고 유지되는 것은 아니다.
>
> • 집단응집력
> 집단구성원들이 집단 내 남아 있도록 작용하는 힘으로, 구성원들 간 유대감에 근거하여 발달한다.

027

집단의 발달과정에 관한 설명으로 옳지 않은 것은?

① 집단의 발달단계는 실제로 중첩되기도 한다.
② 같은 집단 발달단계의 집단원들은 서로 비슷한 속도로 진전을 보인다.
③ 집단 과업이 달성된 후에도 새로운 갈등이 일어날 수 있다.
④ 다음 단계에 진입해서 정체되기도 하고, 일시적으로 이전 단계로 퇴보하는 경우도 있다.
⑤ 집단은 역동적, 지속적으로 변화하는 특징을 지니고 있다.

> 같은 집단 발달단계의 집단원들이라도 개인별 특성에 따라 서로 다른 속도로 진전을 보일 수 있다.

- **집단 발달**
  집단구성원들이 지속적인 상호작용을 통해서 상호의존적 관계를 형성하고, 목표달성을 위해 지속적으로 이루어지는 생산적이고 역동적인 과정이다.

028

공동지도자 집단의 특징에 관한 설명으로 옳지 않은 것은?

① 지도자의 신체적 · 정서적 소진 가능성이 줄어든다.
② 지도자 중 한 명이 역전이가 일어날 때 도움이 된다.
③ 지도자 중 한 명은 강한 정서를 표현하는 집단원에 집중하고, 다른 지도자는 나머지 집단원들의 반응에 주목할 수 있다.
④ 지도자 간의 경쟁과 대립은 집단의 역동을 촉진시킨다.
⑤ 지도자가 다른 지도자에 대항하여 집단원과 한 편을 이루는 단점도 있다.

> 지도자 간의 경쟁과 대립은 집단의 혼란을 야기한다.

- **공동지도자 집단**
  두 명 이상의 지도자(상담자)가 협력하여 하나의 집단을 지도(상담)하는 것으로, 동등하게 주 지도자의 역할을 분담할 수도 있고, 한 지도자가 주 지도자로 다른 지도자가 보조 지도자로의 역할을 담당할 수도 있다.

029

코리(G. Corey)가 제시한 작업단계(Working Stage)에 있는 집단원의 특징을 모두 고른 것은?

ㄱ. 지금 – 여기에 초점이 주어지고 집단들이 느끼는 것을 서로 직접적으로 이야기한다.
ㄴ. 집단원 간 또는 집단상담자와 갈등이 있음을 인정하고 그것에 대해 논의하고 해결한다.
ㄷ. 집단원은 절망과 무기력감을 느끼며, 자신이 희생양이라고 생각한다.
ㄹ. 적대적이고 공격적인 태도를 취하고, 공격받은 집단원은 거부당한다고 느낀다.

① ㄱ
② ㄱ, ㄴ
③ ㄴ, ㄷ
④ ㄴ, ㄷ, ㄹ
⑤ ㄱ, ㄴ, ㄷ, ㄹ

> ㄷ, ㄹ은 '과도기적 단계'의 특징에 해당한다.

- **코리(G. Corey) – 집단상담 발달단계**

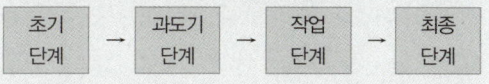

초기 단계 → 과도기 단계 → 작업 단계 → 최종 단계

030

아들러(A. Adler) 집단상담의 목표에 관한 것으로 옳은 것은?

① 억압된 감정을 내보내고 통찰을 제공한다.
② 당면한 문제를 다루기보다 무의식적 갈등을 다루어 성격을 재구성한다.
③ 환경과의 접촉 및 자각과 선택의 힘을 증진시킨다.
④ 집단원의 자동적 사고를 명료화하고 내담자의 사고방식을 변화시킨다.
⑤ 집단에 대한 소속감을 강화하여 타인과의 일체감과 연대감을 촉진한다.

해설
① , ② '정신분석 집단상담'의 목표에 해당한다.
③ '게슈탈트(형태주의) 집단상담'의 목표에 해당한다.
④ 벡(Beck) – '인지치료 집단상담'의 목표에 해당한다.

- 아들러(A. Adler) – 집단상담
  집단은 인간 행동의 본보기를 제공하며 이를 통해 집단원은 자신에 대한 통찰을 발달시킨다고 보았다. 집단원의 친밀감·소속감 형성, 열등감에 대한 인식의 변화, 바람직하지 않은 생활양식 변화, 사회적 관심 갖기 등을 강조하였다.

해설
ㄴ. '보편성'에 대한 설명이다.
ㄷ. '모방행동'에 대한 설명이다.

- 얄롬(I. Yalom) – 집단상담의 치료적 요인

(1)	희망 고취	집단의 효용성에 대한 믿음과 확신을 증가시킴으로써 치료효과에 대한 희망을 심어준다.
(2)	보편성	다른 집단원도 자신의 문제, 생각, 감정과 유사한 상황에 놓여 있다는 것을 알게 한다.
(3)	정보 공유	다른 집단원이 유사한 문제를 어떤 방식으로 극복했는지 정보를 전달하고 습득한다.
(4)	이타주의	다른 집단원에게 도움을 주며 개인의 자긍심을 고취시킨다.
(5)	초기 가족의 교정적 재현	집단 리더와 집단원들에게서 초기 가족 구성원에게 가졌던 감정을 다시 경험하게 되며 전이가 일어나고, 부정적인 감정(투사)에 대해 해결할 기회를 갖는다.
(6)	사회화 기술 발달	다른 집단원과 사회적 관계를 형성하며 다양한 사회화 기술을 습득한다.
(7)	모방행동	집단 리더나 집단원들을 모방하여 바람직한 사고나 행동을 습득한다.
(8)	대인관계 학습	다른 집단원과 일상 속 대인관계 문제를 해결하고 새로운 대인관계 형성 패턴을 습득한다.
(9)	집단응집력	소속감과 안정감을 제공하여 집단에 계속해서 참여하고 남아 있고 싶게 한다.
(10)	정화	내면에 억압된 여러 감정과 생각을 노출하도록 하여 정서적 변화를 가져 온다.
(11)	실존적 요인	자신의 삶에 대한 책임감을 새롭게 인식하게 된다. 집단의 종결단계로 갈수록 부각된다.

031

얄롬(I. Yalom)의 치료적 요인 중 대인 간 학습 – 산출(Interpersonal Learning – Output)에 관한 설명으로 옳은 것을 모두 고른 것은?

ㄱ. 다른 집단원에게 상호 관계를 분명히 하기 위해 자신을 솔직히 표현한다.
ㄴ. 집단이 나와 유사한 문제를 가진 다른 집단원을 도와주는 것을 보면서 용기를 얻었다.
ㄷ. 집단에서 내가 본받을 사람을 발견했다.
ㄹ. 다른 집단원의 반응을 살피기보다 더 건설적으로 주장하는 방식으로 자신을 드러낸다.

① ㄱ, ㄴ
② ㄱ, ㄹ
③ ㄴ, ㄷ
④ ㄱ, ㄴ, ㄷ
⑤ ㄴ, ㄷ, ㄹ

032

학교현장에서 실시하는 집단상담에 관한 설명으로 옳지 않은 것은?

① 주로 예방 및 발달을 돕는 개입으로 이루어진다.
② 시험불안 감소를 위한 집단 운영도 가능하다.
③ 학생이 겪고 있는 심각한 심리적 장애를 치료하는 집단을 운영한다.
④ 집단을 통해 이혼가정 자녀들의 불안감소와 학업 수행 능력을 증진시킬 수 있다.
⑤ 학교 관계자에게 집단상담이 학생의 행동 및 정서 변화에 효과적이라는 증거를 제시하는 것이 좋다.

> **해설**
> 학생이 겪고 있는 심각한 심리적 장애를 치료하기 위해서 전문 상담가나, 전문 상담기관에 의뢰해야 한다.
> 학교상담은 예방적·선제적 접근을 통해 학생들이 자발적으로 성장·발달·변화할 수 있도록 돕는 것을 목적으로 한다.

033

아동 및 청소년 집단상담자의 바람직한 행동으로 옳은 것은?

① 집단원의 자율성을 위해 집단규칙을 제시할 필요는 없다.
② 매 회기마다 계획된 의제나 주제를 반드시 지켜야 한다.
③ 청소년 집단원의 권익을 보호하기 위해 가능하면 부모나 기관에 맞서 청소년의 편을 들어 주어야 한다.
④ 아동과 청소년들은 빠른 애착과 분리가 가능하기 때문에 종결 시점을 빨리 알려주지 않아도 된다.
⑤ 학교에서 진행되는 집단상담은 집단 밖으로 비밀이 새어 나가기 쉽다는 점을 민감하게 살펴보아야 한다.

> **해설**
> ① 집단원의 자율성을 위해 집단규칙을 제시할 필요가 있다.
> ② 구조화된 집단상담의 경우 매 회기마다 계획된 의제나 주제를 반드시 지켜야 한다. 반면, 비구조화된 집단상담의 경우 의제나 주제를 정하지 않고 집단원이 자유롭고 자발적으로 참여할 수 있게 한다.
> ③ 청소년의 편을 들어 주는 것이 청소년 집단원의 권익을 보호하는 것이 아니며, 필요에 따라 부모나 기관과 협의해야 한다.
> ④ 아동과 청소년들은 성인에 비해서 빠른 애착과 분리가 어렵기 때문에 상담 시작에 앞서 종결 시점 및 상담 기간을 미리 알려주어야 한다.

034

청소년 집단상담에서 집단원의 의존성을 조장할 위험이 있는 경우에 해당하는 것을 모두 고른 것은?

> ㄱ. 상담자가 상담 진행으로 발생하는 경제적 보상을 우선순위로 하는 경우
> ㄴ. 집단을 통해 사회생활에서 결핍된 상담자 자신의 욕구를 채우길 기대하는 경우
> ㄷ. 집단을 이용하여 상담자가 자신의 미해결 과제에 대해 작업하려고 시도하는 경우
> ㄹ. 상담자가 청소년들의 삶에 대해 방향을 제시하는 부모와 같은 어른이 되고 싶은 욕구를 가질 경우

① ㄱ, ㄴ
② ㄷ, ㄹ
③ ㄱ, ㄴ, ㄷ
④ ㄴ, ㄷ, ㄹ
⑤ ㄱ, ㄴ, ㄷ, ㄹ

> **해설**
> • 집단원의 의존성
> 내담자가 상담자나 다른 집단원이 모든 것을 결정해 줄 것이라고 기대하고 의존하는 경우이다.

035

해결중심 집단상담 기법을 나열한 것은?

① 자각, 탈숙고, 정화
② 기적질문, 척도질문, 간접칭찬
③ 유머, 빈의자 기법, 대처질문
④ 접촉, 생활양식 해석하기, 질문하기
⑤ 역설적 의도, 척도질문, 자기 포착하기

해설

① 자각(알아차림) : 게슈탈트 집단상담
  탈숙고 : 실존주의 집단상담
  정화 : 얄롬(I. Yalom) – 치료적 요인
③ 유머 : 현실주의 집단상담
  빈의자 기법 : 게슈탈트 집단상담
④ 접촉 : 게슈탈트 집단상담
  생활양식 해석하기 : 아들러(A. Adler) – 개인심리 집단상담
⑤ 자기 포착하기 : 아들러(A. Adler) – 개인심리 집단상담

해결중심 상담기법 – 질문기법
기적질문, 예외질문, 척도질문, 관계질문, 대처질문, 간접질문, 악몽질문, 상담 전 변화에 대한 질문 등

036

실존주의 집단상담에 관한 설명으로 옳지 않은 것은?

① 집단의 목표는 자신이 자기 삶의 주인이어야 한다는 자유를 인식하고 수용하는 것이다.
② 집단상황을 집단원이 실제로 살고 기능하는 세계의 축소판으로 본다.
③ 집단원 간의 관계 문제를 과거 대인관계 역동으로 분석하고 통찰한다.
④ 집단원들이 실존적 문제를 나눔으로써 자신을 발견하도록 돕는다.
⑤ 집단원들은 기본적으로 자유로운 존재이기에 자유에 동반되는 책임을 받아들여야 한다.

해설

③ '대상관계 집단상담'에 관한 설명이다.

• 실존주의 상담
  개인 내면에 있는 심리적 실체를 이해하여, 자각을 통해 자신의 문제를 직시할 수 있도록 한다. 지금–여기의 현실을 중시하며, 내담자가 능동적으로 삶의 방향을 선택하도록 돕는 것을 목표로 한다.

037

코리(G. Corey)의 집단상담 과도기 단계(Transition Stage)에서 상담자의 개입으로 옳은 것은?

> 영희 : 저는 여기 있는 사람들이 저를 비판할까봐 두려워요. 저는 다른 사람들이 제가 횡설수설한다고 생각하지 않도록 하기 위해 말하기 전에 몇 번이고 연습해요.
>
> 상담자 : _____

① 언제 그런 두려움을 느꼈고 이 집단에서 누구를 가장 의식하고 있나요?
② 혹시 영희와 같이 비판받을까봐 두려워하는 느낌을 가진 집단원이 있나요?
③ 만약 비판받을 것 같은 두려움이 없었다면 이 집단에서 어떻게 달라질 수 있을까요?
④ 비판을 두려워하는 자신에게 자기 패배적인 메시지보다는 긍정적으로 표현해 볼 수 있을까요?
⑤ 말하는 것에 주의를 주는 듯한 어머니를 연상하는 사람이 집단 내에 있다면 이야기 나누어 볼 수 있을까요?

해설
위 사례에서 영희는 비판받을까봐 두려워하고 있다. 이는 집단상담 '과도기 단계(Transition Stage)'에 해당한다. 과도기 단계에서 상담자는 집단원이 망설임이나 불안·방어·저항·갈등 등을 자각하고 정리하도록 도와줘야 한다. 또한 집단원이 그러한 질문을 하게 된 계기가 무엇인지 말하도록 권하며, 직접적인 표현을 통해 자신의 생각과 감정을 함께 나눌 수 있도록 이끌어야 한다.

- 코리(G. Corey) - 집단상담 발달단계

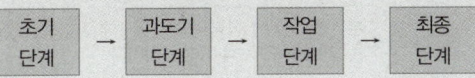

039
집단상담 오리엔테이션에 관한 설명으로 옳지 않은 것은?

① 집단원의 집단에 대한 기대를 탐색한다.
② 집단원의 집단참여에 대한 불안감 해소를 돕는다.
③ 집단의 저항이 어떻게 처리될 것인지 알려준다.
④ 집단에서 이루어지는 작업은 쉽지 않음을 알리고 적극적인 참여를 독려한다.
⑤ 집단원과 함께 집단의 기본규칙에 관하여 논의한다.

해설
③ 집단상담 '과도기 단계(Transition Stage)'에 관한 설명이다.

038
다음 대화에서 집단상담자가 사용한 기법은?

철수 : (영희를 보고) 영희 씨! 당신은 왜 그렇게 느끼는가요?
상담자 : 철수 씨! 영희의 느낌을 알고자 하는 관심을 보여준 것에 대해 고맙게 생각합니다. 그런데 당신의 마음속에 있는 것을 좀 더 명료하게 표현해 준다면 영희뿐만 아니라 우리 모두에게 더 도움이 될 것 같군요.

① 공감하기 ② 재진술하기
③ 질문차단하기 ④ 조언하기
⑤ 잡담금지

해설
위 사례에서 상담자는 철수의 질문에 대해 영희가 답하기 전 '… 마음속에 있는 것을 좀 더 명료하게 표현해 …'라며 철수가 질문을 한 의도에 대해 설명할 것을 요구하고 있다.

- 질문차단하기
  집단상담자가 직접 개입하여 다른 집단원에게 부정적인 영향을 끼칠 수 있는 집단원의 언어적·비언어적 행동을 중지시키는 기술이다.

040
추수(Follow-up) 면담에 관한 설명으로 옳은 것을 모두 고른 것은?

ㄱ. 종결 후 집단원들이 경험한 어려움이 무엇인지 탐색한다.
ㄴ. 집단상담 마지막 회기에 미리 추수면담 장소와 시간을 집단원들과 협의한다.
ㄷ. 도움이 필요한 집단원에게 추수면담 이후의 개인상담이나 상담프로그램 정보를 제공한다.
ㄹ. 추수면담 집단회기에 참석하지 못한 집단원을 위해 개별 추수면담을 실시해서는 안 된다.

① ㄱ, ㄴ ② ㄷ, ㄹ
③ ㄱ, ㄴ, ㄷ ④ ㄴ, ㄷ, ㄹ
⑤ ㄱ, ㄴ, ㄷ, ㄹ

> **해설**
> 추수면담 집단회기에 참석하지 못한 집단원을 위해 개별 추수면담을 실시할 수 있다.

- **추수(Follow-up) 면담**
  집단상담 종결 후 일정 시간이 지난 뒤 상담 효과를 재검토하고, 집단원들의 기능 상태를 점검하기 위해 진행하는 면담이다.

041

다음의 질문 기법을 주로 사용하는 집단상담자에 관한 설명으로 옳은 것은?

> – 만약 한밤중에 자고 있는 동안 기적이 일어나서 문제가 사라져 버렸다면, 다음 날 아침 눈을 떴을 때 무엇이 달라져 있을까요?
> – 당신이 집단에서 느끼는 불안은 0점에서 10점 사이에 몇 점인가요?

① 집단원의 무책임하고 비효과적인 행동의 근본 원인을 탐색한다.
② 집단원이 자기 삶의 전문가라고 믿고 '알지 못함(Not-knowing)'의 자세를 취한다.
③ 집단원의 비논리적이고 파국적인 생각을 수정한다.
④ 집단에서 표현되지 않은 핵심 갈등을 탐색하고 저항을 다룬다.
⑤ 집단원의 문제를 지속적으로 평가하고 진단한다.

> **해설**
> 위 사례에서 집단상담자는 각각 '기적질문'과 '척도질문'을 사용하였으며, 이러한 질문기법은 '해결중심 상담기법'에 해당한다.
>
> ① '행동주의 집단상담' 기법에 해당한다.
> ③ '인지치료' 기법에 해당한다.
> ④ '정신분석 집단상담' 기법에 해당한다.

- **해결중심 상담**
  내담자를 자기 삶의 전문가로 보아 상담사는 알지 못함의 자세를 가지고 내담자를 대하며, 문제에 대해 이야기를 나누는 과정에서 이해와 발견을 모색해 나간다.
  – 질문기법

기적질문	문제가 해결된 상태 또는 해결책을 사상해보도록 하는 질문이다.
척도질문	문제의 심각성, 문제해결의 정도, 문제해결에 대한 희망, 변화(해결)에 대한 의지·노력·확신 등을 숫자로 표현하도록 한다.
예외질문	우연한 기회에 성공적으로 문제해결을 한 방법을 계속하도록 격려하는 것이다.
관계질문	내담자와 중요한 관계에 있는 사람들의 감정·생각·의견 등에 대하여 묻는 것이다.
대처질문	내담자로 하여금 어려운 상황 속에서 적절하게 대처하였던 경험을 상기할 수 있도록 질문하여 내담자 스스로 대처기술 및 강점을 가지고 있음을 깨닫도록 한다.
악몽질문	내담자의 현재 문제보다 더 나쁜 문제가 발생해야만 현재 문제를 해결하기 위한 시도를 할 것으로 예상되는 경우에 사용하는 문제 중심적인 질문이다.

- **'알지 못함(Not-knowing)'의 자세**
  집단상담자가 언어적·비언어적 행동을 통해 순수하고 진실된 호기심을 전달하여 집단원의 이야기에 대해 더 알고 싶다는 표현을 하는 것이다.

042

타의에 의해 집단에 참여하게 된 청소년을 위한 상담자의 행동으로 옳은 것을 모두 고른 것은?

> ㄱ. 집단원의 권리 및 책임에 관해 친절하고 철저하게 안내한다.
> ㄴ. 본인이 원할 경우 집단을 떠날 권리가 있으나, 이때 예상되는 결과에 대해 알려준다.
> ㄷ. 집단을 떠나기 전에 그 이유를 집단에 알리도록 안내한다.
> ㄹ. 자신과 타인을 위협하는 경우가 아니라면 말하는 내용은 모두 비밀이 보장된다고 알려준다.

① ㄱ, ㄴ
② ㄴ, ㄹ
③ ㄱ, ㄴ, ㄷ
④ ㄱ, ㄷ, ㄹ
⑤ ㄴ, ㄷ, ㄹ

해설

집단에서 나눈 이야기는 비밀보장이 된다는 것과 동시에 자신과 타인을 위협하는 경우를 포함하여 비밀보장이 되지 않는 경우를 알려주어야 한다.

- **비자발적 집단원**
  - 타의에 의해 집단에 참여하게 된 청소년이다. 비자발적 집단원의 경우 집단 참여에 대한 동기가 떨어지므로 적극적으로 참여하지 않을 가능성이 높다.
  - 상담참여 촉진방법
    (1) 집단원으로서 가질 수 있는 자유와 권리를 알려준다.
    (2) 집단 목표, 상담 내용 등 상세한 정보를 제공한다.
    (3) 집단참여에 대한 불편한 감정을 표현할 수 있도록 한다.
    (4) 집단에서 나눈 이야기는 비밀보장이 된다는 것과 동시에 비밀보장의 한계가 있는 경우를 알려준다.

〈청소년상담사 윤리강령〉

마. 비밀보장
  4. 비밀보장의 한계
    가) 청소년상담사는 상담 시 비밀보장의 1차적 의무를 내담자의 보호에 두지만 비밀보장의 한계가 있는 경우 청소년의 부모(보호자) 및 관계기관에 공개할 수 있다.
    나) 비밀보장의 한계가 있는 경우는 다음과 같다.
      1) 청소년상담사는 <u>내담자의 생명이나 사회의 안전을 위협하는 경우</u> 비밀을 공개하여 그러한 위험의 목표가 되는 사람을 보호하기 위한 합당한 조치 등 안전을 확보한다.
      2) 청소년상담사는 <u>법적으로 정보의 공개가 요구되는 경우</u> 내담자에게 그 사실을 알리고 최소한의 정보만을 제공한다.
      3) 청소년상담사는 <u>내담자에게 감염성이 있는 치명적인 질병이 있을 경우</u> 관련 기관에 신고하고, 그 질병에 노출되어 있는 제3자에게 정보를 공개할 수 있다.
    다) 청소년상담사는 <u>아동학대, 청소년 성범죄, 성매매, 학교폭력, 노동관계 법령 위반</u> 등 관련 법령에 의해 신고의무자로 규정된 경우 해당 기관에 관련 사실을 신고해야 한다.

043

코리(G. Corey)의 집단상담 발달단계에 따른 집단상담자 역할을 순서대로 나열한 것은?

ㄱ. 집단원의 성장과 변화 평가하기, 분리에 대한 감정 다루기
ㄴ. 비효과적인 행동패턴 탐색, 행동의 변화 촉진
ㄷ. 집단의 구조화, 신뢰감 및 집단목표 설정하기
ㄹ. 집단원의 저항 · 상담자에 대한 도전 다루기

① ㄴ - ㄱ - ㄹ - ㄷ
② ㄴ - ㄹ - ㄷ - ㄱ
③ ㄷ - ㄴ - ㄱ - ㄹ
④ ㄷ - ㄹ - ㄱ - ㄴ
⑤ ㄷ - ㄹ - ㄴ - ㄱ

해설

코리(G. Corey)의 집단상담 발달단계에 따른 집단상담자 역할을 순서대로 나열하면 다음과 같다.
ㄷ. '초기 단계' - ㄹ. '과도기 단계' - ㄴ. '작업 단계' - ㄱ. '최종 단계'

044

다음의 집단상담 기술을 사용할 때 주의할 점으로 옳지 않은 것은?

> 상담자 : 상우는 충고를 주는 도준이가 혹시 자신의 형처럼 생각되기 때문에 도준이의 의견에 계속 반대하는 모습을 보이는 것은 아닐까요? 형이 자신의 모든 것을 아는 것처럼 잘난 척하고 충고한다고 말했었죠.

① 정중하고 사려 깊게 한다.
② 구체적인 변화 절차를 계획하고 실행하도록 돕는다.
③ 집단원이 받아들일 준비가 되어 있는지 확인한 후에 사용한다.
④ 집단원의 지적능력을 고려하여 사용한다.
⑤ 잠정적인 가설이나 질문의 형태로 표현한다.

해설

집단원이 자신의 감정·태도·사고에 대해 알아차리고 변화하고 싶다는 결심이 든 후에 구체적인 변화 절차를 계획하고 실행하도록 도와야 한다.

- 상담기법 – 해석
  - 집단상담자가 집단원의 감정·사고·태도의 의미에 대하여 설명하는 것이다.
  - 집단원이 이면에 숨겨진 문제를 제대로 파악할 수 있도록 한다.
  - 집단원이 받아들일 준비가 되어 있는지 확인한 후에 정확하고 시기적절하게 제공한다.
  - 사실적 진술보다는 잠정적 가설의 형태로 제시한다.

- 상담기법 – 연결
  - 한 집단원의 말·행동·경험을 다른 집단원의 것과 관련지어 연결하는 것이다.
  - 집단원이 자신의 문제를 다른 각도에서 보도록 하여 문제의 원인 및 해결책을 찾는 데 도움이 된다.
  - 한 집단원의 자기개방을 통해 집단원들은 보편성을 체험하며, 집단원 간 상호작용과 응집력을 촉진한다.
  - 한 집단원의 자기노출 시 집단원들은 피드백을 하지 않는다.

046

집단상담에서 바람직하다고 생각되는 집단원의 행동을 모두 고른 것은?

> ㄱ. 비밀 지키기
> ㄴ. 피드백 주고받기
> ㄷ. 적극적으로 참여하기
> ㄹ. 상담자를 도와 공동상담자 되기

① ㄱ, ㄹ
② ㄴ, ㄷ
③ ㄱ, ㄴ, ㄷ
④ ㄴ, ㄷ, ㄹ
⑤ ㄱ, ㄴ, ㄷ, ㄹ

해설

집단상담에 참여하는 집단원들은 상호 동등한 관계로 의사소통해야 한다.

045

청소년 집단상담에서 밑줄 친 상담자 반응으로 옳은 것은?

> 영주 : 아무리 노력해도 엄마의 기대를 채울 수 없을 것 같아요. 2등을 해도 엄마는 1등이 아니면 안 된다고 하실 거예요.
> 상담자 : 영주는 엄마의 기대가 부담스럽고, 그 기대에 부응할 수 없을 것 같아 염려가 되는구나. <u>영주의 이야기는 이전에 수민이가 다른 사람에게 인정받기를 원한다고 말했던 것과 유사한 것 같군요.</u>

① 공감
② 연결하기
③ 차단하기
④ 재진술
⑤ 요약

해설

위 사례에서 상담자는 영주의 사례와 수민이의 사례를 연결하고 있다.

047

정신분석 집단상담에 참여한 영수의 경험을 설명하는 용어로 옳은 것은?

> 영수는 자신이 희생하더라도 다른 집단원들을 만족시키려는 것이 어릴 때 형성된 과도한 인정욕구 때문임을 자각하게 되었다. 이후 영수는 자신의 오래된 행동방식을 좀 더 이성적이고 현실적인 행동으로 바꾸기 위해 의식적으로 노력하게 되었다.

① 합리화
② 전이
③ 훈습
④ 문제의 외재화
⑤ 주지화

해설
- 상담기법 - 훈습
  집단원이 자신의 증상이나 문제를 인식하고 통찰한 뒤 습관처럼 익숙해진 인지적·정서적·행동적 부분을 변화하기 위해 의식적, 반복적으로 노력하는 과정이다.

048
우볼딩(R. Wubbolding)의 현실치료 집단상담 절차에 따라 집단상담자의 질문을 순서대로 나열한 것은?

ㄱ. 지금 무엇을 하고 있습니까?
ㄴ. 어떤 사람이 되기를 소망합니까?
ㄷ. 지금 하고 있는 행동이 도움이 됩니까?
ㄹ. 원하는 것을 얻을 수 있는 효과적인 방법은 무엇입니까?

① ㄱ - ㄴ - ㄷ - ㄹ
② ㄱ - ㄴ - ㄹ - ㄷ
③ ㄱ - ㄹ - ㄷ - ㄴ
④ ㄴ - ㄱ - ㄷ - ㄹ
⑤ ㄴ - ㄱ - ㄹ - ㄷ

해설
우볼딩(R. Wubbolding)의 현실치료 집단상담 절차에 따라 집단상담자의 질문을 순서대로 나열하면 다음과 같다.
ㄴ. '바람·욕구·지각 탐색 단계' - ㄱ. '행동방향 탐색 단계' - ㄷ. '자기행동 평가 단계' - ㄹ. '계획하기 단계'

- 우볼딩(R. Wubbolding) - WDEF 상담과정 모델

(1) Want(바람·욕구·지각 탐색 단계)	내담자의 질적세계를 탐색하며, 내담자가 무엇을 원하는지 명확히 한다.
(2) Doing(행동방향 탐색 단계)	내담자의 현재 행동양식을 파악한다.
(3) Evaluating(자기행동 평가 단계)	현재 행동과 욕구의 관계를 점검한다.
(4) Planning(계획하기 단계)	계획과 실행의 과정으로, 긍정적인 행동계획과 그 과정에 대한 마무리 제언을 한다.

049
집단상담의 유형별 장단점에 관한 설명으로 옳지 않은 것은?

① 개방집단은 집단원의 변동이 가능하므로 폐쇄집단보다 다양한 사람들과 상호작용할 수 있다.
② 동질집단에서는 이질집단보다 빨리 자기개방이 이루어지고 유대감이 형성될 수 있다.
③ 마라톤집단에서는 며칠 동안 집중 회기를 통해 심화된 상호작용이 활성화될 수 있다.
④ 비구조화집단은 집단의 목표, 과제, 활동방법을 미리 정해놓아서 구조화집단보다 깊은 수준의 경험이 가능하다.
⑤ 폐쇄집단은 일부 집단원이 중도에 탈락할 경우 집단 크기가 너무 작아질 염려가 있다.

해설
구조화 집단은 특정 목표를 달성하기 위한 집단의 과제·활동방법을 사전에 체계적으로 구성하고, 정해진 계획과 절차에 따라 집단 리더에 의해 진행된다.
비구조화 집단은 사전에 정해진 활동 없이 구성원 개개인의 경험과 관심을 토대로 상호작용하므로 보다 폭 넓은 자기탐색과 깊은 수준의 경험이 가능하다.

050
인간중심 집단상담자에 관한 설명으로 옳은 것을 모두 고른 것은?

ㄱ. 지시적이기보다는 촉진적인 집단 분위기를 조성한다.
ㄴ. 집단원에 대해 주의 깊고 민감하게 경청한다.
ㄷ. 집단원의 행동 원인을 해석·논평하는 데 초점을 두지 않는다.
ㄹ. 상담자 자신의 감정을 노출하고 활용하는 것을 중요하게 생각한다.

① ㄱ, ㄴ
② ㄷ, ㄹ
③ ㄱ, ㄴ, ㄷ
④ ㄴ, ㄷ, ㄹ
⑤ ㄱ, ㄴ, ㄷ, ㄹ

> **해설**
> - 인간중심 집단상담 – 상담자의 역할
>   - 집단원 간의 상호작용을 촉진하고 집단원들이 자기 자신을 표현하도록 돕는 촉진자의 역할을 한다.
>   - 계획된 방법을 사용하기보다 집단원들과 심리적 접촉상태를 형성·유지하고, 인간적인 만남을 위해 노력한다.
>   - 상담자의 직접적인 개입 없이도 집단이 발전해 나갈 수 있다고 믿는다.
>   - 상담자의 개인적인 경험을 말하며, 자신의 감정을 노출하고 활용한다.

필수 | 제3과목 심리측정 및 평가

051

심리측정에 관한 설명으로 옳지 않은 것은?

① 물리적 특성에 비해 심리적 특성의 측정이 더 정밀하다.
② 심리적 구성개념에 대한 측정은 간접적인 방법을 이용한다.
③ 심리검사는 조작적 정의를 통해 구성개념과 관련된 행동의 일부를 측정하는 것이다.
④ 심리적 구성개념은 이론적이고 가설적인 개념이다.
⑤ 검사의 종류에 따라 동일한 구성개념도 측정 결과가 다를 수 있다.

> **해설**
> 물리적 특성의 측정이 더 정밀하고 구체적이다.
> 심리적 특성은 추상적이고 이론적·가설적이므로, 측정하려는 개념 자체가 모호하고 다양하게 정의되어 있다. 따라서 직접적인 방법이 아니라 간접적으로 측정한다.

052

문항분석에 관한 설명으로 옳은 것을 모두 고른 것은?

> ㄱ. 문항 난이도를 추정하는 한 방법이 문항 변별도를 이용하는 것이다.
> ㄴ. 문항–총점 상관이 높은 문항은 변별도가 높은 문항이다.
> ㄷ. 문항특성곡선의 수평축은 검사 총점이고 수직축은 각 문항에 정답을 한 수검자의 비율이다.
> ㄹ. 문항특성곡선은 검사 문항의 변별도를 보여준다.

① ㄱ, ㄴ　　　　② ㄱ, ㄷ
③ ㄱ, ㄴ, ㄹ　　　④ ㄴ, ㄷ, ㄹ
⑤ ㄱ, ㄴ, ㄷ, ㄹ

> **해설**
> ㄱ. 문항 변별도는 문항 난이도의 영향을 받는다.
> ㄴ. 문항–총점 상관이 높은 문항, 즉 총점이 높은 학생이 많은 문항 정답을 맞혔다면 '문항변별도'가 높은 것이다.
> ㄷ. 문항특성곡선의 축은 각각 '검사 총점과 '각 문항에 정답을 한 수검자의 비율'로 구성되어 있다.
> ㄹ. 문항특성곡선이 오른쪽에 위치할수록 '문항난이도'는 더 어려워지고, 기울기가 가파를수록 '문항변별도'는 높아진다.
>
> - **문항분석**
>   검사문항이 원래 의도한 검사목적을 제대로 수행하는 데 적합한지 검증하고 분석하는 것이다. 문항분석은 전통적으로 '문항곤란도(난이도)'와 '문항변별도'에 의존한다.

053

준거참조검사에 관한 설명으로 옳은 것을 모두 고른 것은?

> ㄱ. 정규분포와 같이 이상적인 점수분포를 이용해서 개인의 점수를 상대적으로 평가한다.
> ㄴ. 개인이 받은 검사의 원점수를 사용해서 해석한다.
> ㄷ. 정해진 점수를 기준으로 개인의 우울 여부를 판정하는 검사는 준거참조검사에 해당한다.

① ㄱ
② ㄱ, ㄴ
③ ㄱ, ㄷ
④ ㄴ, ㄷ
⑤ ㄱ, ㄴ, ㄷ

해설

ㄱ. '규준참조검사'에 관한 설명이다.

- 심리검사 사용목적에 따른 분류

준거참조검사	규준참조검사
- 개인의 점수를 미리 정해져 있는 준거(기준 점수)와 비교하여 해석한다. - 특정 기준에 근거하여 점수를 해석하는 절대평가 목적의 검사이다. 예 운전면허시험 등 국가자격시험, 학업성취도 평가 등	- 개인의 점수를 다른 사람들의 점수와 비교하여 평가한다. - 대상자 집단의 점수분포를 고려하는 상대평가 목적의 검사이다. - 개인의 위치를 알아보기 위해 유도 점수(Derived Score)를 이용한다.

054

규준에 관한 설명으로 옳은 것은?

① 스테나인 점수 5에 해당하는 백분율은 20%이다.
② 평균 50점, 표준편차 10점인 정규분포에서 원점수 30점에 해당하는 T점수는 20이다.
③ 백분위가 높을수록 그 개인의 원점수는 낮아진다.
④ 백분위 점수는 등간척도이다.
⑤ 편차 IQ는 집단 간 규준에 해당한다.

해설

② 평균 50점, 표준편차 10점인 정규분포에서 원점수 30점에 해당하는 T점수는 30이다.
  T점수 = 50 + 10 × Z점수
  Z점수 = (원점수 − 평균)/표준편차 = (30 − 50) / 10 = −2
  T점수 = 50 + 10 × (−2) = 50 − 20 = 30
③ 백분위가 높을수록 그 개인의 원점수는 **높아진다**.
④ 백분위 점수는 **서열척도**이다.
⑤ 편차 IQ는 **집단 내 규준**에 해당한다.

- 스테나인 점수(Stanine Score)
  스테나인(Stanine)은 'Standard'와 'Nine'의 합성어로, 원점수를 백분위 점수로 변환한 후 1~9까지 범위로 나누어 등급을 매긴 것이다.

스테나인	1	2	3	4	5	6	7	8	9
비율(%)	4	7	12	17	20	17	12	7	4

055

척도에 관한 설명으로 옳은 것은?

① 토익(TOEIC)시험의 점수는 비율척도의 한 사례이다.
② 시속(km/h)은 등간척도에 해당한다.
③ 대부분의 심리검사는 비율척도에 해당한다.
④ 등간척도는 선형변환이 가능하다.
⑤ 서열척도는 연속변수이다.

해설

① 토익(TOEIC)시험의 점수는 **등간척도**의 한 사례이다.
② 시속(km/h)은 **비율척도**에 해당한다.
③ 대부분의 심리검사는 **서열척도**와 **등간척도**에 해당한다.
⑤ 서열척도는 **불연속변수**이다.
  등간척도와 비율척도는 양적변수로 연속변수에 해당한다.

• 척도의 구분

구분	내용
명명 척도	측정 대상에 임의적으로 숫자를 부여한 것으로, 숫자는 분류 종목에 대한 구별 수단에 불과하다. 예 성별, 인종, 종교, 운동선수의 등번호, 직업 등
서열 척도	측정 대상들의 특성을 서열로 나타낸 것으로, '명명 척도'의 특성을 가지는 동시에 측정 대상의 상대적 서열을 표시한다. 예 성적 등수, 키 순서, 수능 등급 등
등간 척도	측정 대상의 분류와 서열에 관한 정보를 주며 동간성을 갖는 척도로, 임의 영점과 가상 단위를 지니고 있다. 예 온도, 연도, 토익(TOEIC)시험의 점수 등
비율 척도	분류, 서열, 동간성의 속성을 지닌 '등간척도'의 특성을 지니면서 절대 영점과 가상 단위를 갖는 척도이다. 예 무게, 길이, 시간, 시속 등
절대 척도	분류, 서열, 동간성의 속성을 지닌 '등간척도'의 특성을 지니면서 절대 영점과 절대 단위를 갖는 척도이다. 예 사람 수, 자동차 수 등

해설
• 모레노(J. Moreno) – 사회성측정법(Sociometry)
집단구성원 간의 호의, 선호, 혐오, 배척, 무관심 등 관계를 파악하여 역동적 구조나 상태를 알아보는 '수용성 조사' 또는 '교우관계 조사법'이다.

056

심리검사의 척도구성법에 해당하지 않는 것은?

① 리커트(R. Likert)의 누적평정법(Method of Summated Rating)
② 써스톤(L. Thurstone)의 등현간격법(Method of Equal Appearing Intervals)
③ 모레노(J. Moreno)의 사회성측정법(Sociometry)
④ 가트만(L. Guttman)의 척도분석법(Method of Scale Analysis)
⑤ 오스굿(C. Osgood)의 의미판별법(Semantic Differential Technique)

057

신뢰도에 관한 설명으로 옳지 않은 것은?

① 신뢰도는 측정의 일관성 문제와 관련된다.
② 짝진 임의 배치법은 반분신뢰도를 구할 때 쓰는 방법이다.
③ 검사–재검사 신뢰도는 검사점수의 안정성에 대한 지표이다.
④ 동형검사 신뢰도는 검사–재검사 신뢰도의 측정시기의 차이에 따른 문제점을 보완해 준다.
⑤ 반분법은 신뢰도를 과대평가하는 경향이 있다.

해설
반분법은 신뢰도를 과소평가하는 경향이 있으며, 어떻게 반분하는가에 따라 상관계수가 다르게 나타날 수 있다.

• 신뢰도 측정방법 – 반분법(Split-half Method)
 – 동질성의 원리에 입각하여, 측정도구를 임의로 반으로 나눈 후 각각을 독립된 척도로 보고 이들의 측정결과를 비교하는 방법이다.
 – 측정도구의 동질성이 확보되어 있어야 하며, 반으로 나누는 방식에 따라서 신뢰도 계수의 측정치가 달라질 수 있다.
 – 전후절반법, 기우절반법, 짝진 임의 배치법 등의 방법으로 진행된다.

058

신뢰도에 영향을 주는 요인에 관한 설명으로 옳은 것은?

① 신뢰도는 문항 난이도의 영향을 받지 않는다.
② 문항의 내용이 동질적일수록 신뢰도는 높아진다.
③ 측정오차가 클수록 신뢰도는 높아진다.
④ 검사-재검사 신뢰도는 검사 시행의 시간 간격이 클수록 높아진다.
⑤ 신뢰도는 검사 문항 수의 영향을 받지 않는다.

해설

- **신뢰도(Reliability)**
  - 측정하고자 하는 것을 얼마나 일관성 있게 측정하는가로, 동일한 검사 또는 동형의 검사를 반복 시행했을 때 개인의 점수가 일관성 있게 나타나는 정도이다.
  - 타당도(Validity)가 높기 위해서는 신뢰도(Reliability)가 높아야 하지만 신뢰도가 높다고 해서 반드시 타당도가 높은 것은 아니다. 신뢰도와 타당도의 관계에서 신뢰도는 타당도를 위한 필요조건이다.
  - 신뢰도에 영향을 미치는 요인
    (1) 문항 난이도 : 너무 어렵거나 쉽지 않고 보통일 때 신뢰도가 높아진다.
    (2) 문항 구성 : 쉬운 문항부터 배열하면 신뢰도가 높아진다.
    (3) 문항 수 : 많을수록 신뢰도는 높아진다.
    (4) 문항 내용 : **동질적일수록 신뢰도는 높아진다.**
    (5) 문항 변별도 : 높을수록 신뢰도는 높아진다.
    (6) 검사 시간 : 충분할수록 신뢰도는 높아진다.
    (7) 검사 내용의 범위 : 좁을수록 신뢰도는 높아진다.
    (8) 측정 오차 : 클수록 신뢰도는 낮아진다.
    (9) 수검자 요인 : 지능수준이 높은 집단일수록 신뢰도는 낮아진다.
    (10) 집단의 이질성 : 이질적일수록 신뢰도가 높아진다.
  - 검사-재검사 신뢰도, 동형검사, 반분검사, 채점자 간 신뢰도, 내적합치도 등의 방법으로 측정된다.

059

요인분석을 통해 검증할 수 있는 타당도는?

① 예언타당도(Predictive Validity)
② 공인타당도(Concurrent Validity)
③ 내용타당도(Content Validity)
④ 안면타당도(Face Validity)
⑤ 구인타당도(Construct Validity)

해설

- **구인타당도(개념·구성타당도, Construct Validity)**
  - 조작적으로(관찰가능한 형태로) 정의한 '구인(구성요인)'이 검사도구에 의해 제대로 측정되고 있는지에 대한 타당도이다.
  - 구인은 직접 관찰하거나 측정할 수 없는 인지적·심리적 특성·변수를 의미하며, 심리학적·추상적 이론·개념이 측정대상이 된다.
  - 요인분석, 수렴타당도, 변별타당도 등의 방법으로 검토한다.

060

타당도에 관한 설명으로 옳은 것은?

① 내용타당도와 안면타당도는 동일한 타당도이다.
② 예언타당도는 구인타당도에 해당한다.
③ 수렴타당도는 준거 관련 타당도에 해당한다.
④ 안면타당도에서 문항의 적절성 판단은 주로 수검자의 평가로 이루어진다.
⑤ 공인타당도는 검사 실시 후 일정시간이 지난 후 평가하는 타당도이다.

해설

① 내용타당도는 전문가의 평가에 근거하는 반면, 안면타당도는 수검자(피검사자)의 평가에 따라 기술된다.
② 예언타당도는 <u>준거타당도</u>에 해당한다.
③ 수렴타당도는 <u>구인타당도</u>에 해당한다.
⑤ <u>예언타당도</u>는 검사 실시 후 일정시간이 지난 후 평가하는 타당도이다.
공인타당도는 검사실시와 동시에 기준변인에 관한 자료를 수집하여 평가한다.

• 준거타당도(준거 관련 타당도, Criterion-related Validity)

공인타당도 (Concurrent Validity)	예언타당도 (Predictive Validity)
- 현재의 준거변인과 연관성을 나타낸다. - 준거점수가 현재의 측정 결과이다.	- 미래의 준거변인을 예측하는 데 목적이 있다. - 준거점수가 미래의 측정 결과이다.

구분	객관적 검사	투사적 검사
장점	- 신뢰도와 타당도가 높음 - 검사의 시행·채점·해석이 표준화되어 있음 - 검사자나 상황변인의 영향을 적게 받음	- 피검자의 독특한 반응을 이끌어 낼 수 있으며, 반응이 풍부함 - **피검자의 방어가 어렵고**, 솔직한 응답 가능 - 피검자의 심리적 특성·무의식이 반영됨
단점	- 응답의 범위가 제한적이며, 반응이 풍부하지 못함 - **사회적 바람직성으로 응답하는 경향** - 피검자의 심리적 특성·무의식이 잘 반영되지 않음	- 신뢰도와 타당도를 확보하기 어려움 - 해석하는 데 전문성이 필요함 - 피검자의 상황변인에 영향을 많이 받음

061

객관적 검사와 비교해서 투사적 검사에 관한 설명으로 옳지 않은 것은?

① 검사자극이 모호하다.
② 수검자가 자신의 반응을 방어하기 쉽다.
③ 실시와 채점이 덜 용이하다.
④ 수검자의 반응이 사회적 바람직성의 영향을 덜 받는다.
⑤ 타당성이 충분히 입증되지 않았다.

해설

'투사적 검사'는 검사자극 내용을 불분명하게 함으로써 막연하고 모호한 자극을 통해 수검자 내면의 욕구나 성향을 자연스럽게 투사할 수 있도록 하므로, 수검자가 자신의 반응을 방어하기 어렵다.

062

지능검사의 표준점수 해석에 관한 설명으로 옳지 않은 것은?

① 지표점수 115는 백분위 84에 해당한다.
② 지표점수 95는 전체 지능지수 95와 동일한 상대적 위치이다.
③ 소검사 환산점수 8은 지표점수 110과 동일한 상대적 위치이다.
④ 전체 지능지수 85와 소검사 환산점수 7은 백분위 16에 해당한다.
⑤ 일반능력 지표점수 100은 소검사 환산점수 10과 동일한 상대적 위치이다.

해설

소검사 환산점수 8은 지표점수 <u>90</u>과 동일한 상대적 위치이다.

• **소검사 환산점수** : 수검자의 수행을 동일 연령대와 상대적으로 비교하기 위하여 평균 10, 표준편차 3으로 변환하여 산출한 것이다.
• **조합점수(지표점수)** : 환산점수들의 다양한 조합을 토대로 평균 100, 표준편차 15로 변환하여 산출한 것이다.

063

지능의 개념과 구성에 관한 설명으로 옳지 않은 것은?

① 카텔(R. Cattell)은 결정성 지능이 두뇌 손상에 더 취약하다고 하였다.
② 스피어만(C. Spearman)은 모든 인간이 공통적으로 갖고 있는 일반(g)요인을 주장하였다.
③ 써스톤(L. Thurstone)은 지능의 다요인설인 기본적인 정신능력(PMA)을 주장하였다.
④ 길포드(J. Guilford)는 지능의 구조를 3차원 모델로 구성하였다.
⑤ 가드너(H. Gardner)는 지능의 다요인설을 확장시켜 다중지능이론을 주장하였다.

해설

카텔(R. Cattell)은 **유동성 지능**이 두뇌 손상에 더 취약하다고 하였다.

- **카텔 & 혼(Cattell & Horn) – 위계적 요인설**
  인간의 지능을 인간의 지능을 유전적·선천적으로 타고나는 유동성 지능과 후천적으로 발달하는 결정성 지능으로 구분하였다.
  (1) 유동성 지능 : 유전적·선천적으로 타고나는 지능으로, 청소년기(성인 초기) 이후 급격히 퇴보하는 경향이 있다.
  (2) 결정성 지능 : 환경·경험·학습 등에 의해 후천적으로 발달하는 지능으로, 연령이 증가함에 따라 지속적으로 발달하는 경향이 있다.

064

K-WISC-IV와 비교해서 K-WISC-V에 관한 설명으로 옳지 않은 것은?

① 언어이해 핵심소검사가 2개로 축소되었다.
② 처리속도 핵심소검사는 그대로 유지되었다.
③ 시각공간 핵심소검사가 토막짜기와 공통그림찾기로 구성되었다.
④ 작업기억 핵심소검사가 숫자와 그림폭으로 구성되었다.
⑤ 지각추론지수가 시각공간 지수와 유동추론 지수로 분리되었다.

해설

시각공간 핵심소검사는 토막짜기와 **퍼즐**로 구성되었다.

'K-WISC-V(한국 웩슬러 지능검사 아동용 5판)'는 2014년 미국에서 개정된 5판을 한국형 표준화연구를 통해 한국판으로 제작한 것이다.

- **K-WISC-IV**
  : 핵심 소검사 10개 + 보충 소검사 5개

구분	언어이해	지각추론	작업기억	처리속도
핵심 소검사	공통성 어휘 이해	토막짜기 행렬추리 공통그림찾기	숫자 순차연결	동형찾기 기호쓰기
보충 소검사	상식 단어추리	빠진곳찾기	산수	선택

- **K-WISC-V**
  : 핵심 소검사 10개 + 보충 소검사 6개

구분	언어이해	시공간	유동추론	작업기억	처리속도
핵심 소검사	공통성 어휘	토막짜기 퍼즐	행렬추리 무게비교	숫자 그림기억	동형찾기 기호쓰기
보충 소검사	이해 상식	–	공통그림찾기 선수	순차연결	선택

065

한국판 베일리 영유아발달검사(BSID-II)에 관한 설명으로 옳지 않은 것은?

① 인지 및 행동 등 발달 수준을 평가하는 데 사용된다.
② 인지척도, 동작척도, 정서척도로 구성되어 있다.
③ 생후 1개월부터 42개월 영유아를 대상으로 한다.
④ 동작척도는 소근육과 대근육 운동수준 등을 평가한다.
⑤ 인지척도는 기억력과 문제해결능력 등을 평가한다.

> **해설**
>
> 인지척도, 동작척도, **행동척도**로 구분되며, 총 178개의 검사항목으로 구성되어 있다.
>
> - 한국판 베일리 영유아발달검사(K-BSID-II)
>   - 아동의 현재 발달기능을 검사하여 수준을 측정하고, 지적능력과 운동능력의 지연 정도를 수치화하여 행동특성을 비교함으로써 발달지연에 대한 치료계획을 세우기 위한 검사이다.
>   - 생후 1개월부터 생후 42개월까지의 영유아를 대상으로 하며, 또래 아동들의 평균 발달 수준과 비교하여 다양한 측면의 총체적인 발달 수준을 심층적으로 확인할 수 있다.
>   - 검사는 정신척도, 운동척도, 행동평가척도로 구성되고 인지 · 언어 · 사회성 · 운동발달 영역에서 발달을 측정한다.

066

BGT-2에 관한 설명으로 옳은 것을 모두 고른 것은?

> ㄱ. BGT-1보다 더 쉬운 도형 3개가 추가되었다.
> ㄴ. BGT-1보다 더 어려운 도형 4개가 추가되었다.
> ㄷ. 8세 이하 아동(만 7세)은 1~13번까지 검사한다.
> ㄹ. 검사결과는 평균 100, 표준편차 15를 기준으로 산출한다.

① ㄱ, ㄷ
② ㄱ, ㄹ
③ ㄴ, ㄷ
④ ㄴ, ㄹ
⑤ ㄷ, ㄹ

> **해설**
>
> - 벤더게슈탈트 검사(BGT-2)
>   - 시각적 자극을 제시하고 이를 모사시키는 지각-운동적 기능을 통하여 개인의 특징적인 인성을 밝히는 비언어적 검사이다.
>   - 만 4세 이상의 아동부터 성인까지 대상으로 하며, 수검자가 총 16장의 카드를 어떻게 지각하여 재생하는지 관찰함으로써 성격을 추론한다.
>   - 기존 9장에 새롭게 7장이 추가되어 총 16장의 카드로 구성되어 있으며, 추가된 자극카드는 저연령층을 위한 4장과 고령층을 위한 3장이다.
>   - 1~13번 카드는 만 4~7세 아동에게, 5~16번 카드는 만 8세 이상 피험자에게 실시된다.

067

MMPI-2 척도에 관한 설명으로 옳은 것은?

① S : 건강염려와 관련된 스트레스 정도를 평가한다.
② Pt : 과도한 걱정이나 긴장을 평가한다.
③ Pd : 신경쇠약이나 강박정도를 평가한다.
④ Pa : 심인성 감각장애 정도를 평가한다.
⑤ Ma : 남성성-여성성 정도를 평가한다.

> **해설**
>
> ① Hs(척도 1, 건강염려증) : 건강염려와 관련된 스트레스 정도를 평가한다.
> - S(S척도, 과장된 자기제시) : 자기 자신을 알리고 내세우고 싶어하는 정도를 평가한다.
> ② Pt(강도 7, 강박증) : 과도한 걱정이나 긴장을 평가한다.
> ③ Pd(척도 4, 반사회성) : 가정이나 사회에서 권위적 대상에 대한 불만이나 갈등의 정도, 자신과 사회와의 괴리 등을 평가한다.
> - Pt(척도 7, 강박증) : 신경쇠약이나 강박정도를 평가한다.
> ④ Pa(척도 6, 편집증) : 의심, 지나친 예민성, 피해의식, 대인관계 사고, 경직된 사고 등을 평가한다.
> - Hy(척도 3, 히스테리) : 심인성 감각장애 정도를 평가한다.
> ⑤ Ma(척도 9, 경조증) : 과잉활동, 과대사고, 정서적 흥분성, 신체적 염려 등 심리적·정신적 에너지의 수준을 평가한다.
> - Mf(척도 5, 남성성-여성성) : 남성성-여성성 정도를 평가한다.
>
> • 다면적 인성검사(MMPI-2)
> - 성인 환자를 진단하고 증상의 심각도를 평가하여 치료적 변화를 객관적으로 측정하기 위해 제작된 검사이다.
> - 1938년 미국 미국 임상심리학자 해서웨이(Hathaway)와 정신과의사 맥킨리(Mckinly)가 제작한 것으로, 10개의 기본 임상척도가 있다.
> - 해리스-링구스(Harris-Lingoes)는 임상척도의 하위내용을 세분화하여 2, 3, 4, 6, 8, 9번 소척도를 구성하였으며, 추후 새롭게 추가된 0번까지 총 7개의 임상 소척도를 개발하였다.

068

MMPI-2 내용척도에 관한 설명으로 옳지 않은 것은?

① ANG : 통제력 및 성급함 정도를 평가한다.
② ANX : 일반화된 불안 및 걱정을 평가한다.
③ SOD : 냉소적, 불신, 의심 정도를 평가한다.
④ HEA : 다양한 신체증상 정도를 평가한다.
⑤ OBS : 반추 및 의사결정 곤란 정도를 평가한다.

> **해설**
>
> SOD는 '사회적 불편감'으로 내향성, 수줍음 정도를 평가한다.
> CYN은 '냉소적 태도'로 냉소적, 불신, 의심 정도를 평가한다.
>
> • 다면적 인성검사(MMPI-2) - 내용척도
>
> | 척도 | 내용 | 문항 수 | 척도 | 내용 | 문항 수 |
> |---|---|---|---|---|---|
> | ANX | 불안 | 23 | ASP | 반사회적 특성 | 22 |
> | FRS | 공포 | 23 | TPA | A유형 행동 | 19 |
> | OBS | 강박성 | 16 | LSE | 낮은 자존감 | 24 |
> | DEP | 우울 | 33 | SOD | 사회적 불편감 | 24 |
> | HEA | 건강염려 | 36 | FAM | 가정문제 | 25 |
> | BIZ | 기태적 정신상태 | 23 | WRK | 직업적 곤란 | 33 |
> | ANG | 분노 | 16 | TRT | 부정적 치료 지표 | 26 |
> | CYN | 냉소적 태도 | 23 | | | |

069

성격평가질문지(PAI) 척도에 관한 설명으로 옳은 것은?

① INF : 부주의하거나 무선적인 반응태도를 확인하는 척도
② PIM : 나쁜 인상을 주려는 태도를 확인하는 척도
③ DOM : 타인에 대한 공격성을 확인하는 척도
④ WRM : 직업 관련 수행을 평정하는 척도
⑤ ANT : 대인관계에서 공감 정도를 평정하는 척도

해설

① INF(저빈도) : 부주의하거나 무선적인 반응태도를 확인하는 척도
② PIM(긍정적 인상) : 자신을 지나치게 좋게 보이려고 하며 사소한 결점도 부인하려는 태도를 확인하는 척도
• NIM(부정적 인상) : 나쁜 인상을 주려는 태도를 확인하는 척도
③ DOM(지배성) : 대인관계에서 통제적·순종적 정도를 평정하는 척도
• AGG(공격성) : 타인에 대한 공격성을 확인하는 척도
④ WRM(온정성) : 대인관계에서 공감 정도를 평정하는 척도
⑤ ANT(반사회적 특징) : 반사회적 특징·행동을 평정하는 척도

• 성격평가질문지(PAI) - 22개 척도

타당도척도(4)
ICN(비일관성), INF(저빈도), NIM(부정적 인상), PIM(긍정적 인상)
임상척도(11)
SOM(신체적 호소), ANX(불안), ARD(불안 관련 장애), DEP(우울), MAN(조증), PAR(망상), SCZ(정신분열증), BOR(경계선적 특징), ANT(반사회적 특징), ALC(알코올 문제), DRG(약물 문제)
치료고려척도(5)
AGG(공격성), SUI(자살 관련), STR(스트레스), NON(비지지), RXR(치료 거부)
대인관계척도(2)
DOM(지배성), WRM(온정성)

070

청각적 주의력을 평가할 수 있는 신경심리검사를 모두 고른 것은?

```
ㄱ. BGT-2
ㄴ. 숫자폭 검사(Digit Span Test)
ㄷ. 연속수행검사(CPT)
ㄹ. 레이-오스터리스(Rey-Osterrieth) 검사
```

① ㄱ, ㄴ   ② ㄱ, ㄷ
③ ㄴ, ㄷ   ④ ㄴ, ㄹ
⑤ ㄷ, ㄹ

해설

• 숫자폭 검사(Digit Span Test)
여러 개의 숫자 자극을 듣고 기억하여 말하는 검사로, 앞에서부터 뒤로 순서대로 따라하는가(음운단기기억), 뒤에서 앞으로 거꾸로 따라하는가(음운작업기억)에 따라 음운기억을 측정한다.
• 연속수행검사(CPT)
컴퓨터 화면에 여러 가지 문자·기호·숫자가 시각적 자극이나 청각적 자극으로 제시되면, 비표적을 제외한 표적 자극에 대해서만 반응하도록 하여 주의력을 검사한다.
• 벤더게슈탈트 검사(BGT-2)
시각적 자극을 제시하고 이를 모사시키는 지각-운동적 기능을 통하여 개인의 특징적인 인성을 밝히는 비언어적 검사이다.
• 레이-오스터리스(Rey-Osterrieth) 검사
복잡한 도형을 제시하고 복사, 즉각회상, 지연회상의 3가지 과정을 통해 시공간 구성능력, 구성능력, 기억력 등을 검사한다.

071

MBTI에 관한 설명으로 옳지 않은 것은?

① 네 가지 차원을 기본 축으로 구성하였다.
② E/I 축은 에너지를 얻는 근원에 관한 설명이다.
③ S/N 축은 정보를 수집하는 방법에 관한 설명이다.
④ T/F 축은 영감과 내적인 인식에 관한 설명이다.
⑤ J/P 축은 판단과 인식에 관한 설명이다.

해설

T/F 축은 **판단을 내리는 근거**에 관한 설명이다. 의사결정과정에서 사고/감정 중 주로 어떤 판단기능을 신뢰하고 따르는지에 대한 선호 경향이다.

- 마이어스-브릭스 유형 지표(MBTI, Myers-Briggs Type Indicator)
  두 개의 태도 지표(외향/내향, 판단/인식)와 두 개의 기능 지표(감각/직관, 사고/감정)로 구성된 16가지 성격유형 중 개인의 선호도에 따른 4개의 선호문자로 개인의 성격유형을 알려준다.
  MBTI에서는 인간의 내적 과정을 다음과 같이 4가지 선호로 분류한다.

주의초점 - 에너지의 방향	외향 (Extraversion)
	내향 (Introversion)
인식기능 - 사람이나 사물을 인식하는 방식	감각 (Sensing)
	직관 (iNtuition)
판단기능 - 판단의 근거	사고 (Thinking)
	감정 (Feeling)
생활양식 - 선호하는 삶의 패턴	판단 (Judging)
	인식 (Perceiving)

072

홀랜드(J. Holland)의 진로탐색검사에 관한 설명으로 옳지 않은 것은?

① C와 E의 유사성은 I와 S의 유사성보다 높다.
② RA형은 RS형보다 일관성이 낮다.
③ 일치성은 성격 유형과 직업환경 유형 간 유사한 정도를 나타낸다.
④ 기업적 유형은 개인의 위치가 분명하고 권력의 위계가 잘 구조화된 직업 환경을 선호한다.
⑤ 변별성이 높은 사람은 일에 있어 경쟁력과 만족도가 높다.

해설

<u>RS형</u>은 <u>RA형</u>보다 일관성이 낮다.
<u>RS형</u>은 육각형 모형상 대각선에 위치하여, 일관성이 가장 낮은 성격유형이다.
일관성(Consistency)은 성격유형과 환경모형 간의 관련 정도를 의미하는 것으로, 두 유형 간 근접성에 따라 설명할 수 있다. 첫 두 문자가 인접할 때 높은 일관성을 보인다.

- 홀랜드(J. Holland) - 육각형 모형
  성격 유형의 개인차를 6각형 모형으로 개념화하여 제시하였으며, 서로 인접한 것끼리는 심리적으로 유사하고 대각선상에 있는 유형끼리는 가장 유사하지 않은 것으로 해석하였다.

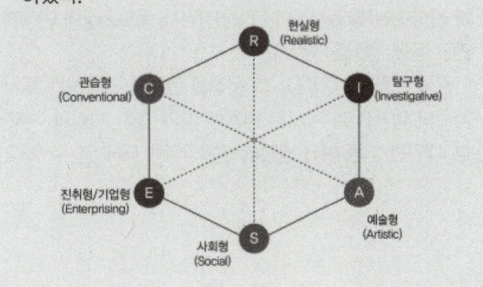

073

문장완성검사에 관한 설명으로 옳지 않은 것은?

① 갈톤(F. Galton)의 자유연상검사가 출발점이다.
② TAT보다 더 구조화되어 있다.
③ 로터(J. Rotter)는 단어연상검사 방법을 최초로 고안하였다.
④ 부, 모, 대인관계 태도 영역을 선택하여 실시할 수 있다.
⑤ 삭스(J. Sacks)의 문장완성검사는 가족, 성, 대인관계, 자기개념 영역으로 구성된다.

해설

융(Jung)은 단어연상검사 방법을 최초로 고안하였다.

③ 로터(J. Rotter)의 문장완성검사(RISB)는 총 40문항으로, 수검자의 반응을 '갈등반응', '긍정반응', '중립반응'의 3가지 범주로 구분하여 점수를 합산한 후 점수가 높을수록 부적응 정도가 큰 것으로 판단한다.
⑤ 삭스(J. Sacks)의 문장완성검사(SSCT)는 현재 임상장면에서 가장 널리 사용되고 있는 문장완성검사로, '가족', '성', '대인관계', '자아개념'의 4가지 영역으로 구성되어 있다.

• **문장완성검사**(SCT, Sentence Completion Test)
문장완성검사는 갈톤(Galton)의 자유연상검사, 카텔(Cattell)과 라파포트(Rapaport)의 단어연상검사, 융(Jung)의 임상적 연구 등에 영향을 받았다.
미완성 문장을 제시하고 그 문장을 완성하도록 하는 투사검사의 일종으로, 투사된 내용에 따라 자기 자신과 가족, 성, 대인관계 등 여러 방면의 생활영역에 대해 알 수 있다.

074

로샤(Rorschach)검사에서 조직(Z)점수 채점에 관한 설명으로 옳은 것을 모두 고른 것은?

> ㄱ. 형태질이 u인 경우에 조직점수를 부여한다.
> ㄴ. Z점수의 최대값은 6.0으로 평가기준에 규정되어 있다.
> ㄷ. Wv로 평가된 경우에는 조직점수를 부여하지 않는다.
> ㄹ. 반점의 S 영역과 다른 영역을 통합해서 반응한 경우는 Z점수를 부여한다.

① ㄱ, ㄴ
② ㄱ, ㄷ
③ ㄴ, ㄷ
④ ㄴ, ㄹ
⑤ ㄷ, ㄹ

해설

ㄱ. 형태질이 u(드문, Unusual)인 경우에는 조직(Z)점수를 부여하지 않는다. 조직점수를 부여하기 위해서는 형태를 포함하고 있는 반응이어야 하기 때문이다.
발달질이 +, o, v/+ (발달질 중 v 제외)일 때 조직점수를 부여한다.
ㄴ. Z점수의 최대값은 5.0으로 평가기준에 규정되어 있다.

• **로샤 검사**(로르샤흐 검사, Rorschach Test)
일련의 모호하고 불규칙한 잉크반점이 그려진 10장의 카드를 자극자료로 제시하는 투사검사의 일종으로, 다양한 영역에서의 채점을 거쳐 개인의 인격적 성향을 해석하고 진단한다.
엑스너(J. Exner) 방식의 9가지 채점항목 중 자극을 조직화하여 응답했는가를 평가하는 '조직화 활동(Z점수)'의 채점표는 다음과 같다.

범주	정의
ZW(전체)	반응에 사용된 영역이 전체이고 발달질이 +, o, v/+일 때(W+, Wo, Wv/+)
ZA(인접)	서로 다른 대상을 나타내는 인접한 반점 영역이 의미 있는 관계인 경우
ZD(원격)	서로 다른 대상을 나타내는 멀리 떨어진 반점 영역이 의미 있는 관계인 경우
ZS(공백)	반점 영역과 공백 부분을 통합시켜 의미 있게 반응한 경우

075

TAT에 관한 설명으로 옳지 않은 것은?

① 그림자극이 모호하다는 것이 검사의 특징이다.
② 개인의 욕구는 동일시한 인물을 통해 투사된다.
③ 제시된 자극에 개인의 경험이 추가되면서 반응 차이를 보인다.
④ 개인의 내적욕구가 환경적 압력과 상호작용하여 외부로 표출된다.
⑤ 그림자극에 대한 투사과정의 이론적 전제는 통각, 내현화, 정신 결정론이다.

해설

그림자극에 대한 투사과정의 이론적 전제는 통각, **외현화**, 정신 결정론이다.

- **주제통각검사(TAT)**
  로샤 검사와 함께 가장 널리 사용되고 있는 대표적인 투사검사로, 로샤 검사와 마찬가지로 모호한 대상을 지각하는 과정에는 개인 특유의 심리적인 과정이 포함되어 독특한 해석을 도출할 수 있다는 이론에서 출발한다. 그러나 TAT는 다양한 대인관계상의 역동적 측면을 파악하는 데 보다 유용하다는 특징이 있다.

필수 | 제4과목 상담이론

076

중다양식치료의 개념과 청소년 문제의 연결이 옳지 않은 것은?

① A – 불안, 우울
② B – 싸움, 훔치기
③ C – 낮은 자아개념, 지나친 공상
④ D – 담배, 술
⑤ S – 두통, 현기증

해설

③ '지나친 공상'은 I(심상)에 해당한다.

- **중다양식치료(BASIC-ID)**
  라자러스(A. Lazarus)가 개발한 체계적이고 포괄적인 심리치료로, 인간 성격의 모든 영역을 포괄하는 일곱 가지 양식에 대한 진단 및 평가를 활용한다.

행동(Behavior)	관찰할 수 있는 외현적인 행동, 반응, 습관 등
감정(Affective Responses)	감정, 기분, 강한 느낌 등
감각(Sensation)	시각·청각·후각·미각·촉각의 기본적인 오감
심상(Imagery)	자기 자신을 그리는 방법(자기상), 꿈, 환상, 공상, 생생한 기억 등
인지(Cognition)	자신의 근원적 가치, 태도, 신념을 형성하는 통찰·철학·생각·판단 등
대인관계(Interpersonal Relationship)	다른 사람과의 인간관계 및 상호작용
약물 또는 생물학(Drug / Biological Factor)	약물(술, 담배 포함), 섭식습관 및 운동양식 등

077

인지왜곡의 유형과 예시의 연결이 옳은 것을 모두 고른 것은?

> ㄱ. 파국화 – 새로 전학 가는 학교의 아이들은 모두 나를 싫어할 거야.
> ㄴ. 과잉일반화 – 오늘 동아리 모임에서 불편했어. 아무래도 나는 친구를 사귀는 데 필요한 자질이 없나봐.
> ㄷ. 임의적 추론 – (시험 준비로 남자친구의 연락이 뜸하자) 이제 남자친구가 나랑 헤어지려고 연락을 안 하는 구나.
> ㄹ. 정신적 여과 – (친구들이 웃으며 이야기하는 모습을 보고) 애들이 내 외모를 비웃는 걸 거야.

① ㄱ, ㄴ
② ㄷ, ㄹ
③ ㄱ, ㄴ, ㄷ
④ ㄴ, ㄷ, ㄹ
⑤ ㄱ, ㄴ, ㄷ, ㄹ

해설

ㄹ. 개인화

• 인지왜곡 유형

개인화	자신과 무관하게 발생한 부정적 사건의 원인이 자신이라고 생각한다.
파국화	어떤 사건에 대하여 지나치게 걱정하여 항상 최악을 생각하고 두려움에 사로잡힌다.
과잉일반화	한두 번 우연히 발생한 사건에 근거하여 일반적인 결론을 내리고, 관계가 없는 상황에도 그 결론을 적용한다.
임의적 추론	명확한 증거 없이 또는 잘못된 증거를 통해 추측만으로 틀린 해석을 하는 것이다.
정신적 여과 (선택적 추론)	중요한 주된 내용은 무시하고 사소한 특정 부분에 초점을 맞추어 전체적인 의미를 이해하고 해석한다.

078

바람직하지 않은 행동을 감소시키는 행동주의 상담의 기법으로 옳은 것을 모두 고른 것은?

> ㄱ. 행동연쇄법
> ㄴ. 자극포화법
> ㄷ. 내파법(Implosive Therapy)
> ㄹ. 타임아웃

① ㄱ, ㄷ
② ㄴ, ㄹ
③ ㄱ, ㄴ, ㄷ
④ ㄴ, ㄷ, ㄹ
⑤ ㄱ, ㄴ, ㄷ, ㄹ

해설

ㄱ. **바람직한 행동을 증가**시키는 행동주의 상담 기법이다.

• 행동주의 상담기법

바람직한 행동 증가 기법	정적강화, 부적강화, 행동연습, 행동조성, 행동계약, 모델링, 토큰, 프리맥의 원리 등
바람직하지 않은 행동 감소 기법	소거(소멸), 처벌, 상반된 행동의 강화, 체계적 둔감법, 이완훈련, 내파법, 타임아웃 등

079

다음 상담자 반응에 해당하는 해결중심 상담의 질문 기법은?

> 상담자 : 청상이가 이번 주말에 어지럽혀진 방을 정리하는 모습을 본다면, 엄마는 어떻게 반응하실까?

① 예외질문
② 대처질문
③ 역설질문
④ 평가질문
⑤ 관계성질문

해설

• **관계성질문**
내담자와 중요한 관계에 있는 사람들의 생각, 의견 등에 대하여 질문함으로써, 내담자 중심의 생각에서 벗어나 타인의 시각으로 문제를 바라보며 새로운 문제해결 가능성을 찾도록 한다.

해결중심 상담기법 – 질문기법
기적질문, 예외질문, 척도질문, 관계질문, 대처질문, 간접질문, 악몽질문, 상담 전 변화에 대한 질문 등

081

다음 내담자에게 해당하는 프로차스카와 디클레멘티(J. Prochaska & C. DeClemente)의 범이론적 변화단계모델 단계는?

> 내담자 : 스마트폰 게임을 많이 해서 엄마와 자꾸 싸워요. 공부에 방해가 돼서 게임시간을 줄이고 싶은 마음도 있지만, 지금처럼 게임을 하면서 스트레스를 풀고 싶은 마음도 있어요. 조만간 게임시간을 줄여야 할 것 같아요.

① 준비단계(Preparation)
② 행동실천단계(Action)
③ 숙고단계(Contemplation)
④ 유지단계(Maintenance)
⑤ 불일치단계(Discrepancy)

해설

위 사례에서 내담자는 '… 게임시간을 줄이고 싶은 마음도 있지만, 지금처럼 게임을 하면서 …'라며 양가 감정을 느끼고 있다. 따라서 내담자에게 해당하는 단계는 ③ '숙고단계(Contemplation)'이다.

• **범이론적 변화단계모델**

(1) 숙고 전 단계	자신의 행동에 문제가 없다고 생각하여 변화를 숙고하지 않는 단계
(2) 숙고 단계	문제를 인식하고 변화에 대하여 진지하게 생각하지만, 변화 후 얻게 될 이익보다 비용이 더 클지도 모른다는 양가 감정을 느끼는 단계
(3) 준비 단계	숙고를 마친 후 변화를 위한 계획을 실행하기 위해 준비하는 단계
(4) 행동 실천 단계	목표를 달성하기 위해 직접 행동하기 시작하며, 몰입을 위한 동기부여와 주변의 지원 등을 확인하는 단계
(5) 유지 단계	과거의 문제 행동을 하지 않고 변화한 목표 행동을 유지하는 단계

080

접수면접에 관한 설명으로 옳지 않은 것은?

① 상담경력이 많은 전문가가 담당하는 것이 바람직하다.
② 접수면접 전에 반드시 심리검사를 실시한다.
③ 상담자 수가 많고 규모가 큰 기관에서 주로 실시한다.
④ 접수면접 후 내담자의 문제유형, 심각성, 긴급성 등을 고려하여 적합한 상담자와 연결한다.
⑤ 기관 또는 상담자가 내담자에게 도움을 줄 수 없는 경우, 연계 계획을 세울 수 있다.

해설

접수면접 후에 배정된 상담자에 의하여 필요시 심리검사를 실시한다.

• **접수면접(Intake Interview)**
내담자의 기본 정보를 수집하고, 내담자의 특성을 확인하여 문제해결에 적합한 상담자를 배정하는 등 내담자가 상담실을 방문하는 초기과정에서 이루어지는 일차적 면담이다.

082

상담 초기단계의 개입으로 옳지 않은 것은?

① 내담자와 합의하여 구체적인 상담목표를 정한다.
② 내담자의 부적응적 패턴을 직면한다.
③ 내담자가 경험하는 어려움을 구체적으로 파악한다.
④ 내담자의 말을 경청하고 공감적으로 이해한다.
⑤ 상담기록, 보존, 관리에 대해 내담자의 동의를 구한다.

해설
② 상담 **중기단계**에 진행한다.

해설
- 상담기법 – 직면
  - 상담자가 내담자의 말이나 행동에 일치하지 않거나 모순점이 있을 때 그것을 지적하는 것이다.
  - 내담자가 자기 자신을 되돌아보고 이해하며 통찰을 통해 변화하고 발달할 수 있도록 돕는다.
  - 내담자의 저항심을 발생시킬 수 있으므로, 충분한 신뢰관계가 형성된 후에 사용하는 것이 좋다.

083

직면에 관한 설명으로 옳은 것을 모두 고른 것은?

ㄱ. 모순을 드러내어 새로운 통찰과 바람직한 변화를 유도한다.
ㄴ. 감정을 인식하고 경험하며 표현하는 것을 주된 목적으로 한다.
ㄷ. 내담자의 언어적 진술과 비언어적 진술 간 또는 언어적 진술들 간의 불일치 등에 관해 진술하는 기법이다.
ㄹ. "화가 나면 오히려 마음이 차분해진다는 말은 분노감을 말로 표현하기 어렵다는 뜻인가요?"와 같은 반응이다.

① ㄱ, ㄷ
② ㄴ, ㄹ
③ ㄷ, ㄹ
④ ㄱ, ㄴ, ㄷ
⑤ ㄱ, ㄷ, ㄹ

084

다음 사례에 대한 상담자의 재진술 반응으로 옳은 것은?

내담자 : 선생님, 우리 반 친구들이 저만 따돌려요. 담임선생님도 저만 미워하시는 것 같고요.

① 친구들이 너만 따돌리고 담임선생님도 너만 미워한다는 말이구나.
② 선생님도 예전에 따돌림을 당한 적이 있었는데 그때 많이 힘들었단다.
③ 친구들이 너만 따돌린다는 말이 무슨 말인지 좀 더 이야기해 줄 수 있겠니?
④ 담임선생님이 어떻게 하실 때 너를 미워한다고 생각하는지 궁금하구나.
⑤ 친구들이 따돌리지 않고 담임선생님도 너에게 관심을 가져 주었으면 좋겠는데 그렇지 않아서 속상했겠다.

해설
② 자기노출
③ 명료화
④ 간접질문
⑤ 공감

• 상담기법

재진술	내담자의 말·행동·경험 중 핵심을 알아차리고 그것을 상담자의 말로 내담자에게 되돌려주는 기술이다.
자기노출 (자기개방)	상담자가 자신의 감정·생각·경험 등 정보를 드러내고 활용하는 기술이다.
명료화	상담자가 내담자의 감정·사고·태도를 파악하여 실제 감정을 인식할 수 있도록 한다.
간접질문	내담자의 감정·생각·경험 등 정보를 수집하고 탐색하기 위해 간접적, 우회적으로 물어보는 것이다.
공감 (공감적 반응하기)	내담자의 감정을 정확하게 파악하여 이해하고 내담자의 입장이 되어 느낀 다음 그 감정을 내담자에게 전달하는 것이다.

085
수용전념치료(ACT)의 핵심 원리로 옳지 않은 것은?

① 가치 탐색
② 전념 행동
③ 현재에 머무르기
④ 인지적 탈융합
⑤ 역할 변화

해설
• 수용전념치료(ACT, Acceptance and Commitment Therapy)
 - 심리적 문제나 정신적 질환을 부정하거나 통제하려고 하지 않고, 고통이 일어나는 과정을 알아차리고 받아들일 수 있도록 하여 가치 있는 삶에 전념할 수 있도록 하는 3세대 인지행동치료이다.
 - 핵심 기제 : 수용, 인지적 탈융합, 현재에 존재하기, 맥락으로서의 자기, 가치 탐색, 전념 행동

086
합리정서행동 상담에 관한 기술로 옳지 않은 것은?

① 인간은 합리적인 동시에 비합리적인 존재이다.
② 행동변화의 지속을 위해서 장기상담을 지향한다.
③ 상담자는 지시적이고 적극적인 역할을 수행한다.
④ 특정 장애의 원인을 구체적으로 제시하지 않는다.
⑤ '내가 원하는 대로 일이 풀리지 않는 것은 끔찍하다.'는 비합리적 신념이다.

해설
'합리정서행동 상담'에서는 전통적인 장기상담보다 **단기상담**을 지향한다.

• 합리정서행동 치료(REBT, Rational Emotive Behavior Therapy)
 - 1955년 엘리스(A. Ellis)가 인본주의, 철학, 행동주의를 혼합하여 합리적 치료(RT)를 고안한 후, 정서를 강조한 합리정서 치료(RET)로 변경하고, 행동의 중요성을 강조하는 합리정서행동 치료(REBT)로 발전시켰다.
 - 인간의 비합리적인 사고나 신념은 부적응을 유발하므로, 인지 재구조화를 통해 합리적인 사고와 신념으로 대체해야 한다.
 - 내담자의 '당위적 사고'에서 비롯되는 비합리적 신념을 적극적으로 반박하는 '논박'을 통해 정서적 문제나 심리적 장애가 사건이나 상황 때문이 아니라 그 사건에 대한 자신의 비합리적인 신념 때문에 일어난다는 것을 깨닫게 해준다.

087
해결중심 상담자의 개입으로 옳지 않은 것은?

① 문제행동과 관련된 과거 경험을 탐색한다.
② 내담자의 장점과 자원을 확인하고 지지한다.
③ 내담자가 원하는 것을 상담목표로 설정한다.
④ 상담에 오기 전 변화에 대해 질문한다.
⑤ 고객형 내담자에게 관찰 또는 행동 과제를 부여한다.

해설

'해결중심 상담'에서는 문제행동과 관련된 **현재** 경험을 탐색한다.

• 해결중심 상담 – 상담자–내담자 관계 유형

불평형	– 문제를 인식하고 있지만 자신이 변화해야 한다고 생각하지 않고, 다른 사람(부모, 친구 등)에게 문제가 있다고 생각하는 내담자 – 관찰과제, 생각과제 부여
방문형	– 대체로 자신의 의사와 상관없이 상담을 받으러 온 비자발적 내담자 – 상담의 필요성이나 문제해결의 동기가 약함 또는 문제에 대한 책임감이 없거나 자신의 문제를 인정하지 않음 – 다음 상담에 참여할 수 있도록 칭찬, 격려
고객형	– 문제해결 및 목표달성을 위한 동기를 가지고 스스로 자신의 행동을 변화하기 위한 방법을 제시하는 등 상담에 협력적인 내담자 – 실행과제, 행동과제 부여

088

현실치료에 관한 설명으로 옳은 것은?

① 의학적 모델에 기초한다.
② 생존의 욕구는 신뇌에서 유발된다.
③ 내담자의 과거 또는 미래 행동에 초점을 맞춘다.
④ 기본욕구는 상호갈등적이고 대인갈등적이다.
⑤ 전행동(Total Behavior) 중 행동하기와 느끼기는 직접적으로 통제할 수 있다.

해설

① 심리적·정신적 어려움을 정신질환이나 문제행동으로 규정하는 의학적 모형(Medical Model)에서 탈피하여 행복추구, 효율적인 욕구충족 등 정신건강을 강조한다.
② 생존의 욕구는 **구뇌**에서 유발된다.
③ 내담자의 **현재** 행동에 초점을 맞춘다.
⑤ 전행동(Total Behavior)은 행동하기, 생각하기, 느끼기, 생리과정의 네 가지 요소로 구성된다. 이 중 행동하기와 **생각하기**는 직접적으로 통제할 수 있다.

089

정신분석에 관한 설명으로 옳지 않은 것은?

① 인간은 과거 경험에 영향을 받는 존재이다.
② 인간에 대한 결정론적 입장을 취한다.
③ 무의식은 행동에 영향을 미치지 않는다.
④ 인간행동은 생물학적인 본능과 충동에 의해 동기화된다.
⑤ 의식수준을 의식, 전의식, 무의식으로 구분한다.

해설

'정신분석'에서 무의식은 인간의 행동에 지대한 영향을 미친다.

090

개인심리학의 상담기법으로 옳은 것을 모두 고른 것은?

ㄱ. 단추 누르기	ㄴ. 자유연상
ㄷ. 스프에 침 뱉기	ㄹ. 개성화작업
ㅁ. 과제 설정하기	

① ㄱ, ㄴ
② ㄷ, ㄹ
③ ㄱ, ㄷ, ㅁ
④ ㄴ, ㄹ, ㅁ
⑤ ㄱ, ㄷ, ㄹ, ㅁ

해설

ㄴ. '정신분석' 상담기법
ㄹ. '분석심리학' 상담기법

• 개인심리학 상담기법
 – 단추(버튼) 누르기 : 내담자가 자신이 선택한 사건이나 기억으로 스스로 감정을 만들 수 있는 감정의 창조자임을 깨닫게 한다.
 – 스프에 침 뱉기 : 내담자의 자기 패배적 행동(스프)에 감춰진 동기나 목적을 밝혀냄으로써 접근–회피 상황을 설정하여 그 행동을 감소시킨다.

- 마치 ~인 것처럼 행동하기 : 내담자가 마치 치료 목표를 이룬 것처럼 상상하고 행동하도록 역할연기 상황을 설정하여 목표 달성을 촉진한다.
- 과제 설정하기 : 내담자의 문제를 해결하기 위한 단계를 설정하고 이에 적합한 과제를 이행하도록 하여 성공감을 맛보고 자신감을 갖게 한다.
- 역설적 의도(반암시) : 내담자의 허약한 사고나 나약한 행동을 의도적으로 과장하여 제시해 내담자 스스로 자각하게 하는 방법이다.
- 격려하기 : 내담자의 용기를 북돋워 주는 것으로, 내담자는 자기 자신의 가치를 깨닫고 신뢰감을 갖게 된다.
- 자기 포착하기 : 내담자의 실제 모습 속에서 자기파괴적 행동이나 비합리적 논리를 파악하여 문제 행동을 막는 방법이다.

092

인간중심 상담자의 진솔성에 관한 설명으로 옳지 않은 것은?

① 자신의 경험과 자기를 일치시킬 수 있어야 한다.
② 자신을 부정하지 않고 자기 자신으로 존재한다.
③ 자신의 전문역할 뒤로 숨지 않는 것을 뜻한다.
④ 자신의 능력을 과장하려는 유혹을 성찰하는 것이다.
⑤ 자신의 느낌과 생각을 내담자에게 모두 표현하는 것을 의미한다.

해설
'인간중심 상담'에서 상담자의 진솔성은 자신의 느낌과 생각을 부정하지 않고 있는 그대로 인정하고 수용하는 것이다.

091

실존주의 상담에서 보는 인간의 궁극적 관심사를 모두 고른 것은?

ㄱ. 자유
ㄴ. 우울
ㄷ. 고독
ㄹ. 리비도
ㅁ. 무의미

① ㄱ, ㄷ
② ㄱ, ㄴ, ㄹ
③ ㄱ, ㄷ, ㅁ
④ ㄴ, ㄷ, ㄹ
⑤ ㄴ, ㄷ, ㄹ, ㅁ

해설
- 실존주의 주요개념
  얄롬(I. Yalom)은 인간 존재의 궁극적 관심이나 본질의 요소를 **죽음, 자유와 책임, 고립, 무의미**로 보았으며, 이러한 요소가 인간이 직면하는 역동적 갈등을 실존적인 차원에서 만들어내고 있다고 설명하였다.

093

다음에 해당하는 게슈탈트 상담 기법은?

내담자 : (내담자가 자신의 삶에 대해 이야기한다.) 세상에 혼자 있는 것 같아요.
상담자 : 세상에 혼자 있다고 마음속으로 상상해 보세요. 어떤 것을 경험하십니까?

① 실험
② 꿈작업
③ 바디스캔
④ 험담 금지하기
⑤ 상전과 하인

해설
위 사례에서 상담자는 내담자가 말하는 상황을 실제로 상상해보도록 하는 실험 기법을 사용하고 있다.

- 게슈탈트 상담기법 – 실험하기
  내담자에게 특정 장면을 연출하거나 공상대화를 하도록 제안함으로써 문제 명료화 및 새로운 해결책 모색을 촉진한다.

094

다음 대화에 해당하는 교류분석의 유형은?

> 어머니 : 지금이 몇 시니?
> (숨겨진 메시지 - 왜 이렇게 늦게 다니는 거야? 일찍 좀 와.)
> 아들 : 11시요.
> (숨겨진 메시지 - 집에 들어오기 싫어요! 집이 편하지 않아요.)

① 이면교류
② 교차교류
③ 상보교류
④ 각본교류
⑤ 일방교류

해설

- 교류분석(의사교류분석, 대화분석)

상보교류	- 두 자아가 상호 지지하는 상태 - 자극과 반응의 방향이 수평적 - 발신자가 예상한 대로 수신자가 반응함
교차교류	- 3~4개의 자아가 관여하는 상태 - 자극과 반응의 방향이 항상은 아니지만 자주 교차됨 - 서로 예상한 대로 발신과 수신이 이루어지지 않으며, 인간관계에 있어 고통의 근원이 됨
이면교류	- 3~4개의 자아가 관여하는 상태 - 현재적 교류와 잠재적 교류가 동시에 작용하는 것으로, 대화 속에 숨어있는 의사를 전달 - 메시지의 사회적(언어적) 수준과 심리적(비언어적) 수준이 종종 상반됨

095

다음 설명에 해당하는 개념으로 옳은 것은?

> ㄱ. 교류분석에서 초기 결정을 확증하기 위하여 다른 사람을 조작하는 과정이며 스트레스 상황에서 자주 경험하게 되는 것
> ㄴ. 개인심리학에서 인생의 초기에 개인의 경험을 조직하고 예언, 통제하기 위해 발달시켜 온 개인의 인지조직도

	ㄱ	ㄴ
①	스트로크	열등감
②	라켓감정	생활양식
③	게임	열등감
④	스트로크	생활양식
⑤	인생태도	우월의 추구

해설

- 교류분석(TA) 주요개념 - 라켓감정(Racket Feeling)
  초기 아동기에 금지되었던 진실한 감정에 대체된 감정으로, 성인이 된 후 의식적인 자각 없이 '스트로크'를 얻기 위해 허용되었던 감정만 느끼게 된다. 스트레스 상황에서 자주 경험하게 되며, 생활 속에서 '각본'을 연출할 때, 아동기에 허용되었던 감정으로 진실한 감정을 계속 숨기게 된다.

- 개인심리학 주요개념 - 생활양식(Life Style)
  개인이 열등감을 극복하고 목표를 성취하기 위해 추구하는 고유의 삶의 방식이다. 세상이나 대인관계에 대해서 지니는 신념 체계뿐 아니라 일상을 이끌어 나가는 감정·사고·행동 방식을 의미한다. 사회적 관심과 활동 수준에 따라 사회적 유용형, 지배형, 기생형, 회피형으로 구분된다.

096

실존주의 상담에 관한 설명으로 옳은 것을 모두 고른 것은?

> ㄱ. 내담자로 하여금 자신의 내면세계를 진실되게 자각하도록 한다.
> ㄴ. 진단적 범주보다 내담자의 실존적 주제에 주의를 기울인다.
> ㄷ. 내담자의 현재보다는 과거의 사건과 미래에 주목한다.
> ㄹ. 지금 있는 그대로의 자기 자신을 신뢰하도록 돕는다.

① ㄱ, ㄷ
② ㄴ, ㄹ
③ ㄱ, ㄴ, ㄷ
④ ㄱ, ㄴ, ㄹ
⑤ ㄴ, ㄷ, ㄹ

해설

실존주의 상담에서는 내담자의 '지금-여기'의 현실을 중시한다.

- **실존주의 상담**
  - 실존주의 철학과 현상학적 방법을 결합한 것으로, 정신분석과 행동주의 상담의 분석적이고 조작적인 관점과는 다르게 내담자의 내면 그대로 인정하고 받아들이는 인본주의적 관점을 가진다.
  - 내담자가 자신의 내면세계를 이해하고 문제를 자각하여, 지금-여기의 자기 자신을 신뢰하도록 하는 데 목표를 두고 있으며, 참만남을 경험할 수 있는 상담자와 내담자 간 관계를 중시한다.
  - 얄롬(I. Yalom)은 인간 존재의 궁극적 관심이나 본질의 요소를 죽음, 자유와 책임, 고립, 무의미로 보았으며, 이러한 요소가 인간이 직면하는 역동적 갈등을 실존적인 차원에서 만들어내고 있다고 설명하였다.

097

다음 사례의 청소년 내담자가 사용한 방어기제는?

> 내담자 : 학교에서 반장을 하고 있는데 학급일도 많고, 선생님께서 너무 많은 일을 시키세요. 선생님께 불만을 얘기할 수 없으니 친구에게 막 화를 냈어요.

① 부정(Denial)
② 투사(Projection)
③ 퇴행(Regression)
④ 치환(Displacement)
⑤ 반동형성(Reaction Formation)

해설

위 사례에서 내담자는 선생님보다 덜 위협적인 대상에게 '치환(Displacement)'하여 자신의 감정을 표출하고 있다.

- **방어기제**

부인(부정)	충격적인 사건이나 용납할 수 없는 충동을 무의식적으로 거부한다.
투사	자신의 내부에서 용납하기 어려운 욕구나 충동을 남의 탓으로 돌리는 것이다.
퇴행	생애 초기에 성공적으로 사용한 경험이 있는 감정·생각·행동에 의지하는 것이다.
치환(전위)	특정 대상에 대한 충동이나 욕구를 다른 대상에게 돌리는 것이다.
반동형성	자신과 반대되는 감정을 표출하거나 행동을 하는 것이다.

098

청소년상담자의 자질로 옳지 않은 것은?

① 완벽주의
② 자기성찰 능력
③ 변화에 대한 신뢰
④ 감정인식 및 수용력
⑤ 인간에 대한 호기심과 관심

> **해설**
> '완벽주의'는 청소년상담자가 갖추어야 할 자질에 해당하지 않는다.
>
> • 상담자의 자질
> 상담자는 인간적 자질과 전문적 자질을 모두 갖추어야 한다.
>
> | 인간적 자질 | 전문적 자질 |
> |---|---|
> | - 유머감각
- 자기성찰 태도 및 능력
- 감정 인식 및 수용 능력
- 인간관계 및 경험에 대한 수용성 및 개방성
- 새로운 접근 방식에 대한 독창성 및 유연성
- 인간에 대한 호기심과 관심
- 변화에 대한 신뢰와 용기 | - 상담자 윤리에 대한 이해
- 상담이론 적용 능력
- 실제적인 상담기술 훈련
- 내담자 혹은 내담 집단에 대한 폭넓은 식견
- 다문화적 차이에 대한 이해와 민감성
- 지역사회 자원 및 사회 환경에 대한 이해
- 풍부한 상담 경험 |

099

상담자의 비윤리적 행동에 해당하는 것을 모두 고른 것은?

> ㄱ. 수퍼비전을 목적으로 내담자 동의 없이 녹음함
> ㄴ. 상담실 밖에서 내담자와 사적인 관계를 맺음
> ㄷ. 자신의 능력을 과장해서 내담자가 의존하게 함
> ㄹ. 청소년상담자로서 자신의 한계를 인식함
> ㅁ. 친구나 친척을 내담자로 받아들이고 상담함

① ㄱ, ㄷ
② ㄴ, ㄹ, ㅁ
③ ㄱ, ㄴ, ㄷ, ㅁ
④ ㄴ, ㄷ, ㄹ, ㅁ
⑤ ㄱ, ㄴ, ㄷ, ㄹ, ㅁ

> **해설**
> 청소년상담자로서 자신의 한계를 인식하는 것은 비윤리적 행동에 해당하지 않는다.
> 상담자가 자신의 전문적 한계에 부딪혀 내담자에게 적절한 조력을 할 수 없다는 것을 인식한 경우, 내담자에게 이에 대한 적절한 설명과 함께 다른 상담자에게 의뢰해야 한다.

100

다음 사례에서 상담자가 선택한 이론과 기법의 연결이 옳은 것은?

> 내담자 : 고등학교 때 수업시간에 발표하다가 말을 더듬었어요. 애들 앞에서 창피를 당했는데 또 그런 일이 생기는 게 두려워서 발표를 피하고 있어요.
> 상담자 : 발표를 피하지 말고 더 많이 하세요.
> 내담자 : 오히려 발표를 더 하라고요?

① 정신분석 - 통찰
② 게슈탈트 상담 - 해석
③ 교류분석 - 게임
④ 인간중심 상담 - 수용
⑤ 실존주의 상담 - 역설적 의도

> **해설**
> • 실존주의 상담기법 - 역설적 의도
> 내담자가 두려워하는 일을 오히려 더 하도록 지시하여 그 문제에 대한 불안감을 감소시키는 방법이다.

2교시 필수 1과목 / 선택 1과목 (50분)

필수 | 제1과목 학습이론

001

파블로프(I. Pavlov)의 이론에서 근접성의 원리에 따라 강한 조건형성이 일어나는 것은?

① 무조건 자극과 조건 자극을 동시에 제시하였다.
② 무조건 자극을 먼저 제시하면서 0.5초 이내로 조건자극도 제시하였다.
③ 조건 자극을 먼저 제시하면서 0.5초 이내로 무조건 자극을 제시한 후 두 자극을 동시에 철회하였다.
④ 조건 자극을 먼저 제시하였다가 철회하고 나서 2초 후에 무조건 자극을 제시하였다.
⑤ 조건 자극을 먼저 제시하였다가 철회하고 나서 5초 후에 무조건 자극을 제시하였다.

해설

조건 자극을 제시한 뒤 0.5초 이내로 무조건 자극을 제시하고 두 자극을 동시에 철회하는 '단기-지연 조건형성'의 학습 효과가 가장 뛰어나다.

- 파블로프(I. Pavlov) – 고전적 조건형성
  조건 자극과 무조건 자극이 연합되는 방식에 따라 학습에 영향을 미친다.
  (1) 지연 조건형성(Delayed Conditioning) : 조건 자극을 먼저 제시한 뒤 무조건 자극을 제시하고 동시에 철회한다. 가장 이상적인 시간 간격은 0.5초이며, 가장 효과적인 조건형성 방법이다.
  (2) 흔적 조건형성(Trace Conditioning) : 무조건 자극이 제시되기 전에 조건 자극이 제시되고 철회된다.
  (3) 동시 조건형성(Simultaneous Conditioning) : 조건 자극과 무조건 자극이 시간적으로 같이 일어난다.
  (4) 역향 조건형성(Backward Conditioning) : 무조건 자극이 먼저 제시된 뒤 조건 자극이 제시된다.

002

학습의 개념에 관한 설명으로 옳은 것은?

① 태도 변화는 학습의 범주에서 제외한다.
② 정서적 변화는 학습의 범주에 포함하지 않는다.
③ 성숙에 의한 행동 변화는 학습의 범주에 포함하지 않는다.
④ 학습(Learning)과 수행(Performance)은 직접적으로 관찰 가능하다.
⑤ 약물에 의한 일시적 신체 상태에 기인한 행동 잠재력의 변화도 학습의 범주에 포함한다.

해설

학습은 경험과 훈련의 과정을 통해 일어난 지속적인 행동 변화인 반면, 성숙은 경험이나 훈련과 관계없이 시간의 흐름에 따라 발생한다.
성숙, 약물, 질병 등에 의한 행동 변화는 학습의 범주에 포함하지 않는다.

① 태도 변화는 학습의 범주에 포함된다.
② 정서적 변화는 학습의 범주에 포함된다.
④ 수행(Performance)은 직접적으로 관찰할 수 있지만, 학습(Learning)은 불가능하다.
⑤ 약물에 의한 일시적 변화는 학습의 범주에 포함되지 않는다.

003

인간주의(Humanistic Theory) 학습동기이론에 관한 설명으로 옳은 것은?

① 매슬로우(A. Maslow)의 욕구 위계에서 자아존중에 대한 욕구는 결핍 욕구에 해당한다.
② 결핍 욕구는 그 욕구에 대한 개인의 주관적 만족감에 의해 충족되므로 해소되지 않는다.
③ 성장 욕구는 성장에 대한 개인적 욕구에 의해 동기화되며, 목표수준에 도달하면 충족된다.
④ 소속과 애정의 욕구는 성장 욕구에 해당한다.
⑤ 로저스(C. Rogers)는 실현경향성(Actualizing Tendency)을 후천적인 것으로 보았다.

해설

- **매슬로우(A. Maslow) – 욕구위계이론**
  인간의 욕구는 결핍욕구와 성장욕구로 구분된다.

결핍 욕구	충족되면 더이상 동기로서 작용하지 않는다. 예 생존 욕구, 안전 욕구, 소속과 애정 욕구, 자아존중 욕구
성장 욕구	충족될수록 욕구가 더욱 증대된다. 예 인지적 욕구, 심미적 욕구, 자아실현 욕구

004

동기에 관한 다음 공식에 해당하는 설명을 <보기>에서 모두 고른 것은?

동기(M) = 인식된 성공가능성(Ps) × 성공의 유인가(Is)

〈보기〉

ㄱ. 성공할 가능성이 전혀 없다고 생각되면 동기화되지 않는다.
ㄴ. 다른 참여자의 능력과 경쟁률이 매우 높다는 것을 알아도, 상금의 액수나 보상의 매력도가 높을수록 동기가 최대화된다.
ㄷ. 쉬운 과제보다는 적당히 어려우나 불가능한 수준이 아니면서 학습자에게 유의미한 과제들이 학습동기유발에 더 좋다.
ㄹ. 쉬운 과제여서 성공할 가능성이 높다 해도 개인적 관심과 흥미가 없는 과제라면 학습동기는 최대화되지 않는다.

① ㄱ, ㄴ
② ㄱ, ㄹ
③ ㄷ, ㄹ
④ ㄱ, ㄴ, ㄷ
⑤ ㄱ, ㄷ, ㄹ

해설

상금의 액수나 보상의 매력도(성공의 유인가)가 높아도, 다른 참여자의 능력과 경쟁률이 매우 높다는 것을 알게 되면 인식된 성공가능성이 낮으므로 동기가 저하된다.

- **인지주의 동기이론 – 기대이론**
  어떤 것을 성취하고자 하는 개인의 동기는 성공확률에 대한 기대(인식된 성공가능성)와 성공에 부여하는 가치(성공의 유인가)에 달려 있다.

005

라이언과 데시(R. Ryan & E. Deci)의 자기결정성 이론(Self-determination Theory)에 관한 설명으로 옳은 것은?

① 인간은 후천적으로 유능감(Competence), 관계성(Relatedness), 자율성(Autonomy)에 대한 욕구를 가진다.
② 내적 동기는 사회화 과정에서 주어지는 통제, 보상 등에 의해 내면화되어 점차 자기조절과정의 일부가 된다.
③ 무동기(Amotivation)는 적정 수준의 동기 상태이다.
④ 통합된 조절(Integrated Regulation)보다 내적 조절(Intrinsic Regulation)의 자율성 정도가 더 높다.
⑤ 외적 동기와 내적 동기는 상호 대립개념이다.

해설

인간의 동기가 스스로 흥미나 호기심에 의하여 '내적 통제'되었을 때 가장 높으며, 강제나 강요에 의하여 '외적 통제'되었을 때 가장 낮다.

① 인간은 **선천적으로** 유능감(Competence), 관계성(Relatedness), 자율성(Autonomy)에 대한 욕구를 가진다.
② **외적** 동기는 사회화 과정에서 주어지는 통제, 보상 등에 의해 내면화되어 점차 자기조절과정의 일부가 된다.
③ 무동기(Amotivation)는 **행동 의지가 결핍된 상태**로, 수동적으로 움직이거나 전혀 행동을 하지 않는 상태이므로 적정 수준의 동기 상태가 아니다.
⑤ 외적 동기와 내적 동기는 상호 **연결**개념이다. 외적 동기의 내면화 과정을 거쳐 자기결정성이 제일 높은 내적 동기에 이르게 된다.

006

다음 중 '숙달목표(Mastery Goal)' 지향 학습자에게서 나타날 수 있는 특성을 모두 고른 것은?

> ㄱ. 자기조절적인 학습과 행동을 한다.
> ㄴ. 능력은 연습과 노력에 따라 발달한다고 믿는다.
> ㄷ. 쉬운 과제에서 성공할 때, 자부심이나 안도감으로 반응한다.
> ㄹ. 타인과의 비교보다는 자신이 얼마나 더 나아졌는지의 관점에서 수행을 평가한다.
> ㅁ. 시험과 같은 평가 상황에서 지나치게 불안해한다.

① ㄱ, ㄴ, ㄷ
② ㄱ, ㄴ, ㄹ
③ ㄱ, ㄷ, ㄹ
④ ㄴ, ㄷ, ㅁ
⑤ ㄴ, ㄹ, ㅁ

해설

ㄷ, ㅁ은 '수행목표(Performance Goal)' 지향 학습자의 특성이다.

- 드웩(C. Dweck) - 목표지향성이론(성취목표이론)
  학습자가 지향하는 목표에 따라 과제 수행 과정과 결과가 달라진다.

숙달목표 지향	수행목표 지향
- 과제 숙달·이해 등 학습활동 자체에 초점	- 자신이 타인에게 어떻게 평가받는가에 관심
- 자신의 유능감을 향상시키는 데 관심	- 자신과 타인의 능력을 비교하는 데 초점
- 인지전략, 메타인지전략, 자기조절전략 사용	- 피상적·기계적 학습전략 사용
- 내재적 동기가 높음	- 외재적 동기가 높음
- 도전적 과제 선호	- 쉽고 익숙한 과제 선호
- 성공과 실패를 노력으로 귀인(긍정적·적응적 귀인)	- 성공과 실패를 능력에 귀인(부정적·비적응적 귀인)
- 성공 시 자부심, 실패 시 죄책감 경험	- 실패 시 공포·시험불안 등 부정적 정서 경험

007

스키너(B. Skinner) 이론의 주요 개념에 관한 설명으로 옳은 것을 모두 고른 것은?

ㄱ. 강화인이 동물의 행동과 관련되어 있는 것을 미신적 행동(Superstitious Behavior)이라 한다.
ㄴ. 조작적 행동(Operant Behavior)은 결과에 의해 통제를 받는 것이다.
ㄷ. 강화인이 반응에 의존적인 것을 유관강화(Contingent Reinforcement)라고 한다.
ㄹ. 기대된 반응을 유발하는 자극(Stimulus)보다는 반응(Response)의 중요성을 강조한다.
ㅁ. 반응 행동(Respondent Behavior)이란 자극에 의해 유발된 것이 아니라 유기체에 의해 방출된 행동이다.

① ㄱ, ㄴ, ㄷ
② ㄱ, ㄷ, ㄹ
③ ㄴ, ㄷ, ㄹ
④ ㄴ, ㄷ, ㅁ
⑤ ㄷ, ㄹ, ㅁ

해설

ㄱ. 미신적 행동(Superstitious Behavior) : 특정 행동이 어떤 사건을 일으킨다는 잘못된 신념을 가리키는 용어로, 행동과 강화 간에 생긴 우연한 연합에서 발생한 학습결과에서 비롯된다.
ㅁ. 반응 행동(Respondent Behavior) : 자극에 의해 유발되는 반사적·자동적 행동으로, 불수의적인 생리적 반응이다.

008

다음 내용에 해당되는 개념은?

- 목표행동을 향해 점진적으로 접근해 가는 과정이다.
- 초기 행동에서 바람직한 행동으로 근접할 때마다 강화한다.
- 처음에는 아주 간단한 반응만으로도 보상을 받게 하다가 그 행동을 일관성 있게 잘하게 되면, 다음 단계에서는 보다 복잡하고 어려운 반응에 대해서만 보상한다.

① 조형(Shaping)
② 연쇄(Chaining)
③ 유관계약(Contingency Contract)
④ 변별(Discrimination)
⑤ 체계적 둔감화(Systematic Desensitization)

해설

• 행동주의 - 행동수정기법

조형	목표행동에 근접한 행동을 보일 때 단계적으로 강화를 제공하여 점진적으로 목표행동에 접근하게 만드는 방법
연쇄	한 번에 학습하기 힘든 복잡한 행동을 단순한 반응으로 나누어 연결하여 단계적으로 강화하는 방법
유관계약	목표행동을 수행할 때 제공할 강화인에 대하여 상담자와 내담자가 합의하에 계약을 맺고 강화하는 방법
변별	유사하거나 비슷한 자극에서 나타나는 작은 차이에 따라 구분하거나 다른 반응을 보이는 보다 정교한 학습 방법
체계적 둔감화	공포나 불안한 자극에 대하여 위계목록을 작성한 다음 낮은 수준부터 높은 수준의 자극으로 상상을 유도함으로써 공포나 불안에서 점차 벗어나도록 하는 방법

009

관찰학습 과정의 'ㄱ'에 관한 설명으로 옳은 것은?

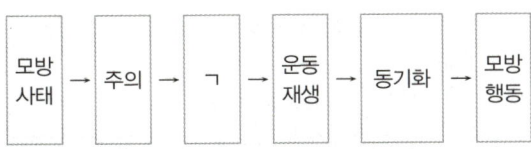

① '이렇게 하면 잘 될거야', '팔을 왼쪽으로 더 뻗어야 해'와 같이 정보적 피드백에 근거한 자기 수정적 조정이 필수적이다.
② 관찰된 정보를 심상적, 언어적 표상체계로 부호화한다.
③ 모델의 특성에 따라 관찰자의 주의집중이 달라진다.
④ 모델이 보상받는 것을 관찰하면 강한 자극제가 될 수 있다.
⑤ 환경을 자기 인도적(Self-directed)으로 탐색한다.

해설
① '운동재생' 단계
③ '주의' 단계
④, ⑤ '동기화' 단계

- **반두라(A. Bandura) – 관찰학습**
  인간은 단순한 환경적 자극에 대한 반응을 통하여 행동을 학습하는 것이 아니라 타인의 행동을 관찰함으로써 학습한다. 관찰학습이란 타인의 행동을 단순히 모방하는 것 그 이상이며, 직접적인 강화 없이도 '대리강화'를 통해 학습이 일어난다.

(1) 주의집중	– 모델의 행동에 주의를 집중하는 단계 – 무엇을 선택적으로 관찰할 것인지 결정
(2) **파지/보존**	– 관찰한 내용(모방할 행동)이 기억되는 과정 – 장기간 보존을 위해 심상(Image)과 언어(Verbal)의 두 내적 표상체계 이용
(3) 운동재생	– 모델을 모방하기 위해 저장한 심상 및 언어적 표상을 외형적인 행동으로 전환
(4) 동기화	– 강화 조건에 따라 모델의 행동이 수행되는 과정 – 강화를 통해 행동의 동기를 높이는 단계

010

학습 상황에서의 전이(Transfer)에 관한 설명으로 옳은 것은?

① 근접 전이(Near Transfer) : 학습활동 시의 맥락과 전이 상황의 맥락이 유사할 때 일어난다.
② 부적 전이(Negative Transfer) : 선행학습과 후속학습 간의 구체적 특수요인에 의해서만 전이가 일어난다.
③ 도해적 전이(Figural Transfer) : 원래대로의 기능 또는 지식을 새로운 과제에 적용할 때 일어난다.
④ 축어적 전이(Literal Transfer) : 새로운 학습에 직면하여 자신이 이전에 숙달학습을 위해 사용했던 것과 동일한 학습전략을 사용할 때 일어난다.
⑤ 원격 전이(Far Transfer) : 선행학습이 후행학습을 더 어렵게 만들 때 일어난다.

해설
② 특수 전이(Specific Transfer)
③ 축어적 전이(Literal Transfer)
④ 수평적 전이(Horizontal Transfer)
⑤ 부적 전이(Negative Transfer)

- **전이의 유형**

(1)	긍정적 전이 (Positive Transfer)	선행학습이 후속학습을 조장하거나 촉진하는 현상
	부정적 전이 (Negative Transfer)	선행학습이 후속학습을 방해하거나 억제하는 현상
	영 전이 (Zero Transfer)	선행학습이 후속학습에 아무런 영향을 미치지 못하는 현상
(2)	일반 전이 (General Transfer)	일반적인 원리나 개념을 이해하여 전이가 발생
	특수 전이 (Specific Transfer)	선행학습과 후속학습 간의 유사한 구체적인 요인에 의해 전이가 발생

(3)	수평적 전이 (Horizontal Transfer)	한 분야나 상황에서 학습한 것이 다른 분야나 상황에 적용·응용되는 경우
	수직적 전이 (Vertical Transfer)	기본적·단순한 지식의 학습이 고차원적·복잡한 지식의 학습에 적용되는 경우
(4)	축어적 전이 (Literal Transfer)	원래의 지식이나 기능이 새로운 과제에 적용되는 경우
	비유적 전이 (Figural Transfer)	특정 문제나 이슈에 대한 문제해결, 사고, 학습을 위하여 일반적인 지식의 몇 가지 측면들을 사용
(5)	근접 전이 (Near Transfer)	학습 시 맥락과 전이 시 맥락이 유사할 때 발생
	원격 전이 (Far Transfer)	학습 시 맥락과 전이 시 맥락이 상이할 때 발생, 학습한 개념이나 원리를 응용하여 다른 상황에 일반화하여 적용

011

다음 각 사례와 사회인지 학습이론의 개념을 바르게 연결한 것은?

ㄱ. 새로운 동작을 배우고 수행할 때 '고개를 왼쪽 2회, 오른쪽 1회, 뒤로 1회, 그리고 앞으로 2회'의 순서를 마음속으로 생각하면서 수행한다.
ㄴ. 3분 간격으로 '뚜~' 소리가 나는 알람을 켜놓고 온라인 수업 영상을 수강하며, 알람이 울릴 때마다 '나는 지금 선생님의 설명에 주의 집중하고 있나?' 스스로에게 물어본다.
ㄷ. 발표 불안을 극복하고자 자발적으로 발표에 참여하고 마친 경우 마일리지 노트에 스스로 부여한 점수를 기록해둔다.
ㄹ. 식탁에서는 유튜브 시청만을, 책상에서는 온라인 수업 영상 수강만을 하도록 스스로 조건화한다.

〈보기〉
a. 자기강화(Self-reinforcement)
b. 자기감독(Self-monitoring)
c. 자기부여 자극통제(Self-imposed Stimulus Control)
d. 자기지시(Self-instruction)

	ㄱ	ㄴ	ㄷ	ㄹ
①	a	b	c	d
②	a	b	d	c
③	b	d	c	a
④	d	b	a	c
⑤	d	b	c	a

해설

ㄱ - d. 자기지시
ㄴ - b. 자기감독
ㄷ - a. 자기강화
ㄹ - c. 자기부여 자극통제

- **자기지시**
  수립된 목표에 도달하기 위하여 자기 스스로 자신의 행동을 말하여 안내한다.
- **자기감독**
  자신의 행동을 되묻거나 기록하는 등 자기 스스로 관찰하고 점검한다.
- **자기강화**
  자기 스스로 강화제를 선정하고, 목표를 성취했을 때 자신에게 적용한다.
- **자기부여 자극통제**
  자기 스스로 단서를 부여하여 자극을 통제하는 것이다.

012

기억술(Mnemonics)과 그 사례의 연결이 옳은 것은?

① 운율법(Rhyming Method) : Gloom(어둠)은 구름이 끼어 어두움
② 두문자어법(Acronyms) : 수금지화목토천해 (태양으로부터의 순서대로 행성 이름 외우기)
③ 장소법(Loci Method) : 한번 구경 오십시오 (한라산 해발 1,950미터)
④ 연상법(Mental Imaging) : HOMES(5대호 : Huron, Ontario, Michigan, Erie, Superior)
⑤ 핵심단어법(Keyword Method) : 현관 - 사과, 거실 - 감자, 침실 - 배추 (익숙한 장면과 동선의 순서에 따라 단어 배치하기)

해설

① 핵심단어법
③ 연상법
④ 두문자어법
⑤ 장소법

• 기억술(Mnemonics)

두문자어법	기억해야 할 단어의 첫 글자를 골라서 간략하게 기억하는 방법이다.
핵심단어법	암기 대상에 소리나 이미지를 연결시켜 기억하는 방법이다.
연상법	암기 대상 간 상호작용적 이미지를 만들어서 기억하는 방법이다.
장소법	암기 대상을 일련의 물리적 장소나 사물에 연결시켜 기억하는 방법이다.

013

뉴런과 그 연결망에 관한 설명으로 옳지 않은 것은?

① 학습과정은 새로운 신경 연결을 형성하는 것과 관련 있다.
② 뉴런(Neuron)은 신경계 내의 전기 신호를 통해 정보를 처리하는 신경세포이다.
③ 시냅스(Synapse)는 과다분비된 신경전달물질을 없애 주는 청소부 역할을 한다.
④ 축색돌기(Axon)는 다른 뉴런으로 정보를 전달하는 역할을 한다.
⑤ 수상돌기(Dendrites)는 다른 뉴런으로부터 정보를 받아들이는 역할을 한다.

해설

인간의 뇌는 10%의 신경세포 '뉴런(Neuron)'과 90%의 비신경세포 '아교세포(Glia)'로 구성되어 있다.
아교세포(Glia)는 과다분비된 신경전달물질을 없애 주는 청소부 역할을 한다.

• **시냅스(Synapse)**
뉴런 상호 간 또는 뉴런과 다른 세포 간 접합 부위로, 신경 자극을 전달하는 역할을 한다.
영유아기에 시냅스의 수가 가장 크게 증가하며, 청소년기에 신경활동에 필요한 시냅스만 남기고 불필요한 부분은 제거되는 신경발달 과정 '시냅스 가지치기'가 발생한다.

014

시험실패에 대한 귀인과 와이너(B. Weiner)가 제시한 귀인의 세 가지 차원의 연결이 옳은 것을 모두 고른 것은?

ㄱ. '시험 보는 날 몸이 아파서' - 내부, 안정, 통제 가능
ㄴ. '적성에 맞지 않아서' - 내부, 안정, 통제 불가능
ㄷ. '시험 볼 때 기분이 좋지 않아서' - 내부, 불안정, 통제 불가능
ㄹ. '운이 나빠서' - 외부, 불안정, 통제 불가능

① ㄱ, ㄴ
② ㄴ, ㄷ
③ ㄷ, ㄹ
④ ㄱ, ㄴ, ㄷ
⑤ ㄴ, ㄷ, ㄹ

해설

ㄱ. '시험 보는 날 몸이 아파서' – 내부, 불안정, 통제 불가능

- 와이너(B. Weiner) – 귀인이론
  - 귀인의 차원 : 학업성취의 성공 또는 실패 요인을 무엇으로 보는지에 대한 것이다.
    (1) 소재 : 자신의 내부 또는 외부에 원인이 있다.
    (2) 안정성 : 시간이나 상황에 따라 변하지 않는다.
    (3) 통제가능성 : 자신의 의지로 변화시킬 수 있다.
  - 귀인의 모형

구분	내적		외적	
	안정	불안정	안정	불안정
통제 가능	장기적 노력	일시적 노력	교사의 편견	타인의 도움
통제 불가능	능력, 적성	기분, 건강	과제 난이도	운, 기회

해설

'간섭 이론'이 '쇠퇴 이론'에 비해서 망각의 원인을 더 잘 설명한다.
'쇠퇴(Decay)이론'은 단순히 시간의 경과에 따라 기억 흔적이 점차 사라지기 때문에 망각이 일어난다고 설명하며, 기억에 영향을 미치는 다양한 요인을 설명하는 데 한계가 있다.
'간섭(Interference)이론'은 순행간섭과 역행간섭의 개념을 제시하여, 학습 후에 일어나는 정보나 사상의 간섭으로 인하여 망각이 일어난다고 설명한다.

016

다음에 해당하는 행동수정의 개념은?

> 부적절한 행동을 한 학생으로 하여금 이전에 확보한 강화물의 일부를 반납하도록 했다.

① 정적 강화
② 반응 대가
③ 부적 강화
④ 소거
⑤ 수여성 벌

해설

위 사례에서 부적절한 행동을 한 학생에게 그 대가로 이미 주어진 강화물을 반납하도록 하고 있다. 이는 ② '반응 대가' 기법에 해당한다.

- 행동수정기법

정적 강화	바람직한 행동이 나타나면 유쾌한 자극을 제공하여 행동을 증가시키는 방법
부적 강화	바람직한 행동이 나타나면 불쾌한 자극을 제거하여 행동을 증가시키는 방법
수여성 벌	불쾌한 자극을 제공하여 특정 행동을 감소시키는 방법
소거	바람직하지 못한 행동에 강화를 제공하지 않아 반응의 강도 및 출현빈도를 감소시키는 방법
반응 대가	바람직하지 못한 행동에 대한 대가로서 이미 주어진 정적 강화를 상실하게 하는 방법

015

망각에 관한 설명으로 옳지 않은 것은?

① 쇠퇴(Decay)이론에 따르면, 기억 흔적이 점차 사라지기 때문에 망각이 일어난다.
② 간섭(Interference)이론에 따르면, 정보가 다른 정보와 섞이거나 다른 정보에 의해 대체되기 때문에 망각이 일어난다.
③ 쇠퇴 이론이 간섭 이론에 비해서 망각의 원인을 더 잘 설명한다.
④ 알파벳 'd'를 배우게 되면서, 앞서 배웠던 'b'를 혼동하는 것은 역행간섭의 예이다.
⑤ 개명한 친구의 새 이름이 기억나지 않고 예전 이름만 떠오르는 것은 순행간섭의 예이다.

017

기억에 관한 설명으로 옳지 않은 것은?

① 앳킨슨-쉬프린(Atkinson-Shiffrin)의 기억 모형은 감각등록기, 단기기억, 그리고 장기기억 간의 체계를 설명한다.
② 감각등록기(Sensory Register)는 외부로부터의 정보를 수용하며, 매우 짧은 기간 유지되는 기억체계의 요소이다.
③ 작업기억(Working Memory)은 정보를 조직하고 다른 정보들과 관련짓는 기억체계의 요소이다.
④ 의미기억(Semantic Memory)은 개인적 경험에 관한 심상을 처리하는 단기기억의 유형이다.
⑤ 절차기억(Procedural Memory)의 예로는 자전거 타기, 수영하기, 타이핑하기 등이 있다.

해설
- **장기기억(Long-term Memory)**
감각기억을 통해 투입된 정보가 단기기억(작업기억)의 과정을 거쳐 비교적 영속적으로 저장되는 기억의 과정이다. 장기기억에 저장되는 지식의 종류에는 서술적 지식·절차적 지식·조건적 지식이 있으며, 서술적 기억의 하부체계에는 의미기억과 일화기억이 있다.

의미기억 (Semantic Memory)	일반적인 지식·정보·사실에 대한 기억으로, '일화기억'보다 더 많은 연합을 가지고 있어 비교적 장기적으로 남아있다.
일화기억 (Episodic Memory)	특정 시간·장소에서 있었던 정보, 즉 개인의 일상적 경험에 대한 기억으로, '의미기억'보다 정보의 망각이 더 일어난다.

018

다음 실험의 설명에서 밑줄 친 부분과 고전적 조건형성의 개념을 옳게 짝지은 것은?

왓슨(J. Watson)은 쥐에 대한 공포가 없었던 어린 앨버트를 대상으로 공포에 대한 일련의 실험을 하였다. 실험에서 왓슨은 앨버트가 쥐에게 가까이 가려고 했을 때 앨버트의 뒤에서 망치로 강철을 때려서 ㉠ 크고 날카로운 소리가 나게 하였다. 그 큰 소리에 앨버트는 ㉡ 놀라서 넘어지고 말았다. 이러한 상황이 반복되자 앨버트는 ㉢ 쥐를 보면 ㉣ 소스라치게 놀라며 울기 시작했다.

① ㉠ - 조건 자극, ㉡ - 조건 반응
② ㉠ - 무조건 자극, ㉣ - 무조건 반응
③ ㉡ - 무조건 반응, ㉢ - 조건 자극
④ ㉡ - 조건 반응, ㉣ - 무조건 반응
⑤ ㉢ - 무조건 자극, ㉣ - 무조건 반응

해설
㉠ 크고 날카로운 소리 - 무조건 자극
㉡ 놀라서 넘어지고 - 무조건 반응
㉢ 쥐 - 조건 자극
㉣ 소스라치게 놀라며 울기 - 조건 반응

019

학습 연구자와 그 이론적 주장의 연결로 옳은 것은?

① 손다이크(E. Thorndike) - 행동의 결과가 자극과 반응 간 연결 강도에 영향을 준다.
② 톨만(E. Tolman) - 학습의 수준은 강화에 따라 변한다.
③ 에빙하우스(H. Ebbinghaus) - 어떤 관념은 선천적이어서 개인의 과거 경험에 의존하지 않는다.
④ 스키너(B. Skinner) - 정신적 경험은 학습에 포함된다.
⑤ 반두라(A. Bandura) - 관찰학습은 조작적 조건화와 같다.

> **해설**
> ② 톨만(E. Tolman) - 잠재적 학습
>   학습은 강화와 독립적으로 일어난다. 강화는 단지 학습한 것을 수행으로 나타나도록 하는 데 도움을 준다.
> ③ 에빙하우스(H. Ebbinghaus) - 망각곡선
>   시간경과에 따라 나타나는 일반적인 망각경향에 대한 것으로, 학습 직후에 망각이 가장 빨리 일어난다고 제시하였다.
> ④ 스키너(B. Skinner) - 조작적 조건화
>   행동의 변화를 학습으로 간주하며, 정신적 경험보다 외현적 행동을 강조하였다.
> ⑤ 반두라(A. Bandura) - 관찰학습
>   타인의 행동과 그 결과를 관찰하는 것만으로도 학습이 가능하다고 전제한다.

> **해설**
> '긍정적으로 생각하기'는 내면적, 정신적 부분에 대한 것이다. 행동주의에서 학습은 경험(연습과 훈련)의 결과로 발생하는 관찰 가능한 행동의 변화이다.
>
> • 행동주의 학습이론
>   인간은 주어진 환경(자극)에 수동적으로 반응하는 존재이며, 학습은 반복적으로 주어지는 자극에 대한 반응이 누적되어, 즉 자극과 반응 간의 연합으로 일어난다.

020

이차 강화물에 해당하는 것을 모두 고른 것은?

ㄱ. 돈   ㄴ. 상장   ㄷ. 토큰   ㄹ. 칭찬

① ㄱ, ㄴ
② ㄴ, ㄷ
③ ㄴ, ㄹ
④ ㄱ, ㄴ, ㄷ
⑤ ㄱ, ㄴ, ㄷ, ㄹ

> **해설**
> • 강화물(Reinforcer) 유형
>
> | | |
> |---|---|
> | 일차 강화물 | 인간의 생존이나 생물학적 기능에 기여하는 것으로, 무조건 강화 자극에 해당
예 물, 음식, 약물, 성적자극 등 |
> | 이차 강화물 | 원래는 중성자극이었으나 다른 강화물과 연합되어 강화의 속성을 가지게 된 자극
예 칭찬, 미소, 돈 등 |

021

행동주의적 관점에서 학습의 예가 아닌 것은?

① 수영하기
② 일과표 작성하기
③ 친구와 노래하기
④ 긍정적으로 생각하기
⑤ 읽은 글에 관해 설명하기

022

다음 중 언제 강화가 주어질지 내담자가 예측하기 어려운 강화계획을 모두 고른 것은?

ㄱ. 계속강화   ㄴ. 고정간격 강화계획
ㄷ. 고정비율 강화계획   ㄹ. 변동간격 강화계획
ㅁ. 변동비율 강화계획

① ㄴ, ㄷ
② ㄴ, ㄹ
③ ㄷ, ㅁ
④ ㄹ, ㅁ
⑤ ㄱ, ㄷ, ㅁ

> **해설**
> • 강화계획
>
> | | | | |
> |---|---|---|---|
> | 계속적 강화 | | | 반응의 시간이나 횟수에 관계없이 모든 반응에 대하여 강화
예 공부를 열심히 하는 학생에게 컴퓨터 게임을 허락하는 것 등 |
> | 간헐적 강화 | 간격 | 고정 | - 일정한 시간 간격에 따라 강화
- 지속성이 거의 없음
예 월급, 정기적 시험 등 |
> | | | 변동 | - 시간 간격은 일정하지 않으나, 정해진 시간 범위 내 강화
- 느리고 완만한 반응률
예 낚시 등 |

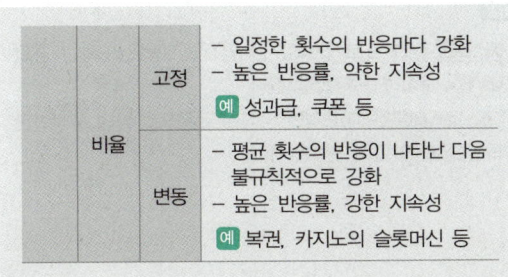

023

통찰학습에 관한 설명으로 옳지 않은 것은?

① 문제해결에서 정신적 숙고의 과정을 거친다.
② 미해결에서 해결 상태로의 이행이 갑작스럽다.
③ '전체는 부분의 합 이상'이라는 게슈탈트 심리학에 근거한다.
④ 학습자는 통찰을 통한 문제해결의 원리를 구조적으로 유사한 문제에 쉽게 적용할 수 있다.
⑤ 보상을 기대하기보다는 경험 그 자체를 추구한다.

> **해설**
> 경험 그 자체를 추구하기보다 경험적 사실을 숙고하여 인지적 재구성 과정을 통한 문제해결을 강조하였다.

024

뇌의 각 부위와 주요 기능에 관한 설명으로 옳지 않은 것은?

① 전두엽은 계획 세우기와 추론 등 고차원적 사고과정을 조절한다.
② 베르니케 영역은 언어의 의미를 이해하는 중요한 기능을 한다.
③ 측두엽은 청각정보의 해석과 기억에 중요한 역할을 한다.
④ 편도체는 공포 및 불안과 같은 정서 기억 형성에 중요한 역할을 하는 변연계의 한 부분이다.
⑤ 후두엽은 온도, 압력, 질감 등 체감각에 관한 정보를 주로 처리하는 부위이다.

> **해설**
> **두정엽**은 온도, 압력, 질감 등 체감각에 관한 정보를 주로 처리하는 부위이다.
>
> • 대뇌(Cerebrum) 구분 및 기능
>
> | | |
> |---|---|
> | 전두엽 | - 고차원적 사고과정 및 지적기능, 전 운동영역
- 브로카 영역(언어의 생산 기능)이 위치 |
> | 두정엽 | - 온도·통증 등 체감각 처리기능, 물체를 식별하는 역할 |
> | 측두엽 | - 청각 정보의 해석과 기억, 미각·후각의 인지
- 감정·정서 조절(변연계)하는 '편도체'가 위치
- 베르니케 영역(언어의 의미 이해)이 위치 |
> | 후두엽 | - 시각 정보의 분석과 통합 |

025

다음 중 프리맥의 원리에 관한 설명으로 옳은 것을 모두 고른 것은?

> ㄱ. 좋아하는 활동을 덜 좋아하는 활동의 강화인으로 활용한다.
> ㄴ. 활동에 대한 선호가 바뀐다면 강화인도 바뀐다.
> ㄷ. 부적 강화물을 정적 강화물에 앞서 제시한다.
> ㄹ. 낮은 빈도를 나타내는 활동이 높은 빈도를 나타내는 활동 다음에 오면, 낮은 빈도를 보였던 활동의 빈도가 증가한다.

① ㄱ, ㄴ
② ㄴ, ㄷ
③ ㄱ, ㄴ, ㄷ
④ ㄱ, ㄴ, ㄹ
⑤ ㄴ, ㄷ, ㄹ

> **해설**
> • 행동수정기법 – 프리맥의 원리
> - 덜 선호하는 행동을 강화하기 위하여 선호하는 행동을 관련시키는 방법이다.
> - 선호하는 행동은 덜 선호하는 행동을 강화하기 위한 정적 강화물(Reinforcer)로 작용한다.
> - 높은 빈도의 행동이 낮은 빈도의 행동에 대한 효과적인 강화물로 작용하기 위해서는 낮은 빈도의 행동이 먼저 일어나야 한다.

선택 | 제2과목 **청소년이해론**

026
알포트(G. Allport)의 특질이론에서 개인의 모든 행동 및 사고양식에 영향을 미치는 지배적인 특질은?

① 주특질
② 중심특질
③ 이차적 특질
④ 부차적 특질
⑤ 소특질

해설

- 알포트(G. Allport) – 특질이론
  - 특정한 자극이 가해졌을 때 같거나 유사한 방식으로 반응하는 경향을 '특질(Trait)'이라 정의하였다.
  - 특질의 유형
    (1) 공통특질 : 동일 문화권에 속한 일원들이 공유하고 있는 성향이다.
    (2) 개인특질 : 개인의 독특한 성향을 나타내는 개인적인 성격 특성이다.

주특질	개인의 전반적인 생활에 있어서 사고와 행동을 지배하는 기본 특질
중심 특질	개인의 행동을 기술하는 5~10가지의 두드러진 특질로, 주특질보다 영향력은 약하지만 상당히 일반화된 특질
이차적 특질	주특질과 중심 특질보다 덜 일관적이며 덜 두드러지는 특질로, 개인에게 가장 적게 영향을 주는 특질

027
청소년기 신체발달에 관한 설명으로 옳지 않은 것은?

① 성장호르몬과 성호르몬의 분비가 활발해진다.
② 남자 청소년은 에스트로겐보다 안드로겐이 더 많이 분비된다.
③ 에스트로겐은 여자 청소년의 유방발달에 영향을 미친다.
④ 성장급등 현상이 나타난다.
⑤ 테스토스테론은 임신이 가능하도록 자궁의 내벽을 준비하는 역할을 한다.

해설

에스트로겐과 프로게스테론은 임신이 가능하도록 자궁의 내벽을 준비하는 역할을 한다.
'테스토스테론'은 대표적인 남성 호르몬으로 남성 생식기관의 성장과 발달에 관여한다.

028
인지발달적 관점에서 도덕성 발달을 설명한 학자는?

① 프로이드(S. Freud)
② 피아제(J. Piaget)
③ 반두라(A. Bandura)
④ 로저스(C. Rogers)
⑤ 에릭슨(E. Erikson)

해설

- 피아제(J. Piaget) – 도덕성 발달 이론

(1) 전도덕기 (5세 이전)	규칙에 대한 관심이나 이해가 없다.
(2) 타율적 도덕성 (5~10세)	규칙이 고정적이며 불변하는 것이라고 생각한다.
(3) 자율적 도덕성 (10세 이상)	규칙이 절대적인 것이 아니며 상황에 따라 변경될 수 있다고 생각한다.

029
청소년기에 나타나는 사고의 특징으로 옳지 않은 것은?

① 추상적 사고
② 가설 연역적 사고
③ 사고과정에 대한 사고
④ 물활론적 사고
⑤ 이상주의적 사고

해설

'물활론적 사고'는 생명이 없는 대상에게 생명과 감정을 부여하는 사고방식으로, 피아제의 인지발달단계 중 전조작기(2~7세)에 획득한다.

030

마르샤(J. Marcia)의 자아정체감 이론에 관한 내용이다. 다음이 설명하는 것은?

- 자아정체감과 관련된 위기를 경험하였으나, 다양한 대안과 선택을 신중하게 고려해 자아정체감을 확립한 상태이다.
- 자신의 신념, 직업, 정치적 견해 등에 대해 스스로 의사결정을 할 수 있다.

① 정체감 유실
② 정체감 유예
③ 정체감 성취
④ 정체감 혼미
⑤ 정체감 탐색

해설

• 마르샤(J. Marcia) - 자아정체감 유형

(1) 정체감 혼미 (위기×, 전념×)	자신에 대해 탐색하거나 이해하려고 하지 않고, 어떠한 전념도 없는 상태
(2) 정체감 유실 (위기×, 전념○)	다른 사람의 가치를 채택하여 정체성을 형성하고, 이를 위해 전념하는 상태
(3) 정체감 유예 (위기○, 전념×)	자신에 대해 탐색하거나 이해하려고 노력하지만, 아직 전념하는 일이나 가치가 없는 상태
(4) 정체감 성취 (위기○, 전념○)	여러 위기를 겪으면서 정체성을 확립하고, 신념을 가진 일이나 가치에 전념하고 있는 상태

031

설리번(H. Sullivan)의 이론에 관한 설명으로 옳은 것을 모두 고른 것은?

ㄱ. 대인관계의 형태와 욕구의 변화에 따라 인간발달 단계를 6단계로 구분하였다.
ㄴ. 아동기에는 안정감의 욕구가 강하게 나타난다.
ㄷ. 청소년 초기에는 이성에 대한 관심이 증가하며, 이성과 친밀한 관계를 형성하려는 욕구가 생긴다.
ㄹ. 소년·소녀기에는 단짝친구 관계를 형성하려는 욕구가 나타난다.

① ㄱ, ㄷ
② ㄴ, ㄹ
③ ㄱ, ㄴ, ㄷ
④ ㄴ, ㄷ, ㄹ
⑤ ㄱ, ㄴ, ㄷ, ㄹ

해설

ㄴ. 1단계 <u>유아기</u>에는 안정감의 욕구가 강하게 나타난다.
ㄹ. 4단계 <u>전청소년기</u>에는 단짝친구 관계를 형성하려는 욕구가 나타난다.

• 설리번(H. S. Sullivan) - 대인관계 발달단계

(1) 유아기 (출생~2세)	양육자로부터 안정감을 느끼려는 욕구
(2) 아동기 (3~6세)	부모로부터 관심을 얻으려는 욕구
(3) 소년기 (7~10세)	또래관계를 형성하고자 하는 욕구
(4) 전청소년기 (11~12세)	단짝 친구로 표현되는 애정 욕구
(5) 청소년 초기 (13~16세)	대인 간 친밀감을 유지하려는 욕구
(6) 청소년 후기 (17~20세)	이성관계를 추구하려는 욕구

032

진로이론에 관한 학자와 그 내용의 연결이 옳은 것은?

A. 레빈(K. Lewin)
B. 긴즈버그(E. Ginzberg)
C. 수퍼(D. Super)

ㄱ. 생애 초기 부모와의 관계에서 형성된 직업욕구가 직업선택에 영향을 미친다.
ㄴ. 직업선택의 과정을 환상기, 잠정기, 현실기의 3단계로 구분하였다.
ㄷ. 개인의 흥미와 직업의 책무성을 고려하여 새로운 직업분류체계를 개발하였다.

① A - ㄱ
② A - ㄷ
③ B - ㄴ
④ B - ㄷ
⑤ C - ㄱ

해설

ㄱ, ㄷ은 로(A. Roe)의 '욕구이론'에 관한 설명이다.

- 긴즈버그(E. Ginzberg) - 진로발달이론
  - 직업 선택은 일련의 결정들이 계속적으로 이루어지는 과정으로, 나중 결정은 이전 결정의 영향을 받는다.
  - 직업 선택은 가치관, 정서적 요인, 교육 및 환경의 영향 등의 상호작용으로 결정된다.
  - 직업 선택 과정은 바람과 가능성 간의 타협이다.
  - 직업 발달 단계를 '환상기-잠정기-현실기'의 3단계로 구분하여 제시한다.

033

청소년기에 관한 설명으로 옳지 않은 것은?

① 아동에서 성인으로 이행하는 과도기적인 단계이다.
② 청소년과 관련된 연령은 법령에 따라 다르다.
③ 최근 사회변화에 따라 청소년기가 연장되는 추세에 있다.
④ 청소년기는 사춘기의 시작과 함께 시작한다.
⑤ 성적 성숙이 이루어지지 않아 생식능력이 없다.

해설

청소년기에는 2차 성징이 이루어지면서 생식기관의 성숙이 나타난다.

034

청소년기 학업에 관한 설명으로 옳지 않은 것은?

① 학업스트레스가 높게 나타나는 경향이 있다.
② 과도한 시험불안은 청소년의 학업수행에 부정적인 영향을 미친다.
③ 학습장애는 읽기, 쓰기, 셈하기 등의 기초학습 영역에서 문제를 보이는 경우를 말한다.
④ 학업능력에 큰 영향을 미치는 요인은 부모의 경제적 지위이다.
⑤ 학업 성취가 낮은 청소년은 그 원인을 내부 요인보다 외부 요인으로 돌리는 경향이 있다.

해설

청소년기 학업능력에 영향을 미치는 요인에는 지능, 동기 등의 개인 내적 요인과 부모의 경제적 지위·교육수준·관심 등의 가정환경 같은 외적 요인이 있다.

035

청소년기 또래관계에 관한 설명으로 옳지 않은 것은?

① 부모와 가족으로부터 자율성을 추구한다.
② 또래관계는 자아정체감 형성의 기회를 제공한다.
③ 아동기보다 친구들과 많은 시간을 보낸다.
④ 이성에 대한 관심과 흥미가 낮은 편이다.
⑤ 아동기보다 또래집단에 대한 동조성이 높게 나타난다.

해설

청소년기에는 동성 또래보다 이성에 대한 관심과 흥미가 높은 편이다.

036

길리건(C. Gilligan)의 도덕성 발달이론에 관한 설명으로 옳은 것을 모두 고른 것은?

ㄱ. 도덕성에서 원초아의 발달을 중요시한다.
ㄴ. 타율적 도덕성 단계에서는 규칙이 절대적이고 불변의 것이라고 이해한다.
ㄷ. 여성의 도덕성을 배려의 도덕성, 남성의 도덕성을 정의의 도덕성이라고 본다.
ㄹ. 남성과 여성은 사회화 과정의 차이로 인해 도덕적 문제에 서로 다른 관점으로 접근한다.

① ㄱ, ㄴ
② ㄷ, ㄹ
③ ㄱ, ㄴ, ㄷ
④ ㄴ, ㄷ, ㄹ
⑤ ㄱ, ㄴ, ㄷ, ㄹ

해설
ㄱ. 프로이트(S. Freud)의 '정신분석이론'에 관한 설명으로, 도덕성에서 초자아의 발달을 중요시한다.
ㄴ. 피아제(J. Piaget)의 '도덕성 발달 이론'에 관한 설명이다.

해설

• 바움린드(D. Baumrind) - 자녀양육 유형

유형	설명
권위형 (민주형)	- 높은 수준의 애정과 통제를 보이는 양육 형태 - 자녀는 자존감과 독립심이 높고, 사회성과 대인관계가 원활함
허용형 (익애형)	- 높은 수준의 애정을 보이지만, 낮은 수준의 통제를 보이는 양육 형태 - 자녀는 의존심이 강하며, 통제력과 끈기가 부족함
독재형 (전제형, 권위주의적)	- 높은 수준의 통제를 보이지만, 낮은 수준의 애정을 보이는 양육 형태 - 자녀는 자아존중감이 낮고, 다른 사람에게 복종 또는 공격성을 보임
방임형 (거부적)	- 낮은 수준의 애정·관심을 보이고, 부모의 역할·책임 시행에 어려움을 겪는 양육 형태 - 자녀는 충동 억제·조절을 힘들어 하며, 타인에게 적대감·불신감 등을 느낌

037

바움린드(D. Baumrind)의 자녀양육 유형 중 애정과 통제가 모두 높은 것은?

① 허용적 유형
② 권위적 유형
③ 독재적 유형
④ 거부적 유형
⑤ 방임적 유형

038

청소년복지 지원법상 다음이 설명하는 것은?

학습·정서·행동상의 장애를 가진 청소년을 대상으로 정상적인 성장과 생활을 할 수 있도록 해당 청소년에게 적합한 치료·교육 및 재활을 종합적으로 지원하는 거주형 시설

① 청소년쉼터
② 청소년자립지원관
③ 청소년치료재활센터
④ 청소년회복지원시설
⑤ 청소년상담복지센터

해설

〈청소년복지 지원법〉

제31조(청소년복지시설의 종류)
1. 청소년쉼터 : 가정 밖 청소년에 대하여 가정·학교·사회로 복귀하여 생활할 수 있도록 일정 기간 보호하면서 상담·주거·학업·자립 등을 지원하는 시설
2. 청소년자립지원관 : 일정 기간 청소년쉼터 또는 청소년회복지원시설의 지원을 받았는데도 가정·학교·사회로 복귀하여 생활할 수 없는 청소년에게 자립하여 생활할 수 있는 능력과 여건을 갖추도록 지원하는 시설
3. **청소년치료재활센터** : 학습·정서·행동상의 장애를 가진 청소년을 대상으로 정상적인 성장과 생활을 할 수 있도록 해당 청소년에게 적합한 치료·교육 및 재활을 종합적으로 지원하는 거주형 시설
4. 청소년회복지원시설 : 「소년법」 제32조 제1항 제1호에 따른 감호 위탁 처분을 받은 청소년에 대하여 보호자를 대신하여 그 청소년을 보호할 수 있는 자가 상담·주거·학업·자립 등 서비스를 제공하는 시설

040
청소년복지 지원법령상 지역사회 청소년통합지원체계에 반드시 포함되어야 할 필수연계 기관을 모두 고른 것은?

ㄱ. 학교
ㄴ. 청소년단체
ㄷ. 지방자치단체
ㄹ. 지방노동고용청

① ㄱ, ㄴ
② ㄱ, ㄴ, ㄷ
③ ㄱ, ㄷ, ㄹ
④ ㄴ, ㄷ, ㄹ
⑤ ㄱ, ㄴ, ㄷ, ㄹ

해설

〈청소년복지 지원법 시행령〉

제4조(지역사회 청소년통합지원체계 구성 등) 제1항
1. 청소년상담복지센터 및 청소년복지시설
2. 청소년 지원시설
3. 청소년단체
4. 지방자치단체
5. 특별시·광역시·특별자치시·도 및 특별자치도 교육청 및 교육지원청
6. 학교
7. 시·도경찰청 및 경찰서
8. 공공보건의료기관
9. 보건소(보건의료원을 포함한다.)
10. 청소년 비행예방센터
11. 지방고용노동청 및 지청
12. 학교 밖 청소년 지원센터
13. 보호관찰소(보호관찰지소를 포함한다.)

039
학교폭력예방 및 대책에 관한 법률상 피해학생의 보호 내용을 모두 고른 것은?

ㄱ. 일시보호
ㄴ. 학급교체
ㄷ. 치료 및 치료를 위한 요양
ㄹ. 학내외 전문가에 의한 심리상담 및 조언

① ㄱ, ㄷ
② ㄴ, ㄹ
③ ㄱ, ㄴ, ㄷ
④ ㄴ, ㄷ, ㄹ
⑤ ㄱ, ㄴ, ㄷ, ㄹ

해설

〈학교폭력예방 및 대책에 관한 법률〉

제16조(피해학생의 보호) 제1항
1. 학내외 전문가에 의한 심리상담 및 조언
2. 일시보호
3. 치료 및 치료를 위한 요양
4. 학급교체
5. 삭제〈2012. 3. 21.〉
6. 그 밖에 피해학생의 보호를 위하여 필요한 조치

041

청소년복지 지원법령상 위기청소년 특별지원에 관한 내용으로 옳은 것을 모두 고른 것은?

ㄱ. 위기청소년의 지원에 반드시 필요하다고 인정되는 경우에는 금전의 형태로 제공할 수 있다.
ㄴ. 지원 기간은 3년 이내로 하되, 필요한 경우 그 기간을 연장할 수 있다.
ㄷ. 위기청소년 특별지원 여부를 결정하였을 때에는 그 내용을 청소년 본인, 보호자 및 신청인에게 서면으로 통보하여야 한다.
ㄹ. 청소년 보호자는 위기청소년을 특별지원 대상 청소년으로 선정하여 줄 것을 신청할 때 청소년의 동의를 받지 않아도 된다.

① ㄱ, ㄷ
② ㄴ, ㄹ
③ ㄱ, ㄴ, ㄷ
④ ㄴ, ㄷ, ㄹ
⑤ ㄱ, ㄴ, ㄷ, ㄹ

해설

〈청소년복지 지원법〉

제14조(위기청소년 특별지원)
② 특별지원은 생활지원, 학업지원, 의료지원, 직업훈련지원, 청소년활동지원 등 대통령령으로 정하는 내용에 따라 물품 또는 서비스의 형태로 제공한다. 다만, **위기청소년의 지원에 반드시 필요하다고 인정되는 경우에는 금전의 형태로 제공할 수 있다.**

제15조(특별지원의 신청 및 선정)
① 다음 각 호의 어느 하나에 해당하는 사람은 위기청소년을 특별지원 대상 청소년으로 선정하여 줄 것을 특별자치시장·특별자치도지사 또는 시장·군수·구청장에게 신청할 수 있다. **이 경우 제1호 중 보호자 및 제2호부터 제5호까지의 사람은 해당 청소년의 동의를 받아야 한다.**
1. 청소년 본인 또는 그 보호자
2. 청소년지도자
3. 교원
4. 사회복지사
5. 지방자치단체에서 청소년 업무를 담당하는 공무원

〈청소년복지 지원법 시행령〉

제7조(위기청소년 특별지원 내용 등)
③ 제1항에 따른 지원은 그 **지원기간을 1년 이내로 하되, 필요한 경우 1년의 범위에서 한 번 연장할 수 있다.** 다만, 제1항 제3호(학교의 입학금 및 수업료, 검정고시의 준비 등 교육 비용) 및 제4호(취업을 위한 훈련비)에 따른 지원은 두 번까지 연장할 수 있다.

제10조(특별지원 내용 등 통보)
특별자치시장·특별자치도지사 또는 시장·군수·구청장이 **위기청소년에 대하여 특별지원 여부를 결정하였을 때에는 그 결정의 요지**(특별지원을 하기로 결정한 경우에는 지원 내용·금액 및 기간을 포함한다)**를 청소년 본인, 보호자 및 신청인에게 서면으로 통보하여야 한다.**

042

다음이 설명하는 문화이론은?

- 사회평등을 지향한다.
- 사회의 본질을 갈등의 관점에서 본다.
- 인간은 자신의 욕망과 이익을 추구하는 존재라고 가정한다.

① 상대론
② 체계론
③ 진화론
④ 갈등론
⑤ 구조 기능론

해설

• **갈등론**
희소가치를 둘러싼 집단 간 대립과 갈등은 필연적이며, 사회 변동의 원동력이다. 사회·문화 현상에서 나타나는 갈등 관계를 당연한 것으로 본다.

043
다음이 설명하는 문화변동은?

> 비물질문화가 물질문화를 따라가는 속도가 느려 시간이 경과함에 따라 두 문화요소 간의 간격이 점점 더 벌어지는 현상

① 문화지체
② 문화이식
③ 문화결핍
④ 문화전계
⑤ 문화접변

해설

- 문화 변동

문화지체	비물질문화가 물질문화를 따라가는 속도가 느려 시간이 경과함에 따라 두 문화 요소 간의 간격이 점점 더 벌어지는 현상
문화이식	특정 지역·집단의 문화가 다른 지역·집단에 전파되어 현지화되는 현상
문화결핍	문화적인 요소나 환경이 부족하거나 박탈된 상태
문화전계	문화 지도나 학습으로 세대 간 문화가 전달·전수되고 내면화하는 현상
문화접변	서로 다른 두 문화체계의 접촉 및 상호작용으로 인하여 문화요소가 전파되어 원래의 문화 형태에서 변화를 일으키는 현상

044
청소년 보호법상 청소년 출입·고용금지업소에 해당하지 않는 것은?

① 「게임산업진흥에 관한 법률」에 따른 일반게임제공업
② 「사행행위 등 규제 및 처벌 특례법」에 따른 사행행위영업
③ 「체육시설의 설치·이용에 관한 법률」에 따른 무도학원업
④ 「한국마사회법」에 따른 장외발매소
⑤ 「게임산업진흥에 관한 법률」에 따른 인터넷컴퓨터게임시설제공업

해설

〈청소년 보호법〉

제2조(정의) 제5호
가. 청소년 출입·고용금지업소
1) **일반게임제공업** 및 복합유통게임제공업
2) **사행행위영업**
3) 식품접객업
4) 비디오물감상실업·제한관람가비디오물소극장업 및 복합영상물제공업
5) 노래연습장업
6) **무도학원업** 및 무도장업
7) 전기통신설비를 갖추고 불특정한 사람들 사이의 음성대화 또는 화상대화를 매개하는 것을 주된 목적으로 하는 영업. 다만, … 통신을 매개하는 영업은 제외한다.
8) 불특정한 사람 사이의 신체적인 접촉 또는 은밀한 부분의 노출 등 성적 행위가 이루어지거나 이와 유사한 행위가 이루어질 우려가 있는 서비스를 제공하는 영업 …
9) 청소년유해매체물 및 청소년유해약물 등을 제작·생산·유통하는 영업 등 …
10) **장외발매소**
11) 장외매장

045
학교부적응 요인에 해당하지 않는 것은?

① 낮은 학업성취도
② 부모와의 안정적 애착
③ 입시위주의 교육
④ 경쟁지향적인 학교 운영
⑤ 또래관계에서의 소외감

해설

'부모와의 안정적 애착' 관계 형성은 학교생활 및 또래관계에 긍정적인 영향을 미칠 수 있다.

- 학교부적응 요인

개인적 요인	신체적·인지적·정신적 문제, 사회화 문제 등
가정적 요인	빈곤·결손가정, 위기가정, 부모의 애정·관심 결핍, 부모의 부적절한 양육태도 등
학교적 요인	획일적인 교육과정, 경쟁지향적 학교운영, 또래집단 간 관계, 교사와의 관계 등
사회적 요인	가치관의 변화, 지역사회 유해환경, 대중매체·인터넷 중독, 비교육적 환경 등

046

청소년비행을 설명하는 다양한 이론이 있다. 아노미 이론과 관련된 학자는?

① 밀러(W. Miller)
② 서덜랜드(E. Sutherland)
③ 코헨(A. Cohen)
④ 허쉬(T. Hirschi)
⑤ 뒤르켐(E. Durkheim)

해설

'아노미이론'은 뒤르켐(E. Durkheim)에 의하여 최초로 주장된 이론으로, 이후 머튼(R. Merton)이 주장한 긴장이론(Strain Theory)의 뿌리이다.
뒤르켐(E. Durkheim)에 따르면 아노미는 한 사회 내 한 가지 이상의 서로 다른 가치관이 공존하는 현상으로, 이때 개인들은 어떤 가치관을 따라야 하는지 혼란을 경험하게 된다. 따라서 그 사회에서 지배적인 가치·규범에서 벗어난 행동인 일탈행위를 할 가능성이 높아진다고 본다.

047

다음이 설명하는 청소년 참여기구는?

- 청소년 기본법에 규정되어 매년 개최한다.
- 청소년 분야의 전문가와 청소년이 참여한다.
- 범정부적 차원의 청소년정책과제를 설정·추진 및 점검한다.

① 청소년의회
② 청소년특별회의
③ 청소년참여위원회
④ 청소년운영위원회
⑤ 청소년보호위원회

해설

청소년특별회의, 청소년참여위원회, 청소년운영위원회를 통틀어 '청소년 참여기구'라고 칭한다.

〈청소년 기본법〉

제5조의2(청소년의 자치권 확대)
④ 국가 및 지방자치단체는 청소년 관련 정책의 수립과 시행과정에 청소년의 의견을 수렴하고 참여를 촉진하기 위하여 청소년으로 구성되는 청소년참여위원회를 운영하여야 한다.

제12조(청소년특별회의의 개최)
① 국가는 **범정부적 차원의 청소년정책과제의 설정·추진 및 점검**을 위하여 **청소년 분야의 전문가와 청소년이 참여**하는 청소년특별회의를 **해마다 개최**하여야 한다.

〈청소년활동 진흥법〉

제4조(청소년운영위원회)
① 제10조 제1호의 청소년수련시설(이하 "수련시설"이라 한다)을 설치·운영하는 개인·법인·단체 및 제16조 제3항에 따른 위탁운영단체(이하 "수련시설운영단체"라 한다)는 청소년활동을 활성화하고 청소년의 참여를 보장하기 위하여 청소년으로 구성되는 청소년운영위원회를 운영하여야 한다.

048

다음이 설명하는 여성가족부의 청소년정책 사업은?

- 참여대상은 초등학교 4학년~중학교 3학년이다.
- 종합적인 교육·복지·보호 서비스를 제공한다.
- 취약계층 청소년의 학습 및 체험활동 기회의 불균형을 완화하고, 가정의 사교육비 및 양육부담 경감에 기여하고 있다.

① 드림스타트
② 청소년동반자
③ 청소년방과후아카데미
④ 청소년 우대 사업
⑤ 지역아동센터

해설
- 청소년방과후아카데미
  여성가족부와 지방자치단체에서 공적 서비스를 담당하는 청소년 수련시설(청소년수련관, 청소년문화의 집 등)을 기반으로 방과후 돌봄이 필요한 청소년(초등 4학년~중등 3학년)의 자립역량을 개발하고 건강한 성장을 지원하고자 방과후 학습지원, 전문체험 활동, 학습 프로그램, 생활지원 등 종합서비스를 제공하는 국가정책지원 사업이다.

049

인터넷 중독에 영향을 주는 사회·환경적 요인을 모두 고른 것은?

| ㄱ. 익명성 | ㄴ. 인터넷 접근가능성 |
| ㄷ. 자아존중감 | ㄹ. 가상적인 상호작용성 |

① ㄱ, ㄴ
② ㄷ, ㄹ
③ ㄱ, ㄴ, ㄹ
④ ㄴ, ㄷ, ㄹ
⑤ ㄱ, ㄴ, ㄷ, ㄹ

해설
'자아존중감'은 개인적 요인에 해당한다.
인터넷 중독자는 비중독자보다 낮은 자아존중감을 가지고 있는 경향이 있다.

050

다음이 설명하는 용어는?

- 탭스콧(D. Tapscott)이 제시했다.
- 인터넷을 일상생활의 동반자처럼 활용하는 세대를 지칭한다.

① X세대
② N세대
③ M세대
④ P세대
⑤ G세대

해설

X세대	캐나다 작가인 쿠플랜드(D. Coupland)의 소설에서 처음 사용된 용어로, 다양한 대중매체의 발달로 기존 세대와 다른 독특한 대중문화 취향과 특성을 가진 신세대를 지칭하는 말이다.
N세대	탭스콧(D. Tapscott)이 제시한 용어로, 인터넷으로 대표되는 '네트워크 세대'라는 의미를 지니며 컴퓨터에 익숙한 세대를 가리키는 말이다.
M세대	1980년대 이후 출생한 밀레니엄(Millenium) 세대 또는 휴대전화로 인터넷을 사용하는 모바일(Mobile) 세대를 지칭한다.
P세대	사회 전반에 걸친 적극적인 참여(Participation) 속에서 열정(Passion)과 힘(Potential Power)을 바탕으로 사회 패러다임의 변화(Paradigm-shifter)를 일으키는 세대를 가리킨다.
G세대	G는 푸른색의 'Green'과 세계화의 'Global'을 의미하는 것으로, 1988년 서울올림픽을 전후한 시기에 태어나 글로벌 마인드를 갖추고 자라난 세대를 지칭한다.

선택 | 제3과목 청소년수련활동론

051
청소년 기본법상 청소년활동의 정의이다. ( )에 들어갈 내용으로 옳은 것은?

> 청소년의 (ㄱ) 성장을 위하여 필요한 활동과 이러한 활동을 소재로 하는 (ㄴ)·교류활동·문화활동 등 다양한 형태의 활동을 말한다.

① ㄱ : 창의적인, ㄴ : 수련활동
② ㄱ : 균형있는, ㄴ : 봉사활동
③ ㄱ : 창의적인, ㄴ : 봉사활동
④ ㄱ : 균형있는, ㄴ : 수련활동
⑤ ㄱ : 전인적인, ㄴ : 봉사활동

해설

〈청소년 기본법〉
제3조(정의)
3. "청소년활동"이란 청소년의 **균형 있는** 성장을 위하여 필요한 활동과 이러한 활동을 소재로 하는 **수련활동**·교류활동·문화활동 등 다양한 형태의 활동을 말한다.

052
청소년 프로그램개발 패러다임 중 구성주의에 관한 설명으로 옳지 않은 것은?

① 목표에 의해 내용이 결정되는 특성이 강하다.
② 해석적 성격을 가진다.
③ 청소년 지도의 과정을 청소년지도자와 청소년이 함께 의미를 창출하는 상호작용으로 규정한다.
④ 다양한 교육적 경험을 통한 지속적·반성적 숙고과정을 거친다.
⑤ 전문가가 아닌 참여자 중심의 프로그램 개발을 강조한다.

해설

① '실증주의 패러다임'에 관한 설명이다.

• 청소년 프로그램개발 패러다임

(1) 실증주의 (경험적-분석적 패러다임)	- 도구적·공학적 성격 - 목표에 의해 내용이 결정되는 특성 - 청소년은 선행지식과 경험이 없는 빈 그릇 상태로 간주됨 - 청소년지도사는 청소년에게 교육내용을 효과적으로 전달하는 사람으로 간주됨
(2) 구성주의 (실제적-해석적 패러다임)	- 듀이(J. Dewey)의 실용주의 입장과 해석학적 인식론이 혼합된 패러다임 - 전문가가 아닌 참여자 중심의 프로그램 개발 - 청소년지도 과정은 청소년지도사와 청소년이 함께 의미를 창출하는 상호작용 - 다양한 교육적 경험을 통한 지속적·반성적 숙고 과정
(3) 비판주의 (비판적-해방적 패러다임)	- 교육을 의식화 과정으로 간주하고, 억압으로부터의 해방을 목적으로 함 - 프로그램은 청소년의 반성과 행위의 상호작용으로 설명되는 비판적 실천행위 - 청소년지도 과정은 청소년지도사와 청소년 간 대화와 타협을 통해 이루어짐 - 청소년 스스로 학습경험에 대한 통제력과 폭넓은 기회를 가지게 됨

053
'조하리의 창문'에서 자신의 느낌, 생각, 행동 등이 타인에게는 알려져 있으나 자신은 알지 못하는 영역은?

① 개방영역
② 맹인영역
③ 은폐영역
④ 미지영역
⑤ 성찰영역

해설

• 조하리의 창(Johari's Window)
심리학자 조셉(Joseph Luft)과 해리(Harry Ingham)가 고안해낸 것으로 자신과 다른 사람의 두 가지 관점을 통해 네 유형으로 구분된 자아를 파악하는 자기인식 또는 자기이해 모형이다.

구분	내가 아는 영역	내가 모르는 영역
타인이 아는 영역	개방영역 (Open Area)	맹인영역 (Blind Area)
타인이 모르는 영역	은폐영역 (Hidden Area)	미지영역 (Unknown Area)

(1) 개방영역(공개된 자아) : 자기 자신과 다른 사람이 공통으로 알고 있는 나
(2) 은폐영역(숨겨진 자아) : 자기 자신만 알고 있고 다른 사람은 모르는 나
(3) 맹인영역(눈먼 자아) : 자기 자신은 모르지만 다른 사람이 알고 있는 나
(4) 미지영역(아무도 모르는 자아) : 자기 자신과 다른 사람 모두가 모르는 나

054

청소년 프로그램 개발 및 운영 과정의 순서로 옳은 것은?

> ㄱ. 무엇을 할 것인가에 초점을 두는 단계
> ㄴ. 가설과 가정에 대한 검증이 이루어지는 단계
> ㄷ. 어떻게 할 것인가에 초점을 두는 단계
> ㄹ. 프로그램 개발의 결과를 알고 의미를 부여하는 단계

① ㄱ - ㄴ - ㄹ - ㄷ
② ㄱ - ㄷ - ㄴ - ㄹ
③ ㄴ - ㄷ - ㄹ - ㄱ
④ ㄷ - ㄱ - ㄴ - ㄹ
⑤ ㄷ - ㄴ - ㄱ - ㄹ

해설
청소년 프로그램 개발 및 운영 과정의 순서는 다음과 같다.
ㄱ. 무엇을 할 것인가에 초점을 두는 단계 → ㄷ. 어떻게 할 것인가에 초점을 두는 단계 → ㄴ. 가설과 가정에 대한 검증이 이루어지는 단계 → ㄹ. 프로그램 개발의 결과를 알고 의미를 부여하는 단계

055

칙센트미하이(M. Csikszentmihalyi)의 몰입경험 이론에서 자신의 수행능력 수준에 미치지 못하는 활동 과제를 수행할 때 경험하는 것은?

① 불안
② 걱정
③ 몰입
④ 각성
⑤ 지루함

해설
- 칙센트미하이(M. Csikszentmihalyi) - 몰입이론(Flow Theory)
몰입(Flow)이란 어떤 행위에 깊게 심취하여 시간의 흐름, 공간의 지각, 자기 자신에 대한 생각까지도 일시적으로 잊게 되는 심리적 상태로, 자신의 역량과 주어진 과제의 수준이 모두 높을 때 발생한다.
능력이 높은 반면 과제난이도가 낮은 경우 '지루함(Boredom)'을, 능력이 낮은 반면 과제난이도가 높은 경우 '불안(Anxiety)'을, 능력이 낮은 동시에 과제난이도가 낮은 경우 '무관심(Apathy)'을 보인다.

056

과제지향적 리더십의 특성에 해당하는 것을 모두 고른 것은?

> ㄱ. 목표 지향   ㄴ. 사회정서 지향
> ㄷ. 생산중심 지향   ㄹ. 과제 지향

① ㄱ, ㄹ
② ㄴ, ㄷ
③ ㄱ, ㄴ, ㄷ
④ ㄱ, ㄷ, ㄹ
⑤ ㄱ, ㄴ, ㄷ, ㄹ

해설
ㄴ. '관계지향적 리더십'의 특성에 해당한다.

057

청소년 프로그램 마케팅의 4P 모델에 해당하지 않는 것은?

① 프로그램 성과
② 프로그램 장소
③ 프로그램 비용
④ 프로그램 내용
⑤ 프로그램 홍보

해설
- 청소년 프로그램 마케팅 – 4P 모델
  (1) 프로그램 내용(Product) : 교육 프로그램, 서비스 등
  (2) 프로그램 장소(Place) : 접근성, 유통경로 등
  (3) 프로그램 홍보(Promotion) : 다양한 커뮤니케이션 이용, 광고전략 구성 등
  (4) 프로그램 비용(Price) : 가격책정전략 등

058

청소년 기본법상 청소년상담사를 배치하지 않아도 되는 기관은?

① 특별시·광역시·도 및 특별자치도에 설치된 청소년상담복지센터
② 청소년치료재활센터
③ 시·군·구에 설치된 청소년상담복지센터
④ 청소년쉼터
⑤ 청소년문화의집

해설
청소년 수련시설(청소년수련관, 청소년수련원, **청소년문화의 집**, 청소년특화시설, 청소년야영장, 유스호스텔)과 청소년 단체에는 '청소년지도사'를 배치해야 한다.

〈청소년 기본법 시행령〉

[별표 5] 청소년지도사·청소년상담사의 배치대상 및 배치기준
2. 청소년상담사의 배치기준

가.	특별시·광역시·도 및 특별자치도에 설치된 청소년상담복지센터	청소년상담사 3명 이상을 둔다.
나.	시·군·구에 설치된 청소년상담복지센터	청소년상담사 1명 이상을 둔다.
다.	청소년복지시설(청소년쉼터, 청소년자립지원관, 청소년치료재활센터)	청소년상담사 1명 이상을 둔다.

059

청소년활동 진흥법상 수련시설의 종합평가에 관한 설명으로 옳은 것을 모두 고른 것은?

ㄱ. 2년마다 1회 이상 실시한다.
ㄴ. 수련시설의 전문성을 강화하기 위하여 실시한다.
ㄷ. 평가 결과는 비공개하여야 한다.
ㄹ. 수련시설의 운영을 개선하기 위하여 실시한다.

① ㄱ, ㄴ
② ㄴ, ㄷ
③ ㄷ, ㄹ
④ ㄱ, ㄴ, ㄹ
⑤ ㄱ, ㄷ, ㄹ

해설

〈청소년활동 진흥법〉
제19조의2(수련시설의 종합평가 등)
① 여성가족부장관은 수련시설의 전문성 강화와 운영의 개선 등을 위하여 시설 운영 및 관리 체계, 활동프로그램 운영 등 수련시설 전반에 대한 종합평가를 정기적으로 실시하고 그 **결과를 공개하여야 한다.**

<「청소년활동 진흥법 시행규칙」>

제9조의2(수련시설의 종합평가 방법 등)
① 여성가족부장관은 법 제19조의2 제1항에 따른 수련시설에 대한 종합평가를 2년마다 1회 이상 실시하여야 한다.
③ 여성가족부장관은 제1항에 따른 종합평가 결과를 교육부장관 및 지방자치단체의 장 등 **관계기관에 통보**하고, 여성가족부 홈페이지 또는 여성가족부장관이 지정하는 인터넷 홈페이지에 **공개하여야 한다**.

061

다음이 설명하는 청소년지도방법은?

- 집단중심의 청소년 지도방법 중 하나이다.
- 참여자들은 자유롭게 의견을 제안한다.
- 의견에 대한 평가 없이 많은 대안을 제안한다.

① 필립 66 ② 도제제도
③ 역할연기 ④ 브레인스토밍
⑤ 게임 및 시뮬레이션

해설

- 브레인스토밍(Brain Storming) 4원칙
  (1) 자유분방 : 가능한 한 많은 의견과 아이디어를 제시한다.
  (2) 비판금지 : 타인의 의견을 절대 비판·비평·비난하지 않는다.
  (3) 대량발언 : 주제를 벗어난 의견과 아이디어도 허용한다.
  (4) 수정발언 : 타인의 의견을 수정하여 발언하는 것을 허용한다.

060

청소년활동프로그램 기획단계의 순서로 옳은 것은?

ㄱ. 기획안 작성
ㄴ. 요구 조사 및 정보 수집
ㄷ. 의사결정
ㄹ. 프로그램의 필요성과 목적에 대한 인식

① ㄱ - ㄴ - ㄷ - ㄹ
② ㄴ - ㄱ - ㄷ - ㄹ
③ ㄴ - ㄷ - ㄹ - ㄱ
④ ㄹ - ㄱ - ㄴ - ㄷ
⑤ ㄹ - ㄴ - ㄱ - ㄷ

해설

청소년활동프로그램 기획 순서는 다음과 같다.
ㄹ. 프로그램의 필요성과 목적에 대한 인식 → ㄴ. 요구 조사 및 정보 수집 → ㄱ. 기획안 작성 → ㄷ. 의사결정

062

관할구역의 위기청소년을 조기에 발견하여 보호하고, 청소년보호를 효율적으로 수행하기 위한 지역사회 청소년통합지원체계를 구축·운영하여야 하는 자는?

① 교육감 ② 교육장
③ 지방자치단체장 ④ 한국청소년단체협의회장
⑤ 한국청소년활동진흥원이사장

해설

<「청소년복지 지원법」>

제9조(지역사회 청소년통합지원체계의 구축·운영)
① **지방자치단체의 장**은 관할구역의 위기청소년을 조기에 발견하여 보호하고, 청소년복지 및 「청소년기본법」 제3조 제5호에 따른 청소년보호를 효율적으로 수행하기 위하여 지방자치단체, 공공기관, 「청소년기본법」 제3조 제8호에 따른 청소년단체 등이 협력하여 업무를 수행하는 지역사회 청소년통합지원체계(이하 "통합지원체계"라 한다)를 구축·운영하여야 한다.

063

청소년활동 진흥법령상 청소년수련시설의 이용범위에 관한 내용이다. ( )에 들어갈 내용으로 옳은 것은?

> "여성가족부령으로 정하는 이용 범위"란 해당 수련시설을 이용한 청소년 외의 연간이용자 수가 그 수련시설 (ㄱ) 이용가능 인원수의 100분의 (ㄴ) 이내인 범위를 말하되, 가족이 청소년과 함께 수련시설을 이용한 경우 그 가족은 청소년 외의 연간이용자 수에 포함시키지 아니한다.

① ㄱ : 월간, ㄴ : 30
② ㄱ : 연간, ㄴ : 40
③ ㄱ : 주간, ㄴ : 50
④ ㄱ : 연간, ㄴ : 60
⑤ ㄱ : 월간, ㄴ : 70

해설

〈청소년활동 진흥법 시행규칙〉

제13조(수련시설의 이용범위)
② 법 제31조 제3항에서 "여성가족부령으로 정하는 이용 범위"란 해당 수련시설을 이용한 청소년 외의 연간이용자 수가 그 수련시설 **연간** 이용가능 인원 수의 100분의 **40** 이내인 범위를 말하되, 가족이 청소년과 함께 수련시설을 이용한 경우 그 가족은 청소년 외의 연간이용자 수에 포함시키지 아니한다. 다만, 전년도의 외국인 이용자가 연간 5만 명 이상인 유스호스텔의 경우에는 100분의 60 이내인 범위를 말한다.

해설

- 청소년자기도전포상제(Korea Achievement Award)
  - 만 7~15세(초등학교 1학년~중학교 3학년) 청소년들이 자기개발, 신체단련, 봉사활동, 탐험활동 4가지 활동영역에서 자기 스스로 정한 목표를 성취해가며, 숨겨진 끼를 발견하고 꿈을 찾아가는 자기성장 프로그램이다.
  - 활동기준

포상단계	활동구분	활동영역			
		자기개발	신체단련	봉사활동	탐험활동
금장	도전활동	24주(회)	24주(회)	24주(회)	2박3일/15시간
	은장 미보유 청소년 : 봉사, 자기개발, 신체단련활동 중 한 가지 영역을 선택하여 추가로 24주(회) 이상 수행				
은장	도전활동	16주(회)	16주(회)	16주(회)	1박2일/10시간
	동장 미보유 청소년 : 봉사, 자기개발, 신체단련활동 중 한 가지 영역을 선택하여 추가로 16주(회) 이상 수행				
동장	도전활동	8주(회)	8주(회)	8주(회)	1일/5시간
	참여청소년은 봉사, 자기개발, 신체단련활동 중 한 가지 영역을 선택하여 추가로 8주(회) 이상 수행				

※ 자기개발, 신체단련, 봉사활동은 각 1주에 1회 40분 이상을 원칙으로 함
※ 단계별로 4가지 활동 영역 모두 이수해야 함
※ 탐험활동은 사전 기본교육이 필수로 진행되어야 함

064

청소년자기도전포상제의 금장 활동영역으로 옳지 않은 것은?

① 합숙활동
② 신체단련활동
③ 자기개발활동
④ 봉사활동
⑤ 탐험활동

065

청소년활동 진흥법상 청소년수련시설에 해당하는 것은?

① 청소년쉼터
② 유스호스텔
③ 청소년자립지원관
④ 청소년회복지원시설
⑤ 청소년상담복지센터

해설

<청소년활동 진흥법>

제10조(청소년활동시설의 종류)
1. 청소년수련시설
   - 가. 청소년수련관 : 다양한 청소년수련거리를 실시할 수 있는 각종 시설 및 설비를 갖춘 종합수련시설
   - 나. 청소년수련원 : 숙박기능을 갖춘 생활관과 다양한 청소년수련거리를 실시할 수 있는 각종 시설과 설비를 갖춘 종합수련시설
   - 다. 청소년문화의 집 : 간단한 청소년수련활동을 실시할 수 있는 시설 및 설비를 갖춘 정보·문화·예술 중심의 수련시설
   - 라. 청소년특화시설 : 청소년의 직업체험, 문화예술, 과학정보, 환경 등 특정 목적의 청소년활동을 전문적으로 실시할 수 있는 시설과 설비를 갖춘 수련시설
   - 마. 청소년야영장 : 야영에 적합한 시설 및 설비를 갖추고, 청소년수련거리 또는 야영편의를 제공하는 수련시설
   - 바. **유스호스텔** : 청소년의 숙박 및 체류에 적합한 시설·설비와 부대·편익시설을 갖추고, 숙식편의 제공, 여행청소년의 활동지원(청소년수련활동 지원은 제11조에 따라 허가된 시설·설비의 범위에 한정한다)을 기능으로 하는 시설
2. 청소년이용시설 : 수련시설이 아닌 시설로서 그 설치목적의 범위에서 청소년활동의 실시와 청소년의 건전한 이용 등에 제공할 수 있는 시설

해설

청소년수련활동 인증제 운영절차는 다음과 같다.
ㄴ. 인증신청 컨설팅 → ㄱ. 인증신청 → ㄷ. 형식요건 검사 → ㄹ. 인증접수 → ㅁ. 인증심사 및 인증심의

- **청소년수련활동 인증제**
  - <청소년활동 진흥법> 제35조에 의거하여 시행되는 제도로, 국가가 청소년수련활동이 청소년의 균형 있는 성장에 기여할 수 있도록 활동의 내용과 수준을 향상시키기 위하여 운영하는 제도이다.
  - 인증절차

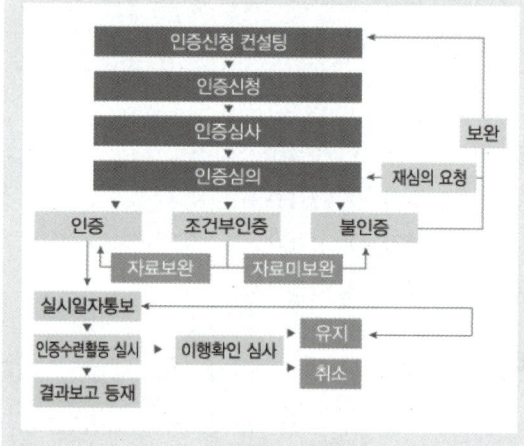

066

청소년수련활동 인증제 운영절차로 옳은 것은?

```
ㄱ. 인증신청          ㄴ. 인증신청 컨설팅
ㄷ. 형식요건 검사      ㄹ. 인증접수
ㅁ. 인증심사 및 인증심의
```

① ㄱ - ㄴ - ㄷ - ㄹ - ㅁ
② ㄱ - ㄷ - ㄴ - ㅁ - ㄹ
③ ㄱ - ㄷ - ㄹ - ㄴ - ㅁ
④ ㄴ - ㄱ - ㄷ - ㄹ - ㅁ
⑤ ㄴ - ㄷ - ㄱ - ㅁ - ㄹ

067

청소년 체험활동의 계획단계에 해당하지 않는 것은?

① 활동계획 협의
② 목표의 상세화
③ 주의사항 숙지
④ 학습방법의 구체화
⑤ 현장답사 및 사전교육

> **해설**
> • 청소년 체험활동 단계

계획단계 (사전활동)	활동계획 협의	일시, 장소, 내용, 활동영역, 이동방법, 청소년의 흥미·욕구 수용 등
	활동계획 수립	목표의 상세화, 학습방법의 구체화, 현장답사, 사전교육, 체험준비물 안내 등
체험단계 (본활동)	준비활동	현장 체험학습 준비물 검사, 주의사항 숙지, 현장학습의 구체적 안내, 이동 안내 등
	체험활동	전개안에 따른 각 영역의 현장 체험학습 실시
	정리활동	현장 체험학습의 정리를 위한 토의 및 질의응답, 내용 정리하기 학습지·보고서 작성 등
평가단계 (사후활동)	평가 및 반성	소감록·감상문 작성, 추수지도, 학습활동 관찰을 통한 평가, 포트폴리오식 평가, 체험학습의 반성 등

068

청소년 동아리활동의 일반적인 특성이 아닌 것은?

① 자치활동
② 집단활동
③ 경쟁활동
④ 여가활동
⑤ 자율활동

> **해설**
> '경쟁활동'은 '같은 목적에 대하여 이기거나 앞서려고 서로 겨루는 활동'으로, 청소년 동아리활동의 일반적인 특성과 거리가 멀다.
>
> • 청소년 동아리활동
> 〈청소년활동 진흥법〉 제64조 제1항에 근거하여, 청소년들이 자율적으로 참여하여 조직하고 운영하는 다양한 형태의 동아리 활동을 통하여 다양한 특기를 개발·체험하고 재능·소질을 발견하여 건전한 문화조성, 여가선용, 취미활동을 도모하고 동아리 활동에 수반되는 책임감, 협동심, 사회성, 인성을 함양하기 위한 기틀을 마련한다.

069

청소년활동 진흥법령상 위험도가 높아 인증을 받아야 하는 수련활동이 아닌 것은?

① 5km 걷기활동
② 산악스키
③ 패러글라이딩
④ 래프팅
⑤ 암벽타기

> **해설**
>
> 〈청소년활동 진흥법 시행규칙〉
> [별표 7] 위험도가 높은 청소년수련활동
>
> | 구분 | 프로그램 |
> |---|---|
> | 수상활동 | 래프팅, 모터보트, 동력요트, 수상오토바이, 고무보트, 수중스쿠터, 레저용 공기부양정, 수상스키, 조정, 카약, 카누, 수상자전거, 서프보드, 스킨스쿠버 |
> | 항공활동 | 패러글라이딩, 행글라이딩 |
> | 산악활동 | 암벽타기(자연암벽, 빙벽), 산악스키, 야간등산(4시간 이상의 경우) |
> | 장거리걷기활동 | 10Km 이상 도보이동 |
> | 그 밖의 활동 | 유해성 물질(발화성, 부식성, 독성 또는 환경유해성 등), 하강레포츠, ATV 탑승 등 사고위험이 높은 물질·기구·장비 등을 활용하여 이루어지는 청소년수련활동 |

070

청소년 자원봉사활동의 특성으로 옳지 않은 것은?

① 이타성
② 지속성
③ 공동체성
④ 자발성
⑤ 영리성

해설

'영리성'은 '수익(재산상의 이익)을 거둘 수 있는 정도'를 의미하는 것으로, 청소년 자원봉사활동의 특성과 거리가 멀다.

- **청소년 자원봉사활동**
  〈청소년활동 진흥법〉 제65조에 근거하여, 청소년들이 사회나 공공의 이익 또는 타인을 위하여 대가나 보상 없이 스스로 활동함으로써 무보수성과 자발성 참여를 배우고, 타인을 존중하고 함께 할 줄 아는 이타성과 공동체 의식을 발굴한다. 또한 봉사활동은 일회성 활동으로 그 가치를 습득하거나 실현하기 어려우므로 꾸준히 이루어져야 한다는 지속성을 깨달을 수 있다.

071

청소년활동 진흥법령상 청소년수련시설 안전기준에 관한 내용으로 옳지 않은 것은?

① 비상연락장치를 유지하여야 한다.
② 시설물에 대한 안전점검을 매년 2회 실시하여야 한다.
③ 수련시설의 종사자에 대하여 정기적으로 안전교육을 실시하여야 한다.
④ 부상자·병자에 대하여 응급처치를 할 수 있는 구호설비·기구를 갖추어야 한다.
⑤ 안전사고·응급환자 발생 등에 대비하여 긴급 후송대책 등의 방안을 마련하여야 한다.

해설

매월 1회 이상 시설물에 대한 안전점검을 실시하여야 하며, 점검결과를 시설물 안전점검기록대장에 기록·관리하여야 한다.

〈청소년활동 진흥법 시행령〉

[별표 1] 수련시설의 안전기준

1. 수련시설의 설치·운영자는 항상 안전사고 예방에 주의를 기울여야 하며, 특히 장애 청소년 및 미취학아동 등 특별한 보호를 필요로 하는 이용자에 대하여는 안전사고 발생에 대비하여 대피가 편리한 숙소를 배정하고, 안전사고 예방을 위한 인솔자 교육을 강화하는 등 특별한 주의를 기울여야 한다.
2. **부상자·병자에 대하여 응급처치를 할 수 있는 구호설비·기구를 갖추어야 한다.**
3. **비상연락장치를 유지하여야 한다.**
4. **안전사고·응급환자 발생 등에 대비하여 긴급 후송대책 등의 방안을 마련하여야 한다.**
5. 위험한 장소에는 방벽(防壁)·울타리·위험표지물 등 안전시설을 설치하여야 하며, 이용자가 있을 때에는 안전요원 또는 긴급구조요원을 배치하여야 한다.
6. 자연체험시설 등을 설치한 경우에는 시설의 종류에 따라 안전모·안전띠·구명대 등 필요한 개인보호장구를 갖추고, 이를 이용자에게 착용하도록 하여야 한다.
7. **매월 1회 이상 시설물에 대한 안전점검**(세부적인 점검사항은 여성가족부령으로 정하는 바에 따른다)**을 실시하여야 하며**, 점검결과를 시설물 안전점검기록대장에 기록·관리하여야 한다.
8. 시설물에 위험요인이 발견될 때에는 즉시 그 시설물의 이용을 중단시키고 보수 등의 조치를 취하여야 한다.
9. **수련시설의 종사자에 대하여 정기적으로 안전교육을 실시하여야 한다.**
10. 시설의 이용방법, 유의사항, 비상시의 대피경로 등을 이용자들이 잘 볼 수 있는 장소에 게시하여야 한다.
11. 해당 시설이용 및 수련활동에 관한 안전교육 프로그램을 마련하여 이용자(인솔자를 포함한다)에 대하여 사전 안전교육을 실시하여야 한다.
12. 태풍·홍수·해일 등 재해발생의 우려가 있는 경우에는 이용자들을 신속히 대피시켜야 한다.
13. 해당 수련시설 안에 법 제33조 제2항 각 호의 영업을 위한 시설 또는 그 밖에 다른 법령에 따른 시설이 설치된 경우에 이 기준에서 특별히 정한 경우를 제외하고는 그 법령에서 정한 안전기준 등을 준수하여야 한다.
14. 청소년수련시설의 숙박·집회시설 및 숙박·집회시설과 이어진 건축물에는 샌드위치 패널 등 연소 시 유독가스가 발생되는 건축자재는 사용할 수 없다.

072

청소년활동 진흥법령상 안전교육에 관한 내용으로 옳지 않은 것은?

① 안전교육은 매년 1회 이상 실시한다.
② 수련시설의 안전점검 및 위생관리에 관해 교육한다.
③ 청소년수련활동 안전사고 예방 및 관리에 관해 교육한다.
④ 청소년수련활동 및 수련시설의 안전관련 법령에 관해 교육한다.
⑤ 이러닝 수강 후 집합교육을 이수하는 것을 원칙으로 한다.

해설

〈청소년활동 진흥법 시행규칙〉
제8조의4(안전교육의 내용·방법 등)
① 법 제18조의4 제1항에 따른 안전교육의 내용은 다음 각 호와 같다.
 1. 청소년수련활동 및 수련시설의 안전관련 법령
 2. 청소년수련활동 안전사고 예방 및 관리
 3. 수련시설의 안전점검 및 위생관리
 4. 그 밖에 수련시설 종사자 등의 안전관리 역량 강화 및 안전사고 예방을 위하여 필요한 사항
② 제1항의 안전교육은 「이러닝(전자학습)산업 발전 및 이러닝 활용 촉진에 관한 법률」 제2조 제1호에 따른 이러닝(이하 "이러닝"이라 한다), **집합교육 또는 이러닝과 집합교육을 혼합한 방법으로 실시할 수 있다**.
③ 제1항의 안전교육은 매년 1회 이상 실시한다.

073

청소년 기본법령상 청소년참여위원회(이하 '참여위원회'라 한다.)에 관한 내용으로 옳지 않은 것은?

① 참여위원회의 위원은 성별·연령·지역 등을 고려하여 구성하여야 한다.
② 참여위원회는 효율적인 정책 제안 등을 위하여 필요한 경우에는 분과위원회를 둘 수 있다.
③ 참여위원회의 위원장은 위원 중에서 한국청소년활동진흥원 이사장이 임명한다.
④ 참여위원회는 청소년 관련 정책에 관한 의견 제안을 위하여 설문조사, 토론회 등을 통하여 여론을 수렴할 수 있다.
⑤ 국가 및 지방자치단체는 참여위원회가 청소년 관련 정책에 관하여 자문할 수 있도록 자문단을 둘 수 있다.

해설

〈청소년 기본법 시행령〉
제2조의2(청소년참여위원회의 구성 및 운영)
① 법 제5조의2 제4항에 따른 청소년참여위원회(이하 "참여위원회"라 한다)의 위원은 성별·연령·지역 등을 고려하여 구성하여야 한다.
② **참여위원회의 위원장은 위원 중에서 호선(互選)하며**, 참여위원회의 회의를 주재한다.
③ 참여위원회는 효율적인 정책 제안 등을 위하여 필요한 경우에는 분과위원회를 둘 수 있다.
④ 참여위원회는 청소년 관련 정책에 관한 의견 제안을 위하여 필요한 경우에는 설문조사, 토론회 등을 통하여 여론을 수렴할 수 있다.
⑤ 국가 및 지방자치단체는 참여위원회가 청소년 관련 정책의 전문적·기술적인 사항에 관하여 자문할 수 있도록 관계 전문가 등으로 구성된 자문단을 둘 수 있다.

074

청소년수련활동 인증기준 중 특별기준에 해당하는 것을 모두 고른 것은?

ㄱ. 전문지도자의 배치
ㄴ. 실시간 쌍방향 활동 운영 및 관리
ㄷ. 콘텐츠 활용 중심 활동 운영 및 관리
ㄹ. 과제수행 중심 활동 운영 및 관리

① ㄱ, ㄹ
② ㄴ, ㄷ
③ ㄱ, ㄴ, ㄷ
④ ㄴ, ㄷ, ㄹ
⑤ ㄱ, ㄴ, ㄷ, ㄹ

해설

- 청소년수련활동 인증기준

특별기준		
1. 위험도가 높은 활동	1. 전문지도자의 배치	
	2. 공간과 설비의 법령 준수	
2. 학교단체 숙박형	1. 학교단체 숙박형 활동 관리	
3. 비대면방식 실시간 쌍방향	1. 실시간 쌍방향 활동 운영 및 관리	
4. 비대면방식 콘텐츠 활용 중심	1. 콘텐츠 활용 중심 활동 운영 및 관리	
5. 비대면방식 과제수행 중심	1. 과제수행 중심 활동 운영 및 관리	

075

청소년활동 진흥법상 청소년수련활동 신고제도에서 신고수리 주체는?

① 청소년수련활동을 주최하려는 청소년수련시설
② 법률에 따른 비영리 법인이 아닌 주식회사
③ 특별자치시장·특별자치도지사·시장·군수·구청장
④ 청소년활동 진흥법의 지도·감독을 받는 기관
⑤ 한국청소년활동진흥원

해설

〈청소년활동 진흥법〉
제9조의2(숙박형 등 청소년수련활동 계획의 신고)
① 숙박형 청소년수련활동 및 비숙박형 청소년수련활동(이하 "숙박형 등 청소년수련활동"이라 한다)을 주최하려는 자는 여성가족부령으로 정하는 절차와 방법에 따라 **특별자치시장·특별자치도지사·시장·군수·구청장**(자치구의 구청장을 말한다. 이하 같다)에게 그 계획을 신고하여야 한다. 다만, …

2021년 제20회 청소년상담사 3급 1교시 채점표

구분	필수 제1과목	필수 제2과목	필수 제3과목	필수 제4과목	전과목 평균
점수					

※ 합격기준 : 100점을 만점으로 하여 과목당 40점 이상, 전과목 평균 60점 이상

2021년 제20회 청소년상담사 3급 2교시 채점표

구분	필수 제1과목	선택 제2과목	선택 제3과목	전과목 평균
점수				

※ 합격기준 : 100점을 만점으로 하여 과목당 40점 이상, 전과목 평균 60점 이상

2021 제20회 1교시 정답

001	002	003	004	005	006	007	008	009	010	011	012	013	014	015	016	017	018	019	020
⑤	①	①	④	④	②	⑤	③	②	④	③	①	③	⑤	⑤	①	②	①	③	②
021	022	023	024	025	026	027	028	029	030	031	032	033	034	035	036	037	038	039	040
⑤	④	③	②	④	④	③	④	②	⑤	②	③	⑤	⑤	②	③	①	⑤	②	③
041	042	043	044	045	046	047	048	049	050	051	052	053	054	055	056	057	058	059	060
②	③	⑤	④	②	③	③	④	④	⑤	①	⑤	③	④	①	④	③	⑤	④	④
061	062	063	064	065	066	067	068	069	070	071	072	073	074	075	076	077	078	079	080
②	③	①	③	②	③	④	①	④	④	②	⑤	⑤	②	③	③	③	④	⑤	②
081	082	083	084	085	086	087	088	089	090	091	092	093	094	095	096	097	098	099	100
③	②	①	①	⑤	①	④	③	②	③	⑤	②	③	④	②	④	①	④	③	⑤

2021년 제20회 2교시 정답

001	002	003	004	005	006	007	008	009	010	011	012	013	014	015	016	017	018	019	020
③	③	①	⑤	④	②	③	①	②	①	④	②	⑤	③	②	④	③	①	⑤
021	022	023	024	025	026	027	028	029	030	031	032	033	034	035	036	037	038	039	040
④	④	⑤	⑤	①	①	⑤	②	④	③	①	③	⑤	④	④	②	②	③	⑤	⑤
041	042	043	044	045	046	047	048	049	050	051	052	053	054	055	056	057	058	059	060
①	④	①	⑤	②	⑤	②	③	②	④	①	③	②	③	⑤	④	①	⑤	④	⑤
061	062	063	064	065	066	067	068	069	070	071	072	073	074	075					
④	③	②	①	②	④	③	③	①	⑤	②	⑤	⑤	⑤	③					

학습문의 및 정오표 안내

저희 북스케치는 오류 없는 책을 만들기 위해 노력하고 있으나, 미처 발견하지 못한 잘못된 내용이 있을 수 있습니다. 학습하시다 문의 사항이 생기실 경우, 북스케치 이메일(booksk@booksk.co.kr)로 교재 이름, 페이지, 문의 내용 등을 보내주시면 확인 후 성실히 답변 드리도록 하겠습니다.
또한, 출간 후 발견되는 정오 사항은 북스케치 홈페이지(www.booksk.co.kr)의 도서정오표 게시판에 신속히 게재하도록 하겠습니다.
좋은 콘텐츠와 유용한 정보를 전하는 '간직하고 싶은 수험서'를 만들기 위해 늘 노력하겠습니다.

청소년상담사 3급
기출문제집 [필기]
+ ▶ 무료강의

초판발행	2022년 07월 15일
편저자	기출문제연구소
펴낸곳	북스케치
출판등록	제2022-000047호
주소	경기도 파주시 문발로 211 1층(문발동)
전화	070 - 4821 - 5513
팩스	0303 - 0957 - 0405
학습문의	booksk@booksk.co.kr
홈페이지	www.booksk.co.kr
ISBN	979 - 11 - 91870 - 39 - 8

이 책은 저작권법의 보호를 받습니다.
수록된 내용은 무단으로 복제, 인용, 사용할 수 없습니다.
Copyright©booksk, 2022 Printed in Korea